W0255512

# Informatik – Fachberichte

Band 1: Programmiersprachen. GI-Fachtagung 1976. Herausgegeben von H.-J. Schneider und M. Nagl. (vergriffen)

Band 2: Betrieb von Rechenzentren. Workshop der Gesellschaft für Informatik 1975. Herausgegeben von A. Schreiner. (vergriffen)

Band 3: Rechnernetze und Datenfernverarbeitung. Fachtagung der GI und NTG 1976. Herausgegeben von D. Haupt und H. Petersen. VI, 309 Seiten. 1976.

Band 4: Computer Architecture. Workshop of the Gesellschaft für Informatik 1975. Edited by W. Händler. VIII, 382 pages. 1976.

Band 5: GI – 6. Jahrestagung. Proceedings 1976. Herausgegeben von E. J. Neuhold. (vergriffen)

Band 6: B. Schmidt, GPSS-FORTRAN, Version II. Einführung in die Simulation diskreter Systeme mit Hilfe eines FORTRAN-Programmpaketes, 2. Auflage. XIII, 535 Seiten. 1978.

Band 7: GMR–GI–GfK. Fachtagung Prozessrechner 1977. Herausgegeben von G. Schmidt. (vergriffen)

Band 8: Digitale Bildverarbeitung/Digital Image Processing. GI/NTG Fachtagung, München, März 1977. Herausgegeben von H.-H. Nagel. (vergriffen)

Band 9: Modelle für Rechensysteme. Workshop 1977. Herausgegeben von P. P. Spies. VI, 297 Seiten. 1977.

Band 10: GI – 7. Jahrestagung. Proceedings 1977. Herausgegeben von H. J. Schneider. IX, 214 Seiten. 1977.

Band 11: Methoden der Informatik für Rechnerunterstütztes Entwerfen und Konstruieren, GI-Fachtagung, München, 1977. Herausgegeben von R. Gnatz und K. Samelson. VIII, 327 Seiten. 1977.

Band 12: Programmiersprachen. 5. Fachtagung der GI, Braunschweig, 1978. Herausgegeben von K. Alber. VI, 179 Seiten. 1978.

Band 13: W. Steinmüller, L. Ermer, W. Schimmel: Datenschutz bei riskanten Systemen. Eine Konzeption entwickelt am Beispiel eines medizinischen Informationssystems. X, 244 Seiten. 1978.

Band 14: Datenbanken in Rechnernetzen mit Kleinrechnern. Fachtagung der GI, Karlsruhe, 1978. Herausgegeben von W. Stucky und E. Holler. (vergriffen)

Band 15: Organisation von Rechenzentren. Workshop der Gesellschaft für Informatik, Göttingen, 1977. Herausgegeben von D. Wall. X, 310 Seiten. 1978.

Band 16: GI – 8. Jahrestagung, Proceedings 1978. Herausgegeben von S. Schindler und W. K. Giloi. VI, 394 Seiten. 1978.

Band 17: Bildverarbeitung und Mustererkennung. DAGM Symposium, Oberpfaffenhofen, 1978. Herausgegeben von E. Triendl. XIII, 385 Seiten. 1978.

Band 18: Virtuelle Maschinen. Nachbildung und Vervielfachung maschinenorientierter Schnittstellen. GI-Arbeitsseminar. München 1979. Herausgegeben von H. J. Siegert. X, 230 Seiten. 1979.

Band 19: GI – 9. Jahrestagung. Herausgegeben von K. H. Böhling und P. P. Spies. (vergriffen)

Band 20: Angewandte Szenenanalyse. DAGM Symposium, Karlsruhe 1979. Herausgegeben von J. P. Foith. XIII, 362 Seiten. 1979.

Band 21: Formale Modelle für Informationssysteme. Fachtagung der GI, Tutzing 1979. Herausgegeben von H. C. Mayr und B. E. Meyer. VI, 265 Seiten. 1979.

Band 22: Kommunikation in verteilten Systemen. Workshop der Gesellschaft für Informatik e.V.. Herausgegeben von S. Schindler und J. C. W. Schröder. VIII, 338 Seiten. 1979.

Band 23: K.-H. Hauer, Portable Methodenmonitoren. Dialogsysteme zur Steuerung von Methodenbanken: Softwaretechnischer Aufbau und Effizienzanalyse. XI, 209 Seiten. 1980.

Band 24: N. Ryska, S. Herda, Kryptographische Verfahren in der Datenverarbeitung. V, 401 Seiten. 1980.

Band 25: Programmiersprachen und Programmentwicklung. 6. Fachtagung, Darmstadt, 1980. Herausgegeben von H.-J. Hoffmann. VI. 236 Seiten. 1980

Band 26: F. Gaffal, Datenverarbeitung im Hochschulbereich der USA. Stand und Entwicklungstendenzen. IX, 199 Seiten. 1980.

Band 27: GI-NTG Fachtagung, Struktur und Betrieb von Rechensystemen. Kiel, März 1980. Herausgegeben von G. Zimmermann. IX, 286 Seiten. 1980.

Band 28: Online-Systeme im Finanz- und Rechnungswesen. Anwendergespräch, Berlin, April 1980. Herausgegeben von P. Stahlknecht. X, 547 Seiten, 1980.

Band 29: Erzeugung und Analyse von Bildern und Strukturen. DGaO – DAGM Tagung, Essen, Mai 1980. Herausgegeben von S. J. Pöppl und H. Platzer. VII, 215 Seiten. 1980.

Band 30: Textverarbeitung und Informatik. Fachtagung der GI, Bayreuth, Mai 1980. Herausgegeben von P. R. Wossidlo. VIII, 362 Seiten. 1980.

Band 31: Firmware Engineering. Seminar veranstaltet von der gemeinsamen Fachgruppe „Mikroprogrammierung" des GI Fachausschusses 3/4 und des NTG-Fachausschusses 6 vom 12. – 14. März 1980 in Berlin. Herausgegeben von W. K. Giloi. VII, 289 Seiten. 1980.

Band 32: M. Kühn, CAD Arbeitssituation. Untersuchungen zu den Auswirkungen von CAD sowie zur menschengerechten Gestaltung von CAD-Systemen. VII, 215 Seiten. 1980.

Band 33: GI – 10. Jahrestagung. Herausgegeben von R. Wilhelm. XV, 563 Seiten. 1980.

Band 34: CAD-Fachgespräch. GI - 10. Jahrestagung. Herausgegeben von R. Wilhelm. VI, 184 Seiten. 1980.

Band 35: B. Buchberger, F. Lichtenberger: Mathematik für Informatiker I. Die Methode der Mathematik. XI, 315 Seiten. 1980.

Band 36: The Use of Formal Specification of Software. Berlin, Juni 1979. Edited by H. K. Berg and W. K. Giloi. V, 388 pages. 1980.

Band 37: Entwicklungstendenzen wissenschaftlicher Rechenzentren. Kolloquium, Göttingen, Juni 1980. Herausgegeben von D. Wall. VII, 163 Seiten. 1980.

Band 38: Datenverarbeitung im Marketing. Herausgegeben von R. Thome. VIII, 377 pages. 1981.

Band 39: Fachtagung Prozeßrechner 1981. München, März 1981. Herausgegeben von R. Baumann. XVI, 476 Seiten. 1981.

Band 40: Kommunikation in verteilten Systemen. Herausgegeben von S. Schindler und J.C.W. Schröder. IX, 459 Seiten. 1981.

Band 41: Messung, Modellierung und Bewertung von Rechensystemen. GI-NTG Fachtagung. Jülich, Februar 1981. Herausgegeben von B. Mertens. VIII, 368 Seiten. 1981.

Band 42: W. Kilian, Personalinformationssysteme in deutschen Großunternehmen. XV, 352 Seiten. 1981.

Band 43: G. Goos, Werkzeuge der Programmiertechnik. GI-Arbeitstagung. Proceedings, Karlsruhe, März 1981. VI, 262 Seiten. 1981.

Informatik-Fachberichte

Herausgegeben von W. Brauer
im Auftrag der Gesellschaft für Informatik (GI)

87

# Mustererkennung 1984

DAGM/ÖAGM Symposium
Graz, 2.-4. Oktober 1984
Proceedings

Herausgegeben von W. Kropatsch

Springer-Verlag Berlin Heidelberg GmbH 1984

**Herausgeber**

Dipl. Ing. Dr. W. Kropatsch
Institut für Digitale Bildverarbeitung und Graphik
Wastiangasse 6, A-8010 Graz

CR Subject Classifications (1982): I.5

ISBN 978-3-540-13859-4 ISBN 978-3-662-02390-7 (eBook)
DOI 10.1007/978-3-662-02390-7

CIP-Kurztitelaufnahme der Deutschen Bibliothek. Mustererkennung <1984, Graz>:
Proceedings / Mustererkennung 1984: DAGM–ÖAGM–Symposium, Graz, 2.–4. Oktober 1984 /
hrsg. von W. Kropatsch. – Berlin; Heidelberg; New York; Tokyo: Springer, 1984.
(Informatik-Fachberichte; 87)

NE: Kropatsch, Walter [Hrsg.]; Deutsche Arbeitsgemeinschaft für Mustererkennung; GT


Originally published by Springer-Verlag Berlin Heidelberg New York in 1984

2145/3140 – 5 4 3 2 1 0

# V O R W O R T

Zum Thema "Mustererkennung" werden sowohl in der Bundesrepublik Deutschland als auch in Österreich in regelmäßigen Abständen Tagungen abgehalten. In diesem Jahr treffen sich in Graz Forscher aus beiden Ländern zum ersten Mal zu einer gemeinsamen Konferenz, die der Präsentation neuer Forschungsergebnisse und dem Erfahrungsaustausch dient.

Für die Tagungsorganisation zeichnen diesmal das Institut für digitale Bildverarbeitung und Grafik, Forschungsgesellschaft Joanneum, Graz und die Österreichische Computergesellschaft verantwortlich.

Ein Schwerpunkt der Tagung liegt im Einsatz von "intelligenten" Methoden, die Wissen über Zusammenhänge in der Realität und über den Datenerfassungsprozeß besitzen und auch einsetzen. Zwei Fachleute auf diesem Gebiet geben Übersichten über "Relational Matching" bzw. "Expertensysteme".

Die Veranstalter haben sich zum Ziel gesetzt, den wissenschaftlichen Nachwuchs auf dem Gebiet der Mustererkennung zu fördern. Einen speziellen Anreiz stellt der zum ersten Mal ausgesetzte DAGM - Preis 1984 dar, der für die beste Arbeit eines Nachwuchswissenschaftlers gestiftet wird.

Für das Interesse, das der Tagung entgegengebracht wird, sprechen die 88 Beiträge, die eingesandt wurden. Dem Programmausschuß fiel die schwierige Aufgabe zu, unter den eingereichten Arbeiten jene 44 auszuwählen, die im zeitlichen Rahmen der Tagung untergebracht werden konnten. Dem Programmausschuß gehörten an:

| | |
|---|---|
| R. Albrecht, Innsbruck | F. Pichler, Linz |
| R. Großkopf, Oberkochen | S.J. Pöppl, Neuherberg |
| H. Kazmierczak, Karlsruhe | P. Pretschner, Hannover |
| W. Kropatsch, Graz | W. v. Seelen, Mainz |
| H. Niemann, Erlangen | G. Winkler, Karlsruhe |

Zum Abschluß darf allen jenen gedankt werden, die am Zustandekommen dieser Tagung mitgewirkt haben:

Herrn F. Leberl, dem Initiator dieser Tagung,
den Herrn des Programmkomitees,
den Autoren für die eingereichten Beiträge,
den Sitzungsleitern,
der Österreichischen Computergesellschaft (OCG) für die konstruktive Zusammenarbeit, besonders Frau B. Hainschink und Frl. S. Berlakovich,
den Mitarbeitern des Instituts für digitale Bildverarbeitung und Grafik, vor allem Frl. G. Wyhlidal und Frau E. Kainz.

Allen Tagungsteilnehmern wünsche ich viele anregende Diskussionen und einen angenehmen Aufenthalt in Graz.

Graz, im Juli 1984 Walter Kropatsch

## INHALTSVERZEICHNIS

## Grundlagen der Mustererkennung



## Anwendungen in der Robotik und Industrie

Anwendungen in der Medizin



Der Einsatz von Wissen in der Mustererkennung

## Sonstige Anwendungen



## Anhang

# SPRACHERKENNUNG, SPRACHVERSTEHEN

# VERGLEICH VON KLASSIFIKATOREN FÜR DIE LAUTERKENNUNG

R. Mühlfeld, P. Regel, J. John, G. Siller
Lehrstuhl für Informatik 5 (Mustererkennung)
Universität Erlangen-Nürnberg
Martensstr. 3
8520 Erlangen
F.R.Germany

## 1. Einführung

Für ein System zum automatischen Verstehen natürlicher Sprache ist in Erlangen ein linguistisch motivierter, modularer Systemaufbau gewählt worden (siehe Abb.1).

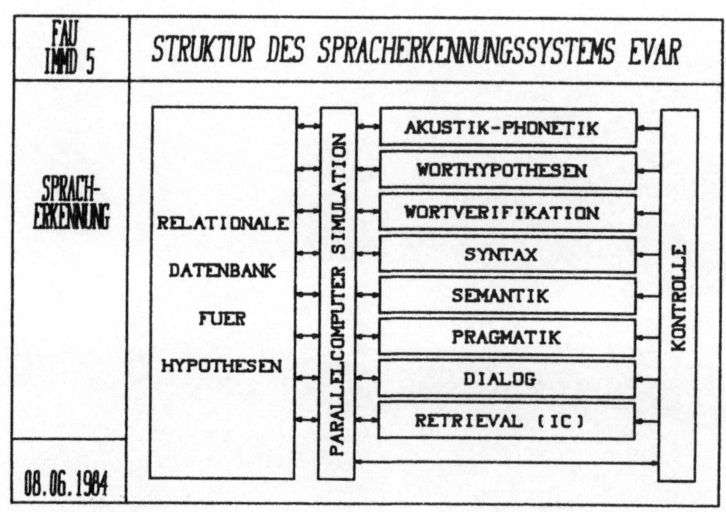


Abb.1
Schema des Erlanger Spracherkennungssystems EVAR

Die vorliegende Arbeit diskutiert einen wesentlichen Teil des Akustik-Phonetik-Moduls, nämlich die Klassifikationsstufe. Diese stellt die Verbindung zwischen einer parametrischen Repräsentation und einer symbolischen Darstellung (der IPA-Umschrift) dar. Anhand der Klassifikationsergebnisse erzeugt der Akustik-Phonetik-Modul Lauthypothesen, welche als Grundlage für die Worthypothesen-Generierung dienen. Bei der Verifikation von Worthypothesen wird auch auf die parametrische Darstellung zurückgegriffen. Die Klassifikationsergebnisse werden dabei zur Berechnung von Ähnlichkeiten zwischen Worttranskriptionen und Sprachdaten benötigt.

Ein Entwurfsziel des Erlanger Sprachprojekts ist die Sprecherunabhängigkeit. Auf einen Sprecher dimensionierte Spracherkenner zeigen wesentlich bessere Ergebnisse als sprecherunabhängige Systeme. Der Grund ist in der von Mensch zu Mensch verschiedenen Form der Artikulationsorgane zu suchen. Darüberhinaus ist selbst bei einem Sprecher nichts über die Verteilungen der Klassen im Merkmalraum bekannt. Diese Situation legt für sprecherunabhängige Systeme die Verwendung eines verteilungsfreien Klassifikators, wie z.B. den Nächsten-Nachbar-Klassifikator, nahe. In [Kit82, p.569] wird dieses Vorgehen als das einzig richtige dargestellt: 'we should stop doing research on statistical decision theory and divert our energy to the design of efficient algorithms'.

## 2. Merkmalsextraktion

Das Sprachsignal wird von 100-3400 Hz Bandpaß-gefiltert und anschließend mit 10 kHz abgetastet (12 Bit). Für die Klassifikation werden 12,8 msec lange Fenster mit Hamming-Gewichtung betrachtet. Für jedes Fenster werden 32, an der mel-Skala orientierte Cepstral-Koeffizienten (mel-frequency cepstral coefficients, MFCC) berechnet, von denen die ersten 16 Koeffizienten als Merkmalvektoren verwendet wurden. Die Frequenzen und Bandbreiten der 32 Bandpaßfilter sind in Abb.2 wiedergegeben.

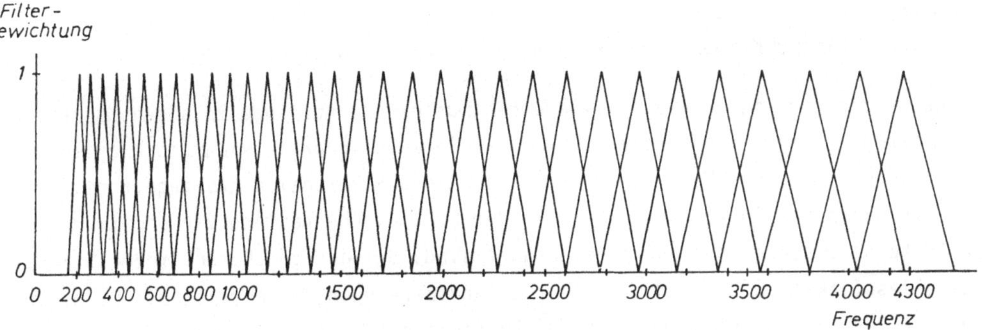


Abb.2 Bandpaßfilter zur Approximation einer Mel-Frequenzskala

## 3. Klassifikatoren

Im folgenden werden vier Klassifikatoren verwendet:

1) Nächster-Nachbar-Klassifikator (NNK)
2) Bayes-Klassifikator für normalverteilte Merkmale (NVK)
3) Maximum-Likelyhood-Klassifikator für normalverteilte Merkmale (MLH)
4) Modifizierter Minimum-Abstand-Klassifikator für normalverteilte Merkmale (MMA).

Die Prüfgrößen $u_\lambda$ für die Klasse $\Omega_\lambda$ ergeben sich für die drei parametrischen Klassifikatoren NVK, MLH und MMA gemäß den Formeln:

$$u_{\lambda,NVK} = P(\underline{c},\Omega_\lambda) = P(\Omega_\lambda)P(\underline{c} \mid \Omega_\lambda)$$

$$u_{\lambda,MLH} = P(\underline{c} \mid \Omega_\lambda) = \mid 2\pi\underline{K}_\lambda \mid^{-1/2} \exp(- a_\lambda / 2)$$

$$u_{\lambda,MMA} = a_\lambda = (\underline{c} - \underline{\mu}_\lambda)_t \underline{K}_\lambda^{-1} (\underline{c} - \underline{\mu}_\lambda)$$

Dabei ist

$\underline{c}$ Spaltenvektor mit n Merkmalen
$\underline{\mu}_\lambda$ Mittelwertsvektor der Klasse $\Omega_\lambda$
$\underline{K}_\lambda$ (n x n) - Kovarianzmatrix der Klasse $\Omega_\lambda$.

Bei Klassifikation mit NVK bzw. MLH wird auf die Klasse $\kappa$ mit der größten Prüfgröße $u_\kappa$ entschieden (beim NVK ist dies die a-posteriori-Wahrscheinlichkeit). Im Gegensatz dazu wird beim MMA auf die Klasse mit der kleinsten Prüfgröße entschieden. Die Prüfgröße $a_\lambda$ kann als klassenspezifischer Abstand des zu prüfenden Musters $\underline{c}$ vom Mittelwertsvektor $\underline{\mu}_\lambda$ aufgefaßt werden. In die Abstandsberechnung geht die Inverse der klassenspezifischen Kovarianzmatrix mit ein. Anschaulich gesprochen bewirken große Komponentenstreuungen eine 'Stauchung' des Merkmalraums und somit eine 'Abstandsverkleinerung' und umgekehrt kleine Komponentenvarianzen eine 'Abstandsvergrößerung'.

Beim NNK werden für ein zu klassifizierendes Muster die Abstände zu allen Mustern einer Referenzstichprobe berechnet. Für die Referenzstichprobe sind die Klassenzugehörigkeiten bekannt. Das Muster wird der Klasse des Referenzmusters zugeordnet, zu der es den kleinsten Abstand hat. Es wird der Euklidische Abstand verwendet, da für die MFCC keine besseren Abstandsmaße bekannt sind. Bei der gegebenen großen Stichprobe ist die Klassifikation durch die vielen Abstandsberechnungen ineffizient. Um diesen Aufwand zu reduzieren, sind verschiedene Vorschläge zur Verdichtung der Stichprobe gemacht worden, das heißt zur Eliminierung 'unwichtiger' Muster [Dev80, Dev82, Gat72, Har68]. Die Verfahren des Kondensierens [Har68] und des Reduzierens [Gat72] sind stichproben-konsistent, i.e. mit der verdichteten Stichprobe kann die gesamte Referenzstichprobe richtig klassifiziert werden. Der Editier-Algorithmus in [Dev80, Dev82] gewährleistet dies nicht. Er dünnt Überlappungsgebiete der Klassen aus und bevorzugt somit die Klassenzentren. In [Tou80] ist ein neueres Verdichtungsverfahren beschrieben, das basierend auf Voronoi-Nachbarschaften nicht nur stichprobenkonsistent ist, sondern auch die ursprünglichen Klassenbereiche erhält. Dieses Verfahren ist hier nicht untersucht. Algorithmisch können die betrachteten Verfahren folgendermaßen kurz umrissen werden [Nie83]:

Algorithmus 'Kondensieren':

1) Initialisiere zwei Speicherbereiche SPEICHER und REST: setze SPEICHER: = $\emptyset$ und REST = $\Omega$.
2) Bringe das erste Muster aus REST nach SPEICHER.
3) Klassifiziere alle Muster aus REST mit der NN-Regel unter ausschließlicher Verwendung von Mustern aus SPEICHER. Falls das Muster falsch klassifiziert wurde, bringe es nach SPEICHER, andernfalls lasse es in REST.
4) Falls REST leer oder in Schritt 3 kein Muster von REST nach SPEICHER gebracht wurde: ENDE. Andernfalls fahre mit Schritt 3) fort.

Algorithmus 'Reduzieren':

1) Erzeuge aus $\Omega$ eine Anfangsstichprobe $\Omega_0$ mit Algorithmus 'Kondensieren'.
2) Für i = 1,...,S; S = $|\ \Omega_0\ |$: Klassifiziere alle Muster aus $\Omega$ nur unter Verwendung von Mustern aus $\Omega_0 - \{{}^i\underline{c}\}$; wenn alle Muster richtig klassifiziert werden, so setze $\Omega_0 = \Omega_0 - \{{}^i\underline{c}\}$, andernfalls $\Omega_0 = \Omega_0$.

Algorithmus 'Editieren':

1) Bilde eine zufällige Zerlegung der Stichprobe $\Omega$ in L Teilmengen $\Omega_1,\ldots,\Omega_L$; $L \geq 3$.
2) Klassifiziere die Muster aus $\Omega_i$ mit der (k,n)-Regel unter Verwendung von Mustern aus $\Omega_j$, wobei $j = (i + 1) \bmod L$; i = 1,...L
3) Eliminiere alle Muster, die in 2) falsch klassifiziert wurden
4) Bilde aus den verbleibenden Mustern eine neue Stichprobe $\Omega$.
5) Ist in den letzten I Iterationen kein Muster eliminiert worden, so ist $\Omega$ die editierte Stichprobe. Sonst fahre mit Schritt 1) fort.

Die (k,n)-Regel besagt, daß von den n nächsten Nachbarn eines Musters mindestens $k \leq n$ der Klasse $\Omega_\lambda$ angehören müssen, um auf diese Klasse zu entscheiden.

## 4. Ergebnisse und Diskussion

Für den Vergleich werden 30 Klassen von Lautkomponenten (sinnvolle Klassenbezeichnungen für die Fenster [Reg82]) verwendet. Die Stichproben stammen aus zusammenhängend gesprochenen Sätzen in deutscher Sprache. Die Lernstichprobe umfaßt 10 590, die Teststichprobe 17680 Muster. Das gesamte Sprachmaterial ist von 6 männlichen und 6 weiblichen Sprechern gesprochen. Die Sätze sind unterschiedlich. In Lern- und Teststichprobe sind verschiedene Sprecher: Lernstichprobe: 2 weiblich, 2 männlich; Teststichprobe: 4 weiblich, 4 männlich.

Verdichtungsverfahren

In einer Voruntersuchung wurden die Einsatzmöglichkeiten der Verdichtungsverfahren anhand der Daten eines Sprechers untersucht. Diese etwa 3000 Muster umfassenden Stichprobe wurde zunächst kondensiert und anschließend reduziert. Nach 4 Iterationen brach das Kondensierverfahren mit 65 % der Muster in SPEICHER ab. Das Reduzierverfahren eliminierte davon noch 70 Muster. Angesichts des Aufwands (rd. 80 Stunden Rechenzeit auf einer PDP 11/34) konnte dieses Ergebnis nicht befriedigen. Deshalb wurde das Editierverfahren auf die Daten eines Sprechers angewendet. Die Zahl der Iteratoren wurde auf maximal 7 beschränkt; in jedem Iterationsschritt wurde die verbleibende Stichprobe zufällig in drei Teilmengen zerlegt. Das Experiment wurde sowohl mit der (1,3)-, als auch mit der (3,3)-Regel durchgeführt. Es verblieben nach 7 Iterationen 11 % bzw. 37 % der Ausgangsstichprobe. Allerdings eliminierte das Verfahren ganze Klassen. Ausgehend von einer Feineinteilung der Stichprobe in 48 Klassen blieben nach Editierung mit der (3,3)-Regel noch 5 Klassen (offenes A, geschlossenes I, N, stimmloses S und Sprechpause) und mit der (1,3)-Regel noch 28 Klassen übrig. Nach diesen Voruntersuchungen ist für die gesamte Stichprobe folgende Vorgehensweise gewählt worden:

a) Editierung mit der (1,3)-Regel
b) Kondensierung } der jeweils verbleibenden Muster
c) Reduzierung }

In Abb.3 sind die Ergebnisse der einzelnen Verfahren aufgeschlüsselt. Nach Editierung sind eliminierte, aber für die Worterkennung unverzichtbare Klassen (stimmhafte Plosive) hinzugefügt worden, so daß oben erwähnte 30 Klassen entstanden.

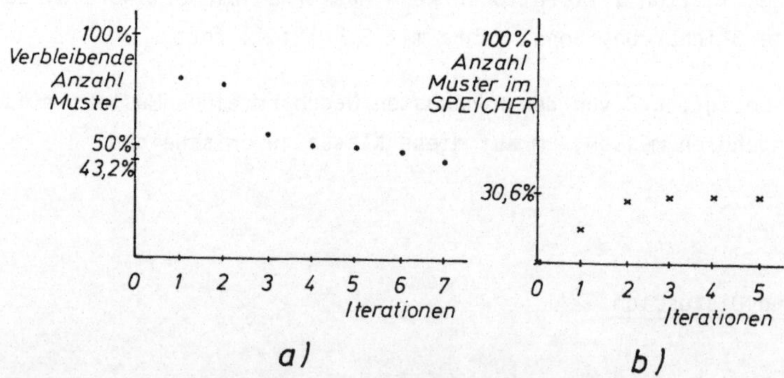


Abb. 3 Prozentanteile der repräsentativen Muster nach jedem Iterationsschritt für die Verfahren Editieren a) und Kondensieren b)

Die Abb.4 a) und b) zeigen die in der Stichprobe verbliebenen jeweiligen Prozentanteile nach Editierung und Kondensierung für die Vokale und die Nasale. Es ist zu beobachten, daß Klassen die verhältnismäßig wenig editiert werden, durch die Kondensierung übermäßig ausgedünnt werden. Bei überlappenden Klassengebieten, wie z.B. dem Nasalen überlebt die Klasse mit der größten a-priori-Wahrscheinlichkeit das Editierverfahren am besten. Diese Klassen liegen demnach relativ kompakt und werden bevorzugt kondensiert.

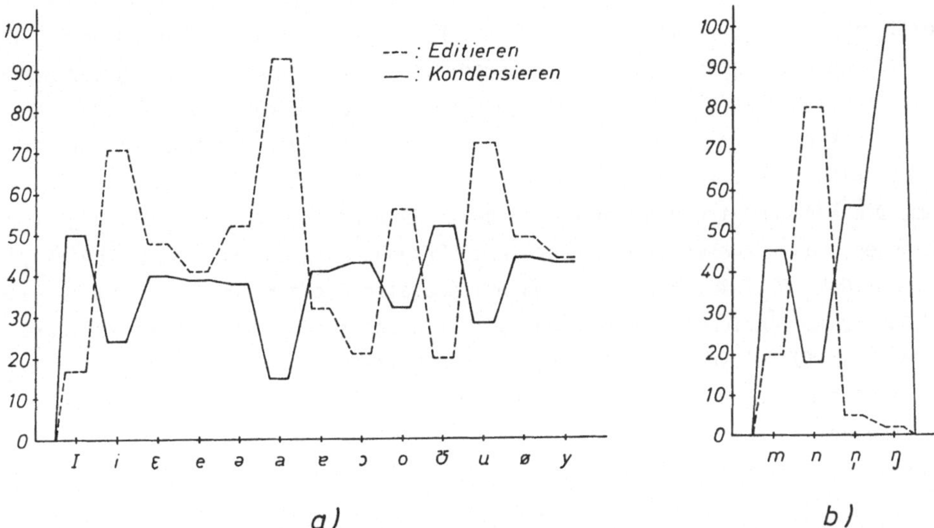


Abb.4 Prozentanteile der verbleibenden Muster in der Lernstichprobe für Vokale und Nasale nach Editierung und Kondensierung

Klassifikatoren

Mit einer kleineren Teststichprobe (ca. 1500 Muster) ist zunächst das Verhalten von 'NNK mit allen Referenzmustern' zu 'NNK editiert' untersucht worden. Im Globalverhalten gab es keine signifikanten Unterschiede. Bei überlappenden Klassengebieten bevorzugt 'NNK editiert' die Klassen mit hoher a-priori-Wahrscheinlichkeit übermäßig (siehe Tab.1 für Nasale). Dabei werden die weniger besetzten Klassen wesentlich schlechter erkannt als bei NNK mit gesamter Lernstichprobe. Dieses Verhalten kommt durch das bereits erwähnte bevorzugte Editieren schwach besetzter Klassen zustande.

| | m | n | n̩ | ŋ |
|---|---|---|---|---|
| NNK original | 14,7 | 42,8 | 8,7 | 14,3 |
| NNK editiert | 4,4 | 72,3 | 0 | 0 |

Tab.1 Mittlere Erkennungsraten der Nasale in %

Die Erkennungsraten aller betrachteten Klassifikatoren auf der gesamten Teststichprobe ist in Tab.2 dargestellt.

| NVK | MLH | MMA | NNK(ed) | NNK(ed,Kon,red) |
|---|---|---|---|---|
| 51,2 % | 48,3 % | 31,6 % | 44,8 % | 41,2 % |

Tab.2 Mittlere Erkennungsraten der untersuchten Klassifikatoren

Global gesehen zeigt der NNK mehr Gemeinsamkeit mit den NVK als mit MLH und MMA, da NNK und NVK das a-priori Auftreten berücksichtigen. Bei einigen Klassen ist der NNK wesentlich besser als der NVK. Zum Teil ist dies auf die übermäßige Bevorzugung des 'NNK editiert' von Klassen mit hoher a-priori Wahrscheinlichkeit zurückzuführen. Bei einigen Klassen liegt jedoch auch eine ausgeprägte Nicht-Normalverteilung der Merkmale vor. Dies führt zu einer schlechteren Erkennung des s beim NVK (NVK: 38,4 %; NNK: 47,5 % Erkennungsrate). Am Beispiel der Sprechpause kann der Einfluß der Streuung auf die Klassifikatoren gezeigt werden. Die Sprechpause liegt kompakt im Merkmalsraum. Die kleinen Streuungen bewirken beim MMA eine 'Abstandsvergrößerung' für diese Klassen, was zu wesentlich schlechteren Erkennungsraten führt (Sprechpause; MMA: 31,9 %; NVK: 85,7 %). Anzeichen von multimodalen Dichten konnten nicht beobachtet werden. Aus den beschriebenen Versuchen läßt sich schließen, daß der unmittelbare Einsatz des NNK für dieses Problem keineswegs unkritisch ist. Obwohl die Verteilungen nicht bekannt sind, führt der Normalverteilungsklassifikator zu besseren Ergebnissen. Dabei muß berücksichtigt werden, daß ein effizienter Nächster-Nachbar Klassifikator einen wesentlich höheren Designaufwand bedeutet, als beim NVK.

## Literatur


[Dav80] Davis S.B., Mermelstein P.: Comparison of Parametric Representations for Monosyllabic Word Recognition in Continuously Spoken Sentences, IEEE Tr. on ASSP, 1980, pp. 357-366

[Dev82] Devijver P.A., Kittler J.: Pattern Recognition, London, 1982

[Dev80] Devijver P.A., Kittler J.: On the Edited Nearest Neighbour Rule, Proc. 5. IJCPR, Miami, 1980, pp. 72-80

[Gat72] Gates G.W.: The Reduced Nearest Neighbour Rule, IEEE Tr. on Inf. Th., 1972, pp. 431-433

[Har68] Hart P.E.: The Condensed Nearest Neighbour Rule, IEEE Tr. on Inf. Th., 1968, pp. 515-516

[Nie84] Niemann H., Brietzmann A., Mühlfeld R., Regel P., Schukat G.: The Speech Understanding and Dialog System EVAR, NATO advanced studies institute on new systems and architectures for automatic speech recognition and synthesis, Bonas 1984, to appear in Springer Verlag

[Nie83] Niemann H.: Klassifikation von Mustern, Berlin, 1983

[Reg82] Regel P.: A Module for Acoustic-Phonetic Transcription of Fluently Spoken German Speech, IEEE Tr. on ASSP, 1982, pp. 440-450

[Tou80] Toussaint G.T.: Pattern Recognition and Geometrical complexity, Proc. 5. IJCPR.

# Optimierung eines Phonemlexikons zur Spracherkennung durch nichtlineare Anpassung an natürliche Sprache

Otto Schmidbauer
Zentralbereich für Informationsverarbeitung
Siemens AG, München/Deutschland

## 1. Überblick und Einleitung

Trotz intensiver Anstrengungen auf dem Gebiet der Spracherkennung mit dem Computer, existieren zwischen Mensch und Maschine in der Erkennung gesprochener Sprache noch große Unterschiede bezüglich der Leistungsfähigkeit: Die menschliche Spracherkennung ist robust und flexibel und weitgehend unabhängig vom Sprecher. Im Vergleich dazu müssen maschinelle Spracherkennungssysteme auf einzelne Sprecher trainiert werden und bringen nur dann befriedigende Ergebnisse, wenn das zu erkennende Vokabular genügend große phonetische Unterschiede aufweist. Ergänzend ist zu bemerken, daß heutige Spracherkennungssysteme, im Gegensatz zum Menschen, weitgehend noch keinen Gebrauch von höheren Wissensquellen, wie Syntax, Semantik, u.a. Gebrauch machen.

Nach einer Studie der CMU /1/ gibt es im wesentlichen zwei verschiedene Ansätze zur Realisierung von Spracherkennungssystemen: Die nichtlineare Musteranpassung auf Ganzwortbasis ("Template Matching") und eine merkmalsorientierte Erkennnung ("Feature Based"), die auf kleineren phonetischen Einheiten beruht. Bei der nichtlinearen Musteranpassung wird beim Erkennungsvorgang das Eingangsmuster mit jedem abgespeicherten Referenzmuster, Zeitframe für Zeitframe, verglichen. Merkmalsorientierte Systeme extrahieren bestimmte akustische Merkmale, z.B. Formantverläufe, und klassifizieren das Eingangssignal anhand eines für jedes phonetische Ereignis charakteristischen Referenzmustersatzes. Dieser Ansatz wird auch durch sog. "Spectrogramm Reading" - Experimente unterstützt. Diese Studien zeigen, daß es mit Kenntnis akustischer Merkmale phonetischer Ereignisse dem Menschen möglich ist, den phonetischen Inhalt aus Spektrogrammen von Sprachsignalen zu erschließen /1/.

Erkennungsverfahren nach der Methode der nichtlinearen Musteranpassung sind sehr robust und relativ einfach zu realisieren, versagen aber nicht selten, wenn das zu erkennende Vokabular große Verwechselbarkeit aufweist. Einer der Hauptgründe hierfür dürfte sein, daß alle Teile eines Wortes und damit auch eines Lautes, während des Erkennungsprozesses gleich gewichtet werden. Das heißt also, Verfahren mit dynamischer Programmierung sind sozusagen nicht in der Lage, größere Aufmerksamkeit auf phonetisch interessante Teile eines Lautes zu richten, da solche Verfahren keine Information über den phonetischen Aufbau der Sprache benützen /1/. Nichts desto weniger wird das Verfahren des Template Matching, wegen seiner Robustheit, heute auch erfolgreich in der Erkennung von Wortketten eingesetzt /8/.
Damit merkmalsorientierte Erkennungssysteme feine phonetische Unterschiede bewerten können, ist es notwendig, phonetisch aussagekräftige Merkmale aus dem Sprachsignal zu extrahieren; die zuverlässige Bestimmung solcher Merkmale (z.B. Formanten) ist i.a. nicht trivial, so daß komplizierte und aufwendige Verfahren dazu notwendig sind /6,10,12/. Die extrahierten Features, sowohl zeit- als auch frequenzabhängig, werden dann geeignet zusammengefaßt und definieren eine phonetische Klasse (Silbe, Halbsilbe, Phonem,...). Da merkmalsorientierte Systeme meist kleinere Erkennungseinheiten, wie Silben, Halbsilben oder Phoneme benützen, haben sie den Vorteil, daß zur Klassifizierung selbst von großen Wortschätzen

eine sehr kleine Anzahl von Referenzmustern genügt (bei Phonemen ca. 50). Zudem eignet sich dieser Ansatz auch zur Erkennung von kontinuierlich gesprochener Sprache. Spracherkennungssysteme auf Halbsilbenbasis /2/ oder Phonembasis /1/,/3/ stecken derzeit noch in der Entwicklungsphase, erste Tests verlaufen aber vielversprechend.

In den Siemens Forschungslaboratorien in München wird derzeit ein merkmalsorientierter Spracherkennungsansatz auf Phonembasis untersucht, der sich vor allem auf Informationen über das Zeitverhalten von Formanten in stationären Phonembereichen und an Phonemübergängen stützt. Da sich beim Sprechen die aneinandergereihten Phone (= akustische Realisierung der Phoneme), bedingt durch die endliche Geschwindigkeit der Artikulatoren (Koartikulation), gegenseitig beeinflussen, gibt es mannigfaltige akustische Realisierungsmöglichkeiten der Phoneme, die von der Lautumgebung (= Kontext) aber auch stark vom jeweiligen Sprecher abhängen /11/. Diese durch die Koartikulation bedingte kontextabhängige Realisierung der Phoneme bildet eines der wesentlichen Probleme für Spracherkennungssysteme, die auf Phonembasis arbeiten /1/.

Um hier Fortschritte erzielen zu können, muß man die vielfältigsten akustischen Realisierungsmöglichkeiten von Phonemen in den Griff bekommen. Die Idee dieser Arbeit ist, ein Phonemlexikon für das deutsche Phoneminventar zu erstellen, in welchem alle wichtigen Parameter und Regeln enthalten sind, welche die Kontextabhängigkeit der Phone sowohl im Zeit- als auch Spektralbereich zum Ausdruck bringen. Dieses Phoneminventar wird durch Anpassung an natürliche Sprache optimiert. Dazu wird aus den Parameter- und Regelsätzen des Phonemlexikons "künstliche Sprache" erzeugt, und mit einer gleichlautenden Äußerung natürlicher Sprache verglichen. Auch in einer kürzlich erschienen Arbeit von den Bell Laboratories /5/ wurde die Möglichkeit der Anpassung von synthetischer an natürliche Sprache zum Zwecke einer phonetischen Segmentierung untersucht. In /5/ und in der vorliegenden Arbeit wird ein nichtlinearer Mustervergleich verwendet, der den spektralen Abstand der beiden Äußerungen ermittelt. Mit einer speziellen Optimierungsmethode (Gradientenverfahren) werden die Parameter und Regeln des Phonemlexikons so geändert, daß der Abstand zwischen der künstlichen und der natürlichen Äußerung minimal wird. Später soll dieses Phonemlexikon als Referenzlexikon für ein zunächst sprecherabhängiges Spracherkennungssystem auf Phonembasis dienen.

## 2.Phoneminventar und Aufbau des Phonemlexikons

Die wesentliche Idee dieser Arbeit ist der Aufbau eines Phonemlexikons, in dem für jedes Phon geeignete Parameter und Verknüpfungsregeln zu anderen Lauten, sowohl für den Zeit-, als auch Frequenzbereich abgespeichert sind. Insgesamt soll damit eine vollständige Beschreibung des Sprachsignals auf einer höheren Parameterebene erreicht werden.
Beim Aufbau des Lexikons wurden 35 Phoneme des Deutschen herangezogen; allophonische Varianten wurden nicht berücksichtigt, sind aber implizit im Regelkatalog enthalten. Die akustischen "Features" der Phoneme wurden aus Sprachdaten eines männlichen Sprechers extrahiert. Ausgehend von einer LPC Analyse (Filtergrad 10) der Sprachdaten im Frequenzbereich von 50 - 4000 Hz, werden zu den ersten vier Formanten Mittenfrequenz und Bandbreite mit einem automatischen Verfahren /12/ segmentweise bestimmt. Durch eine Ähnlichkeitsmessung zwischen aufeinandenfolgenden Zeitframes, werden stationäre Lautabschnitte bestimmt, die einer artikulatorischen Zielstellung entsprechen. In diesen Abschnitten kann über die Formantparameter, über die auf das Signalmaximum normierte Energie, und

über den Grundfrequenzverlauf (Pitch) gemittelt werden. Zusätzlich zu der Dauer des stationären Segments werden diese Werte als Ausgangsparametersatz für die einzelnen Phoneme in das Lexikon übernommen. Im Lexikon werden folgende Lautklassen unterschieden :

| | |
|---|---|
| 1. Lange gespannte Vokale | A:,E:,I:,O:,U:,AE:,Ø:,Y; |
| 2. Kurze ungespannte Vokale | A,E,I,O,U,AE,Ø,Y,9 |
| 3. Liquide | L,R |
| 4. Nasale | M,N |
| 5. Frikative | S,$,F,W,C,X,J,H |
| 6. Plosive | B,D,G,,P,T,K |

Da vor allem auch diejenigen Parameter im Phonemlexikon eingetragen werden sollen, welche die Kontextabhängigkeit der Phoneme beschreiben, wurden Spektrogramme eines vorhandenen Testwortschatzes ausgemessen, um Richtwerte für diese kontextabhängigen Parameter zu bekommen. Diese im Phonemlexikon für jeden Laut eingetragenen Korrekturparameter, werden jeweils abhängig von der Lautumgebung wirksam. Bei den kontextabhängigen Korrekturparametern handelt es sich im wesentlichen um :

1. Zeitkorrektur von stationären Lautdauern
2. Korrektur von Lautübergangszeiten
3. Korrekturparameter für kontextabhängige Formantloci
4. Zentralisierungsfaktor für Formanten bei sehr kurzen Vokalen

Die kontextabhängigen Formantloci (Punkt 3) werden bei Lautübergängen von Nasalen bzw. Plosiven zu Vokalen wirksam. Der unter Punkt 4 erwähnte Zentralisierungsfaktor berücksichtigt abhängig von der stationären Lautdauer eine Verschiebung der Formantfrequenzen in Richtung des neutralen Schwa-Lauts. Insgesamt sind, abhängig von der Lautklasse, etwa 20 Parameter zur vollständigen Beschreibung eines Phonems notwendig. Die Werte für die Voreinstellung der dynamischen Zeitstruktur von Plosivlauten wurden von Fant /4/ übernommen.

## 3. Algorithmus zur Verkettung von Phonemen

Um die Aussagekräftigkeit und Güte der im Phonemlexikon enthaltenen Parameter und Regeln bewerten zu können, wird mit deren Hilfe ein künstliches Sprachsignal erzeugt, welches in einem zweiten Schritt (Kapitel 4) mit einer natürlichen gleichlautenden Äusserung verglichen wird. Dazu muß jedoch ein vorgegebener Text in ein Sprachsignal umgewandelt werden. Die Umsetzung eines Textes in Sprache, durch Verwendung von Phonemen des Lexikons, geht im einzelnen folgendermaßen vor sich:
Der eingegebene Text wird mit Hilfe eines sog. "Wortlexikons", in dem die phonetische Transkription eingetragen ist, oder anhand eines Regelsatzes in Lautschrift umgewandelt. Mit dem so erzeugten Phonemstring können nun nacheinander die Parameter und Regeln aus dem Phonemlexikon ausgelesen werden. Die Verarbeitung der Phone erfolgt von links nach rechts, so daß jeweils das zeitlich nachfolgende Phon Einfluß auf die akustische Realisierung des aktuellen Phons besitzt (siehe auch Bild 1). Ein speziell entwickeltes Verfahren realisiert die Verkettung der Phoneme anhand der vorgegebenen Regeln auf Parameterebene, was in praxi auf eine Interpolation im Formant-, Pitch-, und Energiebereich hinausläuft; Ausnahmen bilden hier Plosive und Nasale. In einem letzten Schritt werden die Formanten nach /6/ in LPC- bzw. Autokorrelationskoeffizienten umgerechnet, um mit dem Analyseverfahren, das für das natürliche Sprachsignal verwendet wird, kompatibel zu sein.

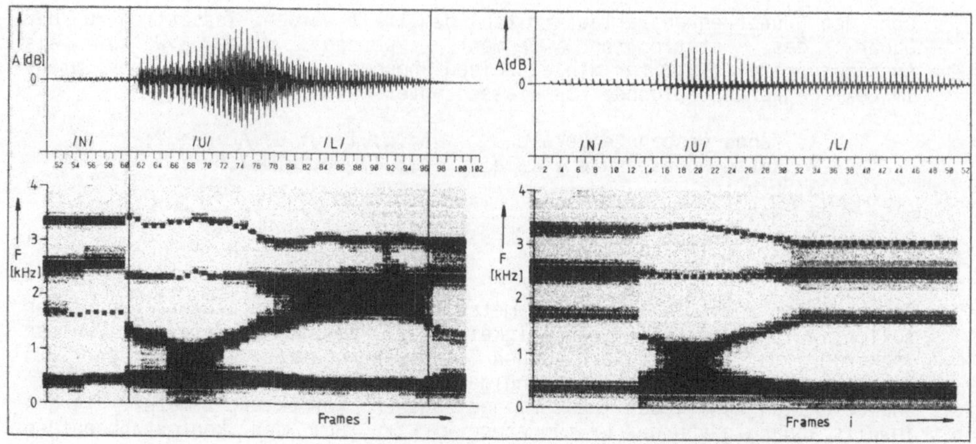


Bild 1: Zeitsignal und Verlauf der ersten 4 Formanten der Äußerung "Null" eines natürlichen Sprachsignals (links), extrahiert mit dem Algorithmus nach /12/, und eines aus Lauten des Phonemlexikons zusammengesetzen Sprachsignals (rechts).

## 4. Ähnlichkeitsvergleich mit Dynamischer Programmierung

Durch einen Ähnlichkeitsvergleich soll der spektrale Abstand zwischen dem künstlichen, aus dem Phoneminventar erzeugten, und einem natürlichen Sprachsignal einer Äußerung, ermittelt werden. Da die künstlich erzeugte Äußerung, zumindest im Anfangsstadium, nicht unbedingt die gleiche zeitliche Länge wie das als Referenz dienende natürliche Signal haben wird, ist es sinnvoll ein nichtlineares Vergleichsverfahren, das Zeitverzerrungen toleriert, zu verwenden.
Der verwendete DP-Algorithmus unterscheidet sich aber dahingehend von solchen Algorithmen, die in der Spracherkennung verwendet werden, daß hier die nichtlineare Verzerrungen mit hohen Zeitstrafen belegt werden (siehe Bild 2), um eine möglichst lineare Anpassung des künstlichen und des natürlichen Sprachsignals zu erzwingen. Weiterhin ist der Vergleich so realisiert, daß jeder Zeitframe des künstlichen Signals mit einem Frame des natürlichen Sprachsignals verglichen wird, und somit "Fehler" im künstlichen Sprachsignal stark in den Gesamtabstand eingehen.
Die spektrale Distanz zweier Sprachsignale läßt sich sehr effizient mit dem Verfahren der Dynamischen Programmierung mit Hilfe einer Rekursionsformel berechnen; die akkumulierten Kosten im Punkt i,j setzen sich aus dem Minimum der Summe aus der alten kumulierten Distanz D(i,j) und der aktuellen Distanz d(i,j) zusammen:

$$D(i,j) = \min\left\{\begin{array}{l} a * d(i,j) + D(i-1,j\ \ ), \\ b * d(i,j) + D(i,\ \ j-1), \\ \ \ \ \ \ \ d(i,j) + D(i-1,j-1) \end{array}\right\}; \qquad \text{Gl. 1}$$

Als Abstandsmaß findet das energienormierte COSH Maß /7/ Anwendung, das dem Itakura Saito Abstand /6/ ähnlich, aber symmetrisch ist. Es kann auf der Basis von Autokorrelationskoeffizienten und inversen LPC Koeffizienten realtiv einfach berechnet werden. Dieses Abstandsmaß hat den Vorteil, daß es Abweichungen der Formanten besonders stark gewichtet.

So ereicht man insbesondere bei Vokalen eine gute Anpassung an die spektralen Eigenschaften des natürlichen Sprachsignals. Bei stimmlosen Bereichen ist die spektrale Anpassung etwas problematisch, da die Formanten nur schwach ausgeprägt sind. Getestet wurde auch der AKF Cityblock Abstand, der jedoch wegen der Tatsache, daß er in stimmlosen Segmenten sehr große Abstände aufakkumuliert, für diese Anwendung ungeeignet erscheint.

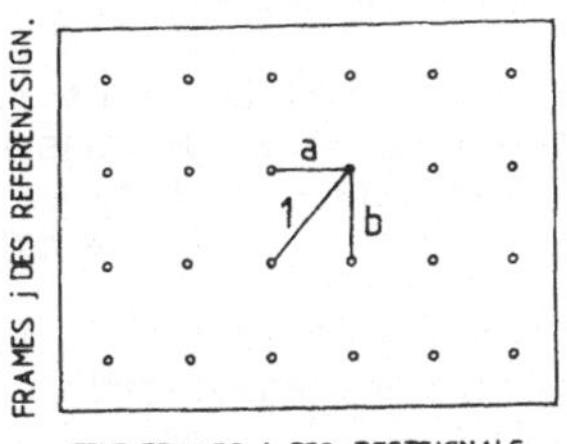


Bild 2: Zeitverzerrungsstrafen a und b (a,b>1) für nichtlineare Verzerrung des Warp Pfades beim Template Matching.

## 5.Optimierung der Parameter des Phonemlexikons

Durch eine Anpassung der Parameter des Phonemlexikons an natürliche Gegebenheiten, soll die spektrale Distanz von künstlichem und natürlichem Sprachsignal minimiert werden. Hierbei handelt es sich um eine Optimierungsaufgabe in einem hochdimensionalen Musterraum, da zur Erfassung der Kontextabhängigkeit eine Äusserung als Ganzes zu optimieren ist, und nicht etwa einzelne Parameter eines Lautes unabhängig voneinander. Deshalb ist vor allem die Frage nach dem Konvergenzverhalten bei dieser Aufgabe von größter Wichtigkeit. Insbesondere ist es sinnvoll die Anpassung der zeitlichen Parameter vor der Optimierung der spektralen Parameter durchzuführen, damit sich keine Fehlzuordnungen ergeben, d.h. daß verschiedene Laute aufeinander abgebildet werden. Neben einem modifizierten Koordinatensuchverfahren /9/, das bei Optimierungsversuchen nicht selten divergierte, wurde das Gradientenverfahren /9/ für diesen Zweck getestet. Obwohl die Konvergenzeigenschaften des Gradientenverfahrens nicht optimal sind, es benötigt sehr viele Gradientenschritte, um sich dem Minimum zu nähern (siehe Bild 3), so ist es doch ein äußerst stabiles Minimierungsverfahren /9/.

Beim Gradientenverfahren muß außer dem Funktionswert auch der Gradient der zu minimierenden Funktion berechnet werden. Es empfiehlt sich von der gegenwärtigen Stelle in die Richtung des steilsten Abstiegs fortzuschreiten. Die zu minimierende Funktion ist in unserem Falle der spektrale Abstand, gemessen mit dem nichtlinearen Mustervergleich, zwischen dem natürlichen und dem künstlichen Sprachsignal $S_n$ und $S_k$ in Abhänigigkeit von dem Parametervektor $\underline{x}_i$ : (i bezeichnet den i-ten Iterationsschritt):

$$f(\underline{x}_i) = Dis(S_n, S_k) \qquad \text{Gl.2}$$

Der Gradient der Funktion $f(\underline{x}_i)$ sei:

$$g(\underline{x}_i) = grad(f_i) \qquad \text{Gl.3}$$

Die Richtung des steilsten Abstiegs bezeichnen wir mit $\underline{s}_i$ ; sie ist gegeben durch :

$$\underline{s}_i = -g(\underline{x}_i) \qquad \text{Gl.4}$$

Schreitet man von $\underline{x}_i$ aus um die Schrittweite c in Richtung von $\underline{s}_i$ weiter, so gilt für den neuen Funktionswert:

$$f(\underline{x}_{i+1}) = f(\underline{x}_i + c * \underline{s}_i) \qquad \text{Gl.5}$$

Der gesamte Algorithmus für das Gradientenverfahren lautet demnach /9/:

1. Gegeben $\underline{x}_i$. Setze i=0.
2. Berechne $\underline{g}_i$=grad($f_i$) und setze $\underline{s}_i = -\underline{g}_i$
3. Minimiere $f(\underline{x}_i + c^*\underline{s}_i)$ und ermittle c
4. Setze $\underline{x}_{i+1} = \underline{x}_i + c^*\underline{s}_i$
5. Setze i = i+1. Fortsetzen mit Punkt 2 falls Abbruchkriterien nicht erfüllt.

Als Teilproblem tritt bei dieser Optimierung noch die Wahl der geeigneten Schrittweite in eine vorgegebene Richtung auf. Ausgehend von gegebenen Vektoren $\underline{x}_i$ und $\underline{s}_i$ ist das Minimum der Funktion h(c) zu suchen :

$$f(\underline{x}_i + c^*\underline{s}_i) = h(c) \qquad \text{Gl.6}$$

Da diese Aufgabe bei jedem Iterationsschritt auftritt, ist sie mit möglichst wenig Rechenaufwand zu lösen. Man ermittelt deshalb zunächst ein relativ grobes Grundintervall innerhalb dessen das gesuchte Minimum mit Sicherheit liegt. Die genauere Bestimmung erfolgt dann durch eine Intervallteilung nach dem Goldenen Schnitt /9/.

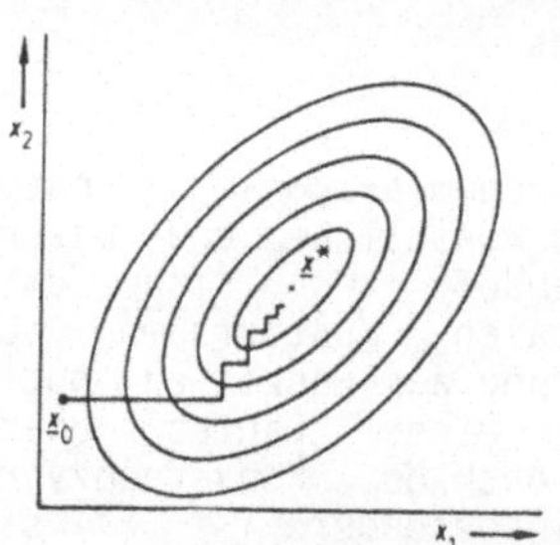


Bild 3: Konvergenzeigenschaft des Gradientenverfahrens bei einem 2 - dimensionalen Optimierungsproblem /9/.

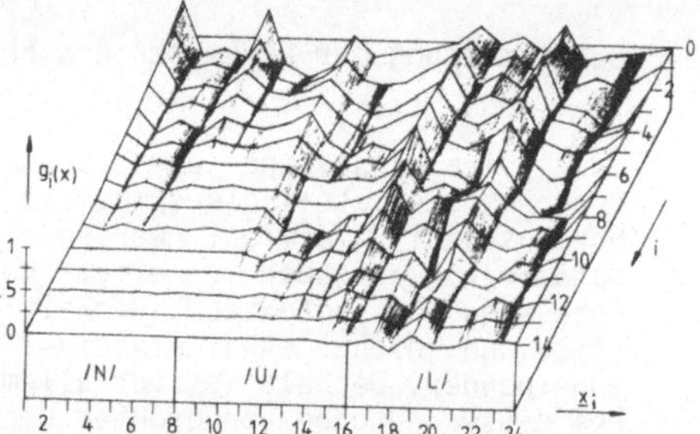


Bild 4: Verlauf des normierten Gradientenvektors $g(\underline{x}_i)$ ( $\underline{x}_i$ 24 - dimensional ) in Abhängigkeit der Iterationsschritte i.

## 6. Ergebnisse und Ausblick

Durch die Anpassung der Parameter und Übergangsregeln des Phonemlexikons an natürliche Sprache, erhält man ein Phoneminventar, das die realen Vorgänge bei der Koartikulation zumindest sprecherabhängig beschreibt. Da der nichtlineare Mustervergleich in Abhängigkeit des verwendeten Abstandsmaßes auf die Änderung einzelner Parameter sehr unterschiedlich reagiert, sind sowohl die Eigenschaften des Abstandsmaßes, als auch die Größe der Schrittweite beim Iterationsprozess für eine erfolgreiche Optimierung mitentscheidend. Ebenfalls ist die Güte der Anpassung des Phonemsatzes an natürliche Verhältnisse sehr stark von der Wahl geeigneter akustischer Merkmale abhängig, die von Lautklasse zu Lautklasse sehr verschieden sein können. Der Wahl geeigneter Merkmale kommt somit eine grundlegende Bedeutung fuer die Qualität der Anpassung zu. Mit dem Gradientenverfahren wurde schließlich eine Minimierungsstrategie gewählt, die einen sehr hohen Rechenaufwand benötigt, der jedoch angesichts des stabilen Konvergenzverhaltens selbst bei diesem hochdimensionalen Optimierungsproblem gerechtfertigt erscheint. Als Nebenprodukt lässt sich synthetische Sprache erzeugen, die eine gute Natürlichkeit aufweist. Demnächst wird damit begonnen, geeignte Algorithmen für eine merkmalsorientierte Spracherkennung auf Phonembasis, welche als Referenzsatz das Phonemlexikon verwendet, zu entwickeln.

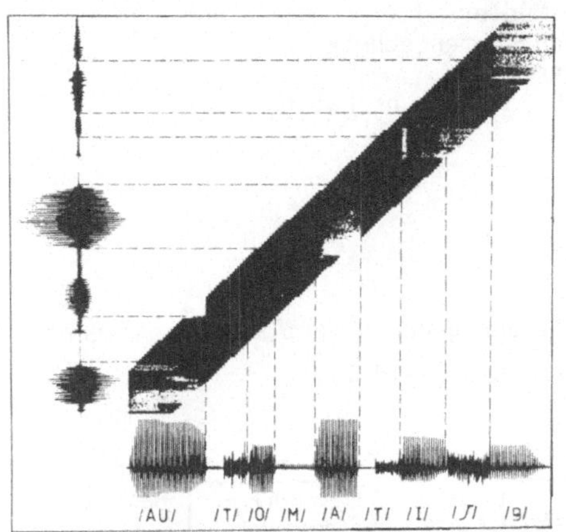


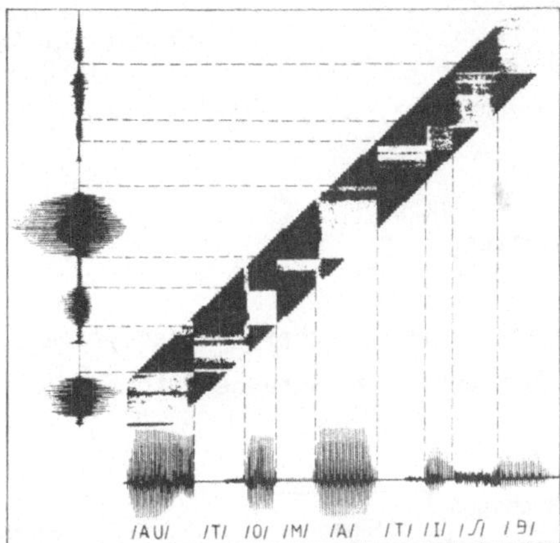


Bild 5: Ausschnitt aus Abstandsmatrizen des nichtlinearen Mustervergleichs zwischen natürlicher (Ordinate) und künstlicher (Abszisse) Äußerung des Wortes "Automatische", vor (linke Darstellung) und nach (rechte Darstellung) der Optimierung mit dem Gradienten - verfahren im 90 dimensionalen Musterraum. Die hellen Bereiche zeigen gute, die dunklen Bereiche schlechte Übereinstimmung an.

## 7. Literatur


/1/ R.A.Cole, "Performing fine Phonetic Distinctions: Templates vs. Features", Carnegie Mellon University, Pittsburg

/2/ G.Ruske, "On the Usage of Demisyllables in Automatic Speech Recognition", Proceedings Eurasip, Erlangen 1983

/3/ P.Regel, "A Module for Acoustic-Phonetic Transcription of Fluently spoken German Speech", IEEE Trans. ASSP-30, No.3, 1976

/4/ G.Fant, "Speech Sounds and Features", MIT Press, Cambridge, Massachusetts, London 1973

/5/ H.D.Hoehne, C.Coker, S.E.Levinson, L.R. Rabiner, "On Temporal Alignment of Sentences of Natural and Synthetic Speech", IEEE Vol. ASSP-26, No.4, Aug. 1983, pp.807-813

/6/ J.D.Markel, A.H. Gray, Jr., "Linear Prediction of Speech", Berlin, Heidelberg, New York, Springerverlag 1976

/7/ A.H. Gray, Jr., "Distance Measures for Speech Processing", IEEE Trans. Vol. ASSP-24, No.5, October 1976

/8/ H.Ney, "The Use of a one Stage Dynamic Programming Algorithm for Connected Word Recognition", IEEE Vol. ASSP-32, Apr. 1984

/9/ W.Entenmann, "Optimierungsverfahren", Dr.Alfred Hüthig Verlag, Heidelberg 1975

/10/ O.Schmidbauer, "Formantextraktion mit Hilfe der Vektorquantisierung", Diplomarbeit am Lehrstuhl für Datenverarbeitung TU München 1983

/11/ O.Schmidbauer, "Spektrale Merkmale von Phonemen geeignet für die Verwendung in der Automatischen Spracherkennung", Siemens interner Bericht, Feb. 1984

/12/ O.Schmidbauer, "Segmentorientiertes Formant Tracking mit Dynamischer Programmierung", Tagungsband DAGA 1984

# VERBESSERUNG DER AUTOMATISCHEN SPRACHERKENNUNG DURCH DIE ERWARTUNGSORIENTIERTE ANALYSE+

Joachim Mudler
Institut für Nachrichtentechnik
TU Braunschweig
Schleinitzstr. 23, D-3300 Braunschweig

## 1. Einleitung

Ein dreistufiges Spracherkennungssystem soll den genauen Wortlaut von fließend gesprochener deutscher Sprache automatisch erfassen (Bild 1).

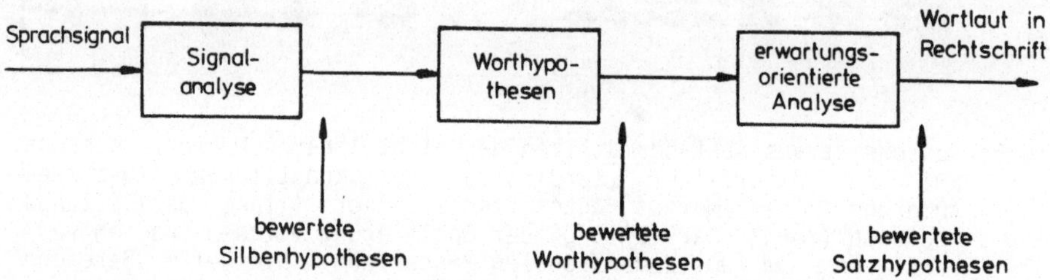


Bild 1: Dreistufiges Spracherkennungssystem

Die erste Stufe des Systems bearbeitet das akustische Sprachsignal. Nach einem erprobten Verfahren /1/ wird eine Silbensegmentierung vorgenommen, wobei jede Silbe in drei Segmente unterteilt werden kann: Eine Anfangskonsonantfolge, einen Vokal oder Diphthong und eine Endkonsonantfolge. Einzelne Konsonanten gelten dabei als Sonderfall einer Konsonantfolge. Für jedes Segment kann eine Rangfolge aller im Deutschen möglichen Konsonantfolgen bzw. Vokale oder Diphthonge angegeben werden, die die Sicherheit angibt, mit der ein Element dieser Rangfolge in der betrachteten Silbe vorkommt. Die Segmentierung in Silben wird im folgenden als fehlerfrei angenommen.

Durch Zusammenfassen aufeinanderfolgender hypothetischer Silben (bzw. Segmente) werden in der zweiten Stufe des Systems bewertete Worthypothesen aufgestellt. Dies geschieht für alle Wörter des zugelassenen Wortschatzes und für jede Silbengrenze. Die Bewertung der Worthypothesen basiert auf den Bewertungen der jeweiligen Silben bzw. Segmente und gibt an, mit welcher Sicherheit ein Wort an der betrachteten Silbengrenze beginnt.

Die erwartungsorientierte Analyse bildet die dritte Stufe des Systems und dient dazu, Unsicherheiten der vorangegangenen Stufen bei der Klassifizierung von Silben und

---

+) Das Forschungsvorhaben wird von der Deutschen Forschungsgemeinschaft gefördert.

Wörtern zu beseitigen. Mit Hilfe eines sehr ausführlichen Lexikons werden Folgen von zueinander passenden Worthypothesen für einen festgelegten Signalabschnitt zusammengestellt und bewertet. Auf diese Weise soll der genaue Wortlaut der gesprochenen Äußerung ermittelt werden. Das folgende Kapitel beschäftigt sich in ausführlicherer Form mit der erwartungsorientierten Analyse.

## 2. Das Prinzip der erwartungsorientierten Analyse

Die erwartungsorientierte Analyse wurde ursprünglich für die inhaltliche Analyse von geschriebenen Texten in englischer Sprache entwickelt /2/. Dieses Konzept wird nun hier bei der automatischen Spracherkennung angewendet. Die nutzbaren a-priori-Kenntnisse über Morphologie, Syntax und Semantik der verwendeten Sprache werden in einem ausführlichen Lexikon verzeichnet. Im speziellen sind dort zu jedem Wort des zugelassenen Wortschatzes syntaktische und semantische Merkmale aufgeführt und vor allem Baupläne für Satzteile und Sätze, in denen ein Wort in sinnvoller Weise vorkommen kann.

In Bild 2 wird der Datenfluß bei der erwartungsorientierten Analyse dargestellt. Ausgangspunkt der Analyse ist die Gesamtrangliste aller Worthypothesen, die von der vorangegangenen Stufe des Systems geliefert wird. Für die folgenden Erläuterungen soll zum besseren Verständnis angenommen werden, daß der betrachtete Signalabschnitt genau einen Satz enthält und somit die Satzgrenzen bekannt sind. Tatsächlich arbeitet die

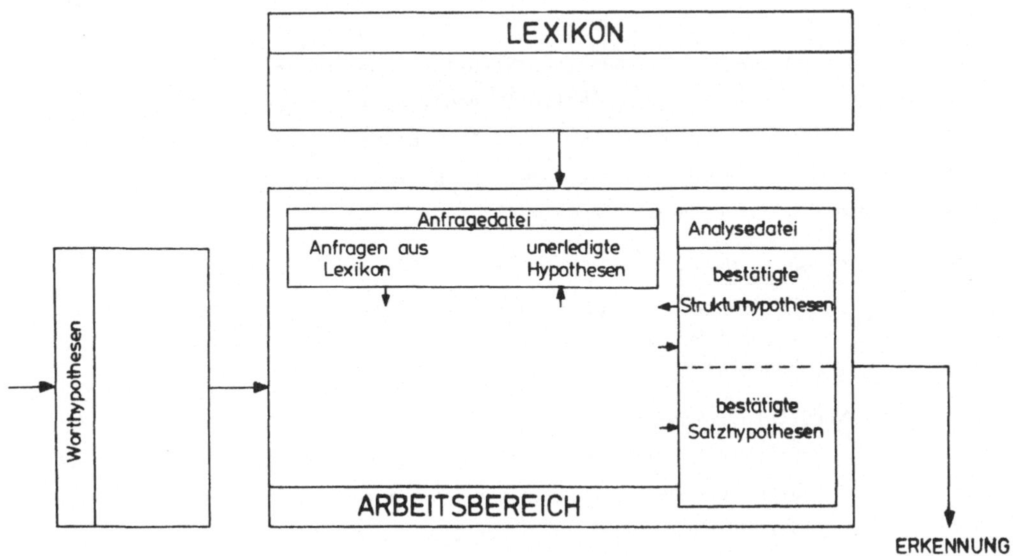


Bild 2: Datenfluß bei der erwartungsorientierten Analyse

derzeitige Version des Systems unter dieser Einschränkung. Es soll jedoch prinzipiell möglich sein, diese Einschränkung fallen zu lassen und die Bestimmung von Satzgrenzen ebenfalls der erwartungsorientierten Analyse zu übertragen. Darüberhinaus wird angenommen, daß die Länge des Signalabschnittes in Silben bekannt ist. Das Vorgehen bei der erwartungsorientierten Analyse kann nun folgendermaßen beschrieben werden.

Mit der Überprüfung einer Worthypothese aus der vorliegenden Rangliste werden aus dem Lexikon alle dort zu diesem Wort verzeichneten Baupläne für Satzteile oder Sätze in die Anfragedatei geschrieben. Die Baupläne konkretisieren eine Umgebung, in der ein Wort in sinnvoller Weise vorkommen kann. Sie enthalten offene Positionen (Lücken) für weitere Wörter oder andere Baupläne und stellen Anforderungen zur Besetzung dieser Lücken, die als Anfragen formuliert sind. Diese Anfragen gilt es nun im weiteren Verlauf der Analyse zu überprüfen und nach Möglichkeit zu erfüllen. Mit der Besetzung offener Positionen werden weitere Hypothesen bestätigt, die i. allg. Wortfolgen umfassen. Insgesamt sind drei Klassen von Hypothesen zu unterscheiden:

- Worthypothesen, wie sie aus der zweiten Systemstufe vorliegen,
- Strukturhypothesen, das sind bestätigte Baupläne für Satzteile (Nominal- und Präpositionalgruppen wie "der scharfe Pfeffer", "mit dem Messer", aber auch einzelne Wörter wie z.B. Adverbien oder Pronomen: "leicht", "jeder")
- Satzhypothesen, das sind bestätigte Baupläne für Sätze.

Bestätigte Struktur- oder Satzhypothesen können wiederum zur Besetzung von Lücken in Bauplänen herangezogen werden. Findet man für einen Bauplan keine entsprechenden Hypothesen, die den gestellten Anforderungen zur Besetzung der offenen Positionen genügen, so wird der Bauplan mit den Anfragen als unerledigte Hypothese in der Anfragedatei belassen und zu einem späteren Zeitpunkt erneut überprüft, nämlich dann, wenn neue Struktur- oder Satzhypothesen bestätigt werden konnten. Die unerledigte Hypothese 'erwartet' dann sozusagen eine passende Struktur- oder Satzhypothese. Zwei Sichtweisen bietet somit die erwartungsorientierte Analyse. Zum einen (Bottom-up-Sicht) wird durch die Worthypothesen die Generierung bzw. Eröffnung von weiteren Hypothesen initiiert, zum anderen (Top-down-Sicht) erwarten übergeordnete Hypothesen die Bestätigung von Hypothesen auf darunterliegenden Stufen:

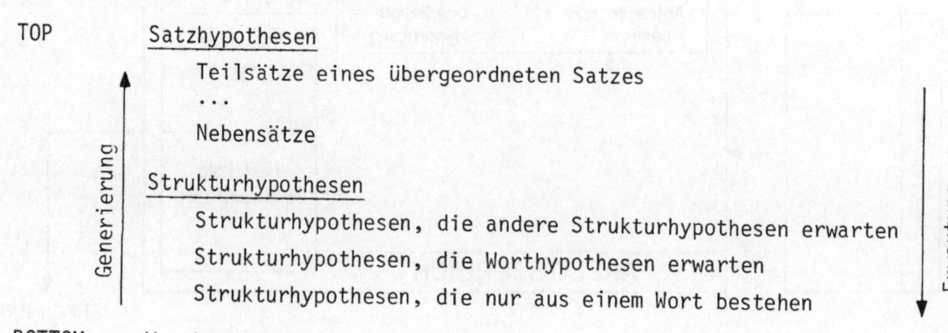

Die Bedingungen, die an die Besetzung offener Positionen geknüpft sind, beziehen sich auf die Hypothesenklasse (Wort, Struktur, Satz), auf grammatikalische Kongruenzen und semantische Verträglichkeiten. Damit werden auch Struktur- und Satzhypothesen spezifische Beschreibungen zu Grammatik und Semantik zuteil, die sich aus denen der beteiligten Wörter bzw. Strukturen ergeben. Ebenso werden Bewertungen übergeordneter Hypothesen aus denen der enthaltenen Hypothesen berechnet. Die Suchstrategie für die Besetzung von Lücken geht streng von den sicheren zu den weniger sicheren Hypothesen vor. Innerhalb der Besetzung von Lücken in den Bauplänen wird eine Depth-first-Suche angewendet, d.h. ist eine erste Lücke besetzt worden, wird zunächst die Besetzung weiterer Lücken verfolgt, bevor Alternativen zu einer Besetzung betrachtet werden. Die Suche ist richtungsunabhängig und wird nur durch die jeweiligen Hypothesen bzw. die Anforderungen bestimmt. Als Erkennungsergebnis des Systems dient letztendlich die am besten bewertete Satzhypothese, die den Signalabschnitt lückenlos und überlappungsfrei füllt.

## 3. Entwicklung und Erprobung der erwartungsorientierten Analyse

Das Konzept der erwartungsorientierten Analyse wurde in einer ersten Version realisiert. Das existierende System arbeitet unter den einschränkenden Voraussetzungen:

- Der Signalabschnitt enthält genau einen Satz (Satzgrenzen gegeben).
- Es können nur Hauptsätze bearbeitet werden, Nebensätze sind nicht zugelassen.

Grundlage der Tests sind Sätze aus Kochrezepten, die gesprochen und aufbereitet werden (erste Systemstufe). Anschließend werden unter Berücksichtigung des zugelassenen Wortschatzes Worthypothesen generiert (zweite Systemstufe).

Bei dem Lexikon handelt es sich um ein Vollformenlexikon, das in einer Endausbaustufe über einen Wortschatz von etwa 1000 Wörtern verfügen soll. Zu jedem Wort sind bezüglich der erwartungsorientierten Analyse im Lexikon verzeichnet (näheres zum Lexikon siehe /3/, /4/):

- die Wortklasse (Nomen, Adjektiv, Artikel, Präposition etc.)
- ggf. Grammatikangaben zu Numerus, Genus und Kasus oder zum nachfolgenden Kasus (bei Präpositionen)
- semantische Merkmale des Wortes (bei Nomina) oder Selektionsbeschränkungen der im Zusammenhang mit dem Wort auftretenden anderen Wörter (bei Adjektiven, flektierten Partizipien)
- Baupläne für Satzteile oder Sätze mit den dazugehörigen Anfragen.

Die Anfragen zur Besetzung offener Positionen beziehen sich zunächst auf die zulässigen Wort- oder Strukturklassen. Bei der grammatikalischen Überprüfung werden berücksichtigt:

- Kongruenzen von Numerus, Genus und Kasus in Nominal- und Präpositionalgruppen
- Kasusverträglichkeit von Präpositionen
- Flexionsarten von Adjektiven und flektierten Partizipien
- Kasus und ggf. Numerus/Person Kongruenzen bei Lücken in Satzbauplänen.

Zur semantischen Überprüfung wird die Verträglichkeit der semantischen Merkmale der einzelnen Hypothesen festgestellt (Schnittbildung). Die verwendeten semantischen Merkmale wurden in Hinblick auf das Testdatenmaterial entwickelt.

Der akzeptierte Sprachumfang des Experimentiersystems läßt sich folgendermaßen beschreiben.

Strukturklassen

- Nominalgruppen mit und ohne Attributen ("der Pfeffer", "das köstliche Gericht"), jedoch keine verschachtelten Strukturen wie etwa "die am Vortage gekochten Kartoffeln"
- Präpositionalgruppen ("mit Milch", "für eine halbe Stunde"), Einschränkungen s.o.
- Konjunktiv verknüpfte Nominalgruppen, Nomen + Nomen ("Salz und Pfeffer")
- Personalpronomina ("es", "ihm")
- Demonstrativpronomina ("jenes")
- Reflexivpronomina ("sich")
- Adverbien und unflektierte Adjektive

Satzklassen

- Hauptsätze ("Ein Gericht fehlt auf dem Speiseplan.")
- Aufforderungssätze ("Das Fleich in Scheiben schneiden.")

Für erste Versuche mit dem Experimentiersystem standen 17 Sätze aus den bisher aufbereiteten Sprachdaten zur Verfügung. Das verwendete Lexikon umfaßte 50 Einträge für Verben mit 33 Infinitivformen und insgesamt 55 Satzbauplänen, sowie 131 Einträge anderer Wortklassen. Als Bewertungen für die Worthypothesen wurde die Summe der Bewertungen für die silbenorientierten Einheiten zugrundegelegt, die anschließend auf die Silbenlänge des jeweiligen Wortes normiert wurde. Entsprechendes gilt für die Bewertung von Struktur- und Satzhypothesen. Für jede Silbenposition wurde eine Rangliste von Worthypothesen mit Bewertungen über einer bestimmten Schwelle aufgestellt. Aus solchen Einzellisten wurde für jeden Satz die Gesamtrangliste der Worthypothesen gebildet. Bei den Testläufen wurden für jeden Satz so lange Struktur- und Satzhypothesen generiert, bis die gesamte Worthypothesenliste abgearbeitet war. Danach wurde diejenige Satzhypothese mit der besten Bewertung als Erkennungsergebnis ausgewiesen. Die Laufzeiten des Systems insgesamt hängen allgemein von der Anzahl generierter Hypothesen ab. Sie liegen auf der benutzten PDP 11/23 Rechenanlage im Minutenbereich.

Tabelle 1 gibt einen Überblick zu den erzielten Erkennungsraten. Dazu wurde ein Vergleich der Erkennungsraten nach jeder Verarbeitungsstufe des Systems gemäß Bild 1 durchgeführt und auf die Segmentebene (1 Silbe = 3 Segmente: Anfangskonsonantfolge, Vokal, Endkonsonantfolge) bezogen. Die Trefferzahlen geben in allen Fällen an, wieviele Segmente richtig klassifiziert wurden, wenn immer die beste Hypothese auf den verschiedenen Ebenen als Erkennungsergebnis gewählt wurde. Gibt es auf der Segmentebene noch für jedes Segment eine Rangliste von Hypothesen, so existiert auf der

| Satz Nr. | Wortlaut | Anzahl Segmente | Segmentebene | | Wortebene | | Satzebene | |
|---|---|---|---|---|---|---|---|---|
| | | | Treffer Segm. | Rate % | Treffer Segm. | Rate % | Treffer Segm. | Rate % |
| 1 | Dann die Schnitzel hineingeben. | 24 | 18 | 75% | 21 | 87,5% | 21 | 87,5% |
| 2 | Dazu kommt eine Majonnaise. | 27 | 20 | 74% | 27 | 100% | 27 | 100% |
| 3 | Das macht der Metzger mit seinem breiten Messer. | 36 | 20 | 55,5% | 35 | 97,2% | 36 | 100% |
| 4 | Die Panade leicht andrücken. | 24 | 11 | 45,8% | 11 | 45,8% | 24 | 100% |
| 5 | Von jeder Seite vier Minuten braten. | 33 | 21 | 63,6% | 24 | 72,7% | 33 | 100% |
| 6 | Ein einfacher Kartoffelsalat paßt dazu. | 36 | 25 | 69,4% | 36 | 100% | 36 | 100% |
| 7 | Zum Schluß abschmecken. | 15 | 10 | 66,6% | 15 | 100% | 15 | 100% |
| 8 | Ein Gericht fehlt auf dem Speiseplan. | 27 | 15 | 55,5% | 15 | 55,5% | 24 | 88,8% |
| 9 | In der Pfanne Butter erhitzen. | 27 | 20 | 74% | 24 | 88,8% | 27 | 100% |
| 10 | Das Paket auf dem Rost im Backofen bei 220 Grad eine gute Stunde garen. | 75 | 44 | 58,6% | 67 | 89,3% | 75 | 100% |
| 11 | Mit Petersilie garnieren. | 24 | 15 | 62,5% | 24 | 100% | 24 | 100% |
| 12 | Dazu passen Cremekartoffeln. | 24 | 16 | 66,6% | 22 | 91,6% | 24 | 100% |
| 13 | Auch Sauerkraut ist eine beliebte Beilage. | 39 | 19 | 48,7% | 38 | 97,4% | 39 | 100% |
| 14 | Das Fleisch in Scheiben schneiden. | 21 | 12 | 57,1% | 17 | 80,9% | 21 | 100% |
| 15 | Dann die Folie zusammenschlagen. | 27 | 18 | 66,6% | 27 | 100% | 27 | 100% |
| 16 | Das geht mit dem Elektrorührstab | 27 | 17 | 62,9% | 24 | 88,8% | 27 | 100% |
| 17 | Mit dünnen Zitronenscheiben servieren. | 33 | 19 | 57,5% | 25 | 75,7% | 33 | 100% |

Durchschnittliche Erkennungsraten: 62,3% 86,5% 98,6%

Tabelle 1: Erkennungsraten nach den verschiedenen Verarbeitungsstufen

Satzebene schließlich nur noch eine Rangliste. Auf der Wortebene wurden nur noch diejenigen Ranglisten betrachtet, die mit den richtigen Wortgrenzen zusammenfallen. Da diese Wortgrenzen aber i. allg. nicht bekannt sind, geben die Ergebnisse hier den denkbar besten Fall wieder, und die tatsächlich erzielbare Trefferzahl wird meist deutlich niedriger liegen. Die durchschnittlichen Erkennungsraten von etwa 62% auf Segmentebene, etwa 86% auf Wortebene und etwa 98% auf Satzebene lassen - trotz der sicher noch wenigen Vergleichsdaten - die berechtigte Vermutung zu, daß eine erwartungsorientierte Analyse für die Erkennung kontinuierlich gesprochener Sprache prinzipiell noch einen erheblichen Gewinn bringen kann.

## 4. Zusammenfassung

Um brauchbare Ergebnisse bei der Erkennung kontinuierlich gesprochener Sprache zu erzielen, reicht eine reine Signalverarbeitung allein nicht aus. Kenntnisse über Morphologie, Syntax und Semantik der verwendeten Sprache und eventuell auch zusätzliches Fachwissen über die Diskursbereich müssen eingesetzt werden werden, um ein gewisses Verstehen und Begreifen einer gesprochenen Nachricht zu erlangen, den Kontextbezug herzustellen und so letztendlich dem Ziel nahe zu kommen, den genauen Wortlaut der gesprochenen Äußerung zu erfassen.

Einen fruchtbaren Ansatz zur Lösung des Problems bildet das Konzept der erwartungsorientierten Analyse. Dabei sind die gesamten Vorkenntnisse vollständig in ein sehr ausführliches Lexikon integriert. Einer Erweiterung dieser Wissensbasis gegenüber ist das System offen, da dies lediglich die Aufnahme zusätzlicher Lexikoneinträge in das Lexikon erfordert. In einem ersten experimentellen Ansatz konnten unter Berücksichtigung einiger Einschränkungen vielversprechende Ergebnisse erzielt werden. Umfangreichere Testläufe und Erweiterungen des Systems durch Fallenlassen der zunächst getroffenen Einschränkungen werden Gegenstand zukünftiger Arbeiten sein.

## Literatur

/1/ Ruske, G., Schotola, T.: An Approach to Speech Recognition Using Syllabic Decision Units. In: Proc. IEEE Conf. on Acoustics, Speech and Signal Processing, Tulsa, Oklahoma, USA, April 1978, pp. 722-235.

/2/ Riesbeck, C.K., Schank, R.C.: Comprehension by Computer: Expectation-based Analysis of Sentences in Context. In: Studies in the Perception of Language, Wiley & Sons, 1978, pp. 247-293.

/3/ Mudler, J.: Wissensgesteuerte Analyse bei der automatischen Spracherkennung, VDE-Fachberichte 35, Mustererkennung 1983, 5. DAGM-Symposium, VDE-Verlag, Berlin, Offenbach, 1983, S.373-377.

/4/ Mudler, J., Paulus, E.: Entwicklung und Erprobung der erwartungsorientierten Analyse für die automatische Spracherkennung, wird erscheinen in: Sprache und Datenverarbeitung, Sonderheft 'Automatische Spracherkennung'.

# ANWENDUNGEN IN DER FERNERKUNDUNG

# RELATIONAL MATCHING - PROBLEMS, TECHNIQUES, and APPLICATIONS

Linda G. Shapiro
Department of Computer Science
Virginia Polytechnic Institute and State University
Blacksburg, Virginia 24061

## ABSTRACT

A relational description is a set of relations that can be used to represent an object model or to describe the features, properties, and interrelationships extracted from an image. Given two such relational descriptions, the relational distance between them tells us how similar are two models (for grouping purposes) or how well a part of an image matches a particular model (for identification purposes). Furthermore, once two descriptions have been judged similar enough by their relational distance, the mapping derived from the matching process can be used to determine symbolic differences between them that may aid in the process of image analysis. In this paper we will define all of the above concepts and then discuss some matching procedures -- both in general and for some specific matching problems we are encountering in an industrial inspection task. We will also discuss the complex models being used for this task and the problem of organizing object models in general.

## I. INTRODUCTION

We are entering an exciting and challenging era in the field of computer vision. Vision is starting to be used in real-life industrial applications on an increasing basis. So far, the use has been mostly limited to situations where there are only a few possible objects to recognize, and they are in a predetermined setting such as a conveyor belt or work table. It will not be so long before we have mobile robots that must interact with changing surroundings and a large set of possible objects to contend with. Such robots will have to have access to a large database of object models and general knowledge of the structure of three-dimensional objects.

A relational description is a set of relations that can be used to represent an object model or to describe the features, properties, and interrelationships extracted from an image. We believe that relational matching (determining the similarity between two relational descriptions) will become increasingly important in this robotic age. In this paper, we discuss some problems, techniques, and applications of relational matching. In Section III, we review the definitions of relational descriptions and relational distance. In Section IV, we discuss a method for finding relational distance, and in Section V we describe a particular application to an inspection task where a fast and efficient matching procedure can be used.

## II. RELATED LITERATURE

One of the early discussions of relational matching was a paper by Barrow, Ambler, and Burstall [1] who compared several strategies for finding a mapping from a relational description of a model to a relational description of an image. The advent of discrete relaxation algorithms (for example: Waltz [26], Rosenfeld, Hummel, and Zucker [15], Haralick and Shapiro [9]) to speed up the exponential process of finding such a mapping helped to popularize relational models and they have been used in a number of systems.

Nevatia and Binford [14] used three-dimensional object models consisting of generalized cylinders with normal cross sections for primitives, plus connectivity relations and global properties. Marr and Nishihara [11] had hierarchical, relational models also with generalized cylinder primitives. Schneier [17] represented objects by primitives and relations, but with the special feature that common primitives and relations are shared across models and within models. The matching done in the ACRONYM system (Brooks [2]) was also partly of a relational nature. This system, however, encoded relational and other constraints as symbolic expressions and used symbolic reasoning in the recognition of three-dimensional objects from single perspective views. Relational matching has also been used in two-dimensional shape matching (Shapiro [19], Davis [4]).

The subject of efficiently finding relational matches has been addressed in a number of papers (Ullman [25], Montanari [12], Mackworth [10], Freuder [6], Gaschig [7], those mentioned above, and others). Haralick and Elliot [8] compared several discrete relaxation operators and found that a very simple operator called forward checking worked best. Shapiro and Haralick [20] extended this work to inexact matching. In [22] we defined a distance measure for graphs and used it to organize a database of models into clusters. An unknown graph could be compared to representatives of each cluster instead of to each graph in the database. The distance measure used in [22] was a special case of the general relational distance defined in this paper. Sanfelieu and Fu [16] developed a different relational distance for graphs and used it to classify muscle tissue patterns. The measure, which they use to compare an input graph to a reference graph, is based on the cost of node recognition plus the cost of the operations necessary to transform the input graph to the reference graph. The measure is defined by

$$\min_{\text{all configurations}} \{w_{nr}c_{nr} + w_{ni}c_{ni} + w_{nd}c_{nd} + w_{bi}c_{bi} + w_{bd}c_{bd}\}$$

where $w_{nr}$, $w_{ni}$, $w_{nd}$, $w_{bi}$, and $w_{bd}$ are weights summing to 1 and $c_{nr}$, $c_{ni}$, $c_{nd}$, $c_{bi}$, and $c_{bd}$ are the costs of node recognition, node insertion, node deletion, branch insertion, and branch deletion, respectively. In comparison, the general distance measure is a bidirectional measure which takes into account the last four of these costs, but makes no allowance for node recognition. Sanfeliu's distance measure is not a metric. Our general relational distance is the first measure of the distance between two relational descriptions that is a metric.

## III. A GENERAL RELATIONAL DISTANCE

A relational description $D_X$ is a sequence of relations $D_X = \{R_1,\ldots,R_I\}$ where for each $i=1,\ldots,I$, there exists a positive integer $n_i$ with $R_i \in X^{n_i}$ for some set X. Intuitively, X is a set of the parts of the entity being described and the relations $R_i$ indicate various relationships among the parts. A relational description may be used to describe an object model, a group of regions on an image, a two-dimensional shape, a Chinese character, or anything else having structure to it. We wish to define a distance measure for pairs of relational descriptions.

Let $D_A = \{R_1,...,R_I\}$ be a relational description with part set A. Let $D_B = \{S_1,...,S_I\}$ be a second relational description with part set B. We will assume that $|A| = |B|$; if this is not the case, we will add enough dummy parts to the smaller set to make it the case. We will see later, that the relational distance measure is only a metric if the mapping from A to B that defines the distance is one-one and onto. Thus the mapping will be a permutation or relabeling function.

Let f be any one-one, onto mapping from A to B. For any $R \subseteq A^N$ and $S \subseteq B^N$, N a positive integer, we define the composition R o f by $R \circ f = \{(b_1,...,b_N) \in B^N |$ there exists $(a_1,...,a_N) \in R$ with $f(a_n) = b_n$, $n=1,...,N\}$. Thus the composition operator takes N-tuples of R and maps them, component by component, into N-tuples of $B^N$.

The structural error of f for the i'th pair of corresponding relations ($R_i$ and $S_i$) in $D_A$ and $D_B$ is given by

$$E_s^i(f) = |R_i \circ f - S_i| + |S_i \circ f^{-1} - R_i|.$$

The structural error indicates how many tuples in $R_i$ are not mapped by f to tuples in $S_i$ and how many tuples in $S_i$ are not mapped by $f^{-1}$ to tuples in $R_i$.

The total error of f with respect to $D_A$ and $D_B$ is the sum of the structural errors for each pair of corresponding relations. That is,

$$E(f) = \sum_{i=1}^{I} E_s^i(f).$$

The total error gives a quantitative idea of the difference between the two relational descriptions $D_A$ and $D_B$, with respect to the mapping f.

The relational distance between $D_A$ and $D_B$ is then given by

$$GD(D_A, D_B) = \min_{\substack{1\text{-}1 \\ f:A \to B \\ \text{onto}}} E(f).$$

That is, the relational distance is the minimal total error obtained for any one-one, onto mapping $f$ from A to B. We call a mapping $f$ that minimizes total error a best mapping from $D_A$ to $D_B$. If there is more than one best mapping, we arbitrarily select one as the designated best mapping. More than one best mapping will occur when the relational descriptions involve certain kinds of symmetries.

EXAMPLES

Let $A = \{1,2,3,4\}$ and $B = \{a,b,c,d\}$. Let $D_A = \{R_1 \subseteq A^2, R_2 \subseteq A^3\}$, and $D_B = \{S_1 \subseteq B^2, S_2 \subseteq B^3\}$. Let $R_1 = \{(1,2),(2,3),(3,4),(4,2)\}$ and $S_1 = \{(a,b),(b,c),(d,b)\}$. Let $R_2 = \{(1,2,3)\}$ and $S_2$ $\{(a,b,c)\}$. Let $f$ be defined by $f(1) = a$, $f(2) = b$, $f(3) = c$, $f(4) = d$. These relations are illustrated in Figure 1. Then we have

$$|R_1 \circ f - S_1| = |\{(a,b),(b,c),(c,d),(d,b)\} - \{(a,b),(b,c),(d,b)\}| = 1,$$
$$|S_1 \circ f^{-1} - R_1| = |\{(1,2),(2,3),(4,2)\} - \{(1,2),(2,3),(3,4),(4,2)\}| = 0,$$
$$E_{1s}(f) = 1 + 0 = 1,$$
$$|R_2 \circ f - S_2| = |\{(a,b,c)\} - \{(a,b,c)\}| = 0,$$
$$|S_2 \circ f^{-1} - R_2| = |\{(1,2,3)\} - \{(1,2,3)\}| = 0,$$
$$E_{2s}(f) = 0 + 0 = 0,$$
$$E(f) = E_{1s}(f) + E_{2s}(f) = 1.$$

We note that f is the best mapping and therefore $GD(D_A, D_B) = 1$.

For a simple, but practical example, consider a set of object models constructed from simple parts with two binary relations: the connection relation and the parallel relation. Figure 2 illustrates a model (M1) and two other models (M2 and M3) that are each a relational distance of one from the first model. The model M4 shown in Figure 3 is a variation of M3, but its relational distance from M3 is 6, due to several missing relationships induced by the additional two parts. Finally, the two models (M5 and M6) of Figure 4 have more dissimilarity and a relational distance of 12.

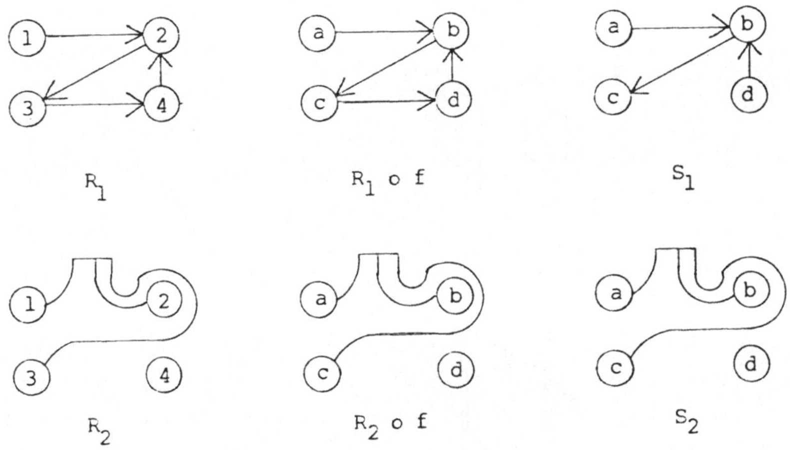


Figure 1 illustrates the relations $R_1$, $R_1$ o f, $S_1$, $R_2$, $R_2$ o f, and $S_2$. The notation ┌┬┐ indicates a hyperarc representing a triple.

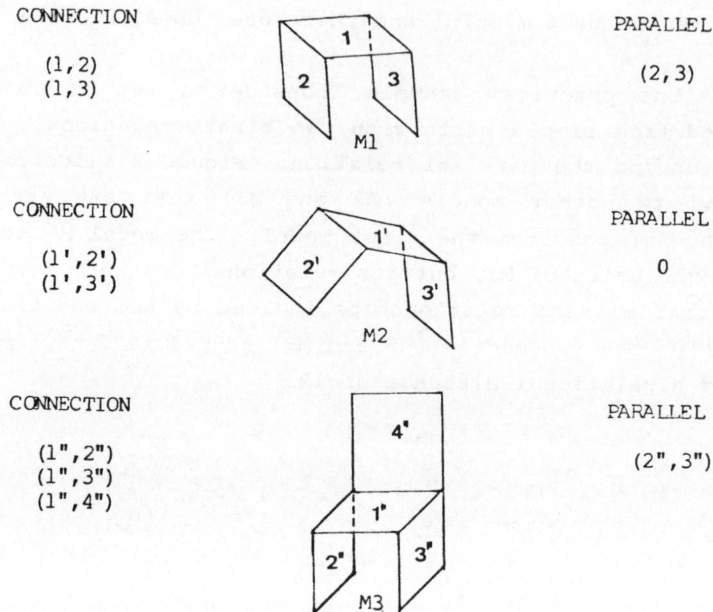


Figure 2 illustrates an object model M1 and two other models, M2 and M3, that are each a relational distance of one from M1.

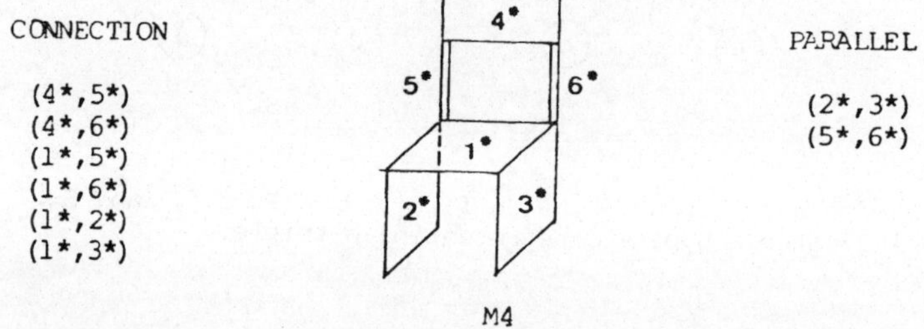


Figure 3 illustrates a model M4 that differs from M3 by a relational distance of 6.

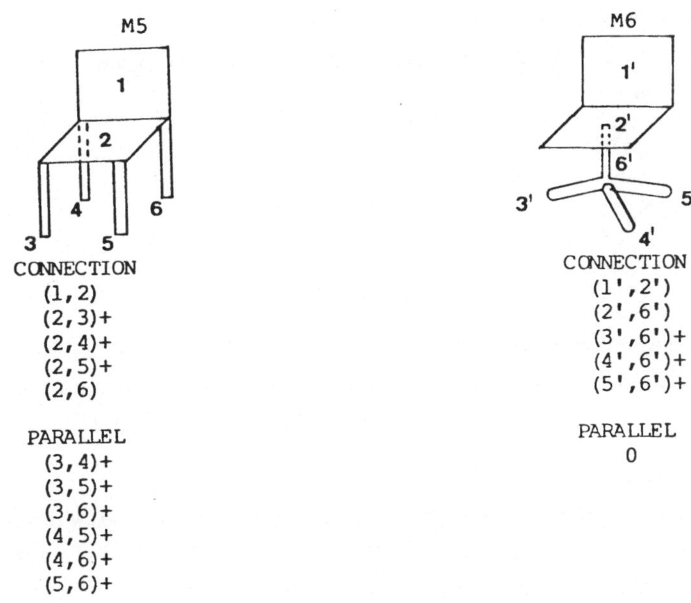


Figure 4 illustrates two models, M5 and M6, which differ from each other by a relational distance of 12. The tuples marked with a plus sign (+) are those that caused errors.

## IV. COMPUTING RELATIONAL DISTANCE

The algorithm for finding the best mapping between the parts of two objects employs a tree search strategy. Not every branch need be searched, however. In a straight backtracking algorithm, branches may be pruned whenever the error of the partially completed mapping exceeds the error of the current best mapping. In an algorithm which employs some form of lookahead, higher branches may be pruned whenever a lower bound to the error of the possible future mapping of remaining parts exceeds the difference between the error of the partially completed mapping and the error of the current best mapping. The already partially completed mapping forces this lower bound.

The relational distance between two objects is the minimum total error obtained for any one-one, onto mapping between the two relational descriptions of the objects (where total error is the sum of the structural errors for each pair of corresponding relations). All possible mappings are given by a mapping tree. For example, assume description A has part set {1,2,3} and that description B has part set {a,b,c}, all possible one-one, onto mappings between descriptions A and B are

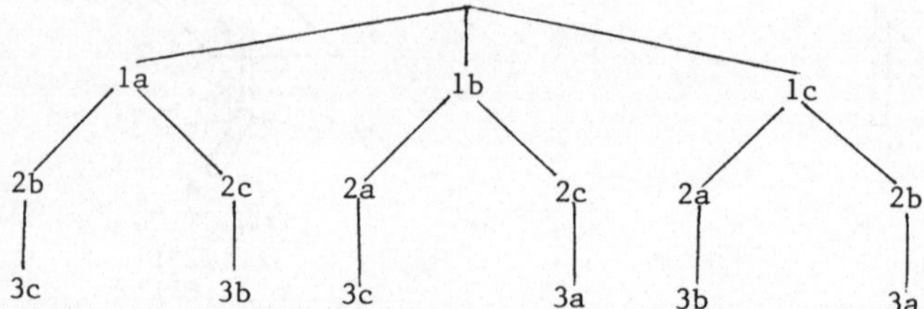


where one possible mapping f is {f(1) --> a, f(2) --> b, f(3) --> c}. Part sets are not required to initially have an equivalent number of parts. If they do not, dummy parts are added to the smaller part set.

The algorithm for finding the relational distance between two objects searches their mapping tree. Not all of the tree need be searched, however. The search begins at the top of the tree and continues down until either the error of the partially completed mapping exceeds the error of the current best mapping or until a new best mapping is found. The search is depth first.

The error of a partial mapping is the sum of 3 separate errors: 1) past error (the error introduced by parts already mapped), 2) instantiation error (the additional error introduced when the current parts are mapped to each other), and 3) future error (the minimum possible error in the mapping of remaining parts). For example, suppose we have a mapping subtree

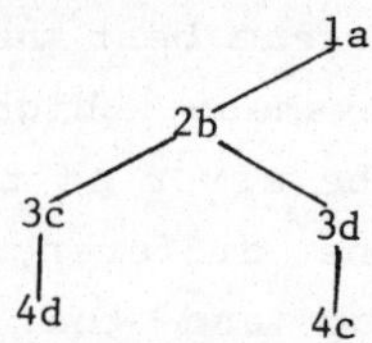


a partial mapping f(1) --> a, and we wish to instantiate 2 and b. Then

1) past error is the error that was introduced by the mapping of 1 to a.
2) instantiation error is the error introduced by mapping 2 to b.
3) future error is the minimum of the error introduced by mapping 3 to c and 4 to d or 3 to d and 4 to c.

The three categories of error divide each part set into three distinct subsets: past parts - parts already mapped, instantiation part - the current part being mapped, and future parts - parts not yet mapped. In the above example, given that the respective parts sets are {1,2,3,4} and {a,b,c,d}, 1) past parts are {1} and {a}, 2) instantiation parts are {2} and {b}, and 3) future parts are {3,4} and {c,d}.

Recall that the total error is the sum of the structural errors for each pair of corresponding relations in the two descriptions, and that the structural error gives the number of tuples that do not map. In the mapping between the two descriptions, past error comes from those tuples which contain only past parts, instantiation error comes from those tuples which contain only past parts and the instantiation part, and future error comes from those tuples which contain at least 1 future part.

The search algorithm employs forward checking [8,20]. An algorithm which uses straight backtracking assumes that the minimum possible future error of unmapped parts is 0. Forward checking maps each future part and computes a positive minimum future error using tuples containing exactly one future part. A better minimum could be found using tuples which contain at least two future parts. More branches would be pruned; however, computational complexity would increase.

The algorithm is a recursive algorithm. It is given a part from description 1 and a part from description 2 and it either 1) maps them and, if unmapped parts remain, proceeds down the tree, 2) maps them, and if no unmapped parts remain, backs up the tree with the current mapping as the best mapping found thus far, or 3) backs up the tree leaving the parts unmapped. The search proceeds depth first from the root node to a leaf node. Upon returning to the root node, the best mapping between the two objects is equal to the current best mapping. The relational distance between the two objects is equal to the error of this mapping.

## V. SYMBOLIC DIFFERENCES

Consider two object models $D_1$ and $D_2$. If their relational distance $GD(D_1,D_2)$ is small enough (that is, if they are similar enough to warrant comparing them at all) we can ask how, specifically, they differ. In order to compare them, we must establish a mapping between them. Let f be the mapping that minimized the total error E(f) in the computation of the relational distance $GD(D_1,D_2)$. f is then the best mapping associating simple parts of $D_1$ (hereafter referred to as $SP(D_1)$) with simple parts of $D_2$ ($SP(D_2)$). The following kinds of differences can be specified: 1) missing parts ($D_1$ describes a three-legged table and $D_2$ describes a four-legged table), 2) wrong attributes for parts ($D_1$ has long legs, but $D_2$ has short ones), 3) missing relations due to missing parts (if p is a chair leg and tuple t specifies the connection of p to a chair seat in model $D_1$, and if there is no corresponding part for p in model $D_2$, then no tuple can correspond to t in the connection relation of $D_2$), 4) missing relationships not due to missing parts (the legs of one chair may be mutually parallel, while the legs of another may all protrude outward from a point on the center of the seat bottom), and 5) wrong attributes for relationships (the angle between two connecting parts in $D_1$ is different from the angle between the corresponding parts of $D_2$).

Suppose that we have used a relational distance measure such as GD to cluster the models into groups of similar models and have selected one model in each group to be the representative of that group as proposed in [21]. When an unknown object is to be identified, it is first compared to the representatives and those groups to which it is deemed not similar enough are discarded from further consideration. In [21] we had to compare the unknown object to each model in those groups that were deemed similar enough. Here, we would like to use the compiled differences to choose only the most likely models in each group to compare to the unknown object.

Let C be a cluster of models, R be the representative model, and U be the unknown object. Let D be the set of all relationship differences between R and all other models of C. Partition D into equivalence classes with respect to the equivalence relation S defined informally by

$(d_1,d_2) \in S$ if $d_1$ is a difference between R and some model $M_1$, $d_2$ is a difference between R and some model $M_2$, $d_1$ and $d_2$ are differences of the same type, and they only differ from each other in that they refer to different models ($M_1$ and $M_2$).

For example, the representative R may have a part p which is missing in four different models. These four differences would be grouped together by the equivalence relation. Or, two models might both have a relationship among their parts that R does not have for its corresponding parts. These two differences should also be grouped together by S.

Let $D_1,\ldots,D_Q$ be the equivalence classes of S. We can associate with the representative R a difference table that gives, for each equivalence class $D_i$, the list $L_i$ of models that share the difference represented by this class. Since the unknown graph U has been compared to R, we can add U to this table, too, in the appropriate equivalence classes. Now we are interested in models that differ from R in most of the same ways that U does and not too many other ways.

For example, suppose we have the following situation

| difference class | models having that difference from R |
|---|---|
| $D_1$ | $M_1,M_2,M_3,M_4$ |
| $D_2$ | $M_2,M_5,U$ |
| $D_3$ | $M_2$ |
| $D_4$ | $M_1,M_3,M_5,U$ |
| $D_5$ | $M_4$ |
| $D_6$ | $M_3,M_6$ |

We can see that U differs from R in the same way ($D_2$) that $M_2$ and $M_5$ do and in the same way ($D_4$) that $M_1$, $M_3$, and $M_5$ do. Thus $M_1$, $M_2$, $M_3$, and especially $M_5$ are of interest if they do not differ from R in too many other ways and if U does not differ from R in too many other ways. We can formalize this idea as follows.

For each model $M_i$ in cluster C, let $S_i$ be the number of equivalence classes that both $M_i$ and U fall in, let $T_i$ be the number of equivalence classes that $M_i$ is in, but $U$ is not in, and let $V_i$ be the number of equivalence classes that $U$ is in, but $M_i$ is not in. Let $O_i = S_i - T_i - V_i$. Then $O_i$ can be used to estimate which models $M_i$ may be similar to $U$. In our example, we obtain the following values for $S_i$, $T_i$, $V_i$, and $O_i$.

| model i | $S_i$ | $T_i$ | $V_i$ | $O_i$ |
|---|---|---|---|---|
| $M_1$ | 1 | 1 | 1 | -1 |
| $M_2$ | 1 | 2 | 1 | -2 |
| $M_3$ | 1 | 2 | 1 | -2 |
| $M_4$ | 0 | 2 | 2 | -4 |
| $M_5$ | 2 | 0 | 0 | 2 |
| $M_6$ | 0 | 1 | 2 | -3 |

Now we can order the models according to $O_i$ in the sequence $M_5, M_1, \{M_2, M_3\}, M_6, M_4$, where the set brackets indicate equal rank. Thus a recognition process might choose to only examine a few models such as $M_5$ and $M_1$ at the top of the list or to examine models from the top of the list until some closeness criterion is met with respect to the relational distance.

## VI. A MATCHING PROCEDURE FOR AN AUTOMATED INSPECTION TASK

A large, complex machined object (an F-15 bulkhead) is to be inspected by a computer system employing television, cameras, and robot arms with tactile sensors. The vision component of the automated inspection system being built will be given stereo pairs of images of limited views of the bulkhead. From these images, the system must determine the exact positions of the robot arms supporting the cameras. This will be achieved by matching structures extracted from the images to parts in the hierarchical relational model of the bulkhead being used [24]. Finding a subset of parts that are candidates for the matching will be achieved through indexing procedures that, when given a volume in three-space that the camera is expected to be looking at, can quickly determine the set of parts that intersect the volume.

The bulkhead is a shiny metal object and the lighting in the room is not controlled. Specular reflection is a problem in analyzing the images and extracting reasonable structures and relationships to be used in matching. One way in which we hope to solve this problem is to find correspondences between structures in the stereo pairs first, before attempting to use these structures to match the three-dimensional model. Regions and arcs that are caused by specular reflectance will often show up in one member of the stereo pair, but not the other. These regions can be labeled as unreliable for model matching. Thus the first task we attempt is to find correspondences between structures in a stereo pair.

Let $I_1$ and $I_2$ be the two images. Each image $I_i$ is segmented into a set of regions $R_i$ and a set of bounding arcs $A_i$. We will call $U = R_1 \cup A_1$ the set of units and $L = R_2 \cup A_2$ the set of labels. We also extract from each image a set of relationships such as colinearity, adjacency, parallelness, and so on. We would like to find a mapping from U to L that preserves as many relationships as possible -- i.e. a minimum distance mapping. As in Cheng and Huang [3], we want to use the spatial relationships among the units (and those among the labels) to severely constrain the search for the best mapping.

Each unit $u \in U$ has a neighborhood $NBD(u) \subseteq U$ of units that stand in some spatial relationship to u and are also physically near it in the image. Similarly, each label $l \in L$ has a neighborhood $NBD(l) \subseteq L$. Intuitively, when u maps to l, we would expect the neighbors of u to map to the neighbors of l. In fact, there will often be enough information in the extracted relations to determine exactly which neighbor of u must map to a particular neighbor of l when u maps to l. For example, the parallel relation has tuples of the form $(a_1,a_2,d,O)$ where $a_1$ and $a_2$ are parallel arcs, d is the distance between them, and O is the direction of the vector from $a_1$ to $a_2$ that gives the shortest distance. Suppose arc $u_1$ in $I_1$ maps to arc $l_1$ in $I_2$, and $(u_1,u_2,d,O)$ is an element of the parallel relation for $I_1$, $u_2 \in NBD(u_1)$. If there is only one arc $l_2 \in NBD(l_1)$ with $(l_1,l_2,d,O)$ an element of the parallel relation for $I_2$, then $u_2$ must map to $l_2$. In reality, the distances and angles will not agree precisely, and more than one neighbor of $l_1$ may have to be considered.

For each $u \in U$ and $l \in L$ satisfying that u and l are either both arcs or both regions, there are zero or more potential mappings from the neighborhood of u to the neighborhood of L that map u to l. The information in the extracted relations can be used to generate for each pair $(u,l)$ the set

$F_{u,l}$ = {f:NBD(u) --> NBD(l) | f(u) = l and, if f(u') = l', the relationships between u and u' correspond to those between l and l'.}

Let $F_u = \bigcup_{l \in L} F_{u,l}$. Then the exact matching problem of finding a distance 0 mapping from U to L can be defined as finding a mapping h:U --> L satisfying that for each $u \in U$, $h|_{NBD(u)} \in F_{u,h(u)}$, and the inexact matching problem of finding the best mapping can be defined as finding a mapping h:U --> L that minimizes

$$\sum_{u \in U} \min_{f \in F_{u,h(u)}} \mathrm{Error}(f, h_{NBD(u)}),$$

where $\mathrm{Error}(f_1,f_2) = \#\{u \in \mathrm{dom}(f_1) \cap \mathrm{dom}(f_2) \mid f_1(u) = f_2(u)\}$.

Although this is just an application of finding the relational distance between two structural descriptions, we can derive an efficient tree search procedure using the pregenerated sets $F_u$ for each $u \in U$. The essence of the algorithm is as follows.

Keep an error table that associates with each unit and partial function pair $(u, f_{u,l})$ the error between the mapping being constructed and that pair. Initially there is only an empty mapping and all table entries are 0. Select a unit u and a function $f_{u,l}$ that has less accumulated error than any other function $f_{u,l'}$. For each future unit u', add $\mathrm{ERROR}(f_{u,l}, f_{u',l'})$ to the error of each $f_{u',l'}$. If the sum over all future units u' of the minimal error of any $f_{u',l'}$ is larger than the error of the best mapping so far, back up. Otherwise, map each uninstantiated unit u' in domain($f_{u,l}$) to $f_{u,l}(u')$ and continue.

This algorithm instantiates several mappings of units to labels at each node of the search tree and is thus more efficient than the standard treesearch algorithm. It is a generalization of the forward checking algorithm of [20]. Cheng and Huang [3] present an alternative procedure.

## VII. CONCLUSIONS

As intelligent robots become more of a reality, relational matching will become even more important. In this paper we have defined a relational distance metric that can be used in matching and in organizing the large database of models needed by a mobile robot. We have discussed the procedure for finding relational distance and we have indicated how symbolic differences can also be used to quickly locate the correct object model. Finally we have shown how relational distance is being used in an automated inspection task and how the matching procedures can be made more efficient for problems of this type.

## REFERENCES

1. Barrow, Ambler, and Burstall, "Some Techniques for Recognizing Structures in Pictures", in Frontiers of Pattern Recognition, Ed. S. Watanabe, New York, Academic Press, 1972, pp. 1-29.

2. Brooks, R.A., "Symbolic Reasoning Among Three-Dimensional Models and Two-Dimensional Images", Artificial Intelligence, Special Vol. on Computer Vision, AI 17, 1981.

3. Cheng, J.K. and T.S. Huang, "Image Recognition by Matching Relational Structures", Proceedings of IEEE Pattern Recognition and Image Processing, 1981, pp. 542-547.

4. Davis, L.S., "Shape Matching Using Relaxation Techniques", IEEE Transactions on Pattern Analysis and Machine Intelligence, Vol. PAMI-1, No. 1, January 1979, pp. 60-72.

5. Feustel, C.D. and L.G. Shapiro, "The Nearest Neighbor Problem in an Abstract Metric Space", Pattern Recognition Letters, Vol. 1, No. 2, December 1982, pp. 125-128.

6. Freuder, E.C., "Synthesizing Constraint Expression", CACM, Vol. 21, No. 11, 1978.

7. Gaschnig, J., "A General Backtrack Algorithm that Eliminates Most Redundant Tests", Proceedings of the 5th International Joint Conference on Artificial Intelligence, 1972.

8. Haralick, R.M. and G. Elliot, "Increasing Tree Search Efficiency for Constraint Satisfaction Problems", Proceeding of the 6th International Joint Conference on Artificial Intelligence, 1979.

9. Haralick, R.M. and L.G. Shapiro, "The Consistent Labeling Problem: Part I", IEEE Transactions on Pattern Analysis and Machine Intelligence, Vol. PAMI-1, No. 2, April 1979, pp. 173-184.

10. Mackworth, A., "Consistency in Network of Relations", Artificial Intelligence, Vol. 8, 1977, pp. 99-118.

11. Marr, D. and H.K. Nishihara, Spatial Disposition of Axes in a Generalized Cylinder Representation of Objects that do not Encompass the Viewer, MIT AI Lab, Memo. No. 341, December 1975.

12. Montanari, U., "Networks of Constraints: Fundamental Properties and Applications to Picture Processing", Information Sciences, Vol. 7, 1974, pp. 95-132.

13. Mulgaonkar, P.G., Shapiro, L.G. and R.M. Haralick, Identification of Man-Made Objects Using Geometric and Relational Constraints, Virginia Polytechnic Institute, Department of Computer Science, September 1982.

14. Nevatia, R. and T.O. Binford, "Description and Recognition of Curved Objects", Artificial Intelligence, 8, 1977, pp. 77-90.

15. Rosenfeld, A., Hummel, R.A. and S.W. Zucker, "Scene Labeling by Relaxation Operations", IEEE Transactions on Systems, Man, and Cybernetics, Vol CMS-6, No. 6, June 1976, pp. 420-433.

16. Sanfelieu, Alberto and K.S. Fu, "A Distance Measure Between Attributed Relational Graphs for Pattern Recognition", IEEE Transactions on Systems, Man and Cybernetics, Vol. SMC-13, No. 3, May/June 1983.

17. Schneier, M., "A Compact Relational Structure Representation", in Workshop on the Representation of Three-Dimensional Objects, R. Bajcy, Director, University of Pennsylvania, Philadelphia, May 1-2, 1979.

18. Shapiro, L.G., J.D. Moriarty, P.G. Mulgaonkar, and R. M. Haralick, "A Generalized Blob Model for Three-Dimensional Object Representation", IEEE Workshop on Picture Data Description and Management, Asilomar, CA, August 1980.

19. Shapiro, L.G., "A Structural Model of Shape", IEEE Transactions on Pattern Analysis and Machine Intelligence, Vol. PAMI-2, No. 2, March 1980, pp. 111-126.

20. Shapiro, L.G. and R.M. Haralick, "Structural Descriptions and Inexact Matching", to appear in IEEE Transactions on Pattern Analysis and Machine Intelligence, 1981.

21. Shapiro, L.G., J.D. Moriarty, R.M. Haralick, and P.G. Mulgaonkar, Matching Three-Dimensional Objects Using a Relational Paradigm, TR-CS80014R, Department of Computer Science, Virginia Polytechnic Institute and State University, December 1980, Revised January 1983.

22. Shapiro, L.G. and R.M. Haralick, "Organization of Relational Models for Scene Analysis", IEEE Transactions on Pattern Analysis and Machine Intelligence, Vol. PAMI-4, No. 6, November 1982.

23. Shapiro, L.G. and R.M. Haralick, "Decomposition of Two-Dimensional Shapes by Graph-Theoretic Clustering", IEEE Transactions on Pattern Analysis and Machine Intelligence, PAMI-1, No. 1, 1979.

24. Shapiro, L.G. and R.M. Haralick, "A Hierarchical Relational Model for Automated Inspection Tasks", Proceedings of the International Conference on Robotics, Atlanta, 1984, pp. 70-77.

25. Ullman, J.R., "An Algorithm for Subgraph Homomorphisms", JACM, Vol. 23, January 1976, pp. 31-42.

26. Waltz, D., "Understanding Line Drawings of Scenes with Shadows", in The Psychology of Computer Vision, ed. P. Winston, McGraw-Hill, New York, 1975, pp. 19-91.

# DIE VERWENDUNG VON ZUSATZINFORMATION ZUR VERBESSERUNG DER DIGITALEN MULTISPEKTRALEN KLASSIFIZIERUNG VON FERNERKUNDUNGSAUFNAHMEN

Elisabeth Dennert-Möller
Institut für Photogrammetrie und Ingenieurvermessungen
Universität Hannover
Bundesrepublik Deutschland

## ZUSAMMENFASSUNG

Die Qualität von Klassifizierungsergebnissen hängt eng zusammen mit der Information, die dem Klassifizierungssystem zur Verfügung steht. Die Einbeziehung von Zusatzinformation - d.h. jeder Art von analog oder digital vorliegender Information, die Aussagen über das konkrete Klassifizierungsproblem liefert - verbessert die Trennbarkeit der Klassen. Es werden hier zwei verschiedene Methoden vorgestellt, Zusatzinformation in den Klassifizierungsprozeß einzubeziehen: die Erweiterung des Merkmalsraums und der Einsatz von verallgemeinerten a priori-Wahrscheinlichkeiten. Ihre Wirkungsweise wird anhand von Fernerkundungsaufnahmen aus Wattgebieten demonstriert.

## 1. Einleitung

Die Einbeziehung von Zusatzinformation in die digitale Auswertung von Fernerkundungsaufnahmen beruht auf dem Gedanken, dem Klassifizierungssystem möglichst viel verschiedenartige Information zuzuführen. Als Zusatzinformation wird hier jede Art von Information bezeichnet, die über die auszuwertende Fernerkundungsaufnahme hinaus direkt oder indirekt Aussagen über das konkrete Klassifizierungsproblem liefert. Dazu gehören Kenntnisse über die speziellen Aufnahmebedingungen, z.B. in bezug auf das Aufnahmegerät oder die klimatischen Bedingungen zum Zeitpunkt der Aufnahme, und direkt oder indirekt problembezogene Information, z.B. über die Bodenverhältnisse, wie sie vor allem in Form von thematischen Karten vorliegen kann. Auf welche Weise Zusatzinformation in das Klassifizierungssystem eingebracht werden kann, hängt vom speziellen Problem und der Art der Information ab. Dabei kann man die Zusatzinformation für eine Vorverarbeitung verwenden, für eine nachträgliche Verbesserung des Klassifizierungsergebnisses einsetzen /Ehlers et al. 1984, Itten, Fasler 1979/, oder in den eigentlichen Entscheidungsprozeß der Klassifizierung einbeziehen.
Im folgenden werden zwei Ansätze vorgestellt, die die Einbeziehung von Zusatzinformation in die Maximum-Likelihood (ML) Klassifizierung ermöglichen. Am Beispiel von Auswertungen von Multispektralabtasteraufnahmen aus den Wattgebieten der deutschen Nordseeküste wird ihre Wirkungsweise demonstriert.

## 2. Erweiterung des Merkmalsraums um einen künstlichen Kanal

Liegt die Zusatzinformation für jeden Bildpunkt $(b_x, b_y)$ des auszuwertenden Bildes vor, so liegt es nahe, sie als zusätzlichen (künstlichen) Spektralbereich in die Klassifizierung miteinzubeziehen. Das gilt vor allem, wenn es sich um ein zusätzlich vorliegendes Multispektralbild handelt, das sich durch eine geometrische Transformation in das gegebene Bildkoordinatensystem überführen läßt. Im Falle von Zusatzinformation in Form einer thematischen Karte muß diese zunächst digitalisiert und geometrisch angepaßt werden. Entsprechendes gilt für als Punktreihe nur an bestimmten Bildpunkten vorliegende Zusatzinformation. Diese muß durch eine für alle Bildpunkte definierte Funktion approximiert werden. Die Erweiterung des Merkmalsraums um diesen zusätzlichen Spektralbereich entspricht der Einführung einer (n+1)ten Zufallsvariablen $x_{n+1}$, die im allgemeinen unabhängig von den spektralen Merkmalen $x_1,\dots,x_n$ angenommen werden kann.

Mißt man die Trennbarkeit von je zwei zu unterscheidenden Klassen $\omega_i$ und $\omega_j$ mit dem Jeffrey-Matusita-Maß /Swain, King 1973/

$$J_{ij} = 2(1 - e^{-\alpha_{ij}})$$

mit

$$\alpha_{ij} = \frac{1}{8}(\underline{m}_i - \underline{m}_j)^T \left(\frac{\underline{C}_i + \underline{C}_j}{2}\right)^{-1} (\underline{m}_i - \underline{m}_j) + \frac{1}{2}\log \frac{\det\left(\frac{\underline{C}_i + \underline{C}_j}{2}\right)}{\sqrt{\det(\underline{C}_i)\cdot\det(\underline{C}_j)}} .$$

so ergibt sich für den Fall der Erweiterung um einen zusätzlichen Kanal

$$\alpha^*_{ij} = \frac{1}{8}(\underline{m}^*_i - \underline{m}^*_j)^T \left(\frac{\underline{C}^*_i + \underline{C}^*_j}{2}\right)^{-1} (\underline{m}^*_i - \underline{m}^*_j) + \frac{1}{2}\log \frac{\det\left(\frac{\underline{C}^*_i + \underline{C}^*_j}{2}\right)}{\sqrt{\det(\underline{C}^*_i)\det(\underline{C}^*_j)}} .$$

Hierbei bezeichnen $\underline{m}_i$, $\underline{m}_j$ die Mittelvektoren $\underline{C}_i$ und $\underline{C}_j$ die Kovarianzmatrizen der Klassen $\omega_i$ und $\omega_j$ und

$$\underline{m}^*_k = \begin{vmatrix} \underline{m}_k \\ \hline m_{k,n+1} \end{vmatrix} \quad \text{und } \underline{C}^*_k \quad \left|\begin{array}{c|c} \underline{C}_k & \begin{matrix} 0 \\ \vdots \\ 0 \end{matrix} \\ \hline 0 \dots 0 & \sigma^2_{k,n+1,n+1} \end{array}\right|$$

die erweiterten Mittelvektoren und Kovarianzmatrizen für k = i,j. Es ist

$$\alpha^*_{ij} = \alpha_{ij} + \frac{(m_{i,n+1} - m_{j,n+1})^2}{8(\sigma^2_{i,n+1} + \sigma^2_{j,n+1})} + \frac{1}{2}\log \frac{\sigma^2_{i,n+1} + \sigma^2_{j,n+1}}{2(\sigma_{i,n+1} + \sigma_{j,n+1})} ,$$

also

$$\alpha^*_{ij} \geq \alpha_{ij} ,$$

wobei das Gleichheitszeichen nur für

$$m_{i,n+1} = m_{j,n+1} \wedge \sigma_{i,n+1} = \sigma_{j,n+1}$$

gilt. Die Trennbarkeit von zwei Klassen, die nicht im künstlichen Kanal durch identische Mittelwerte und Varianzen gekennzeichnet sind, wird also verbessert.

Enthält der Zusatzkanal z.B. Höheninformation in Form eines digitalen Geländemodells, so gliedert sich die spektral zunächst einheitliche Klasse $\omega_i$ auf in verschiedene von ihrer Geländehöhe abhängige Unterklassen $\omega_{i1}, \dots \omega_{ij}$, von denen gegebenenfalls jede durch ein Trainingsgebiet repräsentiert werden muß. Dagegen lassen sich zwei verschiedene Klassen, die z.B. aufgrund verschiedener Höhen spektral gleich erscheinen, auf diese Weise voneinander trennen. Ob die Erweiterung des Merkmalsraums durch einen künstlichen Kanal sinnvoll ist, läßt sich nicht allgemein beurteilen, sondern nur für das konkret vorliegende Klassifizierungsproblem mit der zur Verfügung stehenden Zusatzinformation.

## 3. Einführung von a priori-Wahrscheinlichkeiten

Eine andere Möglichkeit, Zusatzinformation in das Klassifizierungsverfahren einzubringen, ist der Einsatz der a priori Wahrscheinlichkeiten $p(\omega_i)$, die Bestandteil der ML-Entscheidungsfunktionen sind /Strahler 1980, Dennert-Möller 1983/, für diesen Zweck.
Kennt man in etwa die flächenmäßige Verteilung der einzelnen Klassen im Bild, z.B. aus einer thematischen Karte oder aus einer bereits vorliegenden Klassifizierung einer anderen Aufnahme, so läßt sich diese Kenntnis dazu verwenden, die einzelnen Klassen verschieden zu gewichten: Setzt man in die Entscheidungsfunktionen verschiedene Wert für $p(\omega_i)$ ein, so ergibt sich bei festgehaltenem Wahrscheinlichkeitsniveau eine Vergrößerung derjenigen Klassenellipsoide, für die $p(\omega_i)$ groß ist, eine Verkleinerung für diejenigen, für die $p(\omega_i)$ klein ist.
Die ML-Entscheidungsregel läßt sich verallgemeinern, indem man annimmt, daß $p(\omega_i)$ von einer weiteren Variablen $\kappa$ abhängt. Die a priori Wahrscheinlichkeit für das Auftreten einer Klasse $\omega_i$ wird nicht mehr als konstant angenommen, sondern variiert in Abhängigkeit von einer (bekannten) Gegebenheit $\kappa$: anstelle von $p(\omega_i)$ soll $p(\omega_i, \kappa)$ a priori bekannt sein.
Die Variable $\kappa$ zeigt den Status einer äußeren Bedingung an, die für die Wahrscheinlichkeit des Auftretens einer bestimmten Klasse eine Rolle spielt. $\kappa$ kann z.B. eine bestimmte Bodenbeschaffenheit anzeigen, in deren Abhängigkeit bestimmte Pflanzenarten mehr oder weniger wahrscheinlich auftreten. Im Gegensatz zur Einführung einer Variablen als künstlichen Kanal wird hierbei vorausgesetzt, daß die klassenspezifischen Verteilungsfunktionen $p(\underline{x}|\omega_i)$ hiervon nicht beeinflußt werden:

$$p(\underline{x}|\omega_i) = p(\underline{x}|\omega_i, \kappa).$$

Man kann zeigen /Dennert-Möller 1983/, daß zur Erweiterung der ML-Entscheidungsregel für diesen Fall lediglich die a priori-Wahrscheinlichkeiten $p(\omega_i)$ durch die bedingten a priori Wahrscheinlichkeiten $p(\omega_i|\kappa)$ zu ersetzen sind.
In (4.2) wird der vereinfachte Zusammenhang zwischen der Strömungsgeschwindigkeit des auflaufenden Wassers und der Ablagerung von verschiedenen Sedimenttypen in Wattgebieten über die a priori-Wahrscheinlichkeiten in die Klassifizierung eingebracht. Die Variable $\kappa$ steht in diesem Fall für die Bildkoordinaten und $p(\omega_i, \kappa)$ beschreibt den Zusammenhang zwischen der geometrischen Lage jedes Bildpunktes und der Wahrscheinlichkeit für das Auftreten einer der Sedimentklassen durch lineare Funktionen. Genauso kann man z.B. im Falle des Vorliegens eines digitalen Geländemodells für jeden Bildpunkt den Zusammenhang zwischen der Höhe und der Wahrscheinlichkeit eines gewissen Pflanzenbewuchses in die Klassifizierung einbeziehen.

## 4. Beispiele

### 4.1 Erhöhung der Klassentrennbarkeit durch Einbeziehung von Niedrigwasserzeiten

Am Beispiel der Auswertung einer LANDSAT-Aufnahme der nordfriesischen Wattgebiete (vgl. Abb.1) soll hier die Erweiterung des Merkmalsraums um einen künstlichen Kanal veranschaulicht werden.
Der Klassifizierung liegt eine geologische Fragestellung zugrunde. Es sollen fünf Wattsedimente im Bild erkannt werden, die sich in ihrem prozentualen Gehalt an Schluff und Ton mit den in Tab.1 angegebenen Grenzen unterscheiden.
Bei Verwendung der Kanäle 4, 5 und 7 der LANDSAT-Aufnahme ergeben sich die in Tab.2 angegebenen Trennbarkeitswerte als mittlere Klassifizierungsgüte in den Trainingsgebieten /Dennert-Möller 1983/.

| Klasse | Sedimenttyp | Gehalt an Schluff und Ton |
|---|---|---|
| 1 | Wattsand | < 5 % |
| 2 | schwach schlickiger Wattsand | 5 - 10 % |
| 3 | sandiger Schlicksand | 10 - 25 % |
| 4 | schlickiger Schlicksand | 25 - 50 % |
| 5 | Schlick | > 50 % |

Tab.1: Feingliederung der Wattsedimente gemäß Vorschlag des Kuratoriums für Forschung im Küsteningenieurwesen (KFKI)

| S | 1 | 2 | 3 | 4 | 5 |
|---|---|---|---|---|---|
| 1 | 79.7 | | | | |
| 2 | 21.9 | 48.0 | | | |
| 3 | 0.2 | 10.6 | 77.5 | | |
| 4 | 6.0 | 8.3 | 6.7 | 41.0 | |
| 5 | 0.6 | 3.8 | 14.9 | 17.0 | 69.0 |

Tab.2: Trennbarkeit der Klassen bei Verwendung der Kanäle 4, 5 und 7

| S | 1 | 2 | 3 | 4 | 5 |
|---|---|---|---|---|---|
| 1 | 91.6 | | | | |
| 2 | 6.26 | 92.1 | | | |
| 3 | 0.3 | 1.1 | 98.5 | | |
| 4 | 1.8 | .3 | 0.0 | 95.8 | |
| 5 | 0.5 | 0.0 | 0.0 | 0.0 | 99.8 |

Tab.3: Trennbarkeit unter Verwendung von Zusatzinformation

Die Wattgebiete sind täglich zweimal vollständig von Wasser bedeckt. Da der Zeitpunkt des Niedrigwassers an verschiedenen Orten zu verschiedenen Zeitpunkten eintritt, ist in einer LANDSAT-Szene jeder Sedimenttyp mit verschiedenen Feuchtigkeitsstufen abgebildet. Das gilt auch für Ausschnitte der hier vorliegenden Größe. Da sich die Feuchtigkeit einer Oberfläche auf ihr Reflexionsverhalten auswirkt, liegt es nahe, diese als zusätzliches Merkmal in eine Klassifizierung einzubeziehen. Hierfür wurde ein "Niedrigwasserzeitenkanal" erzeugt, indem auf der Basis der Zeitpunkte des Eintritts des Niedrigwassers an 22 Punkten am Tag der Aufnahme innerhalb des LANDSAT-Bildes ein Ausgleichspolynom 2.Grades berechnet wurde, das für jeden Bildpunkt einen Niedrigwasserzeitpunkt liefert.
Durch eine geeignete lineare Transformation der Zeiten auf Grauwerte entsteht ein künstlicher Kanal, dessen Äquidensitenbild, überlagert mit einer Verarbeitung des Kanals 6 der LANDSAT-Aufnahme, in Abb.1 dargestellt ist.
Die Klassifizierung der Trainingsgebiete ergibt bei Verwendung des um diesen künstlichen Kanal erweiterten Merkmalsraum die in Tab.3 angegebenen Trennbarkeiten.

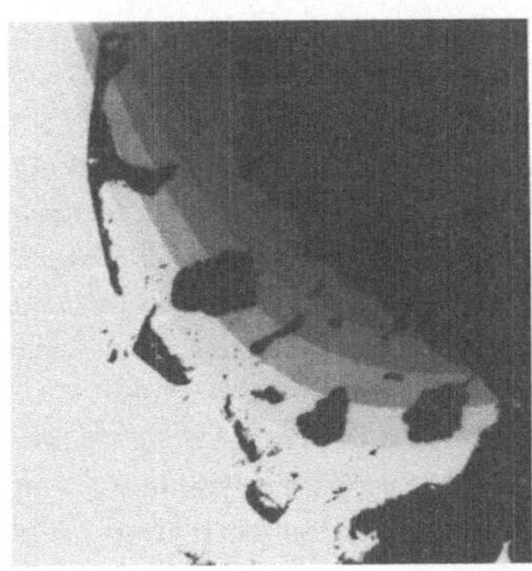

Abb.1: Äquidensiten der transformierten Niedrigwasserzeiten, einer Verarbeitung des Kanals 6 überlagert

## 4.2 Einbeziehung des Zusammenhangs zwischen Strömungsgeschwindigkeit und Sedimentablagerung

Dem Beispiel liegt eine Flugzeugabtasteraufnahme des Wattgebiets Crildumersiel bei Wilhelmshaven vom 11.8.1976 zugrunde. Der eingesetzte BENDIX-$M^2S$ ist ein 11-Kanal-Zeilenabtaster, dessen Kanäle den Bereich von Ultraviolett bis zum thermalen Infrarot umfassen. Abb.2 zeigt die Panorama-entzerrten Bilder der Kanäle 7 bis 11, aufgenommen bei einer Flughöhe von 600 m. Die Definition der Klassen wird nach meeresbiologischer Fragestellung /Dennert-Möller, Dörjes 1978/ vorgenommen:

| Klasse | Watt-Typ |
|---|---|
| 1 | Schlickwatt |
| 2 | Sandwatt |
| 3 | trockener Sand |
| 4 | Zostera (Seegraswiesen) |
| 5 | Diatomeen (Kieselalgen) |
| 6 | Wasser |

Die Klassifizierung unter Verwendung der Kanäle 7 und 9 (Rot und Infrarot) führt auf die in Tab.4 aufgeführten Werte der Klassifizierungsgüte in den Trainings- und Kontrollgebieten.

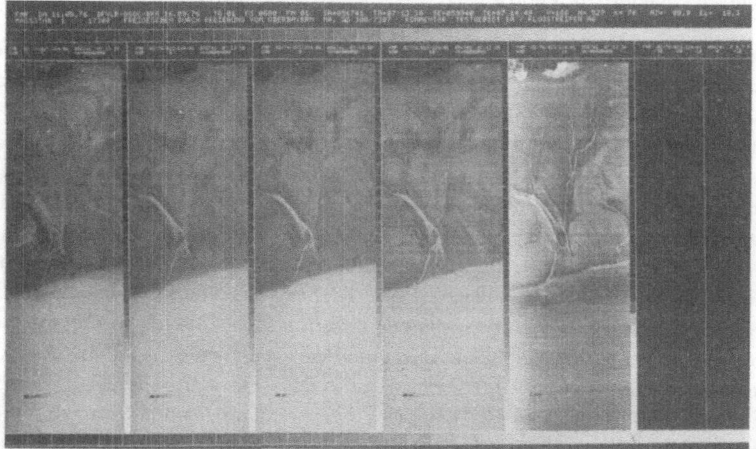

Abb.2: Kanäle 7 bis 11 der BENDIX $M^2S$-Aufnahme vom 11.8.1976

Die Flugrichtung verläuft in etwa senkrecht zur Wasser/Watt-Kante. In Vereinfachung des Zusammenhangs zwischen der Strömungsgeschwindigkeit und den sich ablagernden Sedimenten /Reineck 1970/ kann man annehmen, daß die drei Streifen Sandwatt, Mischwatt, Schlickwatt senkrecht zur Flugrichtung liegen. Somit kann ein Zusammenhang zwischen der Zeilennummer und der in dieser Zeile möglichen Sedimente hergestellt werden. Als einfaches Modell wird angenommen, daß die Wahrscheinlichkeit des Auftretens der Klassen Schlickwatt und damit auch Zostera und Diatomeen von der Wasserkante zum Land hin linear ansteigt. Analog steigt die Wahrscheinlichkeit für das Auftreten der Klassen Sand und trockener Sand linear in umgekehrter Richtung und fällt wieder im Bereich, in der die Watt/Wasserkante verläuft. Für die Klasse Wasser kann angenommen werden, daß die Wahrscheinlichkeit ihres Auftretens im Wattbereich nahe bei Null liegt, im Bereich der Watt/Wasser-Kante steil ansteigt und anschließend in der großen Rinne gleich 1 ist, da hier keine andere Klasse auftreten kann. Diese stückweise linearen, stetigen Wahrscheinlichkeitsfunktionen $p(\omega_i, b_x)$ können, wie in 3. beschrieben, als a priori Wahrscheinlichkeiten in

| Klasse | | 1 | 2 | 3 | 4 | 5 | 6 | unkl. |
|---|---|---|---|---|---|---|---|---|
| 1 | T | 99.1 | .2 | | 0.7 | | | |
| | K | 86.1 | 12.1 | 0.2 | 1.2 | | | 0.4 |
| 2 | T | | 99.8 | .1 | | | | |
| | K | 1.3 | 90.5 | 6.4 | 0.1 | | | 2.2 |
| 3 | T | | | 100.0 | | | | |
| | K | | | 100.0 | | | | |
| 4 | T | .8 | .4 | | 83. | 15.6 | | .2 |
| | K | 1.2 | 0.3 | | 81.3 | 15.4 | | 2.6 |
| 5 | T | | .2 | | 9.3 | 90.2 | | .2 |
| | K | 6.3 | 32.6 | 22.1 | 14.4 | 20.1 | | 4.4 |
| 6 | T | | | | | | 100. | |
| | K | | | | | | 100. | |

Tab.4: Klassifizierung der Trainings- (T) und Kontrollgebiete (K)

der Klassifizierung miteinbezogen werden. Die Ergebnisse der so durchgeführten Klassifizierung in den Trainings- und Kontrollgebieten sind in Tab.5 zusammengestellt. Gegenüber den in Tab.4 dargestellten Ergebnissen ergibt sich vor allem eine Verbesserung der Trennung Schlick-Sand und eine Erhöhung der Anzahl unklassifizierter Bildpunkte. Die Klasse Diatomeen konnte auch hier nicht unterschieden werden.
Im Hinblick auf die Klassifizierungsgüte sind die Ergebnisse vorsichtig zu interpretieren. Durch geeignete Wahl der a priori Wahrscheinlichkeitsfunktionen läßt sich fast immer erreichen, daß der Anteil der in den Kontrollgebieten richtig erkannten Bildelemente eine vorgegebene Schranke nicht unterschreitet. Die Zuverlässigkeit der angegebenen Werte läßt sich in etwa anhand der Übereinstimmung des gewählten Modells mit der Realität - soweit nachprüfbar - ermessen.

| Klasse | Gebiet | 1 | 2 | 3 | 4 | 5 | 6 | unkl. |
|---|---|---|---|---|---|---|---|---|
| 1 | T | 98.9 | .4 | | | | | .6 |
| | K | 88.2 | .7 | .3 | | | | 10.8 |
| 2 | T | | 99.9 | | | | | .1 |
| | K | | 92.6 | 1.0 | | | | 6.4 |
| 3 | T | | | 99.8 | | | | .2 |
| | K | | | 98.5 | | | | 1.5 |
| 4 | T | .8 | | | 81.3 | 15.4 | | 2.6 |
| | K | 1.0 | | | 81.9 | 8.9 | | 2.4 |
| 5 | T | | | | 9.1 | 85.6 | | 5.3 |
| | K | .3 | 22.6 | 15.6 | 2.0 | 14.5 | | 45.1 |
| 6 | T | | | | | | 100.0 | |
| | K | | | | | | 100.0 | |

Tab.5: Klassifizierung der Trainings- (T) und Kontrollgebiete (K) unter Verwendung von a priori Wahrscheinlichkeiten

## 5. Zusammenfassung

Die Einbeziehung von (nicht-spektraler) Zusatzinformation in den Klassifizierungsprozeß unterstützt die Auswahl geeigneter Trainingsgebiete, ermöglicht die nachträgliche Korrektur von Fehlklassifizierungen oder erhöht die Trennbarkeit der Klassen. Letzteres läßt sich erreichen, indem die Zusatzinformation in Form eines künstlichen Spektralbereichs zur Erweiterung des Merkmalsraums benutzt wird. Die Erhöhung der Trennbarkeit der Klassen läßt sich hier unter Verwendung des Jeffrey-Matusita-Maßes allgemein beweisen. Als weitere Möglichkeit zur Einbeziehung von Zusatzinformation können die in der Regel als konstant angenommenen a priori-Wahrscheinlichkeiten als abhängig von einer zusätzlichen Variablen betrachtet werden. durch die entsprechende Verallgemeinerung der Maximum-Likelihood-Entscheidungsregel wird die Voraussetzung geschaffen, funktionale Modelle äußerer Bedingungen in den Klassifizierungsprozeß miteinzubeziehen. Die Bereitstellung und Verknüpfung von Fernerkundungsdaten und geowissenschaftlicher Information in gemeinsamen Informationssystemen lassen hier weitere Leistungssteigerungen der digitalen Klassifizierung erwarten.

## Literatur

DAVIS, W.A. und PEET, F.G. 1977: A Method of Smoothing Digital Thematic Maps. Remote Sensing of Environment 6 No.1

DENNERT-MÖLLER, E. 1983: Untersuchungen zur digitalen multispektralen Klassifizierung von Fernerkundungsaufnahmen mit Beispielen aus den Wattgebieten der deutschen Nordseeküste. Wissenschaftliche Arbeiten der Fachrichtung Vermessungswesen Nr.127, Dissertation.

DENNERT-MÖLLER, E. und DÖRJES, J. 1978: Multispektrale Klassifizierung von Wattgebieten. W78-04 BMFT.

EHLERS, M., DENNERT-MÖLLER, E., KOLOUCH, D. und LOHMANN, P. 1984: Nonrecursive Filter Techniques in Digital Processing of Remote Sensing Imagery. Pres.Paper XVth Int.Congress of ISPRS, Rio de Janeiro, Brasilien, 17..-29.Juni.

HUTCHINSON, C.F. 1982: Techniques for Combining LANDSAT and Ancillary Data for Digital Classification Improvement. Photogrammetric Engineering and Remote Sensing 48, No.1.

ITTEN, K.I., und FASLER, F. 1979: Thematic Adaptive Spatial Filtering of LANDSAT Landuse Classification Results. Proc. of the 13th Int.Symp. ERIM, Vol.2.

REINECK, H.E. 1970: Das Watt. Frankfurt/M.

STRAHLER, A.H. 1980: The Use of Prior Probabilities in Maximum-Likelihood Classification. Remote Sensing of Environment 10.

SWAIN, P.H. und KING, R.C. 1973: Two Effective Feature Selection Criteria for Multispectral Remote Sensing. Proc. 1st Int.Joint Conf. on Pattern Recognition. IEEE 73 CHO 82 1-9C.

# Klassifizierung von Siedlungen in digitalisierten Luftbildern, die als Quad-Tree-Strukturen codiert sind.

P. Haberäcker
Fachhochschule München, Fachbereich Informatik/Mathematik

R. Thiemann
Industrieanlagen-Betriebsgesellschaft, Ottobrunn bei München

Kurzfassung

Zur Erstellung einer Geländedatenbank wurde eine Untersuchung zur Auswertung digitalisierter Luftbilder durchgeführt. Als grundlegende Datenstruktur wurde die Technik der Quad-Trees verwendet, die es erlaubt, ein Bild mit einfachen Algorithmen in homogene und inhomogene Bildbereiche zu segmentieren. Neben anderen objektspezifischen Klassifikatoren wird in der Arbeit ein Klassifikator für Bebauung vorgestellt, der auf der Verteilung unterschiedlicher Klassen im Siedlungsbereich aufbaut.

## 1. Einleitung

Bei der Industrieanlagen-Betriebsgesellschaft (IABG) wurden vor dem Hintergrund der Erstellung einer Geländedatenbank Untersuchungen zur szenenanalytischen Auswertung von digitalisierten Luftbildern durchgeführt. Als grundlegende Datenstruktur wurde die Technik der Quad-Trees [Pavl82] verwendet, bei der das Bild schrittweise in Quadranten unterteilt wird, wenn für die Bildpunkte des jeweiligen Bildausschnittes ein vorgegebenes Homogenitätskriterium nicht erfüllt ist.

Die Bildausschnitte werden in der Baumstruktur durch Knoten repräsentiert. Knoten auf einer höheren Hierarchiestufe beschreiben größere Bildbereiche, während Knoten auf einer niederen Stufe kleinere Bildbereiche beschreiben. Die Strukturierung des Bildes drückt sich direkt im Quad-Tree aus: Homogenen Bildbereichen sind Knoten einer höheren Stufe zugeordnet, die nicht mehr weiter unterteilt sind, während inhomogene Bildbereiche durch Teilbäume beschrieben werden, die in der Regel bis auf die Stufe der Bildpunkte ausgeprägt sind.

Somit ist es offensichtlich, daß ein als Baumstruktur repräsentiertes Bild mit einfachen Algorithmen in homogene und inhomogene Bildbereiche segmentiert werden kann. Die folgenden Bilder sind ein Beispiel dazu. Bild 1 zeigt die bildliche Reproduktion eines Ausschnittes aus einem digitalisierten Luftbild, das als Quad-Tree codiert wurde. Bild 2 zeigt die aus der Quad-Tree Repräsentation extrahierten homogenen Bildbereiche (vorwiegend Acker- und Grünland) und Bild 3 das "strukturelle Negativbild" mit den inhomogenen Bildbereichen (Wälder, Siedlungen und Verkehrswege).

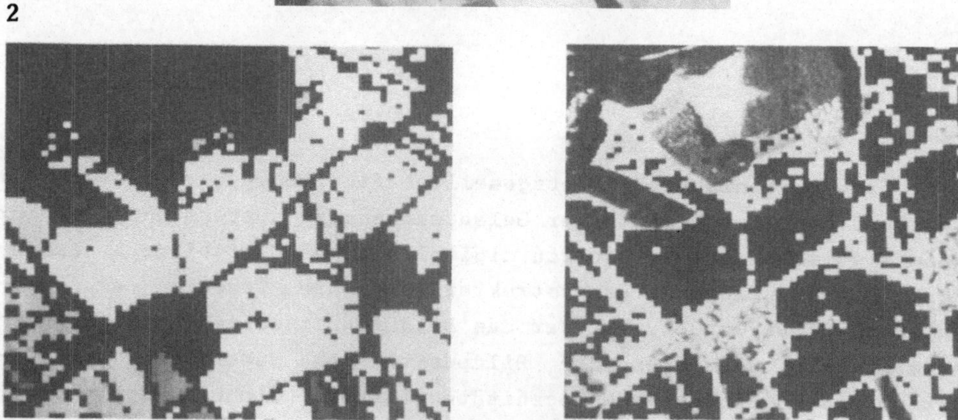


**Beispiel zur Segmentierung eines Luftbildausschnittes mit Hilfe der Quad-Tree Technik. (1) bildliche Reproduktion eines als Quad-Tree gespeicherten Originalbildes, (2) homogene Bildbereiche, (3) inhomogene Bildbereiche.**

über die Implementierung und Auswertung dieser Baumstrukturen mit objektspezifischen Klassifikatoren wurden bereits in [Habe83] berichtet. In dieser Arbeit soll die Eignung der verwendeten Vorgehensweise zur Extraktion von bebauten Gebieten diskutiert werden.

## 2. Aufbau des Objektklassifikators für Bebauung

Bei Klassifizierung von bebauten Gebieten aus Luftbildern (z.B. im Maßstab 1:35 000) oder Bilddaten mit vergleichbarem Detailreichtum (etwa MOMS-Bilddaten [Hofm82]) ergibt sich immer das Problem, daß diese Bildbereiche nur schwer mit einheitlichen Merkmalen charakterisiert werden können. Die Verwendung von ausschließlich spektralen Merkmalen scheitert an der Vielfältigkeit der Signaturen, die in Siedlungsbereichen auftreten können. Auch Texturmerkmale sind in der Regel nicht ausreichend, da es eben keine typische "Siedlungstextur" gibt. Schließlich können auch keine Formmerkmale genannt werden, die für bestimmte Siedlungstypen invariant sind. Im folgenden wird der Versuch geschildert, diese Bildbereiche anhand der typischen Zusammensetzung der anderen, schon extrahierten Klassen zu erkennen. Es zeigte sich, daß sich die Quad-Tree Struktur bei den dazu notwendigen Auswertungen als sehr günstig erweist. Um die Arbeitsweise des Bebauungsklassifikators zu verstehen, wird kurz die Abfolge der vorhergehenden Objektklassifikatoren geschildert.

Die Baumstruktur wird jeweils für Bildausschnitte von 512*512 Bildpunkten mit einem Homogenitätskriterium aufgebaut, das die spektralen Eigenschaften in verschiedenen Kanälen (hier drei) berücksichtigt. Aufgrund der Ausschnittgröße ergibt sich, daß die Wurzel des Baumes ein Knoten der Stufe 9 ist. Den Bildpunkten entsprechen Knoten der Stufe 0. Die Knoten wurden so implementiert, daß sie möglichst viele Informationen über den Bildausschnitt enthalten, den sie repräsentieren. Darunter ist auch ein Datenfeld "Knotencode" (KC), in dem die Zugehörigkeit des Knotens zu einer Objektklasse vermerkt ist, die sich jedoch im Verlauf der Verarbeitung ändern kann.

Bei der Verarbeitung wird als erstes der Gewässerklassifikator eingesetzt, der alle Blätter des Baumes anhand des multispektralen Verhaltens verarbeitet. Die Eigenschaften werden dazu durch ein interaktives Training bereitgestellt. Die Merkmale werden während des Ablaufs des Gewässerklassifikators noch modifiziert (überwachtes Lernen) und für den nachfolgenden Klassifikator für Bebauung in einem speziellen Dateibereich gehalten. Durch diese Vorgehensweise, die sinngemäß auch für alle folgenden Klassifikatoren gilt, wird sichergestellt, daß für den abschließenden Bebauungsklassifikator eine möglichst große Vielfalt verschiedener Klassen zur Verfügung steht. Nach der Gewässerrandsuche wird eine Linienverfolgung eingesetzt, um Wasserläufe zu segmentieren.

Der anschließende Waldklassifikator sondert über ein Nachfolgerkriterium, das die Verästelung von Teilbäumen beschreibt, Knoten der Stufe 4 (16*16 Bildpunkte oder bei 4m Bodenauflösung 64*64m²) aus, die allgemein texturierte Bildbereiche beschreiben. Diesen Knoten, denen ein spezieller Knotencode (KC=16) zugeordnet wird, werden mit waldtypspezifischen Co-Occurrence-Matrizen [Zuck80] aus einer Trainingsphase aufgeteilt in "Kandidaten für Wald" und "anderweitig strukturierte" Knoten (sie behalten KC=16). Bei den Waldkandidaten wird durch Multispektralklassifizierung die Unterteilung in die einzelnen Waldtypen durchgeführt.

Im Klassifikator für Verkehrswege werden in der Baumstruktur Ansatzstellen für eine Linienverfolgung gesucht. Aufgrund der gewählten Vorgehensweise ist es leicht in der Baumstruktur solche Ansatzstellen zu finden. Anschließend wird geprüft, ob die gewählte Ansatzstelle ein Kandidat für eine Linie ist [Plum84]. Nach geeigneter Vorverarbeitung wird über die Houghtransformation [Duda72] untersucht, ob eine Linie vorhanden ist oder nicht. Die Knoten, die eine Linie enthalten, werden mit einem entsprechenden Knotencode markiert. Ausgehend von den gefundenen Linienknoten wird die Weiterverfolgung durchgeführt.

Der Klassifikator für Acker- und Grünland arbeitet ähnlich wie der Gewässerklassifikator, nur daß hier mehrere Klassen aus der Trainingsphase zur Verfügung stehen.

Weitere Klassifikatoren, die sinngemäß wie die geschilderten Klassifikatoren implementiert werden können, sollten vor dem Klassifikator für Bebauung ablaufen, um eine möglichst große Vielfalt von Klassen zu haben. Für den Bebauungsklassifikator könnten so, falls notwendig, die Merkmale von Objekten wie z.B. Beton, Asphalt, Ziegel, Schiefer,

Kies, Brachland, usw. bereitgestellt werden.

Im nächsten Schritt werden die klassenstrukturellen Eigenschaften verschiedener Bebauungstypen ermittelt. Dazu werden in einer Trainingsphase zu den verschiedenen Bebauungsarten charakteristische Gebiete ausgewiesen und in die Baumstruktur gewandelt. Die Knoten der Stufe 4 dieser Trainingsgebiete werden nach Maßgabe aller vorhandenen Klassen klassifiziert. Die verschiedenen Klassen, deren Anzahl im folgenden mit N bezeichnet wird, spannen einen N-dimensionalen Merkmalsraum auf (N-Klassen-Raum). Aufgrund der Häufigkeitsverteilung der N Klassen in einem klassifizierten Knoten der Stufe 4, kann dieser Knoten mit seinen 16*16 Bildpunkten einem Punkt im N-Klassen-Raum zugeordnet werden. Durch diese Art des Trainings kann somit die Lage der verschiedenen Bebauungsarten im N-Klassen-Raum ermittelt werden.

Im Siedlungsklassifikator werden nun alle inhomogenen Knoten der Stufe 4, die noch keiner Klasse zugeordnet wurden, nach Maßgabe der N Klassen klassifiziert. Jedem so verarbeiteten Knoten entspricht im N-Klassen-Raum ein Punkt, der einer der im Training festgelegten Bebauungsarten zugeordnet werden kann. Zur Entscheidung wird hier ein mehrdimensionaler Klassifikator (etwa Minimum-Distance oder Maximum-Likelihood) verwendet. Die so zugeordneten Knoten werden mit entsprechenden Knotenkodes markiert. Ähnlich wie bei den vorangegangenen Klassifikatoren wird eine Bebauungsrandsuche durchgeführt.

## 3. Ergebnisse

Praktische Tests wurden mit digitalisierten Luftbilder des Stadtbereichs von München (Nähe Schloßpark Nymphenburg) und Bildausschnitte im Bereich von Bad Tölz durchgeführt. Es wurden jeweils vier verschiedene Siedlungstypen ausgewiesen, die ohne weiteres unterschieden werden konnten. Die Kontrolle der Ergebnisse wurde wie folgt durchgeführt: Mit einem gleichverteilten Zufallszahlengenerator wurden 50 Koordinatenpositionen im Bereich der Bebauung ausgewählt. Die entsprechenden Gebiete wurden anhand von Stadtplänen und Karten lokalisiert und in einer "Feldbegehung" aufgesucht und visuell interpretiert. Dabei ergab sich folgendes

| Ergebnis: | richtig klassifiziert | falsch oder keine Aussage |
|---|---|---|
| Stadtbereich München: | 88% | 12% |
| Bereich Bad Tölz: | 80% | 20% |

## 4. Zusammenfassung

Bei dem hier gewählten Verfahren werden für die Bildsegmentierung bildpunktorientierte, regionenorientierte und kantenorientierte Verfahren kombiniert. Die Tests haben gezeigt, daß sich die Verwendung der Quad-Tree Struktur bewährt hat. Gerade die Segmentierung von Bebauungsflächen wurde in dieser Art erst durch den Einsatz der Quad-Trees möglich. Für einen operationellen Betrieb muß der Baumaufbau noch rechenzeitoptimaler gestaltet werden. In zukünftigen Projekten wird untersucht werden, in welchen anderen Bereichen der Bildverarbeitung und Mustererkennung die Quad-Trees eingesetzt werden können.

## Literatur


[Duda72] Use of the Hough Transformation to Detect Lines and Curves in Pictures
Communications ACM, Vol. 15, 1972

[Habe83] P. Haberäcker, R. Thiemann
Szenenanalytische Auswertung von digitalisierten Luftbildern mit Baumstrukturen
Mustererkennung 83, VDE-Verlag, Berlin, 1983

[Hofm82] O. Hofmann
Digitale Aufnahmetechniken
Bildmessung und Luftbildwesen 50, Heft 1, 1982

[Pavl82] W. K. Pavlidis
Algorithms for Graphics and Image Prodessing
Springer, Heidelberg, 1982

[Plum84] Untersuchungen zur Detektion von Hochspannungsleitungen in digitalisierten Luftbildern
Diplomarbeit, Universität Heidelberg/Fachhochschule Heilbronn, in Vorbereitung, 1984

[Zuck80] S.W. Zucker, D. Terzopoulos
Finding Structure in Co-Occurrence Matrices
Computer Graphics and Image Processing, Vol. 12, 1980

# A N W E N D U N G E N   I N   D E R   L I C H T M I K R O S K O P I E

# REKONSTRUKTION DREIDIMENSIONALER LICHTMIKROSKOPISCHER BILDER AUF DER GRUNDLAGE DER LINEAREN SYSTEMTHEORIE*

A. Erhardt, G. Zinser, D. Komitowski, J. Bille*

Abteilung Histodiagnostik und Pathomorphologische Dokumentation,
Institut für Experimentelle Pathologie,
Deutsches Krebsforschungszentrum Heidelberg,
Im Neuenheimer Feld 280, 6900 Heidelberg
*Universität Heidelberg, Institut für Angewandte Physik I
Albert-Überle-Straße 3-5, 6900 Heidelberg

**Zusammenfassung**

Es wurde eine objektunabhängige Rekonstruktionsmethode für dreidimensionale lichtmikroskopische Bilder entwickelt. Durch inverse Filterung des Bildes mit der dreidimensionalen optischen Übertragungsfunktion des Lichtmikroskops kann das Original weitgehend wieder hergestellt werden. Die Rekonstruktion von Testobjekten mit bekannter dreidimensionaler Struktur gewährleistet die Zuverlässigkeit des Verfahrens.

**Schlüsselwörter:** dreidimensionale Lichtmikroskopie, digitale Bildverarbeitung, optische Übertragungsfunktion, Rekonstruktion aus Fokusserien, lineare Systemtheorie

## 1. Einführung

Viele lichtmikroskopische Anwendungen erfordern den Einsatz hochauflösender Optik mit einer Schärfentiefe, die weitaus geringer ist als die Ausdehnung des zu untersuchenden Objekts parallel zur optischen Achse. In solchen Fällen stellt ein zweidimensionales lichtmikroskopisches Bild nicht das gesamte Objekt sondern lediglich einen Schnitt durch das dreidimensionale Präparat an der Stelle der Fokusebene dar. Es enthält nur einen Bruchteil des vorhandenen Informationsgehaltes und ist außerdem überlagert von defokussierten Projektionen des gesamten Objekts in die Fokusebene, was wiederum eine geringe Ortsauflösung innerhalb des Bildes zur Folge hat. Zur Eliminierung dieser Projektionen ist die Information aus den restlichen Bildebenen notwendig. Aus diesem Grund können zweidimensionale Rekonstruktionsmethoden keine Verbesserung der Ortsauflösung bewirken. Es müssen vielmehr dreidimensionale Bilder erzeugt und rekonstruiert werden.
Im Gegensatz zum zweidimensionalen Fall enthält ein dreidimensionales Bild den maximalen, nach der mikroskopischen Abbildung noch vorhandenen Informationsgehalt. Es wird aus einer Serie von zweidimensionalen Bildern erzeugt, die durch Variation der Fokuseinstellung des Mikroskops gewonnen wird. Obwohl jede dieser Ebenen noch überlagert ist von Projektionen aus Nachbarebenen, können diese eliminiert und das Original weitgehend wieder hergestellt werden.

---
*Mit Unterstützung der Deutschen Forschungsgemeinschaft

Dieser Beitrag enthält die Ergebnisse eines neuen Rekonstruktionsalgorithmus für dreidimensionale lichtmikroskopische Bilder. Er wurde auf der Grundlage der linearen Systemtheorie entwickelt und beruht auf der mathematischen Formulierung der dreidimensionalen inkohärenten Abbildungseigenschaften des Lichtmikroskops, der dreidimensionalen optischen Ubertragungsfunktion.

Auf der Grundlage der linearen Systemtheorie entsteht ein dreidimensionales lichtmikroskopisches Bild im Ortsraum durch eine Faltung des Objekts mit der dreidimensionalen Punktbildfunktion des Mikroskops. Im Fourierraum reduziert sich die Faltung zu einer Multiplikation:

$$G(u,v,w) = F(u,v,w) \quad OTF(u,v,w)$$

wobei G(u,v,w) und F(u,v,w) die dreidimensionalen Fouriertransformierten von Bild und Objekt sind und OTF(u,v,w) die dreidimensionale optische Ubertragungsfunktion des Mikroskops. Division von G(u,v,w) durch die Ubertragungsfunktion und Rücktransformation in den Ortsraum liefert das dreidimensionale rekonstruierte Bild.

Dazu ist die Kenntnis der dreidimensionalen optischen Ubertragungsfunktion des Lichtmikroskops notwendig, die von uns hergeleitet wurde.

Unter der Voraussetzung, daß die integrale Absorption innerhalb des Bildes gering ist, ist die Methode objektunabhängig und deshalb nicht auf eine bestimmte Anwendung begrenzt. Bei etwas höherer Absorption kann die Information aus dem Bildspektrum zur Erzeugung einer 'experimentellen' Ubertragungsfunktion verwendet werden, so daß das Verfahren auch dann noch objektunabhängig bleibt.

Die Resultate zeigen eine signifikante Verbesserung der Bildqualität, so daß Objektfeinstrukturen sichtbar werden und die Bilder zu einer differenzierteren Merkmalsauswertung herangezogen werden können.

## 2. Die dreidimensionale optische Übertragungsfunktion

Die zweidimensionalen optischen Ubertragungsfunktionen OTF(u,v;z) für bestimmte Defokussierungen folgen aus der skalaren Beugungstheorie und wurden von Hopkins [1] in Abhängigkeit des maximalen Phasenfehlers $\sigma'$ (Abb. 1) angegeben. Eine für fast alle Ortsfrequenzen sehr gute Näherung hierfür [2],[4] ist in Richtung der optischen Achse analytisch fouriertransformierbar, woraus sich die dreidimensionale optische Übertragungsfunktion OTF(q,w) ergibt:

$$OTF(q,s) = \begin{cases} 1 & q=0,\ w=0 \\ \dfrac{2}{\pi z_0 q_0} \dfrac{f(q)}{h(q)} \left(1 - \dfrac{s^2}{h^2(q)}\right)^{1/2} & q \leq 1,\ |w| \leq h(q) \\ 0 & \text{sonst} \end{cases}$$

mit

$$q = (u^2 + v^2)^{1/2}/q_0$$
$$f(q) = 1 - 1.38q + 0.03q^2 + 0.344q^3$$
$$h(q) = NA\ q\ (1-q)$$

$q_0$ = optische Grenzfrequenz der inkohärenten Abbildung

NA = numerische Apertur
$z_0$ = maximaler Defokussierungsbereich (Normierungskonstante)
s $=w/q_0$

In diesen Ausdruck geht die Näherung $\sigma' = (NA)^2 z/2$ zwischen der objektseitigen Defokussierung z und dem zugehörigen in [2] verwendeten maximalen Phasenfehler $\sigma'$ ein, der in Abbildung 1 verdeutlicht wird. Die Gültigkeit dieser Näherung wurde detailliert überprüft [4]. Sie ist nur innerhalb gewisser Fokusbereiche gültig, d.h. innerhalb dieser Näherung kann das dreidimensionale Objekt nur eine begrenzte Ausdehnung parallel zur optischen Achse haben. Die maximale Ausdehnung beträgt

16µm für Objektiv 100x, NA=1.3
200µm für Objektiv 25x, NA=0.65
1000µm für Objektiv 10x, NA=0.25.

OTF(q,w) bildet einen starken Tiefpaß und ist in alle Richtungen bandbegrenzt, so daß prinzipiell keine vollständige Rekonstruktion des dreidimensionalen Objekts aus seinem Bild möglich ist [3]. Anhand von Testobjekten mit bekannter dreidimensionaler Struktur zeigt es sich jedoch, daß die Qualität der rekonstruierten Bilder wesentlich besser ist als die der ursprünglichen.

## 3. Datenaufnahme

Die dreidimensionalen lichtmikroskopischen Bilder werden mit Hilfe eines Mikroskops 'Axiomat' (Zeiss) und einer Videokamera aufgenommen. Das Videosignal wird im 64 Grauwertstufen digitalisiert. Die maximalen Abtastschrittweiten senkrecht und parallel zur optischen Achse sind durch das Abtasttheorem der diskreten Fouriertransformation und durch die Grenzfrequenzen der dreidimensionalen optischen Übertragungsfunktion festgelegt. Tabelle 1 enthält die Grenzfrequenzen $q_0$ und $w_0/q_0$ senkrecht und parallel zur optischen Achse und die entsprechenden maximalen Abtastschrittweiten $\delta_{xy}$ und $\delta_z$ in beiden Richtungen für drei verschiedene Mikroskopobjektive.

Die Datenaufnahme wird von einem PDP11/34-Rechner kontrolliert und die Daten werden zur Offline-Weiterverarbeitung auf Magnetband gespeichert. Um Fehler durch Instabilitäten in der Mikroskopbeleuchtung zu vermeiden, wird zu Eichzwecken parallel zur Fokusserie eine Serie von Hintergrundbildern aufgenommen. Überabtastung und anschließende Verkleinerung der Bilder durch Mittelwertbildung um jeweils denselben Faktor verkleinert den Einfluß der Übertragungsfunktion der Kamera, die als weiteres Tiefpaßfilter auf Bildebenen senkrecht zur optischen Achse wirkt. Dieses Verfahren verbessert zusätzlich das Signal/Rausch - Verhältnis. Außerdem wird zur Rauschunterdrückung jede Bildebene mehrfach aufgenommen (typisch: 3-5fach), und über die mehrfach aufgenommenen Bilder wird gemittelt.

## 4. Rekonstruktion

Die Rekonstruktion der Fokusserie wird offine an einem Rechner VAX 11/780 vorgenommen.

Die aufgenommenen Bilder werden zunächst dreidimensional fouriertransformiert. Die diskrete Fouriertransformation setzt eine stetige, periodische Fortsetzung des Bildes in alle Richtungen voraus. Bei Bildern mit stark unterschiedlichen Funktionswerten an gegenüberliegenden Grenzebenen wird vor der Fouriertransformation ein Vorverarbeitungsschritt ausgeführt, der die Werte der Bildfunktion an gegenüberliegenden Bildebenen angleicht. Dazu wird das Bild mit einer dreidimensionalen Fensterfunktion multipliziert, dem Hanning- bzw. dem Hamming-Fenster. Im eigentlichen Rekonstruktionsschritt werden die Bildfrequenzen, die außerhalb des Definitionsbereiches der dreidimensionalen optischen Übertragungsfunktion liegen, zu 0 gesetzt, da es sich bei geringer Absorption hierbei um ortsunabhängige Rauschanteile handelt. Auch innerhalb ihres Definitionsbereiches nimmt die Übertragungsfunktion an den Rändern sehr kleine Werte an, so daß die Multiplikation des Bildspektrums mit der inversen optischen Übertragungsfunktion zu einer starken Überhöhung der entsprechenden Bildfrequenzen führen würde. Es hat sich deshalb in der Praxis bewährt, die inverse optische Übertragungsfunktion mit einer Cosinusfunktion abzuschneiden, so daß das Maximum bei etwa 75% der inkohärenten optischen Grenzfrequenz liegt. Mit dieser effektiven inversen optischen Übertragungsfunktion wird das Bildspektrum multipliziert und in den Ortsraum zurücktransformiert. Je nach dem gewählten Vorverarbeitungsschritt wird nach der Rekonstruktion dieser durch die inverse Operation wieder ausgeglichen.

## 5. Ergebnisse

Es wurden dreidimensionale Bilder von Zellkernen (Feulgen-Färbung) und verschiedenen Testobjekten mit bekannter dreidimensionaler Struktur wie Radiolarien und Borsten von Insektenflügeln, aufgenommen und nach der oben beschriebenen Methode rekonstruiert. Die Abbildungen 2-4 zeigen einige Ergebnisse des Rekonstruktionsalgorithmus. Es sind jeweils Ebenen des rekonstruierten dreidimensionalen Bildes (rechts) den entsprechenden der originalen Serie (links) gegenübergestellt.

Abbildung 2 zeigt die Rekonstruktion eines Testobjekts mit bekannter dreidimensionaler Struktur: zwei überkreuzende Borsten eines Insektenflügels. In den Bildebenen senkrecht zur optischen Achse (Abb. 2a, 2b) zeigt die originale Serie am Kreuzungspunkt der beiden Borsten eine deutliche Anhebung der optischen Dichte: die Projektion der außerhalb des Fokus liegenden Borste. In der rekonstruierten Serie fehlt diese Anhebung. In den Ebenen parallel zur optischen Achse (Abb. 2c) sind die beiden Objekte in der rekonstruierten Serie deutlich getrennt, während sie in der originalen Serie durch defokussierte Projektionen zusammenhängen.

Abbildung 3 zeigt die Rekonstruktion eines weiteren Testobjekts, einer Radiolarie (Radiolaria Aulonia hexagonia). In Abb. 3a ist eine Ebene der vorderen, in 3b eine der hinteren Hemisphäre des Objekts zu sehen. Die rekonstruierte Serie gibt das hexagonale Gitter der Radiolarienschale wieder ohne die defokussierten Projektionen, die in der originalen Serie zu sehen sind. In den Ebenen parallel zur optischen Achse (Abb. 3c) ist das hexagonale Gitter nur andeutungsweise sichtbar. Der Grund dafür ist die endliche Bandbreite der dreidimensionalen optischen Übertragungsfunktion parallel zur optischen Achse und der daraus resultierende Informationsverlust bei der mikroskopischen Abbildung.

Abb. 4 zeigt einen Zellkern aus dem Schleimhautepithel des Dickdarms. Die wichtigsten histologischen Merkmale wie Kernmembran, Nucleolus, Granula von kondensiertem Chromatin bleiben im rekonstruierten Bild erhalten. In den Bildebenen z=15 und z=17 senkrecht zur optischen Achse (Abb. 4a und 4b) kann der Nucleolus als eine Region mit relativ hoher optischer Dichte erkannt werden, die bei den Koordinaten x=38 und y=28 lokalisiert ist. In der originalen Fokusserie (links) hat diese Region in den beiden Ebenen eine sehr ähnliche Struktur. In der rekonstruierten Serie wird die Feinstruktur dieser Region sichtbar. Sie ist unterteilt in zwei kleinere, nahe beieinanderliegende Teilregionen, die sich parallel zur optischen Achse durch den Kern ziehen. Ein Vergleich der beiden Ebenen z=15 und z=17 zeigt, daß die beiden Teileregionen etwas miteinander verdrillt sind. Abbildung 4c zeigt eine Ebene parallel zur optischen Achse. Die optisch dichte Region befindet sich bei den Koordinaten x=38, z=10 - z=20. Zusätzlich ist der Grauwertverlauf für z=18 angegeben. In der nicht rekonstruierten Ebene des Bildes (links) zeigt der Grauwertverlauf an der Stelle der optisch dichten Region ein Maximum, während die entsprechende Stelle des rekonstruierten Bildes (rechts) zwei benachbarte Maxima, entsprechend der Feinstruktur des Objekts, aufweist. Abbildung 4c zeigt, daß der Rekonstruktionsalgorithmus nicht lediglich schon vorhandene Maxima und Minima verstärkt, sondern die Feinstruktur des Bildes durch Wegnahme der defokussierten Projektionen sichtbar macht.

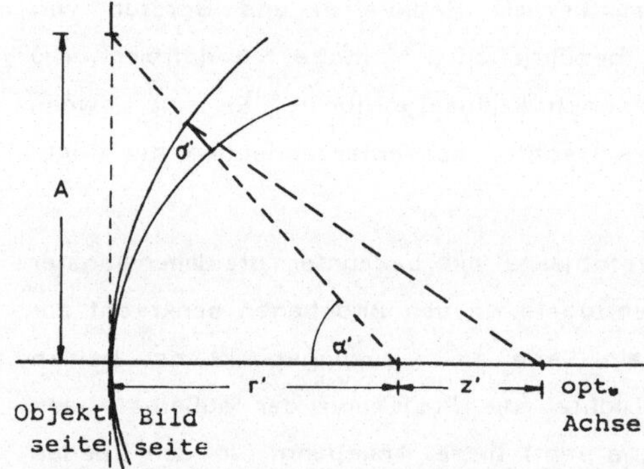


**Abb. 1**
Optisches System bei Defokussierung
$\sigma'$ ist der max. Weglängenunterschied der Randstrahlen,
A der Öffnungsradius der Apertur
$\alpha'$ der bildseitige Öffnungswinkel,
$r'$ die Bildweite
und $z'$ die bildseitige Defokussierungslänge

| Objektiv | 100x/1.3 | 25x/0.65 | 10x/0.25 |
|---|---|---|---|
| $q_0$ [1/μ] | 4.91 | 2.45 | 0.94 |
| $w_0/q_0$ | 0.33 | 0.16 | 0.06 |
| $\delta_{xy}$ [μ] | 0.102 | 0.204 | 0.53 |
| $\delta_z$ [μ] | 0.31 | 1.28 | 8.48 |

**Tabelle 1**
Grenzfrequenzen
$q_0$ senkr. zur opt. Achse,
$w_0/q_0$ parallel zur optischen Achse
sowie die Mindestabtastschrittweiten $\delta_{xy}$ senkrecht
und $\delta_z$ parallel zur optischen Achse
für drei verschiedene Objektive.

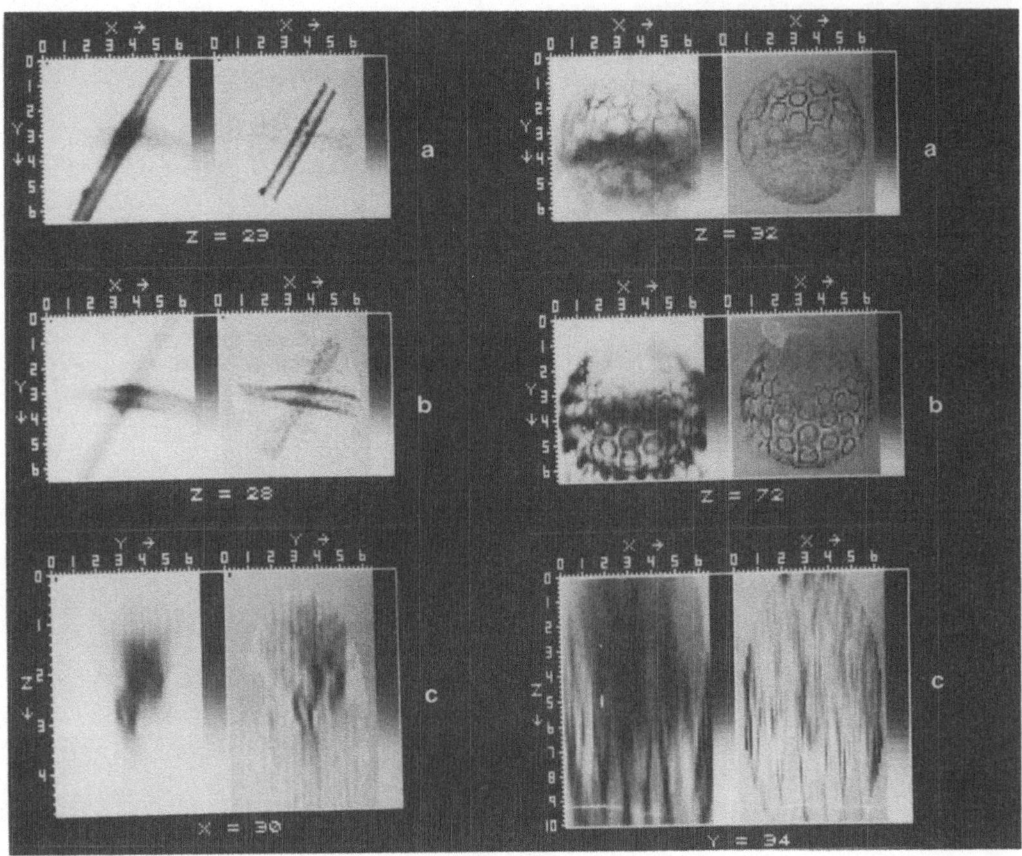


**Abb. 2**
Testobjekt:
Borsten eines Insektenflügels
Durchmesser des Objekts: 1µm
Objektiv: 100x, NA=1.3, Öl
Ausdehnung in Richtung der opt. Achse: 16µm
Anzahl der gemittelten Bilder: 3
Uberabtastung und nachf.Reduktion: Faktor 3
Abtastschrittweite senkr. zur opt. Achse: 0.125µm
Abtastschrittweite parall. zur opt. Achse: 0.25µm
Vorverarbeitungsschritt: Hanning-Fenster
Nachverarbeitungsschr.: inv. Hanning-Fenster
Abb. 2a, 2b:
Ebenen senkrecht zur optischen Achse
Abb. 2c:
Ebene parallel zur optischen Achse

**Abb. 3**
Testobjekt:
Radiolarie (Radiolaria Aulonia hexagonia)
Durchmesser des Objekts: 60µm
Objektiv: 10x, NA=0.25
Ausdehnung in Richtung der opt. Achse: 128µm
Anzahl der gemittelten Bilder: 5
Uberabtastung und nachf. Reduktion: Faktor 1
Abtastschrittweite senkr. zur opt. Achse: 0.5µm
Abtastschrittweite parall. zur opt. Achse: 1.0µm
Vorverarbeitungsschritt: Hanning-Fenster
Nachverarbeitungsschr.: inv. Hanning-Fenster
Abb. 3a, 3b:
Ebenen senkrecht zur optischen Achse
Abb. 3c:
Ebene parallel zur optischen Achse

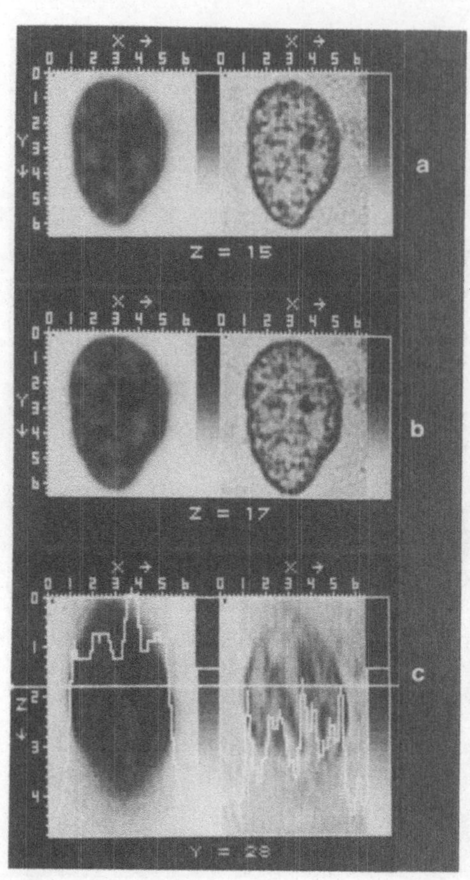


**Abb. 4**
Zellkern einer Schleimhaut-Epithelzelle
Durchmesser des Objekts: 8µm
Objektiv: 100x, NA=1.3, Ol
Ausdehnung in Richtung der opt. Achse: 16µm
Anzahl der gemittelten Bilder: 3
Uberabtastung und nachf. Reduktion: Faktor 3
Abtastschrittweite senkr. z. opt. Achse: 0.125µm
Abtastschrittweite parall. z. opt. Achse: 0.25µm
Vorverarbeitungsschritt: keinen
Nachverarbeitungsschritt: keinen
Abb. 4a, 4b: Ebenen senkrecht zur optischen Achse
Abb. 4c: Ebene parallel zur optischen Achse

## Literatur


[1] H. H. Hopkins, The frequency response of a defocused optical system, Proc. Roy. Soc. (London) A231 (1955) 91

[2] P. A. Stokseth, Properties of a defocused optical system, J. Opt. Soc. Am. 59 (1969) 1314

[3] G. Zinser, A. Erhardt, D. Komitowski, J. Bille, Erzeugung und Rekonstruktion dreidimensionaler lichtmikroskopischer Bilder, 5. DAGM-Symposium, Karlsruhe, 1983

[4] A. Erhardt, Dissertation, Heidelberg 1984

# AUTOMATISCHER METAPHASENFINDER

T. Lörch, M. Frieben, J. Bille
Institut für Angewandte Physik I
Universität Heidelberg

## Zusammenfassung

Für die Chromosomenanalyse im Rahmen der biologischen Dosimetrie ist als Vorstufe ein Metaphasenfindersystem erforderlich, das den Anforderungen bezüglich Geschwindigkeit und Treffsicherheit bei vertretbarem Hardwareaufwand genügt. Das vorliegende System erreicht dies einerseits durch den Einsatz einfacher Hardware zur Vorverdichtung der Bildinformation, andererseits durch eine hierarchische Suchstrategie. Hardware, Strategie und erste Ergebnisse werden im Folgenden dargestellt.

## 1. Einleitung

Die biologische Dosimetrie ist auf dem Gebiet des Strahlenschutzes eine anerkannte Methode zur Dosisschätzung. Grundlage des Verfahrens ist die statistische Erfassung bestimmter strahleninduzierter Chromosomenaberrationen in den Lymphozyten des peripheren menschlichen Blutes.

Wegen der geringen Aberrationsrate im Niedrigdosisbereich ist aus statistischen Gründen die Auswertung einer großen Zahl von Metaphasen nötig. Für eine zuverlässige Schätzung der Strahlendosis sind ca. 1500 Metaphasen erforderlich. Selbst bei guten Präparaten müssen dazu etwa 100.000 Mikroskopbildfelder bei 40-facher Vergrößerung durchsucht werden. Dies stellt hohe Anforderungen an die Verarbeitungsgeschwindigkeit des Systems. Zusätzlich ist eine niedrige Fehlerrate notwendig.

## 2. Hardware

Die gesamte Hardware des Metaphasenfindersystems ist in Abb.1 schematisch dargestellt.

### 2.1 Bildgewinnung

Verwendet wird ein Zeiß-Photomikroskop mit einem Scanningtisch, der mittels Schrittmotoren zur Suche in x- und y-Richtung und zur Fokussierung in z-Richtung bewegt werden kann. Die Motoren werden über eine Schrittmotorkarte vom Rechner angesteuert. Zur Bildaufnahme wird eine herkömm-

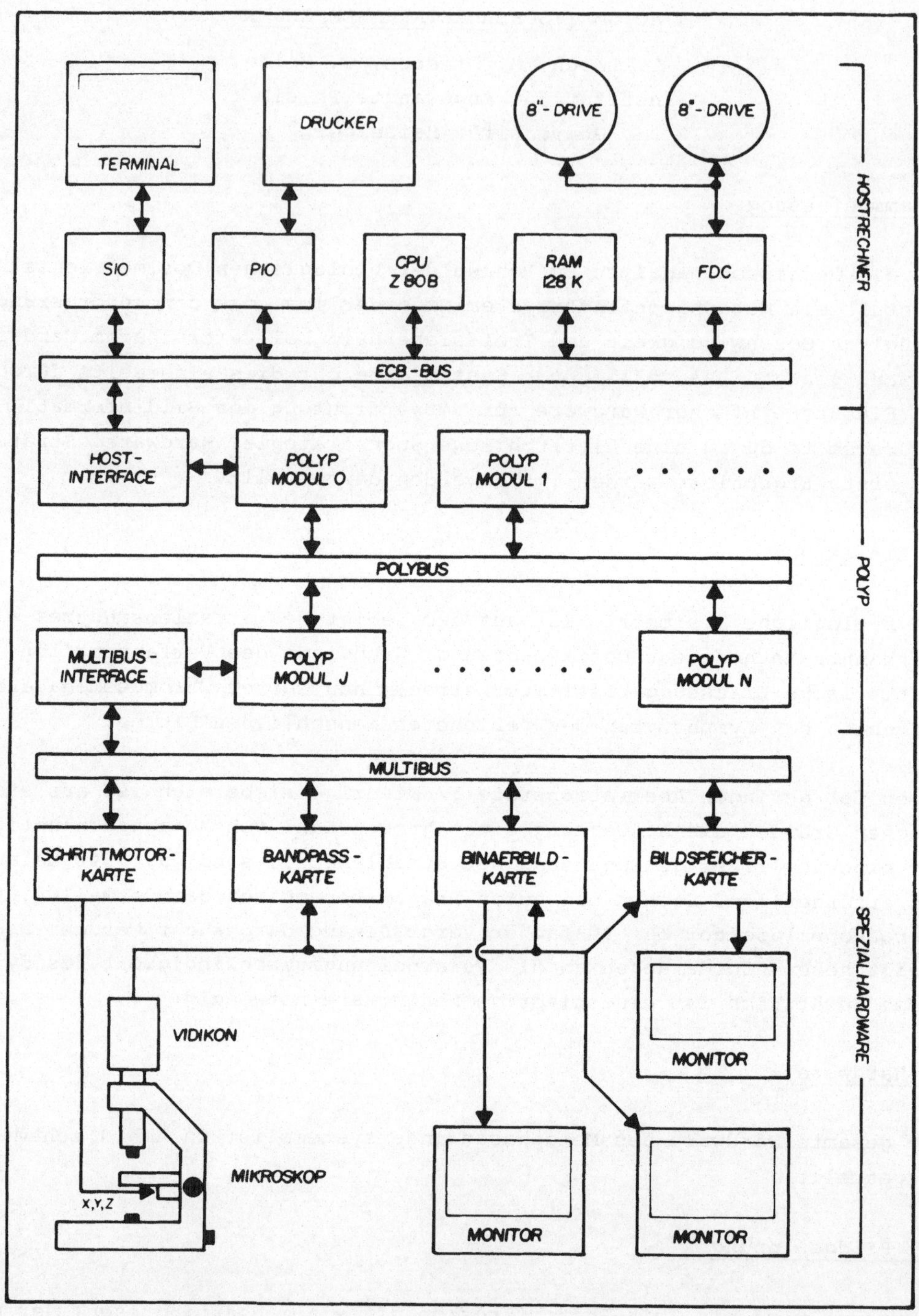


Abb.1: Hardware des automatischen Metaphasenfinders.

liche Fernsehkamera verwendet.

## 2.2 Bandpaßkarte

Aus Zeitgründen ist es kaum möglich, für jedes Bildfeld ein zweidimensionales Bild mit dem Rechner auszuwerten. Es ist daher notwendig, die Bildinformation mittels spezieller Hardware vorzuverdichten (siehe auch (1), (2)). Im vorliegenden System erfolgt diese Verdichtung durch die Bandpaßkarte, die in Echtzeit das Videosignal auswertet. Durch Setzen einer globalen Schwelle werden die Objekte vom Hintergrund getrennt und dann u.a. folgende Merkmale für jede Zeile eines Halbbildes bereitgestellt:

a) OZ: Objektzahl.
b) OD: Optische Dichte, d.h. Summe der Objektlängen in der Zeile.
c) MOD: Modifizierte optische Dichte; entspricht der OD, es tragen aber nur Objekte eines definierten Längenbereiches bei (Bandpaßfilterung).

Die Informationsverdichtung wird also durch eine Projektion vom zweidimensionalen Bild in einen eindimensionalen Merkmalsvektor bei gleichzeitiger Reduktion auf 2 Grauwerte erreicht. Die Ortsinformation innerhalb der Zeilen geht dabei verloren.

## 2.3 Binärbildkarte

Die Binärbildkarte gestattet es, ein Videobild mit einer Auflösung von 256 Zeilen und 512 Spalten binär abzuspeichern. Die Schwelle ist dabei programmierbar.

## 2.4 Bildspeicher

Der verwendete Bildspeicher hat eine räumliche Auflösung von 512 x 1024 Pixels bei 256 Graustufen und kann somit die gesamte im Videosignal enthaltene Information abspeichern.

## 2.5 Rechner

Zur Auswertung von Binär- und insbesondere von Grauwertbildern ist eine große Rechenleistung notwendig. Für den praktischen Einsatz kommen jedoch aus Platz- und Kostengründen Großrechner nicht in Frage. Daher wird im Metaphasenfinder das Heidelberg-POLYP-Multimikrorechnersystem (3)(4) eingesetzt, welches sich aus einer prinzipiell nicht beschränkten Zahl von Mikroprozessoren zusammensetzt. Die Einzelmodule bestehen zur Zeit aus einer CPU Motorola 68 000 mit 10 MHz Taktfrequenz und 256 KByte dynamischem RAM. Die Verbindung zwischen den Modulen erfolgt durch das POLYBUS-System, das eine ebenfalls variable Zahl von Einzelbussen umfaßt. Als Benutzerschnittstelle und zur Verwaltung des Massenspeichers wird für das POLYP-System ein Hostrechner mit Z80 B-CPU und der üblichen Peripherie verwendet.

## 3. Strategie

Um geringen Zeitbedarf mit großer Treffsicherheit der Klassifikation zu kombinieren, wird eine hierarchische Strategie eingesetzt, d.h. es wird auf jeder Stufe des Entscheidungsprozesses nur die jeweils benötigte Informationsmenge berücksichtigt. Die Analyse erfolgt in 3 Stufen mit zunehmendem Verarbeitungsaufwand; den 3 Stufen sind auf Hardwareseite die Bandpaßkarte, die Binärbildkarte und die Bildspeicherkarte zugeordnet.

### 3.1 Auswertung der Bandpaßdaten

Diese 1. Stufe dient zur Vorauswahl der wahrscheinlichen Metaphasen, wird also für alle Bildfelder des Objektträgers durchgeführt. Für ein positives Resultat dieser Grobselektion müssen für ein Bildfeld 3 Bedingungen erfüllt sein:

a) Es muß ein zusammenhängender Bereich von Zeilen existieren, für welche die MOD einen Grenzwert überschreitet.
b) Es müssen für diesen Zeilenbereich Schwellen für OZ und
c) für den Quotienten MOD/OD überschritten werden.

Sind diese Bedingungen gleichzeitig erfüllt, so wird angenommen, daß im Bildfeld eine Metaphase enthalten ist, also wird die 2. Stufe des Suchalgorithmus ausgeführt.

Beispiele für Bandpaßdaten finden sich in Abb. 2. Dabei sind die Daten OZ, OD und MOD in Histogrammform zeilenweise jeweils dem entsprechenden Binärbild gegenübergestellt. Es ist deutlich zu sehen, daß bei den MOD-Daten die im Bild enthaltenen Zellkerne durch die Bandpaßfilterung fast vollständig eliminiert werden, während die beiden Metaphasen kaum beeinträchtigt sind.

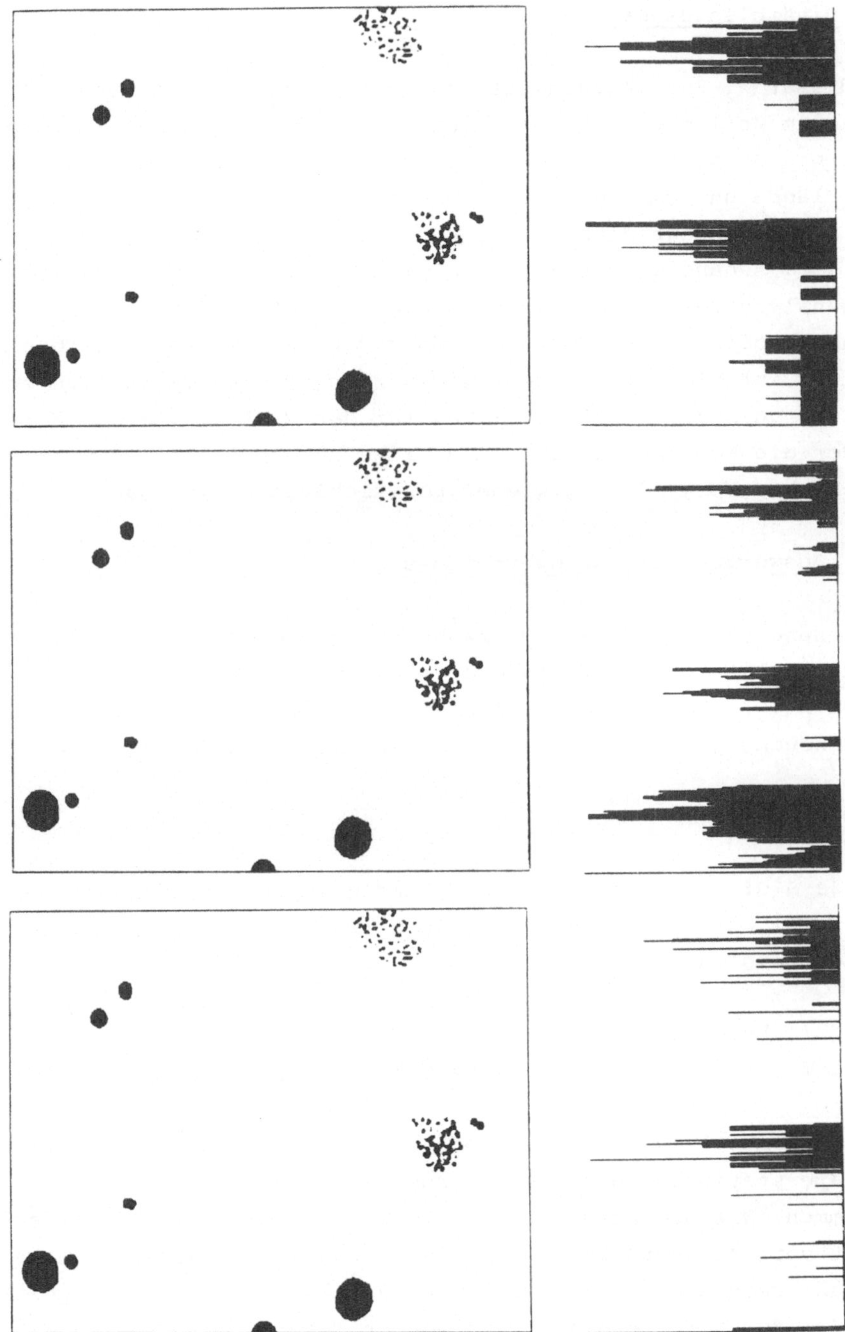

Abb. 2 : Binärbild (links) und Bandpaßdaten (rechts); von oben: OZ, OD, MOD.

### 3.2 Binärbildauswertung

In dieser 2. Entscheidungsstufe werden zunächst die Konturen aller Objekte im Zeilenbereich der mutmaßlichen Metaphase bestimmt und dann Merkmale wie Gesamtzahl der Objekte, Konturlänge, Objektfläche, Quotient von Fläche und Umfang, Anzahldichte, Flächendichte und das Histogramm der Freemancodegradienten zur Beschreibung der Konturkrümmungen berechnet (5). Anhand dieser Merkmale wird mittels einer durch eine Diskriminanzanalyse bestimmten linearen Klassifikationsfunkton die 2. Entscheidung getroffen. Wegen der gegenüber den Bandpaßdaten verfeinerten Auswertung ist hier eine wesentlich verringerte Fehlerrate zu erwarten. Spricht auch die 2. Entscheidung für das Vorliegen einer Metaphase, so werden die Koordinaten des Bildfeldes abgespeichert, damit es später bei 100-facher Vergrößerung wieder positioniert werden kann.

### 3.3 Auswertung des Grauwertbildes

Ausgehend von einem bei 100-facher Vergrößerung aufgenommenen Grauwertbild erfolgt in der 3. Stufe die Zerlegung der Metaphase in Einzelchromosomen (6) und die Aberrationsanalyse (7). Da dies nicht mehr zur Metaphasensuche gehört, soll darauf hier nicht näher eingegangen werden.

## 4. Ergebnisse

Die 1. Stufe der Suche ist vollständig implementiert, die benötigte Zeit liegt bei ca. 0.3 sec/Bildfeld. Ein Test mit 2 500 Bildfeldern ergab folgendes Resultat:

| | | | |
|---|---|---|---|
| richtig negativ | : 89.3 % | falsch negativ | : 2.7 % |
| falsch positiv | : 1.8 % | richtig positiv | : 6.2 % |

Die Implementierung der 2. Stufe ist fast abgeschlossen. Für die multivariate statistische Analyse wurde ein Lernsatz von 1 000 Metaphasen aufgenommen. Die Ergebnisse der Diskriminanzanalyse liegen allerdings noch nicht vor. Als Voruntersuchung wurde ein T-Test auf signifikante Mittelwertunterschiede bei zwei Gruppen für alle Merkmale durchgeführt. Die Beträge der T-Werte sind in folgender Tabelle aufgeführt:

| | |
|---|---|
| Objektzahl | : 3.5 |
| mittlere Konturlänge | : 4.9 |
| minimale " | : 4.4 |

| | |
|---|---|
| maximale Konturlänge | : 0.5 |
| mittlere Objektfläche | : 5.2 |
| minimale " | : 3.9 |
| maximale " | : 2.5 |
| mittlerer Quotient Fläche/Umfang | : 5.1 |
| minimaler " " " | : 4.4 |
| maximaler " " " | : 2.4 |
| Anzahldichte Objekte | : 4.3 |
| Flächendichte Objekte | : 2.2 |
| Histogramm Freemangradient -3 | : 1.1 |
| " " -2 | : 0.3 |
| " " -1 | : 1.1 |
| " " 0 | : 2.4 |
| " " +1 | : 1.1 |
| " " +2 | : 3.0 |
| " " +3 | : 2.4 |
| " " +4 | : 1.1 |

Es ist schon zu erkennen, welche Merkmale die Unterschiede zwischen den Gruppen gut wiedergeben. Durch die Diskriminanzanalyse kann dann eine optimale Kombination von Merkmalen ermittelt werden.

## 5. Literatur

1) G. Shippey, R. Bayley, E. Granum: Metaphase finding using a fast interval processor, METAFIP. Proc. of the Vth European Chromosome Analysis Workshop, Heidelberg (1983).
2) E.T. Johnson, L.J. Goforth: Journal of Histochem. and Cytochem. 7, 22, 536.
3) R. Männer, W. Saaler, T. Sauer, P. von Walter, B. Deluigi: Elektronische Rechenanlagen 24, 157 (1982).
4) J. Bille, H. Scharfenberg, R. Männer: Comp. in Biol. and Med. 13, 49 (1983).
5) H. Braner, T. Lörch, J. Bille: Automatic metaphase finding. Proc. of the Vth ECAW, Heidelberg (1983).
6) G. Johannsen, J. Bille: A threshold selection method using information measures. Proc. of the 6th ICPR, München (1982).
7) T. Lörch, M. Frieben, J. Bille: Biological dosimetry by chromosome aberration scoring using POLYP. Vth ECAW, Heidelberg (1983).

# KAPILLARLÄNGENMESSUNG - EIN VERGLEICH ZWISCHEN EINER "EXAKTEN" UND EINER STEREOLOGISCHEN D.H. STATISTISCHEN METHODE

H. Zeintl, B. Endrich, W. Funk, K. Meßmer
Abteilung für Experimentelle Chirurgie, Universität Heidelberg
Im Neuenheimer Feld 347, 6900 Heidelberg 1

## Zusammenfassung

Es wird die Genauigkeit und Effizienz zweier Methoden zur Bestimmung der Kapillarlänge verglichen. Bei der "exakten" Methode wird die Länge direkt aus den Koordinaten der Linienbildpunkte berechnet. Der maximale Fehler hängt hier sehr stark von dem Berechnungsverfahren ab und reicht von +41,4% bis ± 0.5%. Bei der stereologischen Methode wird aus der Anzahl der Schnittpunkte der Kapillaren mit einem Testgitter die Länge der Kapillaren geschätzt. Hier hängt der Fehler vom Grad der Anisotropie (Vorhandensein einer Vorzugsrichtung) ab. Bei Einhaltung eines Winkels von 19° bzw. 71° zwischen Gitterlinien und der Vorzugsrichtung liegt der maximale Fehler auch bei Anisotropie bei ca. ± 5%. Der Vorteil der stereologischen Methode ist eine enorme Reduzierung des Aufwands bei der Automatisierung der Längenbestimmung, denn statt einer Kapillarerkennung und -verfolgung im gesamten Bild genügt eine Analyse entlang der Gitterlinien. Am Schluß wird ein Verfahren zur automatischen Kapillarerkennung vorgestellt.

## 1. Einleitung

In der Mikrozirkulationsforschung wird die funktionelle Kapillardichte ( = Länge der von roten Blutkörperchen durchströmten Kapillaren pro Volumen) oft zur Charakterisierung der Sauerstoffversorgung eines Gewebes verwendet. Abb. 1 zeigt einen Ausschnitt aus der Rückenhaut eines Hamsters unter dem Intravitalmikroskop bei ca. 100-facher Vergrößerung. Die Kapillaren wurden an einem Digitalisiertablett nachgezeichnet (helle Linien). Da ein solcher Hamsterhautbereich annähernd als zweidimensionales Gebilde betrachtet werden kann, reduziert sich hier das Problem der Kapillardichtebestimmung auf die Ermittlung der Kapillarlänge pro Fläche. Die Länge der Kapillaren kann entweder direkt aus den Koordinaten der Bildpunktfolge der gezeichneten Linien berechnet oder mit einer stereologischen Methode geschätzt werden. Im Folgenden werden diese beiden Methoden beschrieben und miteinander verglichen.

## 2. "Exakte" Methode

Die Länge einer gezeichneten Linie kann durch Aufsummieren aller

Teilstrecken zwischen zwei aufeinaderfolgenden Bildpunkten ($\sqrt{dx^2+dy^2}$) berechnet werden. Dabei ist jedoch zu beachten, daß wegen der Pixel-Quantisierung ein Fehler bis zu 41,4% auftritt. Durch verschiedene Modifikationen kann die Genauigkeit dieser Methode erheblich verbessert werden. In Abb. 2 sind vier verschiedene Verfahren der Längenberechnung und ihre maximalen Fehler bei verschieden Linientypen aufgeführt.

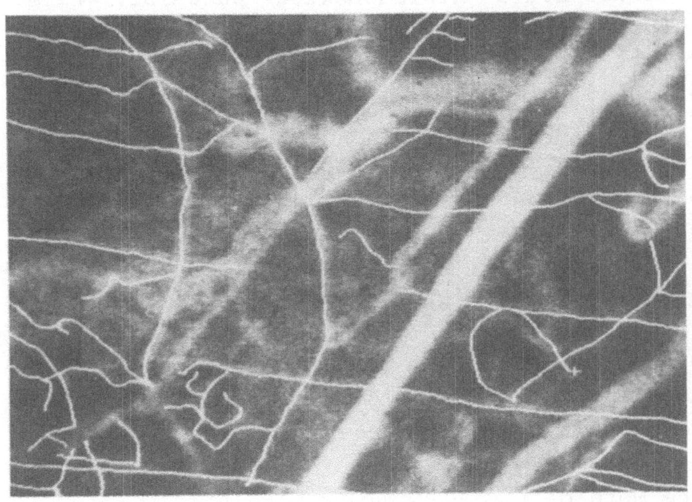

Abb. 1 : Kapillaren in einer Hamsterrückenhaut

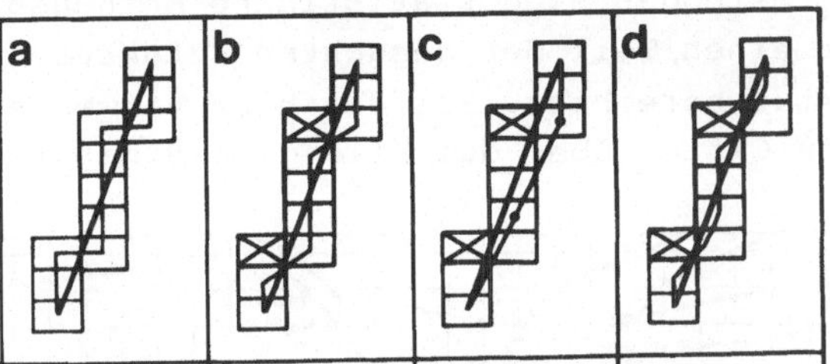

| | a | b | c | d |
|---|---|---|---|---|
| Geraden | + 41.4 % | + 13.4 % | + 2.7 % | + 2.7 % |
| Geraden mit Lücken | + 5.9 % | + 5.9 % | + 1.9 % | + 1.0 % |
| Kreise | + 24.8 % | + 7.1 % | + 1.2 % | + 2.3 % |
| Kreise mit Lücken | + 3.2 % | + 3.2 % | + 0.7 % | + 0.4 % |

Abb. 2 : Maximale Fehler bei verschiedenen Längenberechnungsverfahren

Berechnungsverfahren a) entspricht dem oben beschriebenen Verfahren ohne Maßnahmen zur Genauigkeitsverbesserung. Wie man sieht ist die gemessene Treppenlinie erheblich länger als die wirkliche Linie (max. 41,4%). Bei Verfahren b) werden die Eckpunkte nicht mitgerechnet, bei

Verfahren c) wird nur jeder dritte Punkt zur Längenberechnung verwendet, und bei Verfahren d) wird eine gleitende 3-Punkt-Glättung durchgeführt. In den Zeilen 2 und 4 der Abb. 2 sind die maximalen Fehler für Geraden bzw. Kreise "mit Lücken" angegeben. Dies soll eine vom Digitalisiertablett gesendete Koordinatenfolge simulieren, die bei normaler Zeichengeschwindigkeit im Mittel zwei bis drei Bildpunktlücken zwischen zwei benachbarten Linienpunkten aufweist. Alle Werte in Abb. 2 wurden für rechteckige Bildpunkte mit einem Seitenverhältnis von 2:3 berechnet. Bei quadratischen Bildpunkten ergeben sich geringfügig unterschiedliche Werte. Angaben über Fehler bei hexagonalen und quadratischen Bildpunkten und verschiedenen Berechnungsverfahren sind zu finden in /1/ und /2/.
Die genauesten Ergebnisse bei Koordinatenfolgen vom Digitalisiertablett (Linien "mit Lücken") liefert Berechnungsverfahren d). Hier ist der Fehler kleiner als 1%. Da es sich hier um einen systematischen Fehler in eine Richtung handelt, kann das Ergebnis um den mittleren Fehler (0.5%) korrigiert werden, so daß man einen maximalen Fehler von ±0.5% erhält.
Die gesuchte Kapillardichte ergibt sich aus der so ermittelten Kapillarlänge dividiert durch die Bildfläche.

## 3. Stereologische Methode

Stereologische Methoden sind statistische Methoden, die basierend auf dem Wissen über einen Teil der gesuchten Struktur einen Schätzwert für die Gesamtstruktur berechnen. Bei der hier verwendeten stereologischen Methode wird ein Gitter über das Bild gezeichnet (siehe Abb. 3) und

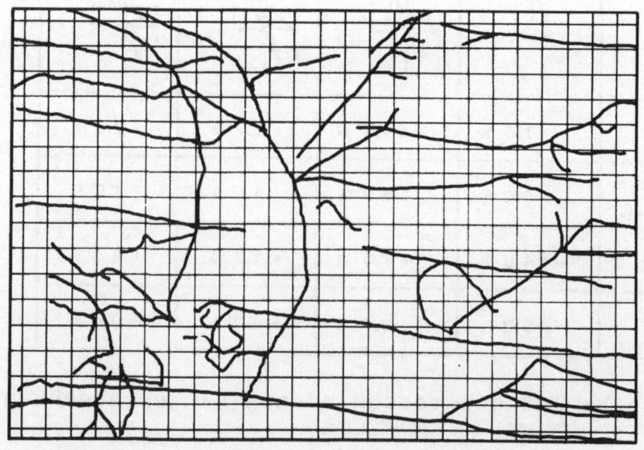

Abb. 3 : Kapillarlinien mit Testgitter

die Anzahl der Schnittpunkte zwischen Gitterlinien und Kapillaren bestimmt. Aus der Anzahl der Schnittpunkte pro Gitterlinien läßt sich mit folgender Formel aus /3/ und /5/ die Kapillardichte $L_A$ berechnen:

$$L_A = \frac{1}{\int_0^{\pi} |\cos(\theta)|\, g(\theta)\, d\theta} * \frac{N}{L_G} \qquad (1)$$

N : Anzahl der Schnittpunkte, $L_G$ : Gesamtlänge des Gitters, $g(\theta)$ : Wahrscheinlichkeitsdichtefunktion der Schnittwinkel zwischen Kapillarlinien und Gitterlinien.

Für den Fall der Isotropie (d.h. alle Winkel der Kapillarlinien sind gleichwahrscheinlich) läßt sich die Formel (1) noch wesentlich vereinfachen, denn in diesem Fall ist die Funktion $g(\theta)$ konstant ($g(\theta) = 1/\pi$), und das Integral im Nenner ergibt $2/\pi$. Die Formel für Isotropie lautet demnach:

$$L_A = \frac{\pi}{2} * \frac{N}{L_G} \qquad (2)$$

Die Genauigkeit dieser beiden Formeln (1) und (2) wurde an verschiedenen Testbildern und echten Kapillarbildern getestet. Die Testbilder wurden aus Kreisen und Geraden so konstruiert, daß sich Bilder mit vollständiger Isotropie sowie teilweiser und vollständiger Anisotropie ergaben (Anisotropie bedeutet, daß eine Vorzugsrichtung vorhanden ist). In der folgenden Tabelle Tab. 1 sind die Werte für die aufgetretenen Fehler bei den beiden Formeln (1) und (2) bei verschiedenen Bildtypen zusammengestellt:

| | Formel (1) | Formel (2) |
|---|---|---|
| Isotrope Testbilder (n=50) | -6,3 ... 5,1% | -2,9 ... 4,0% |
| Anisotrope Testbilder (n=200) | -7,0 ... 9,2% | -21,2 ... 14,6% |
| Kapillarbilder (n=90) | -12,5 ... 3,1% | -9,8 ... 3,7% |

Tab. 1 : Fehler bei der stereologischen Methode

Die Ergebnisse sind unabhängig von dem Abstand der Gitterlinien, solange die Krümmungsradien der Linien nicht überwiegend kleiner als der Gitterabstand sind. Hier wurde ein Gitterabstand von 1 cm verwendet. In Abb. 4 sind die Fehler bei anisotropen Testbildern und Formel (2) noch etwas ausführlicher d.h. in Abhängigkeit vom Winkel der Vorzugsrichtung und dem Grad der Anisotropie dargestellt. Die durchgezogene Kurve stellt die errechnete Fehlerkurve für 100% Anisotropie dar: $F(\alpha) = (\pi/4)*(\sin\alpha + \cos\alpha) - 1$.

Man sieht, daß alle aufgetretenen Fehler bei 100% Anisotropie innerhalb der beiden gestrichelten Linien (-3% und +6%) entlang dieser Kurve liegen und daß mit abnehmender Anisotropie auch die Fehler kleiner werden. Bei einem Winkel von 19° bzw. 71° zwischen der Vorzugsrichtung und dem Gitter schneidet die Fehlerkurve die x-Achse d.h. hier liefert die einfache Isotropie-Formel (2) auch bei anisotropen Bildern Ergebnisse mit einer Genauigkeit von ca. ± 5%.

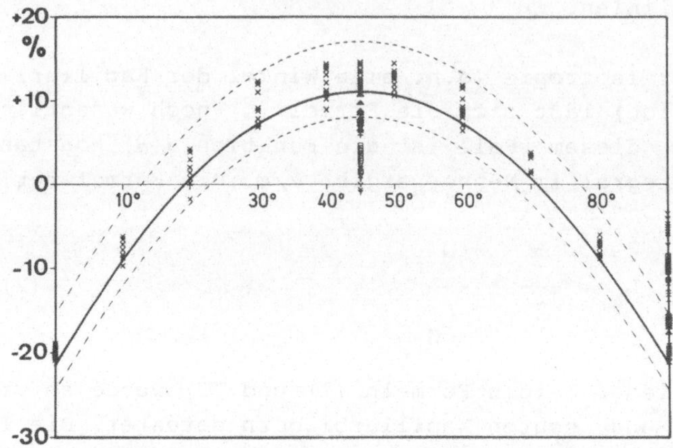


Abb. 4 : Fehler bei anisotropen Testbildern und Isotropie-Formel (2) in Abhängigkeit vom Winkel der Vorzugsrichtung und dem Grad der Anisotropie. × = 100% Anisotropie, △ = 80% Anisotropie, + = 60% Anisotropie, □ = 40% Anisotropie, Y = 20% Anisotropie.

## 4. Vergleich der beiden Methoden

Die Genauigkeit der stereologischen Methode (ca. ± 5%) ist in etwa vergleichbar mit der Genauigkeit des Berechnungsverfahrens b) bei der "exakten" Methode. Das Verfahren a) ist sogar noch wesentlich ungenauer als die stereologische Methode, nur die Verfahren c) und d) sind etwas genauer. Bei biologischen Untersuchungen ist die Genauigkeit der stereologischen Methode durchaus ausreichend, da ihr Fehler in der Regel unter der normalen biologischen Streuung liegt. Dabei kann die einfache Formel für Isotropie auch bei anisotropen Bildern angewendet werden, wenn das Testgitter so gedreht wird, daß es einen Winkel von 19° bzw. 71° zur Vorzugsrichtung bildet. Kapillarbilder mit Vorzugsrichtung kommen z.B. bei Skelettmuskelgewebe vor.
Der Hauptvorteil der stereologischen Methode besteht in einer enormen Reduzierung de Aufwands bei der Automatisierung der Kapillardichtebestimmung, wenn die Kapillaren nicht mehr am Digitalisiertablett nachgezeichnet werden sondern vom System erkannt werden sollen. Statt einer Kapillarerkennung und -verfolgung im gesamten Bild genügt eine Analyse entlang der Gitterlinien.

## 5. Automatische Kapillarerkennung

Die Automatisierung und damit Objektivierung des Verfahren ist von großer Bedeutung, denn, wie Untersuchungen zeigten, ist die Varianz der Kapillarlänge, wenn sie von verschiedenen Beobachtern gezeichnet wurde, größer als der maximale Fehler bei der Längenmessung.

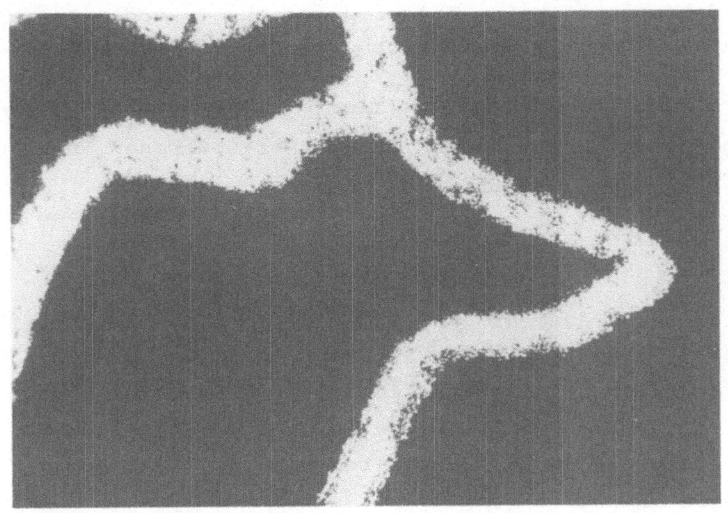

Abb. 5 : Einzelbild bei 600-facher Vergrößerung

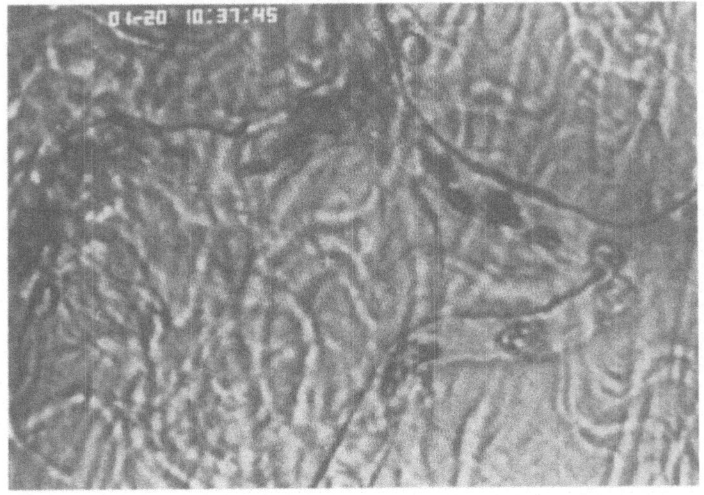

Abb. 6 : Ergebnis der Kapillarerkennung nach 30 Subtraktionszyklen

Ein mögliches Verfahren zur automatischen Kapillarerkennung ist die fortlaufende Subtraktion von Bildern des Live-Signals mit gleichzeitiger Akkumulierung der Maxima in den Differenzbildern, welche durch die Bewegung der roten Blutkörperchen in den Kapillaren hervorgerufen werden. Abb. 5 zeigt ein Einzelbild einer solchen Bildfolge (ca. 600-fache Vergrößerung). In Abb. 6 ist das Ergebnis der Kapillarerkennung nach 30 Subtraktionszyklen zu sehen. Dieses Verfahren, das an einem Bildverarbeitungssystem IP-512 (Imaging Technology, Inc.) realisiert wurde, hat den Vorteil, daß wirklich nur die durchströmten Kapillaren erfaßt werden und daß keine Bilder gespeichert werden müssen, denn die Verarbeitung erfolgt schritthaltend direkt am Live-Signal von der Videokamera oder vom Videorecorder.

Diese Arbeit wurde mit Unterstützung der Deutschen Forschungsgemeinschaft (SFB 90 / $B_{3}$) durchgeführt.

Literatur

/1/ Gaskell SA, Pearse AD (1981) Measuring Line Length with the Quantimet 720 Image Analysing Computer. J Microsc 124:327-330

/2/ Paul J, Exner HE (1981) Effectivity of Detector Systems and Perimeter Algorithms for Automatic Image Analysis. Stereol Jugosl 1:189-198 Proc. 3rd Eur Symp Stereol, Ljubljana, June 22-26, 1981

/3/ Underwood EE (1970) Quantitative Stereology. Addison-Wesley, Reading, Massachusetts

/4/ Weibel ER (1979) Stereological Methods Vol. 1. Academic Press, London

/5/ Weibel ER (1980) Stereological Methods Vol. 2. Academic Press, London

# SEGMENTIERUNG MIT MORPHOLOGISCHEN OPERATIONEN

B. Jungmann
Ernst Leitz Wetzlar GmbH
D-6330 Wetzlar

Für die quantitative Analyse von mikroskopischen Präparaten waren bisher Bildverbesserungsverfahren an Halbtonbildern von eher geringer praktischer Relevanz. Was eine einfache Schwellwertsegmentierung nicht detektierte, konnten weder Kennlinienkorrektur noch digitale Filterung in das Bild hineinzaubern. Nun bietet sich durch die konsequente Verallgemeinerung des Konzeptes der binären Dilatation und Erosion jedoch eine Familie von Halbtonbildalgorithmen an, die hochinteressante Möglichkeiten zur Segmentierung eröffnet. Durch Dilatation, Erosion, Abmagerung (thinning), Verdickung (thickening) und deren wiederholte Kombination auch am Halbtonbild wird es möglich, elementares a-priori-Wissen über das Bild bereits in die Segmentierung eingehen zu lassen, anstatt wie bisher es nur bei der Postsegmentierung von Binärbildern anzuwenden.
Aus den bekannten Begriffen der morphologischen Transformationen für Binärbilder (NAWRATH und SERRA, JUNGMANN) leiten sich die entsprechenden Begriffe für Halbtonbilder (SERRA) in zwangloser Weise ab, wenn man ein Halbtonbild begreift als eine Helligkeitsfunktion h (x) einer (diskret gerasterten) Bildebene E mit den Schnitten

$$X_t(h) = \{x : h(x) \geq t\}$$

für alle t aus dem (diskreten) Wertebereich von h.
Fordert man, daß die Operationen für Halbtonbilder in Funktionen mit den gleichen Schnitten resultieren, die man auch als Ergebnis der Operation für Binärbilder an den Schnitten der Ausgangsfunktion erhalten würde, so erhält man als Verallgemeinerung des Mengendurchschnitts die untere Einhüllende zweier Funktionen:

$$(f \wedge g)(x) := \mathrm{Min}\ (f(x), g(x))$$

denn für alle t ist

$$X_t(f \wedge g) = \{x : \mathrm{Min}\ (f(x), g(x)) \geq t\} \doteq \{x : f(x) \geq t \text{ und } g(x) \geq t\}$$
$$= X_t(f) \cap X_t(g)$$

Entsprechend ist die obere Einhüllende die Verallgemeinerung der Mengenvereinigung

$$(f \vee g)(x) := \mathrm{Max}\ (f(x), g(x))$$

und das Mengenkomplement entspricht dem Negativbild.
Für Erosion und Dilatation von Halbtonbildern mit Strukturelementen

$B \subseteq E$ erhalten wir, wenn $B_x := \{z \in E : z = y+x,\ x \in E,\ y \in B\}$ die Translation von B um x bezeichnet und $\check{B} : \{x \in E : -x \in B\}$ die Spiegelung von B am Ursprung

$$(h \ominus B)(x) := \underset{y \in \check{B}_x}{\mathrm{Min}}\ h(y)$$

sowie

$$(h \oplus B)(x) := \underset{y \in \check{B}_x}{\mathrm{Max}}\ h(y)$$

Nicht ganz so einfach ist die Verallgemeinerung bei Abmagerung und Verdickung mit zusammengesetzten Strukturelementen $T = (T^1, T^2)$, wo $T^1$ und $T^2 \subseteq E$ sind. Hier kann man für die Abmagerung nur fordern

$$X_t\ (h \circ T) = \bigcup_{r \geq t} (X_r(h) \circ T)$$

und kommt dann zur Rechenvorschrift für die abgemagerte Funktion

$$(h \circ T)(x) := \begin{cases} \underset{y \in T^2}{\mathrm{Max}}\ h(y) & \text{falls } \underset{y \in T^1_x}{\mathrm{Min}}\ h(y) \geq h(x) > \underset{y \in T^2_x}{\mathrm{Max}}\ h(y) \\ h(x) & \text{sonst} \end{cases}$$

während für die Verdickung aus der Forderung

$$X_t\ (h \odot T) = \bigcap_{r \leq t} (X_r(h) \odot T)$$

die Rechenvorschrift

$$(h \odot T)(x) := \begin{cases} \underset{y \in T^2_x}{\mathrm{Min}}\ h(y) & \text{falls } \underset{y \in T^1_x}{\mathrm{Min}}\ h(y) > h(x) \geq \underset{y \in T^2_x}{\mathrm{Max}}\ h(y) \\ h(x) & \text{sonst} \end{cases}$$

resultiert.

Die Verallgemeinerung dieser elementaren Begriffe erlaubt nunmehr auch die Übertragung fast aller darauf aufgebauter komplexerer Algorithmen auf Halbtonbilder. Man erhält dabei u. a. eine Anzahl differenzierter Segmentierungsverfahren; H bezeichnet hier die elementare (vorzugsweise hexagonale) Umgebung des Nullpunktes:

1. Top-Hat-Transformation: $X_t\ (h - h \ominus H^r \oplus H^r)$
   Die Differenz zwischen einem Halbtonbild und seiner Ouverture, geschnitten am Niveau t, wurde von F. MEYER Top-Hat-Transformation (Zylinderhut-Transformation) getauft. Sie segmentiert alle diejenigen Gipfel im Graugebirge, auf die man den Zylinderhut der Höhe t und des Radius r stülpen kann, ohne daß sein unterer Rand am Hang aufsetzt. Ferner werden noch alle alleinstehenden Mauern, also lange dünne helle Linien, segmentiert, sowie auch Sprungschanzen am Berghang, sofern die Mauer bzw. die Sprungschanze schmaler als der Durchmesser des Zylinders ist.

2. Bedingte Aufhellung
Dilatiert man im obigen Beispiel die Ouverture des Originals noch wiederholt mit der Bedingung, daß sie nicht über das Original hinauswachse, so werden alle Sprungschanzen am Berghang nicht mehr segmentiert:

$$X_t \; (h - h \ominus H^r \oplus H^r \oplus H \wedge h \ldots \oplus H \wedge h)$$

Die bedingte Aufhellung ist die einfache Übertragung eines Algorithmus aus NAWRATH & SERRA II auf Graubilder.

3. Gradient $h \oplus H - h \ominus H$
Die Differenz zwischen dem hellsten und dem dunkelsten Punkt aus der elementaren Nachbarschaft wurde schon an anderer Stelle als hervorragender Kantendetektor eingestuft. Sie läßt sich einfach als Differenz zwischen der Dilatierten und der Erodierten einer Funktion darstellen.

4. Homotopie und Abmagerung
Bei Abmagerung und Verdickung von Binärbildern ist bekannt, daß mit den Strukturelementen L, M und D im hexagonalen Raster homotope Transformationen erzeugt werden (vgl. Abb. 1). Das heißt, daß jedes zusammenhängende Gebiet bzw. Loch auf genau ein zusammenhängendes Gebiet bzw. Loch abgebildet wird, wobei auch die Enthaltenseinsrelation Löcher - Gebiete (- Löcher - Gebiete - ...) erhalten bleibt. Dieselbe Eigenschaft von Abmagerung und Verdickung mit diesen 3 Strukturelementen ist auch bei Halbtonbildern zu beobachten, wobei jedoch der Begriff der Homotopie geeignet auf Graubilder übertragen werden muß. Kurz gesagt nehmen die eingipfligen Berge den Platz der zusammenhängenden Gebiete ein und die abflußlosen Seen den Platz der Löcher. Dabei können natürlich Berge als Inseln aus Seen aufragen und auch Seen als Kraterseen in Bergen enthalten sein, und genau dieses Beziehungsgeflecht bleibt bei einer homotopen Transformation wie der Abmagerung mit Strukturelement L erhalten. Benutzt man das Strukturelement periodisch in seinen 6 elementaren Drehlagen

$$h \circ \{L\} := h \circ L^1 \circ L^2 \ldots \circ L^6 \, ,$$

so ist die Sequenz solcher Transformationen genau wie im Binärbild außerdem in guter Annäherung isotrop.

5. Bedingte Abmagerung
Zur Segmentierung z. B. von schwach ausgeprägten Begrenzungslinien besonders geeignet ist die bedingte Abmagerung

$$h \circ \{L;f\} := h \circ L^1 \vee f \circ \ldots \circ L^6 \vee f$$

bzw. ihr Gegenstück, die bedingte Verdickung

$$h \odot \{L;f\} := h \odot L^1 \wedge f \odot \ldots \odot L^6 \wedge f$$

Nimmt man als Bedingung f beispielsweise ein Originalbild und als Bild h dessen Fermeture bzw. Ouverture, so schließen letztere die unterbrochenen hellen bzw. dunklen Linien und die anschließende bedingte Abmagerung bzw. Verdickung stellt die ursprüngliche Form des übrigen Gebietes weitgehend wieder her, ohne jedoch die geschlossenen Linien wiederaufzubrechen.

Diese hier nur angedeutete Vielseitigkeit der zu Anfang vorgestellten elementaren Operationen hat die Ernst Leitz Wetzlar GmbH dazu bewogen, ein schnelles Hardware-Modul zu entwickeln, das in der Lage ist, 8-Bit-Halbtonbilder im 13 MHz-Takt zu bearbeiten bzw. zu verknüpfen. Damit wird Erosion, Dilatation, Abmagerung, Verdickung, aber auch Bildung der Einhüllenden, der Differenzen oder der Summen von 512 x 512 x 8-Bit-Halbtonbildern in 20 msec durchführbar und in der Routine der automatischen Bildanalyse anwendbar. Die im folgenden beschriebenen Beispielbilder sind demgegenüber noch an dem für schnelle Binärbildverarbeitung ausgelegten Bildanalysesystem LEITZ T.A.S. plus entstanden, das zusätzlich mit Graubildspeichern von 256 x 256 x 4 Bit Auflösung für die softwaremäßige Halbtonbildverarbeitung ausgestattet war.
Mehr eine Spielerei zur Demonstration des Effektes der bedingten Abdunkelung als eine ernstzunehmende Aufgabe der Bildanalyse wird in Abb. 2 und Abb. 3 dargestellt: Ein versehentlich ins Bild gerutschter Maßstab wird ausradiert. Demgegenüber ist die Abb. 4, eine Darstellung der Endothel-Schicht eines Kaninchenauges, von echtem klinischem Interesse: Diese Schicht ist genau wie beim Menschen eine monozelluläre Zellschicht auf der Rückseite der Cornea des Auges. Sie ist verantwortlich für den Wasserhaushalt der Hornhaut und somit unbedingt notwendig, um diese immer glasklar durchsichtig zu halten. Stirbt eine dieser Zellen infolge Verletzung oder Alterung ab, so muß ihr Platz von einer Nachbarzelle eingenommen werden, da keine Regenerationsfähigkeit besteht. Die Größenverteilung dieser Zellen erlaubt also Rückschlüsse auf die Qualität der Endothel-Schicht. Die hier dargestellte Segmentierungsmethode benutzt die Tatsache, daß alle Zellen eine gewisse Mindestgröße haben, um die schwer erkennbaren Zellgrenzen zu verbessern. Das Original B 4 wird um 4 Schritte erodiert und wieder um 2 Schritte dilatiert (Abb. 5). Damit ist das Bild B 5 erzeugt, das nun bedingt verdickt wird mit der Bedingung B4, um B6 zu erzeugen (Abb. 6). Nun sind die zusätzlich erzeugten Konturstücke an den richtigen Stellen als 1-Punkt-dicke Linien eingepaßt und werden von der einfachen Verdickung nicht mehr bewegt,

die als nächstes bis zur Konvergenz iteriert wird (Abb. 7). Mit Strukturelement E (vgl. Abb. 1) werden die freien Enden entfernt (Abb. 8). Der Übergang zum Binärbild erfolgt nun als Differenz zwischen B8 und seiner Dilatierten, wobei im Binärbild nochmals a-priori-Information verwendet wird: Zu kleine benachbarte Zellen werden verschmolzen, und alle werden über den Formfaktor 4πFläche/Umfang$^2$ kontrolliert. Richtig segmentierte Zellen haben Formfaktoren nahe bei 1. Das resultierende Binärbild, in dem jedes Loch einer richtig segmentierten nicht den Rand berührenden Zelle entspricht, ist in Abb. 9 dem Original überlagert.

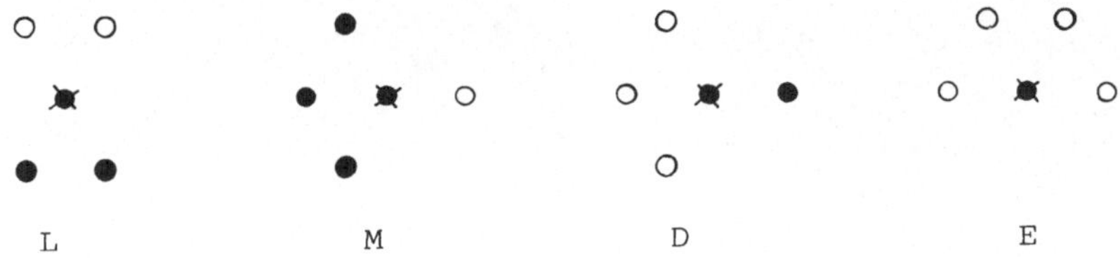


Abb. 1: Strukturelemente im hexagonalen Raster. Ausgefüllte Punkte gehören zu $T^1$, hohle Punkte zu $T^2$, der Ursprung ist durch X angedeutet.

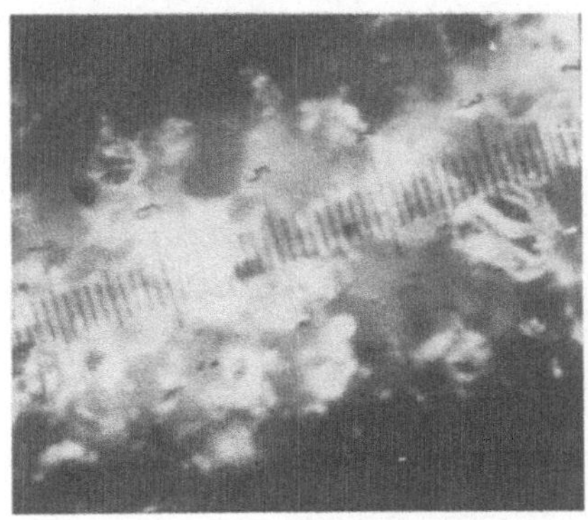

Abb. 2: Original

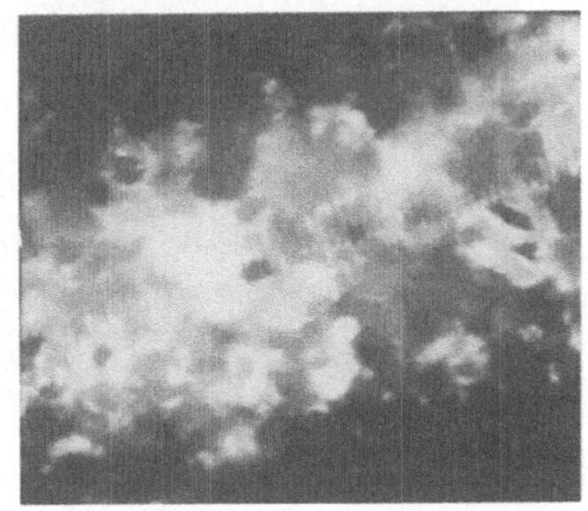

Abb. 3: Bedingte Abdunkelung der Fermeture

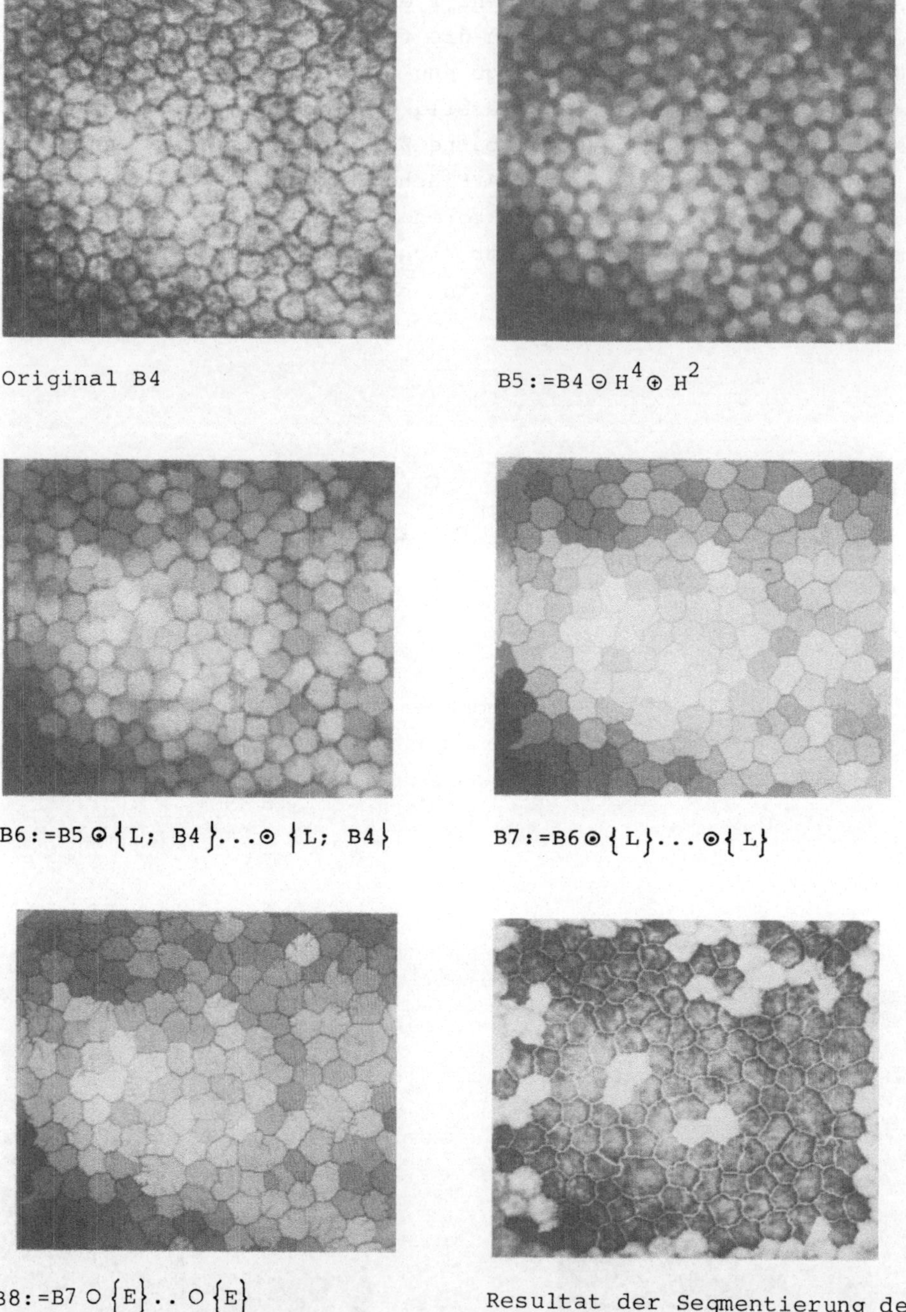

Original B4

$B5:=B4 \ominus H^4 \oplus H^2$

$B6:=B5 \odot \{L;\ B4\} \ldots \odot \{L;\ B4\}$

$B7:=B6 \odot \{L\} \ldots \odot \{L\}$

$B8:=B7 \circ \{E\} .. \circ \{E\}$

Resultat der Segmentierung dem Original überlagert

Literatur:

Nawrath, R., Serra, J.: Quantitative image analysis: Theory and instrumentation. Microscopica Acta 82 Nr. 2: 101-111, 1979

Nawrath, R., Serra, J.: Quantitative image analysis: Applications using sequential transformations. Microscopica Acta 82 Nr.2: 113-128, 1979

Meyer, F.: Quantitative analysis of the chromatin of lymphocytes an essay comparative structuralism. Blood Cells 6: 159-172, 1980

Jungmann, B.: Quantitative Bildanalyse in der routinemäßigen Partikelmeßtechnik. Leitz-Mitt. Wiss. u. Techn. Bd VIII Nr. 3/4: 105-109, 1982

Serra, J.: Image Analysis and Mathematical Morphology. Academic Press, London, 1982.

# Ein Verfahren zur Tiefenschärfenerweiterung bei mikroskopischen Abbildungen unter Einsatz eines digitalen Bildverarbeitungssystems [1)]

H. Krämer [2)]

Bei der lichtmikroskopischen Abbildung von 3-dimensionalen Objekten ist bei hoher Vergrößerung und hoher Auflösung die Tiefenschärfe sehr gering. Bisher braucht der Mikroskopiker verschiedene Fokuseinstellungen, um zu entscheiden, welche Bildbereiche der jeweiligen Fokuseinstellung ("Bildebene") scharf sind und verschafft sich so einen räumlichen Eindruck des Objektes.

Nach einer von G. Häusler und E. Körner in /1/ vorgeschlagenen Methode wird von verschiedenen Fokuseinstellungen ("Defokussierungsreihe") ausgegangen. Die Anzahl der aufgenommenen Bilder ist abhängig von der Dicke des Objektes und der Tiefenschärfe des Mikroskops.

Aus jeder dieser Fokuseinstellungen werden nun die jeweils scharfen Bildteile nach einem Schärfekriterium ermittelt und zu einem Ergebnisbild mit erweiterter Tiefenschärfe zusammengesetzt.

Es wird an mikroskopischen Objekten (Diatomeen, Radiolarien, u. a.) unter Beweis gestellt, daß mit einem Schärfekriterium und elektronischer digitaler Bildverarbeitung Informationen aus unterschiedlichen Bildebenen automatisch zu einem Ergebnisbild mit mehrfach erhöhter Tiefenschärfe zusammengesetzt werden können.

Dabei wird das folgende Schärfekriterium verwendet:

$$S_Z = \frac{\left( \sum_{i=1}^{N} \sum_{j=1}^{N} I_Z(i,j) \right)^2}{\sum_{i=1}^{N} \sum_{j=1}^{N} I_Z^2(i,j)}$$

Hierbei bedeutet

$I_Z$ die Intensität (Grauwert) des jeweiligen Bildpunktes, die Summen $\sum_i, \sum_j$ kennzeichnen den jeweiligen Bildausschnitt ("Bildfenster"), auf den das Schärfekriterium angewandt wird.

Die Aufsummierung erfolgt über das jeweils vorgegebene Bildfenster, das als Matrix über das gesamte Bild geführt wird. Anschließend wird die optimale Fokussierung ($Z=Z_0$) gesucht, bei der das Schärfekriterium $S_Z$ ein Minimum für jede Stelle im Bild ergibt. Der Intensitätswert $I_{Z0}$ dieser Bildebene wird im Ergebnisbild abgespeichert.

---

1) Mit Unterstützung des Bundesministeriums für Forschung und Technologie

2) Der Autor war bei Abfassung dieser Arbeit wissenschaftlicher Mitarbeiter bei Carl Zeiss, 7082 Oberkochen

Zusätzlich werden in einem Bildebenenreferenzspeicher jeweils die Bildebenen vermerkt, in denen $S_Z$ sein Minimum hat.

Es wird erstmals mit einem Bildebenenreferenzspeicher die zulässige Funktion des Verfahrens nachgewiesen.

Das angegebene Schärfekriterium wurde als Assemblerprogramm in ein digitales Bildverarbeitungssystem auf der Basis eines 16-bit-Mikroprozessors implementiert.

Systematische Untersuchungen zeigen, daß abhängig von der Bildfenstergröße sich unterschiedliche Ergebnisse einstellen. Ein (5x5)- bzw. (7x7)-Bildfenster erwies sich unter den gegebenen Bedingungen als günstigster Ansatz.

Das folgende Bild 1 zeigt mikroskopische Aufnahmen (im 1/4-Bild-Format) von Einstellungen auf verschiedene Ebenen (sog. "optische Schnitte") einer Diatomee ("Triceratium favus Ehr.")

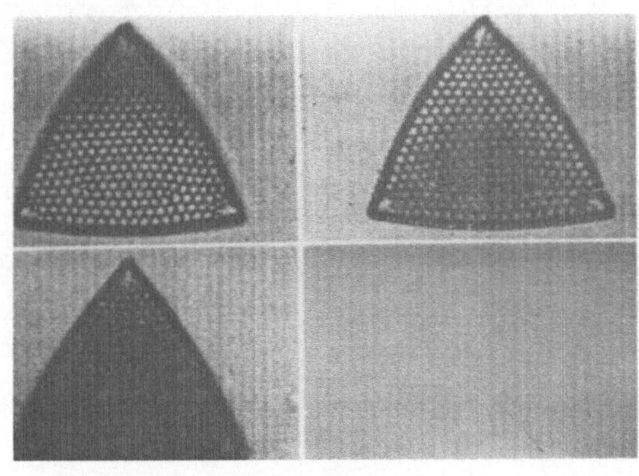

Bild 1: mikroskopische Aufnahmen (im 1/4-Bild-Format) einer Diatomee ("Triceratium favus Ehr.", Objektiv: Planachromat 25/0,45)

oberer linker Bildquadrant: "optischer Schnitt" : $Z_1$-Ebene)
oberer rechter Bildquadrant: "optischer Schnitt" : $Z_2$-Ebene) wobei
unterer linker Bildquadrant: "optischer Schnitt" : $Z_3$-Ebene) $Z_1 > Z_2 > Z_3$

In Bild 2 sind die Ergebnisbilder von den folgenden verwendeten Bildfenstern dargestellt:

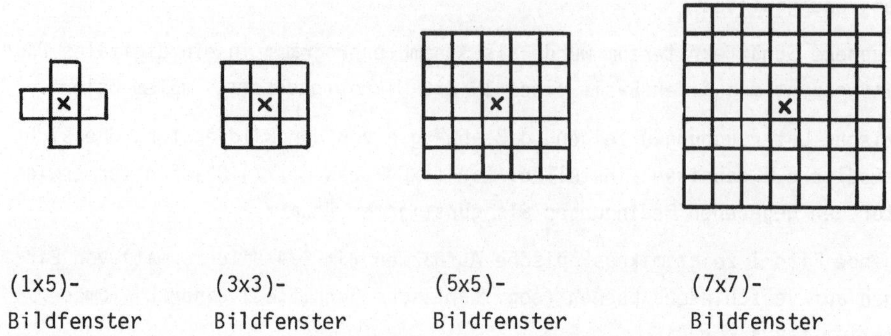


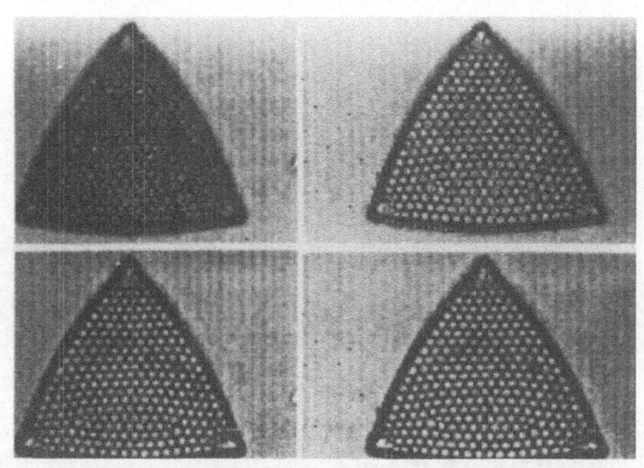

Bild 2: Ergebnisbilder aus den Aufnahmen von Bild 1

oberer linker Bildquadrant: Ergebnisbild mit (1x5)-Matrix
oberer rechter Bildquadrant: Ergebnisbild mit (3x3)-Matrix
unterer linker Bildquadrant: Ergebnisbild mit (5x5)-Matrix
unterer rechter Bildquadrant: Ergebnisbild mit (7x7)-Matrix

Der Einfluß der Bildfenstergröße ist dabei deutlich zu erkennen. Allerdings wird keine wesentliche Verbesserung durch das (7x7)-Bildfenster gegenüber dem (5x5)-Bildfenster bei diesem Präparat erreicht.

Zukünftige weitergehende Untersuchungen sollen die Wirkung der verschiedenen Bildfenstergrößen auf andere Präparate klären.

Bild 3 zeigt an, welcher Bildpunkt aus welcher Bildebene genommen worden ist. Dabei wurden wieder die vier vorher erwähnten Bildfenster verwendet.

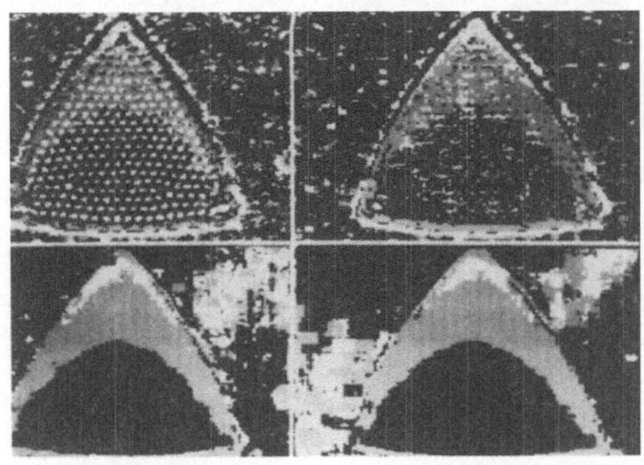

Bild 3: Bildebenenreferenzspeicher

oberer linker Bildquadrant: Referenzbild nach (1x5)-Matrix
oberer rechter Bildquadrant: Referenzbild nach (3x3)-Matrix
unterer linker Bildquadrant: Referenzbild nach (5x5)-Matrix
unterer rechter Bildquadrant: Referenzbild nach (7x7)-Matrix
"schwarz" = $Z_1$-Ebene)
"grau" = $Z_2$-Ebene) des Bildes 1
"weiß" = $Z_3$-Ebene)

Aus Bild 3 ist ersichtlich, daß beim Referenzbild nach der (1x5)-Matrix in jeder Bildzone Grauwerte aus den verschiedenen Ebenen der Diatomee genommen wurden. Eine Aussage über die Lage der Diatomee im Raum ist hier noch nicht möglich.

Dagegen wird im Referenzbild nach der (5x5)-Matrix die Schräglage der Diatomee deutlich erkennbar.

Eine wesentliche Verbesserung durch die (7x7)-Matrix läßt sich beim vorliegenden Präparat allerdings nicht mehr erreichen.

Während das bisher beschriebene Präparat ein Beispiel darstellt, für das wegen seiner relativ geringen Dickenausdehnung ein solches Verfahren an sich nicht erforderlich wäre, zeigen die nachfolgenden Bilder von stärker ausgedehnten Präparaten die Leistungsfähigkeit des Verfahrens in der praktischen Anwendung.

Defokussierungsreihe eines Fliegenkopfes und Ergebnisbilder
(Objektiv Planachromat 10/0,22)

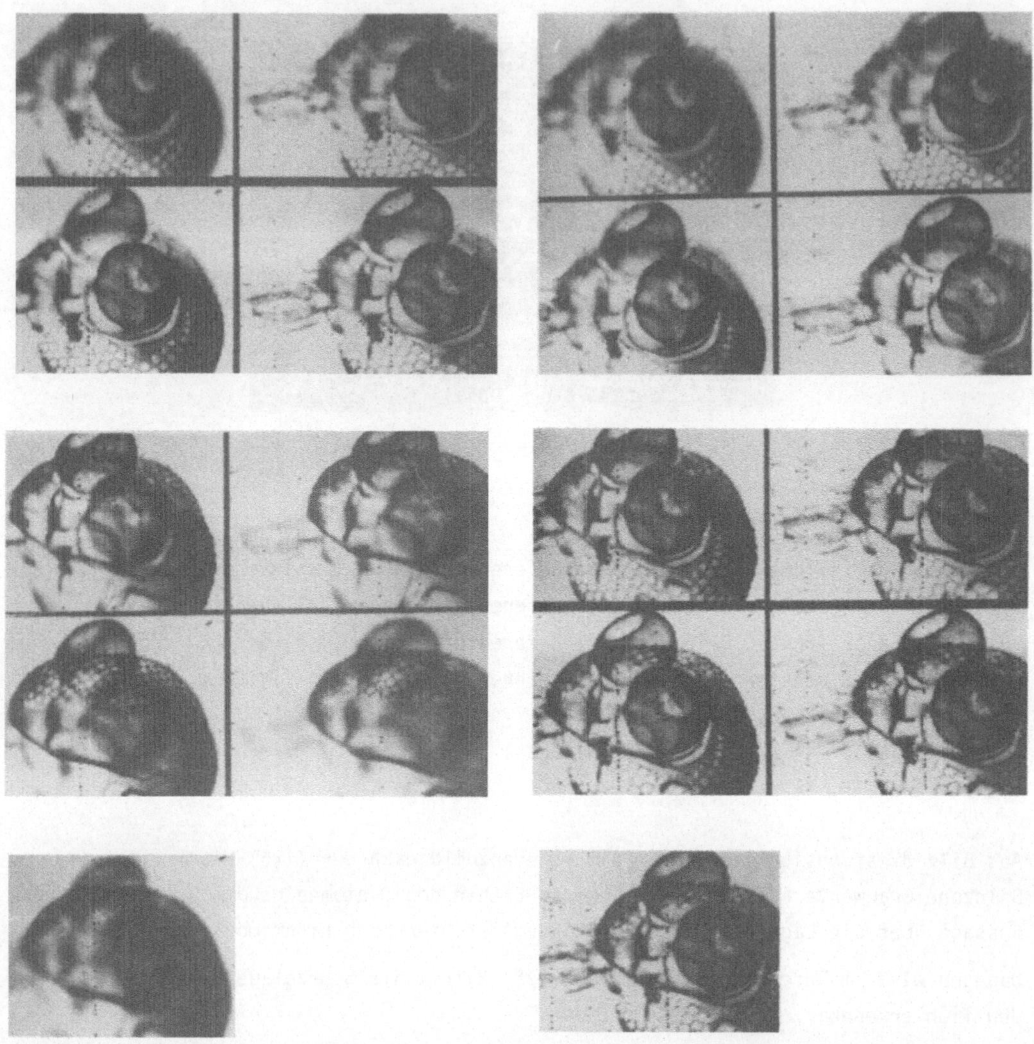

Defokussierungsreihe
(9 "optische Schnitte")

Zugehörige Ergebnisbilder nach Abarbeitung der einzelnen aufeinander folgenden "Schnitt"-Bilder
(Erg 1-1, Erg 1-2, ... Erg 1-9)

Defokussierungsreihe eines Radiolarienpräparates und Ergebnisbilder (Objektiv Planachromat 25/0,45)

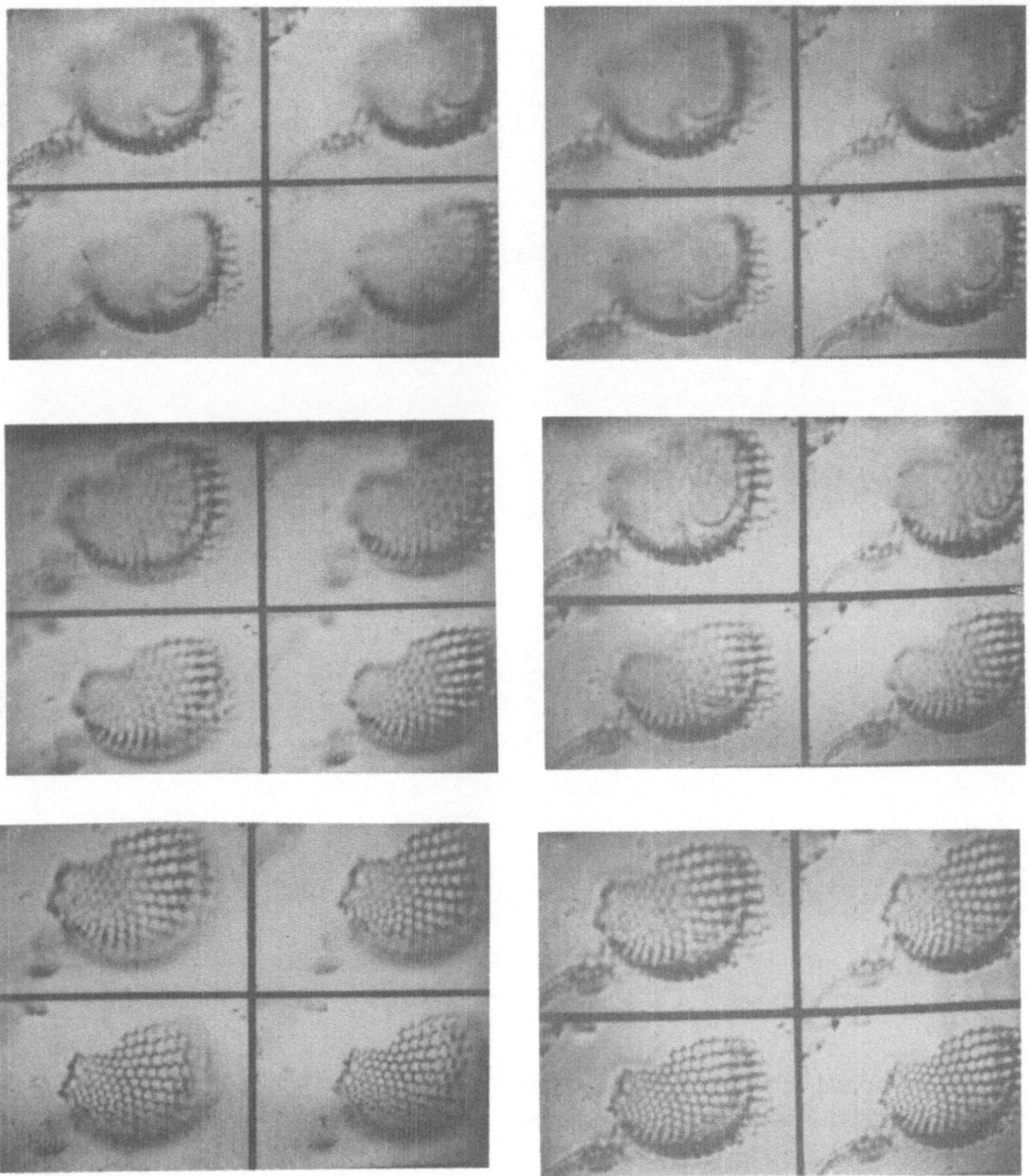

Defokussierungsreihe (12 "optische Schnitte")

Zugehörige Ergebnisbilder (Erg 1-1, Erg 1-2, ... Erg 1-12)

Defokussierungsreihe eines Bohrloches in einer Aluminiumplatte ("Auflichtmikroskopie") und Ergebnisbilder (Objektiv Epiplan 8/0,2)

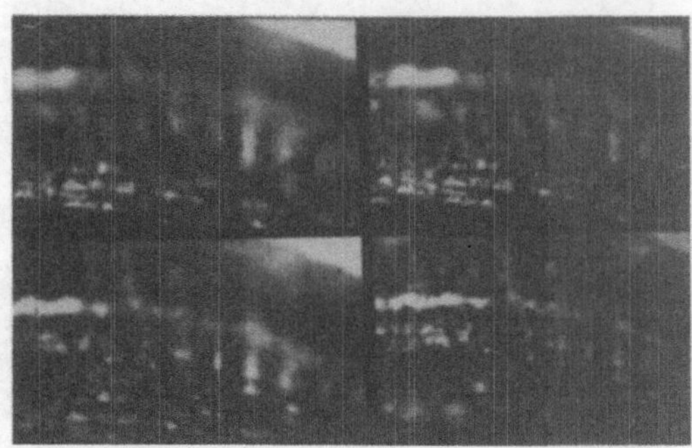

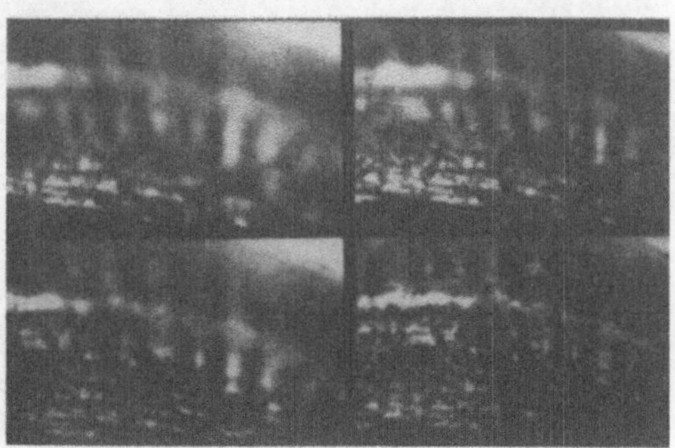

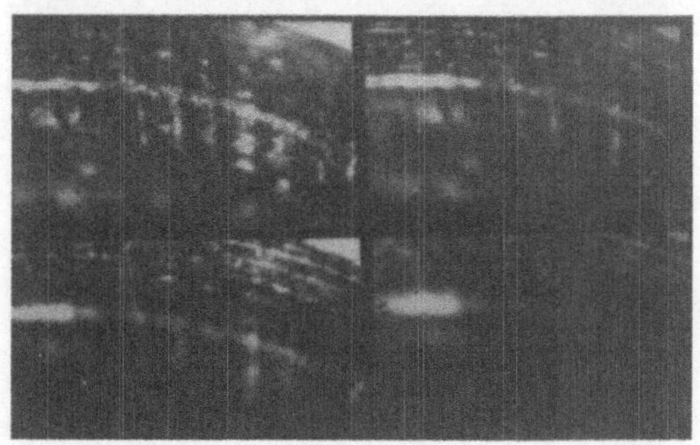

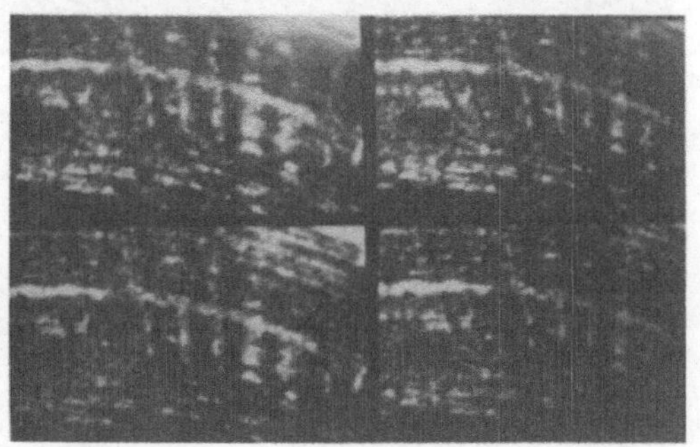

Defokussierungsreihe
(8 "optische Schnitte")

Zugehörige Ergebnisbilder
(Erg 1-1, Erg 1-2, ... Erg 1-8)

Das angegebene Verfahren liefert nicht nur ein Bild mit erweiterter Tiefenschärfe sondern auch Information über die Ausdehnung des Objektes entlang der optischen Achse.

Diese Information kann verschieden genützt werden
- für "Pseudo"-stereoskopische Abbildungen
- Pseudo 3-D-Darstellungen
- spezielle Licht-, Schattenprojektionen u. a.

Literatur: /1/ G. Häusler, E. Körner:
Expansion of depth of focus by "image de-puzzling"
Proc. of the 6th Intern. Conf. on Pattern Recognition
München, 19.-22.10.1982, S. 1201-1202

# B I L D V E R S T E H E N

# SYMBOLISCHE BILDBESCHREIBUNGEN MIT NICHTNORMALISIERTEN RELATIONEN

Wolfgang Benn und Bernd Radig
Fachbereich Informatik - Universität Hamburg
Schlüterstraße 70, 2000 Hamburg 13

_Zusammenfassung_

Relationengebilde sind geordnete Tupelmengen verschiedener Relationen, die zur Darstellung symbolischer Bildbeschreibungen in der automatischen Szenenanalyse verwendet werden. Diese in großer Anzahl erzeugten Strukturen eignen sich - ihrem relationalen Charakter entsprechend - zur Verwaltung in einem relationalen Datenbanksystem.

Herkömmliche Datenbankmodelle bieten wenig Unterstützung, interrelationale Abhängigkeiten redundanzoptimiert darzustellen und bieten gemeinhin keine Anfragemöglichkeit nach komplex abhängigen Multirelationsgebilden an.

In diesem Beitrag wird, durch Anwendung neuerer Methoden der Datenrepräsentation auf logischer und konzeptueller Datenmodellebene, versucht, in der Szenenanalyse verwendete Beschreibungsstrukturen darzustellen und üblicherweise auftretende Datenmanipulationen durch Verwendung einer erweiterten relationalen Algebra auszudrücken.

_Einleitung_

Automatisches Interpretieren von Bildfolgen stützt sich auf symbolische Bildbeschreibungen, die aus den Grauwert- oder Farbbildern einer Szene gewonnen worden sind. Bildsymbolen werden zur Beschreibung von Bildobjekten qualitative und quantitative Eigenschaften zugeordnet. Hierdurch werden Beziehungen zwischen Bildsymbolen dargestellt, die zur Interpretation eines Bildes - und nach Herstellung von Korrespondenzen mehrerer Beschreibungen verschiedener Szenenbilder - einer Bildfolge dienen [RADIG 82].

Symbolische Beschreibungen sind durch Relationen formalisierbar und gestatten die Organisation in einer relationalen Datenbank [BENN+RADIG 83a]. Die Gruppierung von Bildsymbolen erfordert jedoch die Verknüpfung von Relationen in einer Weise, die herkömmliche Datenbanksysteme für die Verarbeitung von Relationengebilden als wenig geeignet erscheinen läßt. Anfragen an Datenbanken beziehen sich zumeist auf wenige voneinander unabhängige Relationen und liefern Antworten in Form einer neugebildeten oder in Auszügen einer bestehenden Relation. Durchaus unüblich ist die Anfragebeantwortung in der Form von geordneten Relationsauszügen unterschiedlicher, voneinander abhängiger Relationen, wie sie für Relationengebilde notwendig ist.

Speziell adaptierte Systeme, wie Bilddatenbanken, bieten Lösungen für bestimmte Teilprobleme an, etwa die Integration von Flächenoperationen in eine Anfragesprache [CHANG 81] oder den Zugriff auf geordnete Relationenmengen [BENN+RADIG 83b], bieten jedoch keinen Ansatz zur generellen Formulierung von Operationen auf komplex strukturierten Bildbeschreibungen.

Relationale Datenbanken arbeiten zur Zeit mit Relationen, deren Attributwerte eingeschränkt sind. Zur Herstellung funktionaler Abhängigkeiten sowie zur Steigerung der Eindeutigkeit von Transaktionen, unterliegen Relationen Normalisierungsvorschriften, die je nach Datenbanksystem unterschiedlich weitgehend gefordert werden. Generell üblich ist die erste Normalform (1NF) für Relationen, die besagt, daß Relationsattribute atomar, also unstrukturiert zu sein haben. Feld-, Verbund- oder relationenwertige Attribute sind nicht gestattet [DATE 81].

*Neuere Untersuchungen haben gezeigt, daß gerade diese Einschränkung die Darstellung realitätsnaher wissenschaftlicher und technologischer Probleme mit Datenbankmitteln stark behindert [LAMERSDORF+SCHMIDT 83]. Nichtnormalisierte Relationen (non-first-normal-form = $NF^2$) gestatten den Gebrauch relationenwertiger Attribute und ermöglichen durch die Einführung spezieller Ver- und Entschachtelungsoperatoren in die relationale Algebra eine Abbildung auf herkömmliche Datenbanksysteme [SCHECK+SCHOLL 83].*

*Formalisiert man eine symbolische Bildbeschreibung als Relationengebilde - also als geordnete Menge von Relationen - werden Bildsymbole durch Tupel von Relationen dargestellt. Gleichartige Symbole bilden eine Relation, deren Attribute die Symboleigenschaften repräsentieren. Quantitative Eigenschaften haben meist numerische Werte, während qualitative, ordnende Attribute referenzierenden Charakter haben. Jede Relation ist durch die Anzahl und die Reihenfolge ihrer Attribute genau spezifiziert. Das Relationengebilde ist dann durch die Menge aller Attributwerte sowie den darüber bildbaren Relationen definiert.*

*Erweitert man die Zulässigkeit von Attributwerten dahingehend, daß neben atomaren auch relationenwertige Attribute gestattet sind, lassen sich einzelne Relationen über der Wertemenge eines Relationengebildes als Attribute einer nichtnormalisierten Relation formulieren. Diese Relation, spezifiziert durch Anzahl der Attribute und deren Ordnung, steht als Repräsentant eines Relationengebildes für die Bearbeitung mit den Anfragemechanismen der erweiterten relationalen Algebra in allgemeingültiger Form zur Verfügung.*

## *Darstellung von Relationengebilden als $NF^2$-Relation*

*Bildobjekte aus Szenenbildern werden durch Bildsymbole, etwa LINIEN, ORTE oder REGIONEN beschrieben, denen Symbolidentifikatoren und -quantifikatoren zugeordnet sind. Die Gesamtheit dieser Eigenschaftsträger wird in einer als Trägermenge $C$ eines Relationengebildes bezeichneten Teilmenge aller Eigenschaftsbasismengen (Domains) zusammengefaßt.*

$$C \subseteq \{D_1, D_2, \ldots, D_N\}.$$

*Die Klassifikation von Symbolidentifikatoren, z.B. alle LINIEN bezeichnenden, sowie funktionale Abhängigkeit zwischen Identifikatoren und den übrigen Attributen eines Bildsymbols erlauben die Darstellung einer solchen Klasse in der für Relationen gebräuchlichen Form:*

$$R_{LINIE} \subseteq D_J \times D_K \times \ldots \times D_M.$$

*$C$ und die Menge aller Relationen über $C$ bilden ein Relationengebilde*

$$RS = [C, R] \quad \text{mit} \quad R = \langle R_1, \ldots, R_P \rangle.$$

*Referenzierend ordnende Attribute werden in einem solchen System durch Attributwerte aus der Basismenge der Symbolidentifikatoren gewählt, um Abhängigkeiten zwischen den Relationen zu bezeichnen. **START-P** und **END-P** als Attribute eines Relationengebildes **LINIE** mögen als anschauliches Beispiel hierfür stehen.*

| LINIE | | | |
|---|---|---|---|
| IDENT | START-P | END-P | LÄNGE |
| L1 | P1 | P3 | 20 |

| ORT | | |
|---|---|---|
| IDENT | X-KOORD | Y-KOORD |
| P1 | 20 | 10 |
| P2 | 22 | 10 |
| P3 | 40 | 10 |

*Abb.: 1 - Relationengebilde in 1NF-Form*

*Anfragen nach Relationengebilden, deren Suchkriterien nicht in der primär angeforderten Relation zu finden sind, nehmen durch diese Art der Referenzierung eine ungewöhnlich komplexe Gestalt an. Einfache Suchaufträge, wie etwa*

***"finde eine LINIE, deren Ursprung die Koordinaten X = 20 und Y = 10 hat",***

*müssen durch Abfolgen bedingter Selektionen ausgedrückt werden, deren Überschaubarkeit zur Komplexität des Relationengebildes umgekehrt proportional ist (σ bezeichnet den Selektions-, π den Projektionsoperator) :*

$$\sigma\,[START\text{-}P = \pi\,[IDENT](\sigma\,[X\text{-}KOORD = 20 \wedge Y\text{-}KOORD = 10](ORT))](LINIE) \quad \wedge \quad (*)$$
$$\sigma\,[IDENT = \pi\,[START\text{-}P](*)](ORT) \quad \wedge$$
$$\sigma\,[IDENT = \pi\,[END\text{-}P](*)](ORT)$$

*Stark vereinfachend wirkt der Übergang von eins-normalisierten zu nicht-normalisierten Relationen, deren Attribute relationenwertigen Charakter haben dürfen. Die offensichtliche Komplizierung einer in sich geschachtelten Attributstruktur führt gerade durch die Darstellung eines Relationengebildes als Tupel einer $NF^2$-Relation gleichartiger Symbolbeschreibungen zu überschaubaren Ergebnissen.*

*Die notwendige Erweiterung $\mathcal{C}'$ der Vereinigungsmenge aller Basismengen $\mathcal{C}$ sieht die Integration von Attributpotenzmengen in $\mathcal{C}$ vor [SCHECK+PISTOR 82], so daß atomare Attribute*

$$a_1, a_2, \ldots, a_n \in \mathcal{C} \quad \text{und} \quad a_1, a_2, \ldots, a_n \in \mathcal{C}'$$

*wie auch deren Karthesische Produkte*

$$D' = \{a_1 \times a_2 \times \ldots \times a_n\} \in \mathcal{C}'$$

*enthalten sind. Betrachtet man auf dieser Grundlage eine Relation*

$$R' \subseteq D'_1 \times D'_2 \times \ldots \times D'_m,$$

*so läßt sich ein Relationengebilde $RS'$ als nicht-normalisierte Relation $S$ über der Trägermenge $\mathcal{C}'$ schreiben.*

$$RS' = [\mathcal{C}', R'] = S$$

| LINIE | | | | | | | |
|---|---|---|---|---|---|---|---|
| IDENT | START-P | | | END-P | | | LÄNGE |
| | IDENT | X-KOORD | Y-KOORD | IDENT | X-KOORD | Y-KOORD | |
| L1 | P1 | 20 | 10 | P3 | 40 | 10 | 20 |

*Abb.: 2 - Relationengebilde in $NF^2$-Form*

*Die graphische Darstellung des in Abbildung 1 gezeigten Relationengebildes LINIE verändert sich wie in Abbildung 2 gezeigt zu einem Tupel mit relationenwertigen Attributen. Anfragen der vorgenannten Art können nunmehr mit Hilfe einfacher Selektionen gelöst werden:*

$$\sigma\,[START\text{-}P\ ;\ X\text{-}KOORD = 20 \wedge Y\text{-}KOORD = 10](S_{LINIE}) \qquad (**)$$

*Die Suche nach Relationengebilden im Datenbestand durch Vergleich vorgegebener Tupelmengen mit bereits verwalteten zur Feststellung von teilweiser oder vollständiger Identität mehrerer Strukturen werden im folgenden Abschnitt behandelt.*

*R-Morphismen als Datenbankanfragen nach $NF^2$-Relationen*

Beschreibt die Spezifikation wesentlicher Such- und Vergleichskriterien in Einheit mit der Auftragsbeschreibung eine herkömmliche Datenbanktransaktion, und werden hierfür die relationale Algebra sowie speziell adaptierte Anfragesprachen wie QPE [CHANG+FU 80] oder $QSE_2$ [BENN+RADIG 84] verwendet, so lassen sich Morphismen, als Abbildungen von durch $NF^2$-Relationen dargestellten Relationsmengen durch eben diese ausdrücken.

Allgemeine R-Morphismen formalisieren Abbildungen von homologen Relationengebilden derart, daß

$$F : \mathbf{RS} \longrightarrow \mathbf{RS}' \quad \text{mit} \quad F = \{f_0, f_1, \ldots, f_p\}$$

mit den Einzelabbildungen

$$f_0 : \mathbf{C} \longrightarrow \mathbf{C}' \quad \text{und} \quad f_i : \mathbf{R}_i \longrightarrow \mathbf{R}'_i \quad \text{mit} \quad i = 1, \ldots p.$$

gilt. Ebenfalls wird für $f_i$ eine Ähnlichkeitsfunktion

$$\theta_i : (A \cup A') \longrightarrow [0,1]$$

mit $A$ und $A'$ als Mengen der Eigenschaftsträger definiert, welche Abbildungstoleranzen paarweise abgebildeter Attributwerte zuläßt.

Häufigste Anfragen und herkömmlichen Transaktionen am ähnlichsten sind **R-ISO-** und **R-KOMORPHISMEN** . Angaben von Struktur und Wertbereich einer Ausgangsmenge sind bei geforderter Bijektivität der Abbildung geeignet, einen element- bzw. attributweisen Vergleich zu leisten, der sich auf Anfragen im konzeptuellen Schema, etwa zum Vergleich auf Zulässigkeit der logischen Benutzerebene, wie auch zur Auswahl einzelner Tupel eignet.

$$I(LINIE) = \sigma[START = ORT_1 \wedge ENDE = ORT_2 \wedge LINIE.LÄNGE = LINIEN.LÄNGE](LINIEN)$$

stellt folglich die Schreibweise des Vergleiches in relationaler Algebra dar, wie sie für einen Detailvergleich notwendig wird. Volle funktionale Anhängigkeit der Attribute von den Symbolidentifikatoren reduziert die Anfrage noch einmal auf

$$I(LINIE) = \sigma[LINIE.IDENT = LINIEN.IDENT](LINIEN) .$$

| LINIE | | | | | | | |
|---|---|---|---|---|---|---|---|
| IDENT | START | | | ENDE | | | LÄNGE |
| | IDENT | X | Y | IDENT | X | Y | |
| L1 | P1 | 20 | 10 | P3 | 40 | 10 | 20 |

| LINIEN | | | | | | | |
|---|---|---|---|---|---|---|---|
| IDENT | START | | | ENDE | | | LÄNGE |
| | IDENT | X | Y | IDENT | X | Y | |
| L1 | P1 | 20 | 10 | P3 | 40 | 10 | 20 |
| | | | | | | | |

Abb.: 3 - Identitätsanfrage / Isomorphismus

Vollständige Teilspezifikation umfangreicherer Tupel in einer Anfrage läßt sich daher analog zu R-Isomorphismen als **R-KOMORPHISMUS**

$$K(LINIE) = \sigma[LINIE = VIELECK.SEITE_x](VIELECK))$$

ausdrücken, woraus hervorgeht, daß ein relationenwertiges Attribut eines Relationengebildes höherer Ordnung das Suchkriterium für eine Teilisomorphie darstellt. Typischer Anwendungsfall derartiger Anfragen ist die Suche nach Objekten, deren Eigenschaften nur zum Teil bekannt sind. Als Beispiel dient wiederum die Suche nach einer **LINIE** mit den Ursprungskoordinaten X = 20 und Y = 10 , deren Endpunkt und weitere Eigenschaften jedoch unbenannt bleiben - siehe (**).

| LINIE | | | | | | | |
|---|---|---|---|---|---|---|---|
| IDENT | START | | | ENDE | | | LÄNGE |
| | IDENT | X | Y | IDENT | X | Y | |
| | | 20 | 10 | | | | |

| LINIEN | | | | | | | |
|---|---|---|---|---|---|---|---|
| IDENT | START | | | ENDE | | | LÄNGE |
| | IDENT | X | Y | IDENT | X | Y | |
| L1 | P1 | 20 | 10 | P3 | 40 | 10 | 20 |

*Abb.: 4 - Teilidentitätsanfrage / Komorphismus*

*Attributtolerante Abbildungen werden durch θ spezifiziert, indem die Abbildung*

$$\sigma[ORT.X = ORTE.X \wedge ORT.Y = ORTE.Y](ORTE) \quad \text{mit} \quad \theta(ORT.X = ORTE.X) > \theta$$

| ORT | | |
|---|---|---|
| IDENT | X | Y |
| | 20 | 10 |

| ORTE | | |
|---|---|---|
| IDENT | X | Y |
| P2 | 22 | 10 |

*Abb.: 5 - Attributtoleranter Isomorphismus*

*nicht zum Scheitern des Isomorphismus führt, sondern zu einer bewerteten Abbildung, deren Wert z.B. für die Zuordnung von Punkten in aufeinanderfolgenden Bildern einer Szene deutlich ist. Desgleichen ermöglichen Nullwertabbildungen die Rückgabe beliebiger Attributwerte seitens der Datenbank - unter Beachtung der Basismengenvorschrift - und realisieren beispielsweise die sequentielle Abfrage aller Bildsymbole mit bestimmten Teileigenschaften.*

| LINIE | | | |
|---|---|---|---|
| IDENT | ORT1 | ORT2 | LÄNGE |
| | P3 | | 20 |

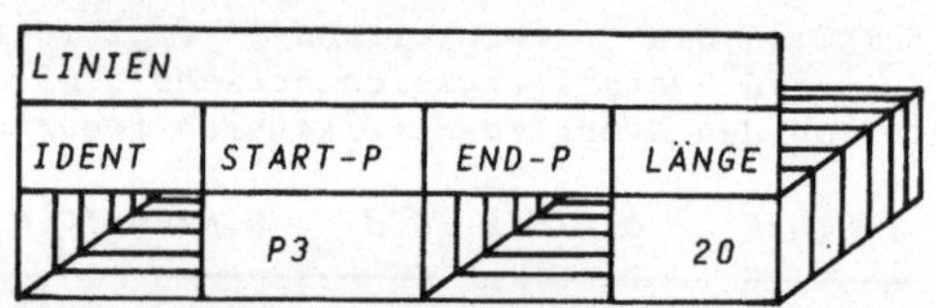


*Abb.: 6 - Tupelmengenanfrage durch Teilspezifikation*

***R-AUTOMORPHISMEN** sind von einer Datenbank nicht zu leisten, da sich aus einer Abbildung auf sich selbst keine Anfragen auf den Datenbestand herleiten lassen. Derartige Vergleiche sind den Anwendungsprogrammen vorbehalten.*

## *Anfragerealisierung durch Query-By-Structure-Example (QSE)*

*Rekursive Datenmodelle erfordern die Erweiterung bestehender Anfragesprachen [PISTOR+ 83] bzw. die Umstrukturierung bewährter Anfrageprinzipien. QSE verfolgt den letztgenannten Weg durch die Übernahme der Beispielvorgabe aus QBE [ZLOOF 74] und deren Umsetzung auf die erweiterten Anforderungen von Morphismen.*

*QBE fordert einen menschlichen Datenbankanwender zum Dialog auf. Leere Schemata vorgebend erwartet die Sprache das Einsetzen von Suchkriterien und Spezifikationen in Attributfelder an der Transaktion beteiligter Relationen. Die automatische Interpretation von Szenenbildern zeichnet sich dagegen durch einen sehr geringen Dialoganteil der Programme aus, gefordert ist eher die Anfrageoptimierung auf maschineninterne Kommunikation. Verwendung eines lokalen Rechnernetzes und Residenz* des Datenbanksystems in einem dedizierten Prozessor heben diesen Aspekt zusätzlich in den Vordergrund.

Das Prinzip der Beispielvorgabe zu adaptieren, zwingt durch die Variabilität automatisch erzeugter Relationengebilde zu einer Umkehr der Aktivität. Nicht das System gibt der Anwendung ein leeres Schema vor, sondern die Anwendung fordert die Datenbank zur Analyse des erstellten Relationengebildes, also eines $NF^2$-Tupels auf. Derartige Analysevorgänge bedingen ein automatisch interpretierbares, konzeptuelles Datenbankschema und verwenden Isomorphismen zum Vergleich anwendungsdefinierter und schemainterner Attributstrukturen.

Umfang und Art der Wertvorgabe in Attributfeldern durch das Anwendungsprogramm steuern die Anfragebearbeitung. Ähnlichkeitsfunktionen gestatten die Bewertung von Morphismen in Güteklassen und setzen Grenzen, innerhalb derer Abbildungstoleranzen bezüglich der Objektquantifikatoren z.B. zur Lösung des Korrespondenzproblems von Objekten verschiedener Szenenbilder definiert werden können.

Komplexe Transformationen zwischen internem, konzeptuellem und logischem Datenschema [BENN+RADIG 83b], gestützt durch die Verwendung intermediärer Strukturdarstellungen der verwendeten Hochsprache ADA, leisten die Reproduktion der Beispielstruktur und deren Vervollständigung. Die anschließende Übertragung in den Anwendungsprozessor mittels moderner Kommunikationspfade - Interprozessor-Bus, ETHERNET - ermöglicht Parallelverarbeitung, Datensicherheit und Anwendungsunabhängigkeit von der Datenverwaltung.

## Bewertung

Symbolische Bildbeschreibungen relationalen Charakters durch eine Datenbank zu verwalten und durch geeignete Anfragesprachen die Lösung spezifischer Fragen des Bildverstehens zu unterstützen, ist eine Gratwanderung zwischen der Erstellung intelligenter Plattentreiber und Expertensystemen. Bestehende Systeme bieten diverse Lösungen für Teilprobleme, deren Leistungsumfang durch die Aufgabenformulierung mit Werkzeugen aus der Begiffswelt der Datenbanken - $NF^2$-Relationen und relationaler Algebra - faßbarer, wenn nicht gesteigert werden kann.

Rekursive Datenmodelle finden seit langem Unterstützung in höheren Programmiersprachen, weshalb sich der Einsatz dieser Hilfsmittel bei der Erstellung von Anwendungsprogrammen in der Szenenanalyse direkt auf die Unterstützung durch ein, ebenfalls hochsprachlich strukturiertes Datenbanksystem auswirkt. Bereits existierende Programme erfahren bei nur geringem Änderungsaufwand eine begriffliche Vereinfachung, wogegen neue Anwendungen gezielt die Vorteile einer allgemeingültigen Darstellungsweise nutzen können.

## Literatur

[RADIG 82]
B. Radig : "Symbolische Beschreibung von Bildfolgen I : Relationengebilde und Morphismen", IfI-HH-B 90/82, Bericht des Fachbereiches Informatik der Universität Hamburg

[BENN+RADIG 83a]
W. Benn und B. Radig : "Integration eines Datenbanksystems in ein Rechnernetz zur Bildfolgenauswertung", VDE-Fachberichte 35, "Mustererkennung 1983, 5. DAGM-Symposium", H.Kazmierczak (Ed.), VDE-Verlag, pp. 209-214

[CHANG 81]
N.S. Chang : "Image Analysis and Image Database Management", Computer Science, Nr. 9, UMI Research Press, 1981

*[BENN+RADIG 83b]*
*W. Benn und B. Radig : "Entwurf einer Relationalen Datenbank zur Unterstützung der Analyse von Bildfolgen", IfI-HH-M 116/83, Mitteilung des Fachbereiches Informatik der Universität Hamburg, Dezember 1983*

*[DATE 81]*
*C.J. Date : "An Introduction to Database Systems", 3rd Edition, Addison-Wesley Publ. Comp., 1981*

*[LAMERSDORF+SCHMIDT 83]*
*W. Lamersdorf und J.W. Schmidt : "Rekursive Datenmodelle", in "Sprachen für Datenbanken", J.W. Schmidt (Ed.), Fachgespräch auf der 13. GI-Jahrestagung, Hamburg, Oktober 1983, Informatik Fachberichte 72, Springer-Verlag, pp. 148-168*

*[SCHECK+SCHOLL 83]*
*H.J. Scheck und M. Scholl : "Die $NF^2$ Relationenalgebra zur einheitlichen Manipulation externer, konzeptueller und interner Datenstrukturen", in "Sprachen für Datenbanken", J.W. Schmidt (Ed.), Fachgespräch auf der 13. GI-Jahrestagung, Hamburg, Oktober 1983, Informatik Fachberichte 72, Springer-Verlag, pp. 113-133*

*[SCHECK+PISTOR 82]*
*H.J. Scheck and P. Pistor : "Data Structures for an Integrated Data Base Management and Information Retrieval System", Proc. 8th VLDB, Mexico City, Mexico, Sept. 82, pp. 197-207*

*[CHANG+FU 80]*
*N.S. Chang and K.S. Fu : "Query-by-Pictorial-Example", IEEE Transact. on Software Engineering, Nov. 80, pp.519-524*

*[BENN+RADIG 84]*
*W. Benn and B. Radig : "Retrieval of Relational Structures for Image Sequence Analysis", Proc. 10th VLDB, Singapore, August 84, im Druck*

*[PISTOR+ 83]*
*P. Pistor, B. Hansen und M. Hansen : "Eine sequelartige Sprachschnittstelle für das $NF^2$-Modell", in "Sprachen für Datenbanken", J.W. Schmidt (Ed.) Fachgespräch auf der 13. GI-Jahrestagung, Hamburg, Oktober 1983, Informatik Fachberichte 72, Springer-Verlag, pp. 134-147*

*[ZLOOF 74]*
*M.M. Zloof : "Query By Example", IBM-Research Yorktown Heights, Technical Report RC.4917, July 1974*

# Erkennung von Strukturen in Luftbildern von Siedlungsgebieten

R. Gabler, W. Kestner, B. Nicolin

Forschungsinstitut für Informationsverarbeitung
und Mustererkennung (FIM/FGAN)
Eisenstockstr. 12, 7505 Ettlingen 6

## 1. Einleitung

Bestimmte Typen von Luftbildern, insbesondere solche von Siedlungsgebieten, enthalten eine ganze Reihe von Strukturen, deren Entdeckung und Deutung für die Beschreibung des Bildinhaltes von wesentlich größerer Bedeutung sind als die der Eigenschaften einzelner Objekte. Beispiele hierfür sind die regelmäßigen Anordnungen gleichartiger Objekte wie Häuserzeilen, Häuserblöcke, Straßennetze, Alleen usw. Der folgende Beitrag gliedert sich in die beiden Teile Entdeckung von Strukturen sowie eine initiale, d. h. vorläufige Interpretation der gefundenen Strukturen, die den Kontext zu anderen Objekten noch nicht berücksichtigt. Für die Entdeckung wird ein dreistufiges Schema beschrieben, mit dessen Hilfe in Abhängigkeit vom Typ der Eingabedaten und der Aufgabenstellung eine bestimmte Vorgehensweise eingeschlagen wird. Die vorläufige Interpretation wird als zweistufiger Vorgang beschrieben, bei dem im ersten Schritt die Menge der für eine Struktur möglichen Namen stark reduziert wird und in einem zweiten Schritt die einzelnen Deutungen mit einem Vertrauensmaß bewertet werden.

## 2. Entdeckung von Strukturen

Das Ziel bei der Entdeckung von Strukturen ist, bestimmte regelmäßige örtliche Anordnungen der bei der Bildsegmentation anfallenden Daten zu finden und zu beschreiben, ohne Kenntnis einer möglichen Bedeutung dieser Daten zu haben. Die Eingangsdaten für das Verfahren sind dabei von unterschiedlicher Art: Es handelt sich um punkt- und linienförmige, bandartige und flächenhafte Objekte, die sich zudem in weiteren Merkmalen wie Helligkeit, Kontrast, Textur oder Größe unterscheiden.

### 2.1 Nachbarschaft von Objekten

Jeweils ähnliche Objekte (z. B. alle flächenhaften Objekte einer gewissen Größe, Helligkeit und Kompaktheit) werden im ersten Verfahrensschritt einer Nachbarschaftsermittlung unterworfen. Hierbei kommen drei unterschiedliche Verfahren zur Anwendung:

- objektunabhängige Nachbarschaft
- objektabhängige, isotrope Nachbarschaft
- objektabhängige, anisotrope Nachbarschaft

Welches dieser Verfahren zur Anwendung gelangt, hängt vom Objekttyp und u. U. von bestimmten Merkmalen der Objekte ab:

- eine objektunabhängige Vorgehensweise ist in /1/, /2/ beschrieben, wo der euklidische Abstand zur Nachbarschaftsermittlung von Punktobjekten benutzt wird.
- ein objektabhängiger isotroper Operator, bei dem der Nachbarschaftsbereich über die Objektgröße definiert wird, kommt beispielsweise bei flächenhaften Objekten zur Anwendung, wenn die Kontur der Objekte aus einer Vielzahl kurzer Liniensegmente besteht.
- ein objektabhängiger anisotroper Operator, bei dem der Nachbarschaftsbereich über Vorzugsrichtungen der Objekte definiert ist, wird bei linien-, bandförmigen und flächenhaften Objekten angewendet, wenn die Objekte aus genügend großen Kontursegmenten bestehen. Eine detailliertere Beschreibung des Operators ist in /1/ zu finden.

Das Ergebnis des ersten Verfahrensschritts liefert einen Nachbarschaftsgraphen, der aus einer oder mehreren Zusammenhangskomponenten bestehen kann. Zwei für das anisotrope Verfahren typische Ergebnisse sind in den ersten beiden Bildserien dargestellt. Die Bilder 3 und 5 geben die bei der Bildsegmentation zweier Vorstadtszenen gefundenen hellen, flächenhaften Objekte einer gewissen Kompaktheit wieder. Die Bilder 4 und 6 zeigen den über das anisotrope Verfahren gefundenen Nachbarschaftsgraphen.

## 2.2 Einschränkung der reinen Nachbarschaft durch Zusatzbedingungen

Der erste Verfahrensschritt liefert mit jeder Zusammenhangskomponente Strukturen, die lediglich über die Nachbarschaft zusammenhängen. Das Ziel dieses Verfahrensschritts ist es, durch die Einführung zusätzlicher Beziehungen zwischen den benachbarten Objekten, die in den segmentierten Daten liegenden regelmäßigen Strukturen nach und nach herauszufiltern. Die Anwendung derartiger Bedingungen führt in der Regel dazu, den Nachbarschaftsgraphen in Teilgraphen zu zerlegen und verzweigte Strukturen, wie die in Bild 4 aufzulösen. Zwei Vorgehensweisen kommen hier zur Anwendung:

- Eine objektunabhängige Methode versucht über die Anzahl der zu einem Objekt benachbarten Objekte Aufschluß über die Art der Objektanordnung zu gewinnen. Das Auffinden flächenhafter oder linienförmiger, verzweigter oder unverzweigter Strukturen wird möglich.
- Eine objektabhängige Methode nutzt geometrische Beziehungen zwischen den Objekten aus, um regelmäßige Strukturen aufzudecken. Die hier verwendeten Beziehungen können aus den Konturen der Objekte, deren gegenseitiger Lage, dem Abstand der Schwerpunkte u. ä. gewonnen werden.

Ein Beispiel für die Einführung von Zusatzbedingungen und eine daraus folgende sinnvolle Aufteilung des Nachbarschaftsgraphen zeigen die Bilder 7 bis 11. Aus der Originalszene 3 (Bild 7) sind alle schmalbandigen, hellen Objekte, deren Länge und Vertrauen über einem gewissen Maß liegen, extrahiert worden (Bild 8). Über eine erste Bedingung werden aus den beiden Zusammenhangskomponenten des Nachbarschaftsgraphen alle quasi kollinearen Objekte herausgefiltert. Das Ergebnis dieser Operation ist in den Bildern 9 und 10 zu sehen (dargestellt sind nur Strukturen maximaler Länge). Über eine andere Bedingung sind alle vertikalen, parallelen Objekte aus Bild 8 zu neuen Strukturen zusammengefaßt. Das Resultat dieser Operation zeigt Bild 11.

### 2.3 Beschreibung der Strukturen

Die Beschreibung der gefundenen Strukturen setzt sich aus vier Angaben zusammen:

- Strukturtyp
- Eigenschaften der Struktur
- Aufzählung der in der Struktur enthaltenen Objekte
- Angabe einer Repräsentation für die Struktur

Vom Strukturtyp her wird zwischen linien-, bandförmigen und flächenhaften Strukturen unterschieden. Linien- und bandförmige Strukturen können verzweigt oder unverzweigt sein. An der Struktur gemessene Eigenschaften wie Anzahl der Elemente, ihre Lage zueinander usw. werden in einer normierten Darstellung festgehalten. Im Anschluß an die Aufzählung der in einer Struktur enthaltenen Objekte erfolgt eine Repräsentation durch einen approximierenden Polygonzug.

## 3. Initiale Interpretation

Ziel der Interpretation ist es, den im Bild entdeckten Strukturen eine möglichst eindeutige Bedeutung zuzuordnen. Bei der initialen Interpretation wird der Kontext zu den anderen Strukturen noch nicht berücksichtigt; daher soll auf dieser Stufe lediglich angestrebt werden, aus der Gesamtmenge aller Deutungsmöglichkeiten diejenigen zu streichen, die mit Sicherheit nicht in Frage kommen, sowie eine Bewertung der übrigbleibenden Deutungen zu liefern.

### 3.1 Das Eigenschaftsmodell

Die initiale Interpretation wird mit Hilfe eines Vergleichs zwischen den Meßwerten der aktuellen Struktur und dem im Modell gespeicherten Wissen über die erwarteten Eigenschaften der möglichen Deutungen durchgeführt. Das hier verwendete Modell läßt sich in einem Raum, der von den drei Dimensionen Name, Eigenschaft und Kategorie aufgespannt wird, darstellen (siehe Bild 1).

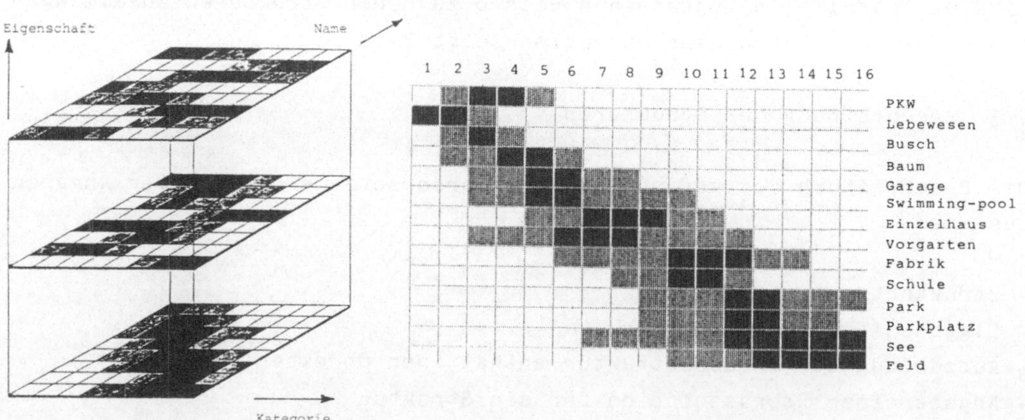


Bild 1: Dreidimensionales Eigenschaftsmodell

Bild 2: Teilmodell für die Eigenschaft "Objektgröße"

unterstützend 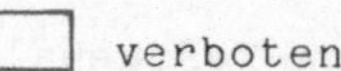 verboten 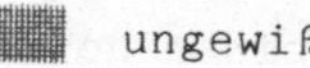 ungewiß

Erläuterung der drei Dimensionen:

Name: mögliche Deutungen von Strukturen in Luftbildern
z. B.: PKW, Baum, Garage, Bungalow, Reihenhaus, Straße

Eigenschaft:
- Eigenschaften der Einzelobjekte
  z. B.: Größe, Material, Kompaktheit, Rechtwinkligkeit
- Eigenschaften der Struktur als Ganzes:
  z. B.: Typ (Linie, Band, Fläche), Flächeninhalt
- Beziehungen der Einzelobjekte zueinander
  z. B.: Abstand, Kollinearität, Ähnlichkeit

Kategorie: Der Wertebereich jeder im Modell enthaltenen Eigenschaft wird in eine bestimmte Anzahl (z. B. 2 bis 16) Kategorien unterteilt (Grobquantifizierung und Normierung).

Das Modell enthält für jedes Tripel (Name, Eigenschaft, Kategorie) einen der folgenden drei Einträge:

- unterstützend (schwarz dargestellt)
  Falls die Eigenschaft der aktuellen Struktur in diese Kategorie fällt, so ergibt dies einen unterstützenden Hinweis für den entsprechenden Namen.
- verboten (weiß dargestellt)
  Falls die Eigenschaft der aktuellen Struktur in diese Kategorie fällt, so folgt hieraus der Ausschluß des entsprechenden Namens.
- ungewiß (grau dargestellt)
  Führt weder zum Ausschluß noch zur Unterstützung eines Namens.

Der tabellarische Aufbau des Eigenschaftsmodells erlaubt dem Benutzer, es auf einfache Weise zu erstellen und eventuell abzuändern. Bild 2 zeigt als Beispiel für Einzelobjekte das zweidimensionale Teilmodell für die Eigenschaft "Objektgröße".

## 3.2 Ausschluß der nicht möglichen Namen

Die initiale Interpretation erfolgt mit Hilfe des Modells in zwei Stufen. In der ersten Stufe erfolgt eine Reduktion der Mehrdeutigkeiten dadurch, daß aus der Gesamtmenge der möglichen Namen diejenigen ausgeschlossen werden, die mit Sicherheit nicht in Frage kommmen. Diese Eliminierung erfolgt durch einfache Mengenoperationen. Bei den in den Bildserien 1 und 2 entdeckten Strukturen kann beispielsweise allein aufgrund der Eigenschaft "Größe" ausgeschlossen werden, daß es sich um

PKWs, Bäume, Büsche, Reihenhäuser oder Fabrikanlagen handelt.

## 3.3 Bewertung der verbleibenden Namen

In der zweiten Stufe der initialen Interpretation wird durch Vergleich von gemessenen und erwarteten Werten eine Bewertung für die noch verbleibenden Namen durchgeführt. Hierbei werden Hinweise akkumuliert, deren Gewichtung von der jeweiligen Eigenschaft, dem Vertrauen des Meßwerts sowie dem Grad der Übereinstimmung abhängig ist. Bei den in den Bildserien 1 und 2 entdeckten Strukturen ergibt sich beispielsweise aus der Eigenschaft "Größe" eine höhere Sicherheit für die Namen "Bungalow" und "Vorgarten" als für den Namen "Garage".

## 4. Ausblick

Es liegt nahe, die mit dem oben beschriebenen Verfahren entdeckten Strukturen einer erneuten Strukturuntersuchung zu unterwerfen, also das Verfahren als iterativen Prozeß durchzuführen, um die aufgefundenen Strukturen mit anderen, gleichartigen Strukturen zu größeren Einheiten der gleichen oder anderer Art zusammenzuschließen. Über die Definition von Erwartungsbereichen (in Bild 6 durch die schwarzen Kreise dargestellt) und eine an diesen Stellen im Originalbild durchgeführte erneute Segmentierung kann weiterhin erreicht werden, daß Abbruch- oder Fehlstellen in den Strukturen geschlossen werden können.

Bei der initialen Interpretation werden nur die oben aufgeführten Eigenschaften der Strukturen zur Deutung herangezogen. Durch zusätzliche Berücksichtigung der Beziehungen zu anderen Strukturen bzw. anderen Einzelobjekten (Kontext) wird es möglich sein, in einem weiteren Interpretationsvorgang die Zwischenergebnisse der initialen Interpretation zu verbessern.

## Literaturhinweise

/1/ R. Gabler, W. Kestner, B. Nicolin: Objektgruppierung in Luftbildern, VDE-Fachberichte, Nr. 35, Mustererkennung 1983, S. 396-400, 1983

/2/ R. Gabler, W. Kestner: Gruppierung punktförmiger Objekte in Luftbildern, FIM-Bericht, Nr. 117, 1984

Bild 3
segmentierte Objekte
von Originalszene 1

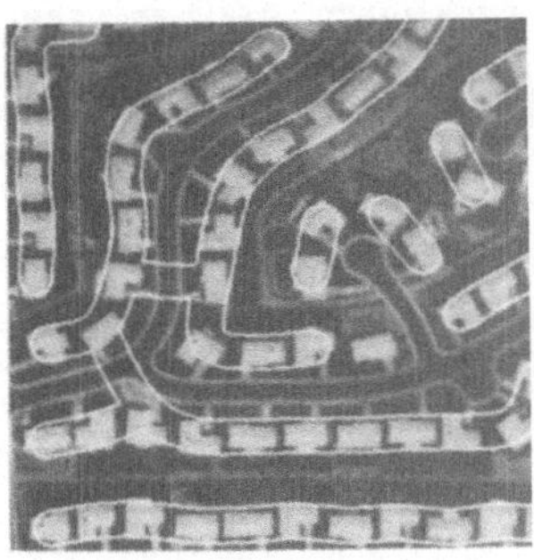

Bild 4
lineare, verzweigte
Strukturen

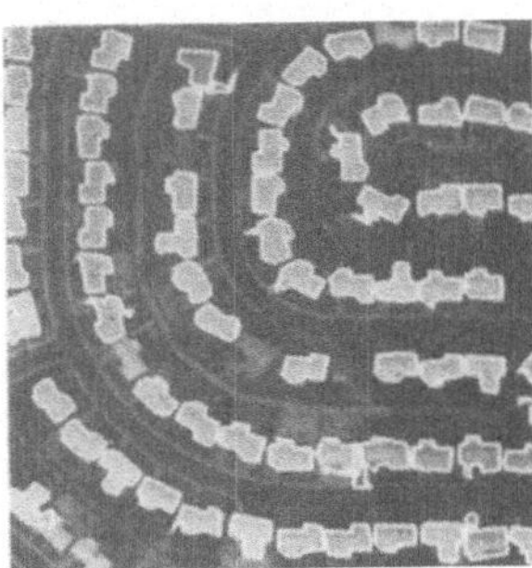

Bild 5
segmentierte Objekte
von Originalszene 2

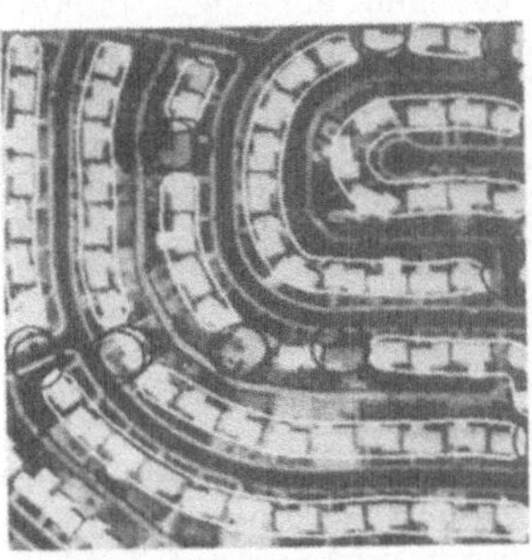

Bild 6
lineare Strukturen
und
Erwartungsbereiche

Bild 7
Originalszene 3

Bild 8
segmentierte helle
bandartige Objekte

Bild 9
kollineare Struktur
der linken
Zus.komponente

Bild 10
kollineare Struktur
der rechten
Zus.komponente

Bild 11
parallele Strukturen
der linken
Zus.komponente

# ANALYSE VON FORMEN UNVOLLSTÄNDIG SEGMENTIERTER OBJEKTE BASIEREND AUF ERKENNTNISSEN DER GESTALTPSYCHOLOGIE

Karsten Rodenacker

Gesellschaft für Strahlen- und Umweltforschung mbH München
Institut für Strahlenschutz
Labor für Biomedizinische Bildverarbeitung
8042 Neuherberg bei München

Stichworte: Formanalyse, vages Wissen, Gestalt, verdeckte Objekte, math. Morphologie

## Einleitung:

Auf einem Fachgespräch der Fachgruppe Theorie der Mustererkennung der Gesellschaft für Informatik wurde vorgeschlagen, Verfahren und Vorgehensweisen der Mustererkennung als 'Simulation perzeptiver Vorgänge' (Niemann 1984) zu beschreiben. Unabhängig davon, ob diese Umschreibung genügend allgemein ist, erfordert sie Kenntnis der 'perzeptiven Vorgänge' oder mit anderen Worten, des Wahrnehmungsprozesses, der zu einer Erkennung führt. Auf Grund der schlechten Zugänglichkeit des Gehirnes als Träger des Wahrnehmungsprozesses existieren nur sehr wenige Arbeiten, die auf Messungen basieren. Als Beispiel seien Schober (1957, 1958) sowie Hubel & Wiesel (1968) genannt. Im Gegensatz dazu existiert eine Vielfalt von psychologischer Literatur, in der im wesentlichen deskriptiv Phänomene des Wahrnehmungsprozesses behandelt und/-oder Modelle auf Grund psychologischer Experimente vorgestellt werden (Gibson 1973, Metzger 1975, Robinson 1972, Atamonow 1983, Caelli 1981 als Beispiele). Eine umfassende Beschreibung der Wahrnehmungsphänomene beim Menschen ist in Metzger (1975) zu finden, der den Gestaltpsychologen aus der Schule Max Wertheimers zuzurechnen ist.
Ein wenig von der unbestritten hohen Qualität der menschlichen Wahrnehmung in Fällen zu lernen, bei der die digitale Bildanalyse versagt oder Schwierigkeiten bereitet, wird im folgenden gezeigt.

## Problemstellung:

Die häufigste auftretende Fragestellung in der digitalen Bildanalyse ist die Erkennung von Objekten oder, als Vorstufe, die Einordnung zu erkennender Objekte in eine stetige Reihe. Erkennung kann dann als eine Klassifizierung in verschiedene Gruppen auf Grund der gefundenen Ordnung bezeichnet werden.
In der visuellen Wahrnehmung ist die Form eines Objektes das wohl wichtigste Erkennungskriterium. Aber gerade die Form, soweit es sich nicht um eine analytisch darstellbare handelt, ist sehr schwer zu quantifizieren. Folgende Einflüsse auf die Formerkennung oder die Erkennung ähnlicher Formen können genannt werden

- i) Dislokation (Translation und Rotation)
- ii) Vergrößerung, Verkleinerung, Dilatation und Erosion
- iii) Verzerrung
- iv) Teilweise Verdeckung oder fehlerhafte Segmentation

Im folgenden sei auf die Punkte ii) und iv) eingegangen im Hinblick auf Erkenntnisse der Gestaltpsychologie sowie ihrer Anwendung in der digitalen Bildanalyse.

### Ähnlichkeit auf Grund von Vergrößerung, Verkleinerung, Dilatation und Erosion

Aus psychologischen Experimenten ist bekannt, daß geometrisch ähnliche Gebilde, soweit eine geometrische Ähnlichkeitsabbildung existiert, nicht immer anschaulich ähnlichen entsprechen (Metzger 1975, Kap. 5). Übereinstimmung ergibt sich nur wenn die Gebilde unter einer Vergrößerung oder Verkleinerung wieder geometrisch ähnliche

Gebilde ergeben (Abb.1). Neben der Vergrößerung oder Verkleinerung kann auch als Transformation die Erosion oder Dilatation herangezogen werden. Beide liefern bis zu einem gewissen Grade anschaulich ähnliche Transformationen von Objekten und sind relativ leicht an einem Rechner durchzuführen (Abb. 1).

Abb. 1: Geometrische und anschauliche Ähnlichkeit (nach Metzger 1975)
a) ist geometrisch ähnlich aber nicht anschaulich
b) ist anschaulich ähnlich aber nicht geometrisch
c) ist geometrisch und anschaulich ähnlich

Solcherart transformierte Objekte sind eher einer Formanalyse zugänglich. Besonders störend wirken sich jedoch teilweise verdeckte oder fehlsegmentierte Objekte aus. Auch hier wurden in der Psychologie Experimente gemacht um die Wirkung der visuellen Wahnehmung an unvollständigen Objekten zu untersuchen.

## Wahrnehmung teilweise verdeckter Objekte

Bei der Wahrnehmung teilweise verdeckter Objekte ist es wichtig, die Umrißlinien der verschiedenen Objekte einander zuordnen zu können sowie deren Qualität in bezug auf 'Offenheit' zu bestimmen. Offenheit einer Umrißlinie bedeutet hier, daß die sichtbare Umrißlinie keine Grenzlinie der Objekte darstellt, sondern durch die Verdeckung hervorgerufen wird (Metzger 1975, Kap. 14). Als offen erkannte Umrißlinien erlauben es ein teilweise verdecktes Objekt als hinter der Verdeckung sich fortsetzend zu erkennen bzw. zu denken (Abb. 2). Dies macht es möglich, nicht nur Bruchstücke, sondern Ganzes wahrzunehmen.

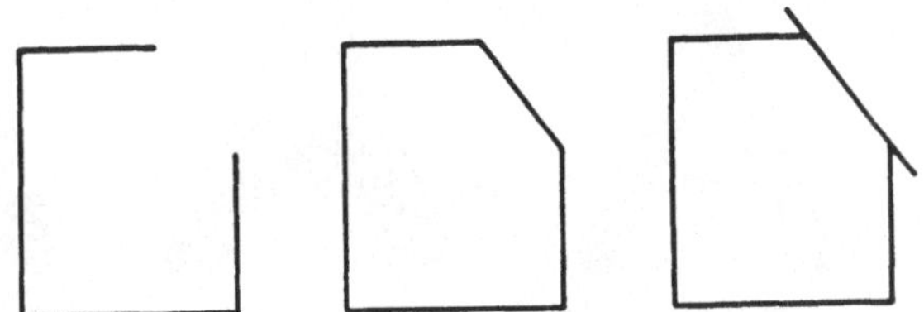

Abb. 2: Beispiel für die unterschiedliche Randwahrnehmung (nach Dinnerstein & Wertheimer (1957))

In der digitalen Bildanalyse sind teilweise verdeckte Objekte oft auftretende Artefakte in natürlichen Szenen. In Hättich (1981) wird ein Beispiel aus der Industrie, in Jütting et al. (1983) eines aus der Medizin gezeigt. Anhand der Identifikation der Umrißlinien von Objekten in offen und nicht offen (geschlossen), wird es möglich, diese nur teilweise segmentierten Objekte zu untersuchen und weiter zu verarbeiten.

Als Erweiterung läßt sich dieses Prinzip auch auf fehlsegmentierte Objekte anwenden, wobei die sicher richtig segmentierten Teile der Umrißlinie als geschlossen identifiziert werden.

Abb. 3 zeigt zwei Beispiele aus dem Bereich der Mikroskopbildanalyse.

## Mathematische Darstellung:

### Ähnlichkeit von Objekten in Bezug auf Dilatation und Erosion

Sei X ein Objekt, betrachtet als Teilmenge des $R^2$. Dazu ähnliche Objekte sind alle

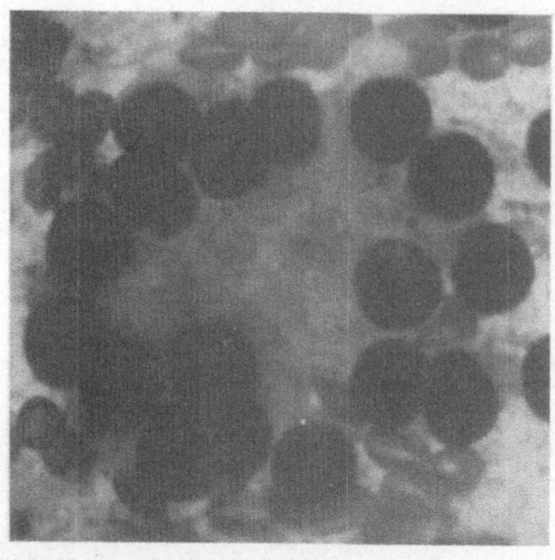

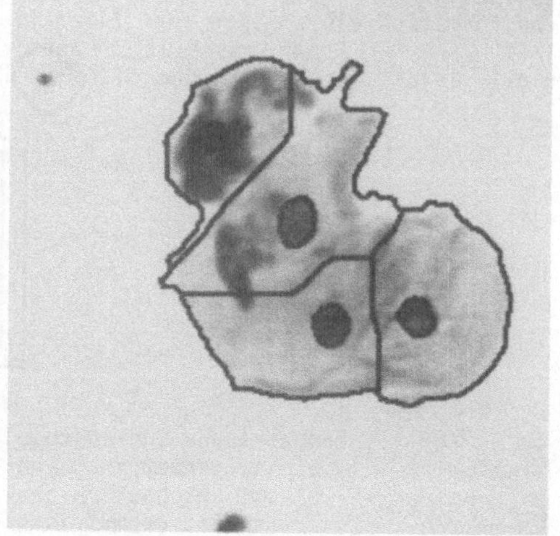

Abb. 3: Überlappende Kerne aus einem Schilddrüsenpunktat — Fehlsegmentierte (zerlegte) Zellen eines Ausstrichpräparates

erodierten und dilatierten Mengen von X. Dabei kann offen bleiben wie weit man die anschauliche Ähnlichkeit gelten lassen will (Abb. 4). So dilatierte und/oder erodierte Objekte lassen sich leicht zusammenfassen zu einer Distanzfunktion D(X).

Definition

$$D^-(X) = \sum_{i=1}^{n} \lambda \, (X \ominus B_i) \qquad D^+(X) = \sum_{i=1}^{n} \lambda \, (X \oplus B_i)$$

wobei $B_i$ Kreise mit dem Radius i sind und $\lambda$ die charakteristische Funktion der Menge $X \subset R^2$ darstellt (Rodenacker et al. 1983). $D^-(X)$ stellt die Distanzfunktion des Objektes X und $D^+(X)$ die des Hintergrundes (Komplementes) von X dar.

Abb. 4: Beispiel mit verschieden großen Dilatationen

## Darstellung teilweise verdeckter oder fehlsegmentierter Objekte

Hierbei kommt es im wesentlichen auf die Identifizierung der Umrißlinien als zum Objekt gehörig (geschlossen) oder durch die Verdeckung beziehungsweise eine Fehlsegmentation hervorgerufene (offen) an. Die gewählte Nomenklatur offen und geschlossen lehnt sich sehr stark an die Topologie an. Für den stetigen 2-d Raum $R^2$ unter der üblichen Topologie definiert durch eine Basis kreisförmiger Umgebungen lassen sich Mengen $X \subset R^2$ in das Innere $\mathring{X}$ und den Rand $\partial X$ zerlegen, wobei $\mathring{X}$ per Definition offen ist und der Abschluß $\overline{X} = \mathring{X} \cup \partial X$ per Definition geschlossen ist. Offene und geschlossene Umrißlinien $\partial X_{offen}$ und $\partial X_{geschlossen}$ bedeuten hier dann $\partial X_{geschlossen} \subset X$ und $\partial X_{offen} \subset X^c$, dem Komplement von X.
Um die Verbindung zur Bildverarbeitung zu schaffen: X stelle die Fläche oder Maske des segmentierten Objektes dar.
Zur Erläuterung seien einige Eigenschaften von Objekten mit teilweise offenen Umrißlinien sowie ihrer Umgebungen angeführt.

i) ein verdeckendes Objekt hat an den entsprechenden Stellen geschlossene Umrisse, das verdeckte offene,

ii) sich berührende nicht überlappende Objekte haben geschlossene Umrisse an den Berührungsstellen,
iii) der Hintergrund hat immer völlig offene Umrisse,
iv) Bildausschnitte sind immer offen (Begrenzung des Hintergrundes).

Die Operationen der Mengenlehre lassen sich ohne Einschränkung anwenden. Das Mengenkomplement liefert eine Umkehrung der Eigenschaften der Umrißlinien.

Obengesagtes gilt nur für den stetigen Raum $R^2$. Für digitalisierte Bilder, die als Teilmengen des diskreten Zahlenraumes $Z^2$ betrachtet werden können (Serra 1982), liegen die Verhältnisse komplizierter. Für Teilmengen X des $Z^2$ unter einer üblichen Topologie gilt

$$X = \overline{X} = \mathring{X},$$

mit anderen Worten, der Rand $\partial X$ ist leer, da Teilmengen diskreter Topologien immer offen <u>und</u> geschlossen sind. Um unter diesen Verhältnissen offene und geschlossene Umrisse zu definieren, muß zu einer nichttopologischen Randdefinition Zuflucht genommen werden.

<u>Definition des Randes einer Menge</u>
Sei $X \subset Z^2$; der Rand $\partial X$ von X sind alle Punkte aus X, die als nächsten Nachbarn mindestens einen Punkt aus dem Komplement $X^c$ von X haben. Als Nachbarschaftsbeziehung kann 4- oder 8-Konnektivität angenommen werden bei quadratischem Raster.

Die Anwendung der 4-Konnektivität liefert Ränder, die in bezug auf die 8-Konnektivität zusammenhängend und minimal sind.

<u>Algorithmus</u>

$$\partial X^{(8)} = X \setminus X \ominus B^{(4)} \qquad B^{(4)} = \begin{matrix} & 1 & \\ 1 & 1 & 1 \\ & 1 & \end{matrix}$$

$$\partial X^{(4)} = X \setminus X \ominus B^{(8)} \qquad B^{(8)} = \begin{matrix} 1 & 1 & 1 \\ 1 & 1 & 1 \\ 1 & 1 & 1 \end{matrix}$$

Die Erosion einer Menge X mit einem strukturierenden Element B ($X \ominus B$) wird in Serra (1982) beschrieben.

<u>Beispiel</u>

```
    x x              x x             x x
    x x x            x   x           x x x
X = x x x x   ∂X(8) = x     x   ∂X(4) = x   x x
    x x x x          x     x         x   x x
    x x x            x x x           x x x
```

Ein so definierter Rand hat im Gegensatz zu Rändern im stetigen Raum $R^2$ flächenhafte Ausdehnung und ist immer eine Teilmenge der Ursprungsmenge X. Dies erfordert zur Darstellung eine zweite Menge und erschwert die Anwendung mengentheoretischer Operationen, da im allgemeinen für zwei Menge X,Y gilt

$$\partial(X \cup Y) \neq \partial X \cup \partial Y \quad \text{und} \quad \partial(X \cap Y) \neq \partial X \cap \partial Y .$$

Für Mengenoperationen müssen also grundsätzlich die Ursprungsmengen verknüpft werden und dann vom Ergebnis der Rand erzeugt werden.
Zur Darstellung von Mengen X mit teilweise geschlossenem bzw. offenem Umriß genügt es, das Paar $(X, \partial X_{geschlossen})$ oder $(X, \partial X_{offen})$ zu betrachten, da immmer

$$\partial X_{geschlossen} \cup \partial X_{offen} = \partial X \quad \text{und} \quad \partial X_{geschlossen} \cap \partial X_{offen} = \emptyset$$

gilt. Damit kann die jeweils andere Randmenge bestimmt werden.

## Distanzfunktion und Skelett von Objekten mit teilweise offenem Umriß

Um die Distanzfunktion und das Skelett von Objekten mit teilweise offenem Umriß bestimmen zu können ist die Kenntnis der <u>Einflußzone</u> der offenen Umrißteile notwendig.

Definition

Einflußzonen bestehen aus allen Punkten für die die offenen Umrißteile einen Einfluß auf die Distanzfunktion und das Skelett haben.

Die Einflußzone $Z^-(X,\partial X_{offen})$ für den Einfluß innerhalb des Objektes und die für den nach außen, $Z^+(X,\partial X_{offen})$, kann mittels eines iterativen Algorithmus bestimmt werden:

Algorithmus

$X^{i+1} := X^i \ominus B \cup \partial X^{i+1}$ $\qquad \partial X^{i+1} := \partial X^i \oplus B \cap X^i$

wobei $X^1 = X$ und $\partial X^1 = \partial X_{offen}$ .

$Z^-(X,\partial X_{offen}) := X^n$ $\qquad$ für $X^n = X^{n-1}$ .

Analog dazu kann $Z^+(X,\partial X_{offen})$ bestimmt werden, wobei diese jedoch nicht beschränkt ist und die Einflußzone in der Objektumgebung beschreiben.
Das Skelett eines Objektes ist in vielen verschiedenen Arbeiten angegeben. Der hier verwendete Algorithmus stammt aus Serra (1982).

Beispiele:

Ausgehend von einer Maske bzw. einem Binärbild, das mit einem Segmentierungsverfahren, beispielsweise Schwellwertverfahren oder Split & Merge vom Originalgraubild erzeugt wurde und einem Binärbild mit den entweder offenen oder geschlossenen Rändern, basierend auf einem anderen Verfahren, beispielsweise Schwellwertverfahren des gradiententransformierten Bildes, kann eine Formanalyse oder Rekonstruktion durchgeführt werden. Die Maske bzw. das Binärbild besteht also in dieser Betrachtungsweise aus dem Paar Flächendarstellung des interessierenden Objektes und Randdarstellung der entweder offenen oder geschlossenen Umrißlinienteile $((X,\partial X_{geschlossen})$ bzw. $(X,\partial X_{offen}))$.

Bedingte Skelettierung

Gegeben sei ein Bild (Abb. 5) mit den Ergebnissen einer Segmentierung BB1 und BB2. Eine Skelettierung der Binärbilder BB1 und BB2 liefert ohne Beachtung der Umrißeigenschaften die Binärbilder SB1 und SB2. Unter Einbeziehung der offenen Ränder erhält man SB3 anstelle von SB1, das Skelett von BB2 bleibt unverändert, da der offene Rand von diesem Objekt leer ist. Im Extremfall kann das Skelett leer sein, also kein Skelettpunkt unbeeinflußt sein vom offenen Rand. Das angewandte Verfahren kann als Skelettalgorithmus unter der Bedingung des offenen Randes bezeichnet werden.

Abb. 5: Beispiel einer Verdeckung mit Skeletten der Objekte (siehe Text)

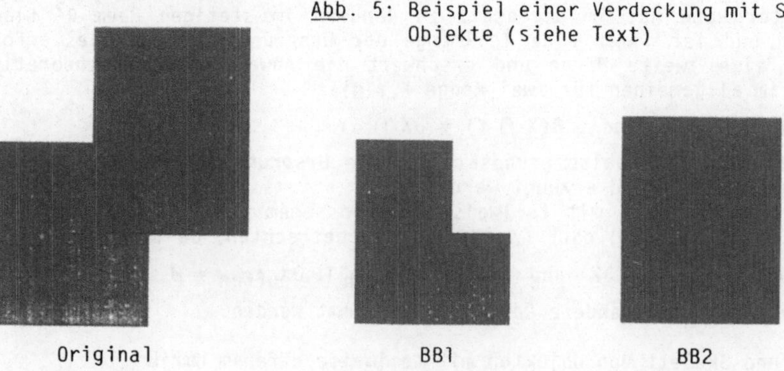

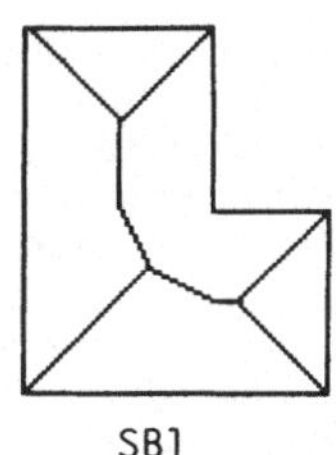
SB1

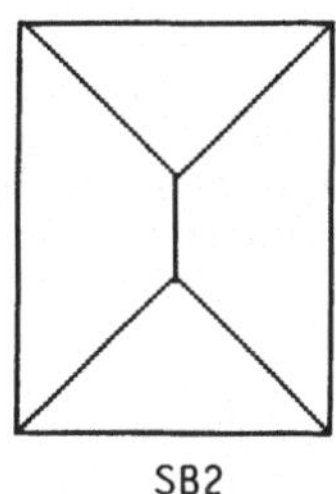
SB2

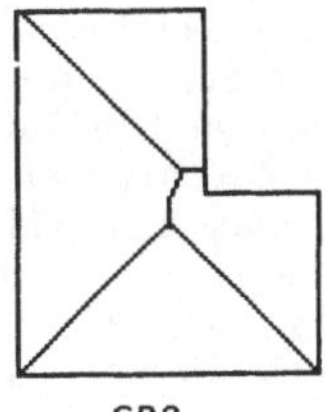
SB3

Distanzfunktion und Skelett an einer fehlsegmentierten Zelle

An einer fehlsegmentierten Intermediärzelle (Abb. 6) seien die Distanzfunktion, Skelett und Einflußzonen illustriert. Das Originalbild enthält zusätzlich den geschlossenen (dick) und den offenen Rand (dünn). Bild EB1 zeigt die Distanzfunktion und das Skelett ohne Beachtung der offenen Umrißteile und Bild EB2 zeigt das Skelett und die Distanzfunktion einschließlich der Einflußzonen. Beide Bildtransformationen können nun zur Formanalyse oder unter Verwendung eines adäquaten Modelles zur Rekonstruktion herangezogen werden. Für die Formanalyse kann beispielsweise das Skelett zur Zentrierung benutzt werden und die Differenz je zweier Distanzfunktion zum Vergleich der Formen selbst herangezogen werden. Eine andere etwas aufwendigere Art der Formanalyse ist zum Beispiel die Verwendung der Distanzfunktion des Musters als strukturierendes Element für eine '3-dimensionale' Erosion oder Dilatation, angewendet auf die zu vergleichenden Objekte (Sternberg 1980).

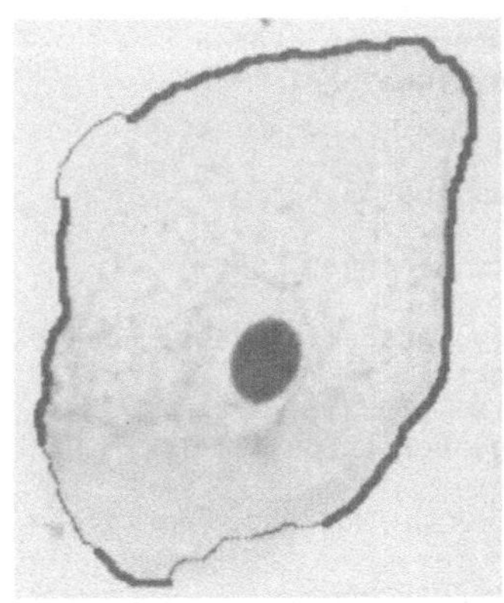
Original

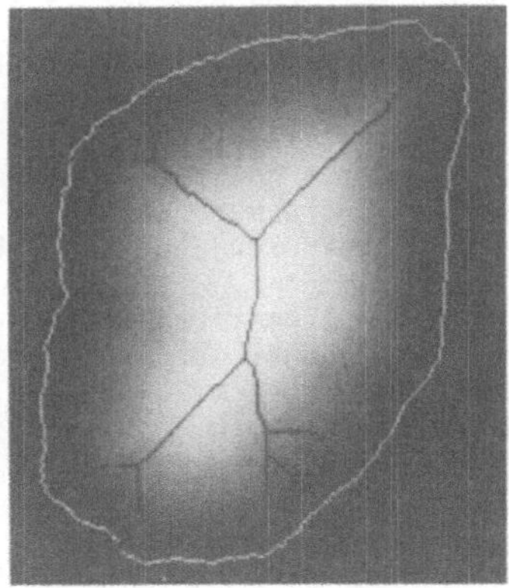
EB1

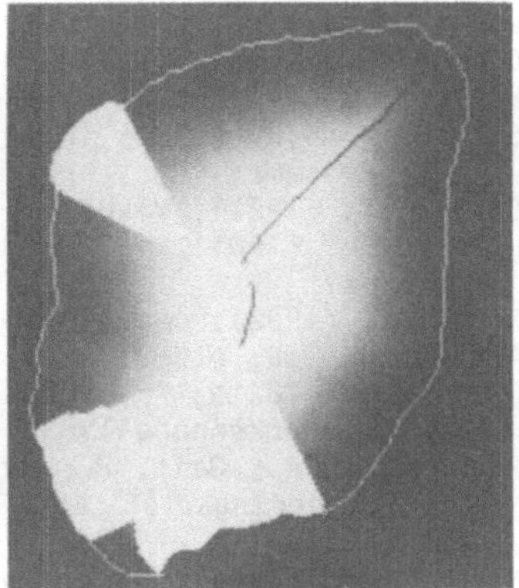
EB2

Abb. 6: Beispiel für bedingte Distanzfunktion und Skelett (siehe Text)

## Zusammenfassung und Diskussion:

An zwei in der Gestaltpsychologie beschriebenen Phänomenen der Wahrnehmung wird gezeigt, wie diese in den Prozeß der Bildverarbeitung von digitalisierten Bildern eingebunden werden können bzw. welche bekannten Bildtransformationen diese Wahrnehmungsphänomene antizipieren oder zu einer Verbesserung anwenden können.

Zum einen wird die "Distanzfunktion" beschrieben als eine Gesamtdarstellung eines Objektes unter Erosionen (Dilatationen) verschiedener Größe. Hierbei wird gezeigt, daß die Erosion (Dilatation) bis zu einem gewissen Grade ein Objekt verändert ohne dessen visuelle Ähnlichkeit zum Original zu zerstören. Mittels der Distanzfunktion kann durch "Ineinanderstülpen" verschiedener Distanzfunktionen die Ähnlichkeit von

Formen quantifiziert werden.
Die Empfindlichkeit der Distanzfunktion in Bezug auf Störungen (Fehlsegmentation) oder Verdeckungen an den zu untersuchenden Objekten macht es notwendig diesen fehlerhaften Einfluß zu begrenzen um trotzdem an den vorhandenen Objekten eine Formanalyse durchführen zu können. Hierbei wird ein weiteres Wahrnehmungsphänomen angewendet, das bei allen Objektwahrnehmungen simultan eine Qualifizierung der sichtbaren Objektumrisse vornimmt. In der Wahrnehmung werden die Umrisse als solche des Objektes oder als solche der Verdeckung (offen) identifiziert. Diese Unterscheidung kann auch in der digitalen Bildanalyse vorgenommen werden. Die Anwendung der unterschiedlichen Umrißeigenschaften führt zur Definition von "Einflußzonen", in denen beispielsweise die Distanzfunktion oder ein Skelett von diesen Umrißbereichen abhängig und damit nicht sicher sind. Die Einflußzonen sind von den verwendeten Algorithmen abhängig und müssen für andere Formtransformationen angepaßt werden. Diese Einflußzonen dienen nun der Elimination der Einflüsse von Störungen in der Segmentation. Nicht betrachtet wurden hierbei die Schwierigkeiten die durch Dislokation von Objekten entstehen. Weder im Bereich der visuellen Wahrnehmung, wo die wahrgenommene Ähnlichkeit von der Lage abhängt, noch im Bereich der digitalen Bildanalyse, in der viele der derzeit gebräuchlichen Algorithmen zur Bildtransformation außerordentlich empfindlich auf Lageveränderungen von Bildinhalten reagieren, wurde auf die daraus resultierenden Probleme eingegangen.

Literaturverweise:


Dinnerstein, D., Wertheimer, M. (1957) Some determinants of phenomenal overlapping, Am. Journ. Psychol., 48, zit. in Metzger (1975)

Schober, H. (1957), Das Sehen, Band 1, Fachbuchverlag, Leipzig

" (1958), Das Sehen, Band 2, Fachbuchverlag, Leipzig

Hubel, H., Wiesel, X. (1968), Journal of Physiology, 195, pp 214-243

Robinson, J.O. (1972), The Psychology of visual Illusion, Hutchinson, London

Gibson, J.J. (1973), Die Wahrnehmung der visuellen Welt, Betz, Weinheim

Metzger, W. (1975), Gesetze des Sehens, Kramer, Frankfurt

Sternberg, S.R. (1980),in Pattern Recognition in Practice, eds. Gelsema, E.S., Kanal, L.N., North Holland, Amsterdam, pp 35-44

Caelli, T. (1981), Visual Perception, Pergamon, Oxford

Hättich, W. (1981), in Modelle und Strukturen, ed. Radig B., Springer, Berlin, pp 61-67

Serra, J. (1982), Image Analysis and Mathematical Morphology, Academic Press, London

Artamonow, I.D. (1983), Optische Täuschungen, Deutsch, Frankfurt

Jütting, U., Gais, P., Rodenacker, K., Schenck, U. Burger, G. (1983), in Mustererkennung 1983, ed. Kazmierczak, H., VDE-Verlag, Berlin,pp 137-142

Rodenacker, K., Gais, P., Jütting, U., Burger, G. (1983), in Proceedings of EUSIPCO-83, ed. Schüssler, H.W., North Holland, Amsterdam, pp 131-134

Niemann, H. (1984), Fachgespräch der FG 'Theorie der Mustererkennung', 6. April 1984, Karlsruhe

# REGIONENBILDENDE OPERATOREN UND IHRE CHARAKTERISIERUNG DURCH LOKALE HISTOGRAMME

P. Zamperoni

Institut für Nachrichtentechnik
Technische Universität Braunschweig

## 1. Regionenbildende Operatoren und Histogrammtransformation

Die Bezeichnung 'regionenbildender Operator' (RO) trifft für eine breite Vielfalt von Bildoperatoren zu, die bei der Bildsegmentierung, Bildnäherung und Simulation von zweidimensionalen morphogenetischen Prozessen ihren Einsatz finden. Das Ergebnis eines RO, der als Argumente die Grauwerte $P_0$ , $P_1 \ldots P_N$ einer Umgebung U eines aktuellen Bildpunktes $P_0$ hat (s. Bild 1), ist ein nach einem gegebenen Kriterium gewählter Grauwert

$$P_k \in (P_0 \ , P_1 \ldots P_N) \tag{1}$$

der dann im Bild den Grauwert $P_0$ des aktuellen pixels ersetzt.

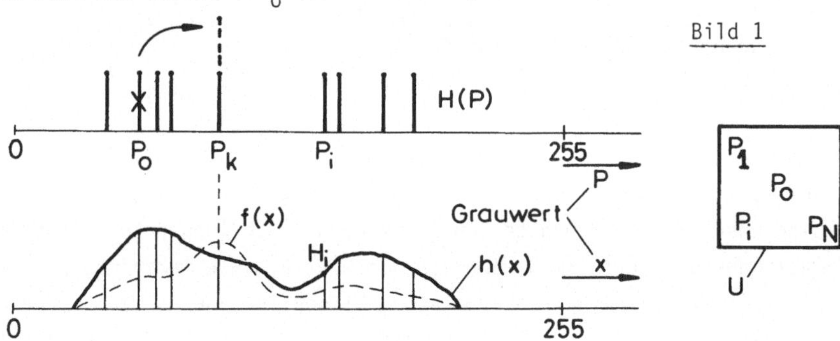


Bild 1

Bereits aus (1) ist der prinzipielle Unterschied zwischen den RO und den Operatoren, die unter dem Stichwort 'averaging in a selected neighbourhood' bekannt sind (/1/, /2/,/3/), ersichtlich. Das Ergebnis der letzteren ist nämlich in der Regel ein neuer, in U vorher nicht auftretender Grauwert.
Bei Grautonbildern läßt sich das einem RO zugrundeliegende Kriterium durch eine Art 'Rangfunktion'

$$f_i = f(P_i \ , \bigcup P_j : j \neq i) \qquad i,j = 0 \ldots N \tag{2}$$

günstig ausdrücken, die definitionsmäßig ihr Maximum für $i = k$ erreicht.

Das Ziel einer systematischen Charakterisierung der RO ist, ihre Auswirkung auf Bilder abzuschätzen, indem die stattfindende Transformation einer charakteristischen Eingangsgröße in eine entsprechende Ausgangsgröße beschrieben wird. Dadurch werden an Stelle der sonst üblicherweise empirisch erzielten anwendungsspezifischen Erkenntnisse allgemeine a-priori Aussagen über die Wirkung von RO angestrebt. Die Kernfrage, die sich dabei stellt, ist: welche Grauwerte werden sich, bei gegebenem Kriterium und lokalem Grauwerthistogramm, bis zur Bildung einer geschlossenen Region ausbreiten und die übrigen Grauwerte verdrängen?

Als denkbar einfachste bildbeschreibende Funktion wird hier das lokale Histogramm der Grauwerte betrachtet. Die Aussagekraft des Grauwerthistogramms im Hinblick auf eine lokale Bildbeschreibung kann, je nach den gestellten Anforderungen, sehr unterschiedlich eingeschätzt werden /4/. Bei natürlichen Bildern und in Zusammenhang mit isotropen RO, die eine Ausbreitung einzelner Grauwerte und damit eine Einebnung des lokalen Grauwertverlaufs bewirken, beinhaltet jedoch das Grauwerthistogramm in den meisten Fällen eine durchaus brauchbare lokale Bildbeschreibung. Weitere Einschränkungen zur Allgemeinheit der hier angestrebten Charakterisierung der RO werden von ihrer grundsätzlichen Nichtlinearität gesetzt. Ihre Wirkung kann daher nur stückweise beschrieben werden, indem die transformierten Histogramme für besonders typische Klassen von anfänglichen Grauwertverteilungen angegeben werden.

Das diskrete lokale Histogramm eines Bildfeldes U um den pixel $P_0$ (s. Bild 1) besteht aus dem Grauwertesatz:

$$H(P) = \bigcup_{i=0...N} P_i \quad , \tag{3}$$

der nach Anwendung des RO in den transformierten Satz:

$$L(P) = \bigcup_{i=0...N} R_i \cdot P_i \qquad \text{mit } R_i = \begin{cases} 0 \text{ für } i=0;\ i\neq k \\ 2 \text{ für } i=k;\ i\neq 0 \\ 1 \text{ sonst} \end{cases} \tag{4}$$

überführt wird. H(P) und L(P) stellen jedoch nur eine Art Momentaufnahme dar, die im Hinblick auf eine Charakterisierung nicht sehr aussagekräftig ist. Die Stützwerte $P_i$ von H(P) sind eher als Schwerpunkte von unscharfen Verteilungen zu betrachten, die die Häufigkeit der Grauwerte im Nahbereich vom Wert $P_i$ in einem homogenen Umfeld von U geben. H(P) bildet zwar eine repräsentative Stichprobe von U, die jedoch nur eine der möglichen Realisierungen des Grauwertesatzes ist. Eine von H(P) abgeleitete kontinuierliche Histogrammdichtefunktion h(x) eignet sich besser zur Bildbeschreibung, weil sie die oben erwähnte Unschärfe in Rechnung zieht, und weil sie mathematisch leichter zu handhaben ist. Außerdem kann h(x) als die Grenze von H(P) bei steigender Bildauflösung und festbleibender Fenstergröße betrachtet werden.

Eine einfache Möglichkeit, h(x) zu konstruieren, ist im Bild 2 erläutert. Dort und in der nun folgenden Definition (5) sind die Grauwerte $P_0 \ldots P_N$ von U in eine monoton steigende Reihenfolge umgeordnet. h(x) ist stückweise linear, und ihre Stützwerte:

$$h_i = (P_{i+1} - P_i)^{-1} \equiv h_i' \ (i=0..N-1);\ h_i = \frac{1}{2} h_i' \ (i=-1,N);\ h_i=0 \ (x=0,255) \tag{5}$$

befinden sich in den Mittelpunkten $x_i$ zwischen zwei in H(P) benachbarten Grauwerten $P_i$ und $P_{i+1}$ ($P_{-1}=0$ , $P_{N+1}=255$).

Eine repräsentative Aussage über die lokale Wirkung eines RO, auf ein homogenes Umfeld von U beschränkt, erhält man wenn man die diskreten Histogramme überlagert, die sich mit jedem pixel $P_j \in U$ jeweils in der Rolle des aktuellen pixels $P_0$ ergeben. Dabei wird jedes Histogramm mit dem Koeffizient $H_j$ (s. Bild 2) bewertet, der die Auftrittswahrscheinlichkeit des entsprechenden Grauwertes $P_j$ darstellt. Dadurch bekommt man das in Bild 2 mit gestrichelten Stützwerten dargestellte transformierte diskrete Histogramm:

$$F(P) = \bigcup_{i=0..N} \sum_{0}^{N} {}_j \; R_{ij} \cdot H_j \quad \text{mit} \quad R_{ij} = \begin{cases} 0 & \text{für } i=j \text{ , } i \neq k \\ 2 & \text{für } i \neq j \text{ , } i=k \\ 1 & \text{sonst} \end{cases} \tag{6}$$

das die zu erwartende Wirkung eines gegebenen RO auf ein Eingangshistogramm H(P) beschreibt. Zur besseren Veranschaulichung dieser Wirkung kann aus F(P) rückwärts die Dichtefunktion f(x) (s. Bild 2) konstruiert werden.

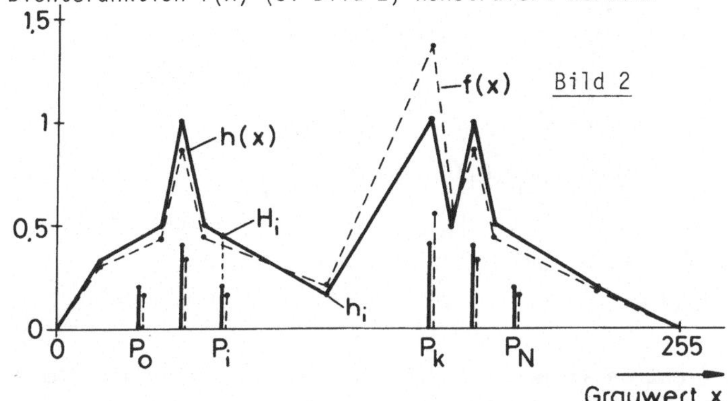

Bild 2

Eine weitere Charakterisierungsmöglichkeit für RO geht direkt von der Histogrammdichtefunktion h(x) aus, die nicht nur aus der oben geschilderten Konstruktion, sondern auch experimentell oder aus a-priori Kenntnissen über die Bildstruktur ermittelt werden kann. Dabei wird die kontinuierliche Rangfunktion:

$$f(x) = f(x \text{ , } h(x)) \tag{7}$$

auf der Basis des gegebenen Operatorkriteriums gerechnet (vgl. (2)), die die Rangstelle eines jeden Grauwertes x im Hinblick auf das Auftreten des Falles: $x=P_k$ (Ergebnis des Operators) gibt. f(x) ist eine deterministisch ermittelte Funktion, die jedoch von einer mit einer Unschärfe behafteten Verteilung h(x) ausgeht. h(x) kann als der 'degree of membership', im Sinne der 'fuzzy-sets'-Terminologie /5/, eines Grauwertes x zur Menge der in einem U auftretenden Grauwerte aufgefaßt werden. f(x) kann nun als charakteristisches transformiertes kontinuierliches Grauwerthistogramm betrachtet werden, wenn sie als Produkt:

$$f(x) = r(x) \cdot h(x) \qquad \text{mit: } 0 \leq h(x), r(x) \leq 1 \tag{8}$$

einer im obigen Sinne deterministischen Rangfunktion r(x) (wenn h(x)=1), und eines 'degree of membership' h(x) dargestellt wird. Für r(x)=1 (1=Rangstelle des Operatorergebnisses $P_k$) erhält f(x) die Bedeutung des im Bereich der Homogenität zu erwartenden transformierten Grauwerthistogramms, das zur Charakterisierung des RO herangezogen werden kann. In dem so aufgestellten Modell besteht eine formale Analogie zwischen den Faktoren des diskreten (F(P) aus Gl. (6)) und des kontinuierlichen transformierten Histogramms (f(x) aus Gl. (8)).

## 2. Analyse einiger regionenbildenden Operatoren

Im Folgenden werden eine formale Definition von einigen wichtigen RO gegeben und einzelne typische Beispiele der Histogrammtransformation, sowohl im diskreten als auch im kontinuierlichen Fall, gezeigt. Den hier untersuchten RO lagen die folgenden Kriterien zugrunde, die nun mit Hilfe der Rangfunktion definiert werden:

I. Kriterium des minimalen Momentes:

$$f_i = C - \sum_{0}^{N}{}_j \left|P_i - P_j\right| \qquad C = \text{positive Konstante} \tag{9}$$

II. Mehrheitskriterium:

$$f_i = \text{Anzahl der } P_j\text{: } \left\{\left|P_i - P_j\right| < D\right\} \qquad D = \text{feste oder lokaladaptive Schwelle} \tag{10}$$

III. Kriterium der minimalen Abweichung von einem gewichteten Mittelwert M:

$$f_i = C - \left|P_i - M\right| \qquad M = \left[\sum_{0}^{N}{}_j a_j P_j\right] \cdot \left(\sum_{0}^{N}{}_j a_j\right)^{-1} \qquad a_j = \text{Gewichte} \tag{11}$$

IV. Extremwertoperatoren:

$$f_i = \left|S - P_i\right| - \left|P_0 - P_i\right| \qquad P_i \in \left\{P_m = \min_U(P_i)\ ,\ P_M = \max_U(P_i)\right\} \tag{12}$$

Das Ergebnis dieses RO ist $P_m$ oder $P_M$ je nachdem $P_0 \leqslant$ bzw. $>$ als eine lokaladaptive Schwelle S ist. Von besonderem Interesse sind die folgenden Varianten:

IVa. $S = M$ (Mittelwert in U) (13)

IVb. $S = 0{,}5\ (P_m + P_M)$ (14)

Mit Hilfe der Histogrammtransformation werden im Spezialfall dieses Kriteriums die global resultierenden Anteile der Grauwerte $P_m$ bzw. $P_M$ gesucht.

Einige Beispiele zur qualitativen Charakterisierung ausgesuchter RO mit Hilfe der Histogrammtransformation werden nun näher erläutert. Als Ausgangspunkt dafür werden bei lokal stationären Grauwertfeldern einfache, stilisierte kontinuierliche Histogrammdichtefunktionen bevorzugt zugrundegelegt; bei Grauwertkanten oder stark bimodalen Verteilungen eignet sich dagegen die Betrachtung des diskreten Histogramms.

Beispiel 1: Kriterium (I) des minimalen Momentes / unimodale Histogrammdichtefunktion h(x) ist durch ein Dreieck mit dem Formparameter k, $0{,}5 \leqslant k \leqslant 1$, dargestellt (s. Beispiel mit k = 0,75 in Bild 3). Die Anwendung dieses Kriteriums auf h(x) ergibt die Rangfunktion:

$$f(x) = C - \frac{x^3}{3k} + \frac{x}{2} - \frac{1+k}{6} \tag{15}$$

deren Verlauf für k = 0,75 gezeigt wird. Die dort erkennbare Tendenz der Verschiebung der Modespitze zur Mitte des Grauwertbereiches hin wird vom Experiment bestätigt.

Beispiel 2: Kriterium (I) des minimalen Momentes / bimodale diskrete Verteilung

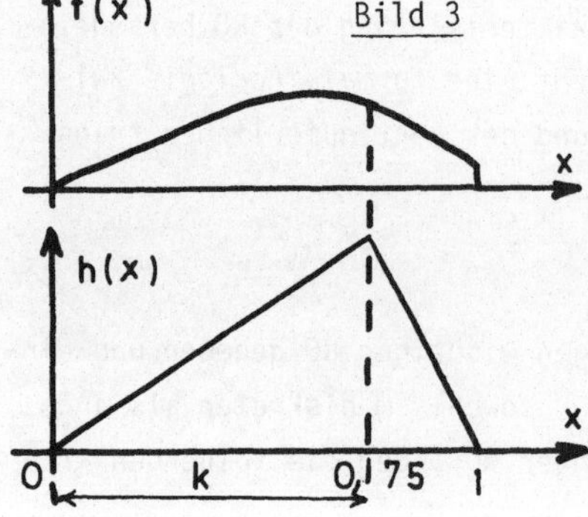

Bild 3

Ist eine bimodale Verteilung mit etwa gleich starken Modes, wie in Bild 4 gezeigt, gegeben, so möchte man an Hand der Modestärke und -streuung ab-

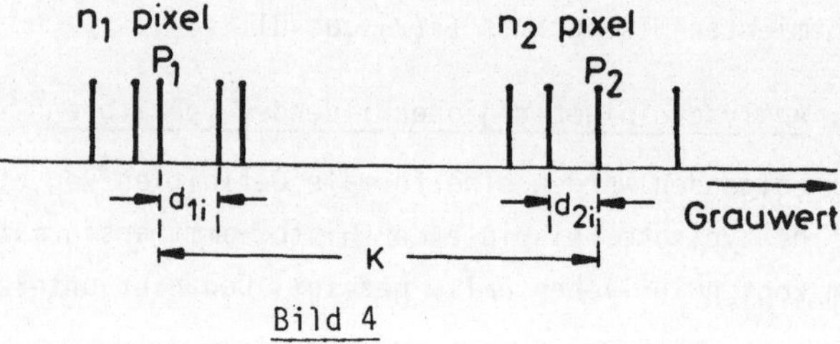

Bild 4

schätzen, ob $P_1$ oder $P_2$ (die Schwerpunkte der Modes) sich zu einer Region ausbreiten. Es gilt: $P_k = P_1$ wenn $\frac{1}{K}\left[\underset{n_1}{\sum\nolimits_i} |d_{1i}| - \underset{n_2}{\sum\nolimits_i} |d_{2i}|\right] < (n_1 - n_2)$ (16)

und $P_k = P_2$ sonst. Im Extremfall, für $n_1 \approx n_2$, ist die kleinere Streuung entscheidend, bei gleicher Streuung dagegen die Modestärke.

Beispiel 3: Mehrheitskriterium (II) mit lokaladaptiver Schwelle D (s.u.) / bimodale symmetrische kontinuierliche Verteilung

$$D = \frac{1}{N+1} \sum_{i=0}^{N} |P_i - M| \qquad M = \text{Mittelwert in } U \tag{17}$$

Die transformierte Histogrammdichtefunktion kann als vom Parameter D abhängige Rangfunktion $f_D(x)$ errechnet werden: $f_D(x) = \int_{x-D}^{x+D} h(X)\, dX$ (18)

Bild 5

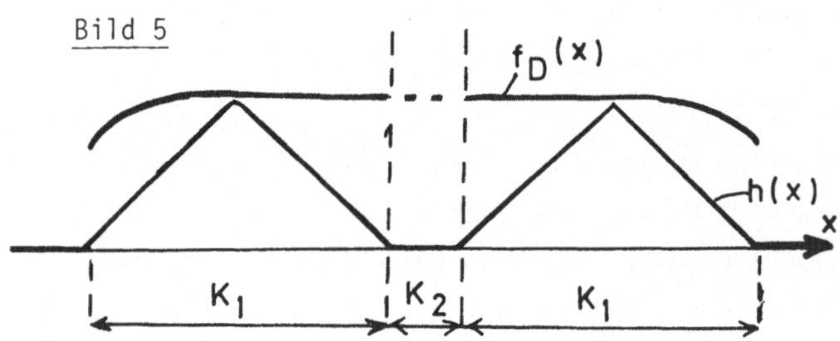


Als Beispiel wird hier die im Bild 5 dargestellte stilisierte symmetrische bimodale Histogrammdichtefunktion betrachtet, für die (17) $D=0,5(K_1+K_2)$ ergibt. Die resultierende $f_D(x)$ weist einen abgeflachten unimodalen Verlauf auf. Nach der Definition von RO darf jedoch das Ergebnis nicht im $K_2$-Bereich liegen. Daraus folgt, daß für das transformierte Histogramm ein bimodaler Verlauf mit Verlagerung der Modespitzen zum Rande des $K_2$-Bereiches hin zu erwarten ist. Diese Erwartung wird vom Experiment bestätigt.

Beispiel 4: Mehrheitskriterium (II) mit lokaladaptiver Schwelle / bimodales diskretes Histogramm

Im Gegensatz zum letzten Beispiel wird hier eine asymmetrische bimodale Verteilung betrachtet, die in vereinfachter Weise durch die zwei konzentrierten Anhäufungen von $n_P$ pixels mit Grauwert P und $n_Q$ pixels mit Grauwert Q, wie in Bild 6 gezeigt, dargestellt wird. Durch die lokaladaptive Schwelle ergibt sich ein Bereich D für die Mehrheitszählung:

Bild 6

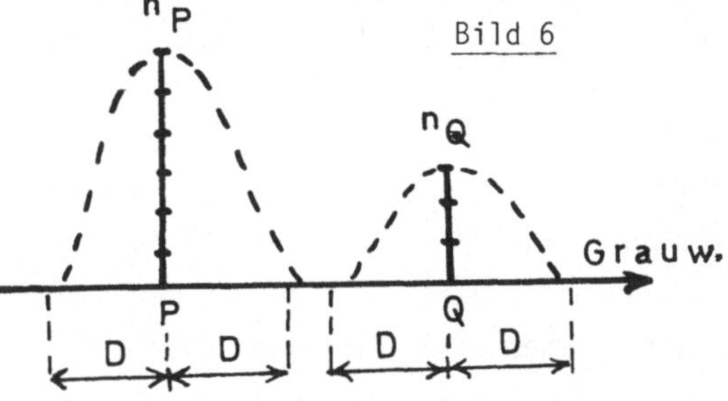


$$D = \frac{(n+e)(n-e)}{2n^2} |P-Q| \qquad \begin{matrix} n_P + n_Q = n \\ n_P - n_Q = e \end{matrix} \tag{19}$$

Betrachtet man den allgemeineren Fall, daß die zwei Modes in P und Q unscharfe Verteilungen sind, in denen $n_P$ und $n_Q$ die Produkte der jeweiligen Höhen und Streuungen darstellen, so besagt Gl. (19), daß die Bereichsbreite D sich an die Modestreuung anpaßt und, in der Tendenz, bei der Mehrheitszählung alle zum gleichen Mode gehörenden Grauwerte erfaßt.

3. Sequentielles Regionenwachstum

Die bisher als parallel dargelegten RO können auch, nach Festlegung der Verarbeitungsreihenfolge, sequentiell durchgeführt werden. Neben den allgemein bekannten Merkmalen der rekursiven Struktur, wie z.B. eine raschere Regionenbildung und die Abhängigkeit von der Reihenfolge, ist hier von besonderem Interesse die Analyse der Bedingungen, unter denen das Wachstum einer Region aufhört. Die typische, im Bild 7 dargestellte

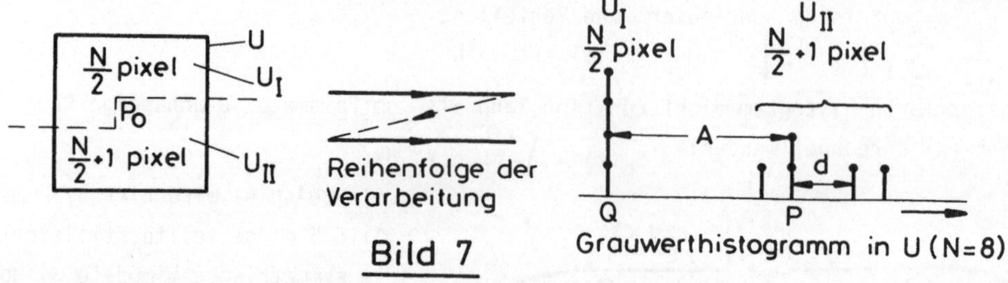


Bild 7

Ausgangslage zeigt eine von der Rekursion bewirkte Histogrammspitze im bereits verarbeiteten Teil $U_I$ des Feldes U am Grauwert Q, der eine sich ausbreitende Region $R_Q$ kennzeichnet. Es fragt sich nun, welche Grauwertverteilungen im noch nicht verarbeiteten Teilfeld $U_{II}$ vermögen, das Wachstum von $R_Q$ zu stoppen, und gegebenenfalls eine neue Region $R_P$ etwa mit Grauwert P entstehen zu lassen. Die Bedingungen zum Wachstumsabbruch wurden für eine Reihe von Kriterien untersucht und können an Hand der Histogrammsparameter jeweils quantitativ formuliert werden. Für das Kriterium des minimalen Momentes, z.B., kann diese Bedingung wie folgt ausgedrückt werden (s. Bild 7):

$$\sum_{U_{II}} |d| < A + \sum_{U_{II}} d \tag{20}$$

Der Vergleich zwischen den Abbruchbedingungen für verschiedene Kriterien gibt Aufschluß -wie vom Experiment bestätigt- über die zu erwartenden strukturellen Eigenschaften der entsprechenden Ergebnisbilder.

4. Hinweis auf Experimentalergebnisse. Schlußbetrachtung

Neben den im Abschnitt 2. umrissenen, wurden zahlreiche weitere Kriterien in Umfeldern von 3x3 bis 13x13 pixel sowohl an natürlichen als auch an künstlichen Testbildern erprobt. Die in den Bildern 8 und 9 gezeigten Verarbeitungsbeispiele sollen nur einen ersten qualitativen Eindruck der Wirkung von RO vermitteln. Das Bild 8 zeigt ein verrauschtes Schachbrettmuster (oben verarbeitet, unten original), in dem die Regionenbildung mit Hilfe des Mehrheitskriteriums (II) mit lokaladaptiver Schwelle (U: 9x9 pixel) erreicht wurde. Das Beispiel vom Bild 9 zeigt dagegen das Ergebnis der Anwendung des gleichen RO (U: 7x7 pixel) auf ein natürliches Bild. Diese und andere so erzeugten Bilder bieten sich als günstiges Ausgangsmaterial für die Bewältigung von zahlreichen Bildnäherungs-, Bildanalyse-, Bildverbesserungs- und Segmentierungsaufgaben. Die noch am Anfang stehende Auswertung der Ergebnisse gibt erste deutliche Hinweise auf die Brauchbarkeit der Methode der Histogrammtransformation, besonders in stationären Bildabschnitten, zum Zweck der Charakterisierung von RO. Diese Aussage gilt auch für natürliche Bilder, sofern man hinreichend stationäre Gebiete betrachtet, was mindestens für RO in kleinen Feldern (z.B. 3x3 pixel) möglich ist.

Eine systematische Charakterisierung der globalen regionenbildenden Wirkung der untersuchten RO auf natürliche Bilder stellt noch ein wichtiges Ziel der weiteren Arbeiten dar. Diese Wirkung kann, durch Auswahl der Art und der Parameter der RO, sehr effektiv und vielfältig gestaltet werden. Der große potentielle Nutzen von RO zur Lösung der oben erwähnten Aufgaben kann daher am besten zum Tragen kommen, wenn a-priori Kenntnisse an Stelle der Empirie den einzelnen gezielten Einsätzen zugrundegelegt werden können.

Literaturangaben:

/1/ A. Scher, F. Dias Velasco, A. Rosenfeld: 'Some new image smoothing techniques' IEEE Trans. Systems, Man and Cybernetics, Vol. SMC-10, March 1980, S. 153-158.

/2/ D. Wang, A. Vagnucci, C. Li: 'Image enhancement by gradient inverse weighted smoothing scheme'. Computer Graphics and Image Processing, Vol. 15 (1981), S. 168-181.

/3/ G. Garibotto, G. Micca: 'Local histogram image processing'. Proc. Intern. Conf. Image Analysis and Processing, Pavia (Italy), Oct.22-24 1980, S. 15-19.

/4/ G. Lowitz: 'Can a local histogram really map texture information?'. Pattern Recognition, Vol. 16 (1983), S. 141-147.

/5/ B.R. Gaines: 'Foundations of fuzzy reasoning'. Intern. Journal Man-Machine Studies, Vol. 8 (1976), S. 623-668.

Bild 8

Schachbrettmuster+Rauschen
oben: verarbeitet
unten: original
Mehrheitskriterium mit lokaladaptiver Schwelle (9x9-Feld)

Bild 9

a) Original

b) verarbeitet
Mehrheitskriterium mit lokaladaptiver Schwelle (7x7-Feld)

# ERKENNUNGSSTRATEGIEN BEI BILDERN MIT HIERARCHISCH CODIERTEN KONTUREN

G. Hartmann, S. Drüe
Universität - GH - Paderborn

## 1. Einleitung und Nomenklatur

Die in diesem Bericht dargestellte Erkennungsstrategie baut auf dem Hierarchischen Konturcode auf, der folgende Struktur hat /1/:

Aus einem Grauwertbild G wird ein Laplacebild ${}^{(o)}L$ erzeugt und in Inseln $I|0;0>$ unterteilt. In jeder Insel werden Detektoren mit aktiven Flächen $A<t;m;\varphi|0;0>$ angewandt, die beim Ansprechen den Code $<t;m;\varphi|0;0>$ erzeugen. Diese Detektoren sind für die drei Konturtypen t(helle Linien, dunkle Linien und Kanten) implementiert und umfassen 22 unterschiedliche Formen m, die in 6 Orientierungen $\varphi$ angeordnet sein können.

Neben dem Laplacebild ${}^{(o)}L$ wird eine Hierarchie von Laplacebildern ${}^{(k)}L$ erzeugt, die einen $2^k$-fachen Pixelabstand und damit eine $2^k$-fach kleinere Auflösung haben. Diese werden in Inseln $I|k;0>$ von $2^k$-fachem Durchmesser aufgeteilt, in denen ebenfalls der vollständige Satz von Detektoren aufgeprüft wird. Dabei entsprechen diese Detektoren Formelementen $A<t;m;\varphi|k;0>$ der $2^k$-fachen Größe und erzeugen den Code $<t;m;\varphi|k;0>$ in Auflösungsebenen $|k;0>$.

Im Bereich von sieben Inseln $I|k;0>$ werden beim hierarchischen Verknüpfungsprozeß die Codeelemente ermittelt, deren aktive Flächen Sequenzen $A<t;s|k;0>$ bilden und mit dem Code $<t;m;\varphi|k;1>$ einer einhüllenden Schablone doppelter Größe bezeichnet, wenn $(A<t;s|k;0> \cap I|k;1>) \subset A<t;m;\varphi|k;1>$ ist. Diese Verknüpfung von Codeelementen der Detektorebene $|k;0>$ zu Codeelementen $|k;1>$ der ersten Verknüpfungsebene n=1 gilt für alle Verknüpfungsebenen $I|k;n>$, in denen dann allgemein Codeleemente $<t;m;\varphi|k;n>$ in Inseln $I|k;n>$ abgelegt werden, deren Größe das $2^{(k+n)}$-fache von $I|0;0>$ beträgt.

Im Idealfall wird eine unverzweigte, kontinuierliche Kontur durch eine lückenlose, glatte Sequenz überlappender Formelemente $T<t;m;\varphi|k;n>$ eingehüllt und diese Formelement-Sequenz kann durch die zugehörige Folge der Code-Elemente $<t;m;\varphi|k;n>$, die Codesequenz, beschrieben werden. Die Codesequenzen können direkt in Orientierungssequenzen umgeschrieben werden, wobei jedem Formelement $T<t;m;\varphi|$ eine innere Orientierung $\alpha=\alpha(m;\varphi)$ zugewiesen wird. Die Orientierungssequenzen $(\alpha_1, \alpha_2 \ldots \alpha_\ell)$ entsprechen einem Kettencode mit einer hohen Winkelauflösung von ca. 15° und bilden lageinvariante Konturbeschreibungen.

## 2. Orientierungssequenzen und Formerkennung

Aus dem hierarchischen Konturcode können also direkt , d. h. ohne Linienverfolgungs- und Approximationsverfahren Beschreibungen von Konturverläufen auf allen Ortsfrequenzebenen k und Verknüpfungsebenen n abgeleitet werden. Somit ist die vollständige Beschreibung einer Kontur durch die Gesamtheit aller Orientierungssequenzen $[\alpha_1, \alpha_2, \ldots \alpha_\ell]|k;n>$ also durch eine Hierarchie von Beschreibungen gegeben, die einem Satz von unterschiedlich groben Approximationen entsprechen.

Einfache Konturverläufe können auf hohen Ebenen $|k;n>$ mit wenigen, großen Formelementen codiert und durch Orientierungssequenzen mit wenigen Elementen noch recht gut beschrieben werden, so daß auch eine Formerkennung relativ einfach ist. Komplizierte Konturverläufe mit starken Krümmungen, z. B. der Kantenverlauf eines Schraubenziehers (Fig. 1a) erfordern kleine Formelemente zur Codierung und werden durch extrem lange Orientierungssequenzen beschrieben. Damit ist eine Formerkennung im Prinzip auch möglich, erfordert aber aufwendige Methoden, wie etwa die bekannte grammatikalische Beschreibung von Chromosomen /2/.

Es wurden deshalb Methoden erarbeitet, die die Untersuchung hochauflösender Orientierungssequenzen nur in eng abgegrenzten Bereichen mit kurzen Teilsequenzen notwendig machen. Bei Anpassung der Modelldarstellung und der Kontrollstruktur des Erkennungsprozesses an die Struktur des Konturcodes ist eine Vorgehensweise möglich, die beim Vergleich stark vereinfachter Modelle mit stark verallgemeinerten Beschreibungen von Konturen beginnt und nur bei Bedarf und in kleinen abgegrenzten Gebieten auf Detailinformation zugreift. Damit ist es möglich, dem Erkennungssystem nur einen sehr kleinen, zur sicheren Erkennung ausreichenden Teil der "Informationsflut" eines Grauwertbildes verarbeiten zu lassen, so daß nur das (in echtzeitfähiger Hardware realisierbare) Codierungssystem die gesamte Information bewältigen muß.

## 3. Verwendung von Konturbeschreibungen unterschiedlicher Ebenen $|k;n>$

Wie bereits erwähnt, ist die Erkennung z. B. eines Schraubenziehers nicht trivial, wenn nur der Kantenverlauf bekannt ist und durch eine Formelementsequenz (Fig. 1a) oder die daraus abgeleitete Orientierungssequenz beschrieben wird. Andererseits lassen die umgangssprachlichen Attribute "länglich" und "gerade" auch eine linienhafte Codierung erwarten.

Formelement-Plots der auf unterschiedlichen Ortsfrequenzebenen $|k;0>$ codierten Linie zeigen ab Ebene $|1;0>$ den dünnen Schaft des Schraubenziehers (Fig. 1b). Ab Ebene $|4;0>$ erzeugt der Schraubenzieher auf voller Länge Code, weil nun auch der dickere Griff als dicke Linie erkannt wird. Da die Formelemente unterschiedlicher Ebenen |k;0> im Größenverhältnis $2^k$ stehen, können diese aber auf der Detektorebene nicht zueinander in Beziehung gesetzt werden.

Deshalb wurde der Konturcode des auf Ebene |1,0> detektierten und codierten Schaftes bis zur Ebene |1;3> verknüpft, d. h. die Formelementsequenz wird - anschaulich gesprochen - in drei Stufen durch Sequenzen aus jeweils doppelt so großen Formelementen eingehüllt und dabei in der Formbeschreibung verallgemeinert (Fig. 1c). Dann hat der verallgemeinerte Liniencode des Schaftes auf Ebene |1;3> gleich große Formelemente wie der Liniencode des ganzen Schraubenziehers auf Ebene |4;0>. Ein gemeinsamer Plot der Formelemente von Ebene |4;0> und |1;3> zeigt, daß im Bereich des Schaftes eine deckungsgleiche Sequenz von Formelementen vorhanden ist.

Das Vorhandensein deckungsgleicher Formelemente auf den Ebenen |4;0> und |1;3> weist zwingend darauf hin, daß in diesem Bereich der Sequenz auch eine dünne Linie auf Ebene |1;0> codiert wurde. Die in |1;0> detektierte dünne Linie schließt eine gleichzeitige Codierung durch größere Detektoren auf Ebene |4;0> ja nicht aus, während die zu den Formelementen der Ebenen |4;0> passende dicke Linie die kleineren Detektoren auf Ebene |1;0> nicht ansprechen ließ. Somit wird der Schraubenzieher durch eine gemischte Codesequenz dargestellt (Fig. 1e), die allgemein einen "zusammenhängenden linienhaften (länglichen) Gegenstand mit einem dickeren und einem dünneren Teil" beschreibt.

Für diese gemischte Sequenz wurde eine Orientierungssequenz errechnet und als "gerade" identifiziert. Die untersuchte Codesequenz repräsentiert also einen "geraden, länglichen Gegenstand mit einem dickeren und einem dünneren Teil". Diese gemeinsame Beschreibung von Schaft und Griff durch eine gemischte Codesequenz hat den Vorteil, daß beide Teile als zusammenhängend und gleich orientiert einander ohne Umwege über Ortskoordinaten direkt zugeordnet werden.

## 4. Beschreibung durch unterschiedliche Konturtypen

Die gemischte Codesequenz, die einen "geraden, länglichen Gegenstand mit dünnem und dickerem Teil" beschrieb, liefert sicher eine noch schwache Hypothese für die Erkennung eines Schraubenziehers. Sie ist aber trotz ihrer Einfachheit stark genug, einen Bleistift oder ein Sägeblatt auszuschließen, die ja wegen ihrer gleichmäßigen Dicke eine "reine" Codesequenz erzeugen.

Es wurde deshalb auch der von den Kanten erzeugte Konturcode zusätzlich zum Liniencode in die Beschreibung einbezogen. Beim Bleistift wird, wie zu erwarten, für beide Kanten auf der Ebene |0;0> Code erzeugt und hierarchisch verknüpft. Der Liniencode zusammen mit dem verknüpften Kantencode der beiden Kanten ergänzt die Beschreibung einer gleichförmigen breiten Linie durch das Attribut "beidseitig scharfkantig". Zur Überprüfung der Scharfkantigkeit müssen also nicht die vielfach längeren Codesequenzen auf den Ebenen |0;0> untersucht werden, weil ja nur bei deren vollständigem Vorhandensein die tatsächlich untersuchten verknüpften Codesequenzen erzeugt werden.

Im Gegensatz dazu enthält der Kantencode des Sägeblattes auf Ebene |0;3> bzw. |0;2> nur noch die Codesequenz, die vom glatten Rücken des Sägeblattes erzeugt wird (Fig. 2b). Auf Ebenen |0;0> erzeugt auch die gezahnte Seite eine durchgehende Sequenz (Fig. 2a), die aber wegen der scharfen Krümmungen nicht einhüllbar ist und auf höheren Verknüpfungsebenen verschwindet. Erst die Formelemente der Kantendetektoren auf Ebene |3;0> bzw. |4;0> sind groß genug, um über die gezahnte Kontur zu mitteln und auf beiden Seiten zusammenhängende Codesequenzen zu bilden (Fig. 2c).

Vergleicht man den von den Kanten erzeugten Konturcode auf Ebenen gleicher Formelementgröße (k+n)=4, so läßt sich folgende Beschreibung erzeugen: Die glatte Kante erzeugt deckungsgleiche Formelementsequenzen auf den Ebenen |0;4>, |1;3>, |2;2>; |3;1> und |4;0>, wobei die Sequenz |0;4> alle übrigen ersetzen kann, da sie aus den höchstauflösenden Detektoren gebildet wird. Die gezahnte Seite erzeugt bei gleicher Formelementgröße nur in den Ebenen |3;1> und |4;0> Codesequenzen und kann durch die Sequenz |3;1> beschrieben werden.

Im Gegensatz zum Bleistift, bei dem beide Kanten durch Codesequenzen hoher Auflösung beschrieben werden, werden von den beiden Kanten des Sägeblattes Sequenzen |0;4> bzw. |3;1> erzeugt, die eine "glatte scharfkantige" Rückseite und eine bei grober Betrachtung "verwaschene" Vorderseite beschreiben. Durch Einbeziehung des Konturtyps "Kante" kann also bei Vorliegen eines Bleistiftes die Erkennung einer Säge und umgekehrt ausgeschlossen werden.

## 5. Einbeziehung von Details und Fensteroperationen

Die bisherigen Untersuchungen auf wenig detailhaltigen Ebenen |k;n> mit großem (k+n), d. h. großen Formelementen erlaubte zwar das Ausschließen von Hypothesen, nicht aber deren endgültige Bestätigung. Eine "flaue" und eine "scharfe" Kante an einem "geraden, gleich dicken" Gegenstand ist nicht zwingend für ein Sägeblatt, andererseits müssen nicht alle Zähne einzeln erkannt werden. Hier genügen ein oder zwei Stichproben auf einem kleinen Gebiet im Bereich der "flauen" Kante (Fig. 2d).

Die einfache Beschreibung eines Schraubenziehers durch eine gemischte Sequenz von Liniencode erlaubt nicht, zwischen einem Schlitz- und einem Kreuzschlitzschraubenzieher zu unterscheiden. Aber auch hier genügt ein kleiner Ausschnitt des hochauflösenden Kantencodes im Bereich des "freien Endes des dünnen Teils" (Fig. 1f).

Das in den einfachen Hypothesen enthaltende Wissen (es kann eine Säge, ein Schraubenzieher usw. sein) und die grobe Beschreibung durch Codesequenzen auf Ebenen mit wenigen großen Formelementen genügt also zur gezielten Beeinflussung der Kontrollstruktur eines Erkennungssystems. Die Hypothese "Schraubenzieher" erfordert z. B. eine Detailuntersuchung an einem in der groben Beschreibung genau festgelegten Ort, nämlich an dem Ende der Formelementsequenz, an dem der "dünnere" Teil codiert ist. Durch Setzen eines Fensters in diesem Bereich konnte nun anhand kurzer Teilsequenzen mit ca. 40-50 Formelementen der Typ "Schneide" und "Kreuzschlitz" unterschieden werden (Fig. 1f).

## 6. Modelldarstellung

Bei den bisher untersuchten Objekten zeigte sich, daß die "konturcodegerechten" Modelle durchwegs mit umgangssprachlichen Begriffen wie "länglich, vorne dünn - hinten dick, gerade, am Ende spitz" usw. formuliert werden können. Die Begriffe sind so ausgewählt, daß die Überprüfung einer so beschriebenen Objekteigenschaft einer einfachen Operation im Konturcode (Liniencode vorhanden, gemischte Sequenz, Orientierungssequenzverlauf usw.) entspricht. Die Aufzählung der Objekteigenschaften beginnt mit den allgemeinen groben Beschreibungen und endet bei den Details. Dabei wird das Vorhandensein einer weiter oben genannten Eigenschaft für die Überprüfung der darauffolgenden vorausgesetzt. Der Erkennungsprozeß wird dadurch gesteuert, daß bei dem Vergleich des Konturcodes mit den Beschreibungen von Objekten auf jeder Beschreibungsebene unverträgliche Hypothesen ausgeschieden werden, während die verträglichen Hypothesen den nächsten Schritt bestimmen, in dem sie auf präzisere Hypothesen eingeengt und erhärtet werden.

## Literatur

/1/ G. Hartmann, Erzeugung und Verarbeitung hierarchisch codierter Konturinformation, 5. DAGM-Sympos., VDE-Fachberichte 35, 378-383 (1983)

/2/ K. S. Fu, Syntactic Methods in Pattern Recognition, Mathematics in Science and Engineering, Academic Press, Vol. 112, 231-235 (1974)

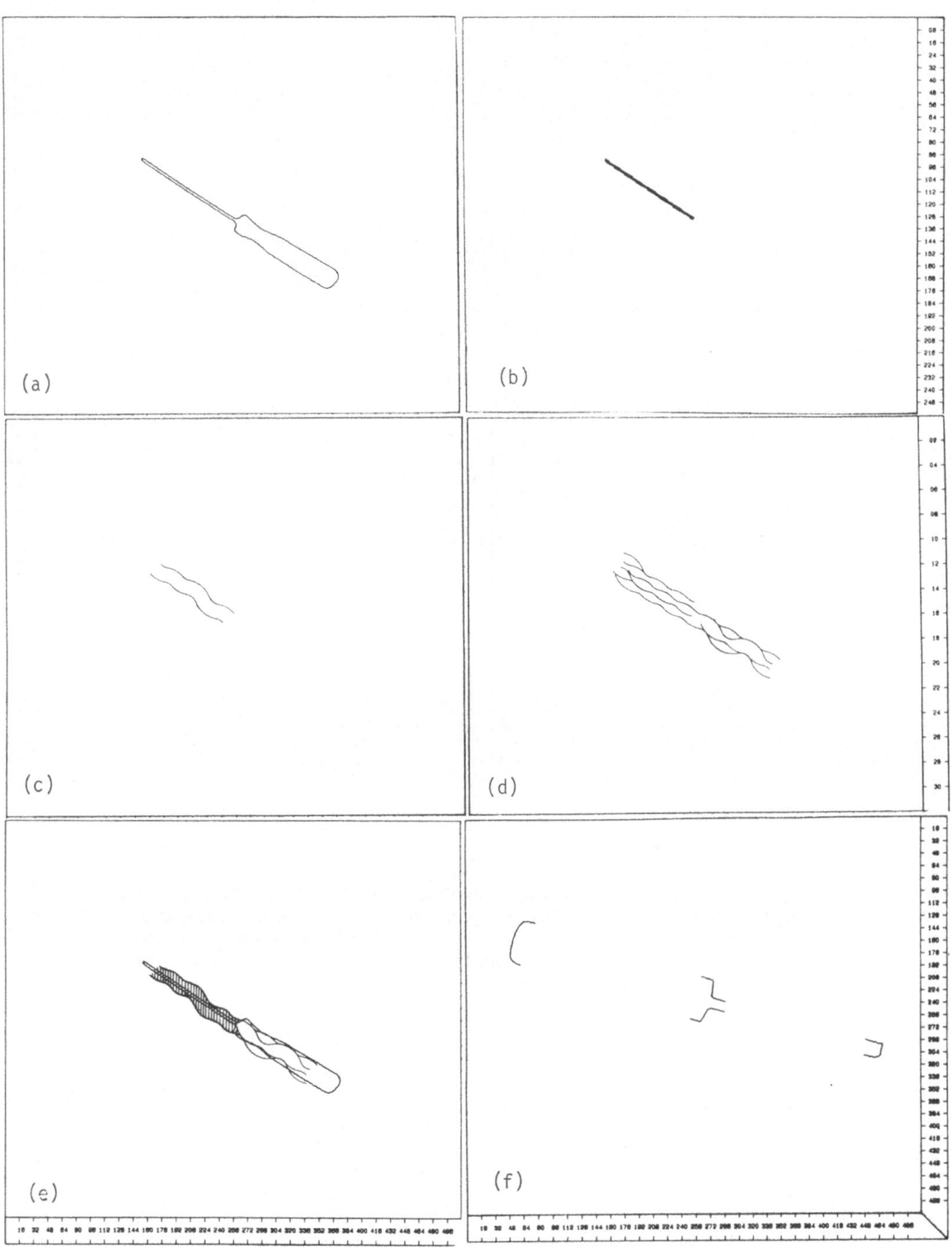


Fig. 1: (a) Formelementsequenz des Kantencodes eines Schraubenziehers in Ebene |0;0>. Formelementsequenz des Liniencodes im Bereich des Schaftes (b) in Ebene |1;0> und (c) in Ebene |1;3>; Liniencode des gesamten Schraubenziehers (d) in |4;0>; (e) gemischte Formelementsequenz mit Liniencode auf Ebene |1;3> (schraffiert) und auf Ebene |4;0> (gesamte Sequenz); Details (f) eines Schraubenziehers.

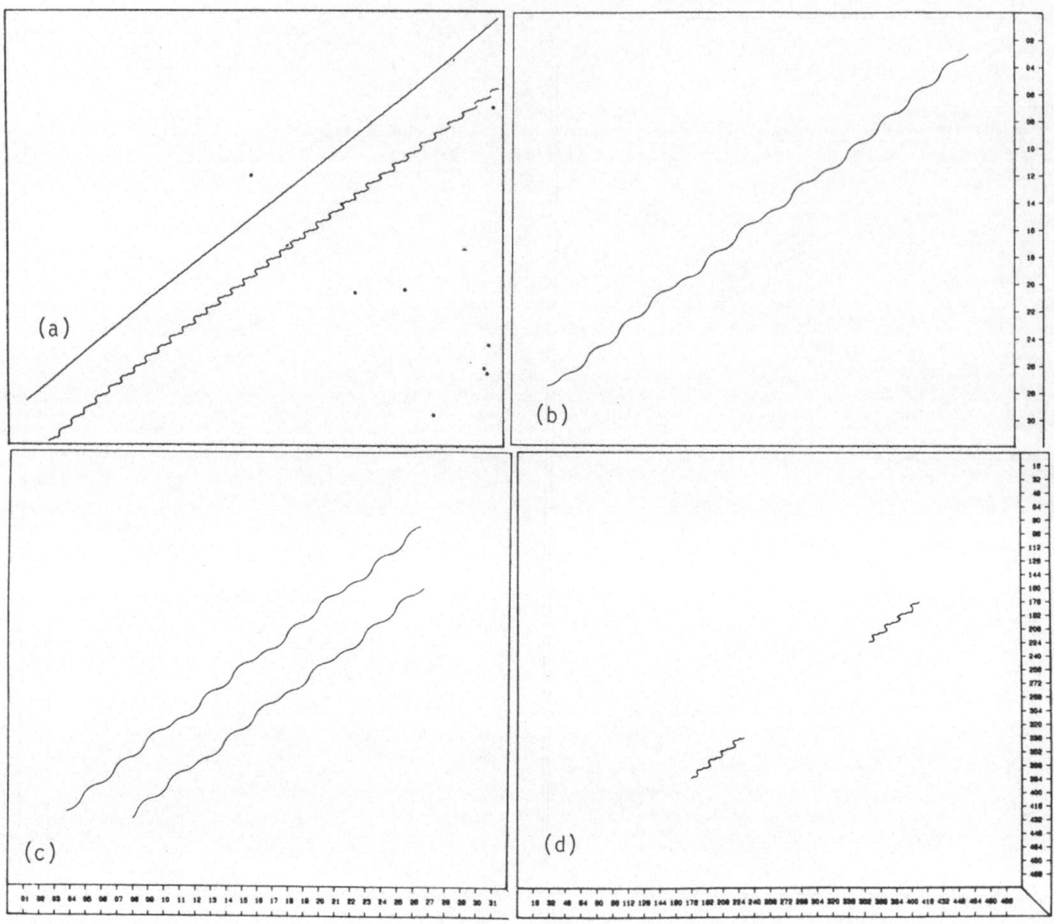


Fig. 2: (a) Formelementsequenzen des Kantenverlaufs eines Sägeblattes in |0;0>, (b) die Formelementsequenz der glatten Rückseite aus (a) wird zu Ebene |0;4> verknüpft, die stark gekrümmte Sequenz der gezahnten Vorderseite nicht; (c) in Ebene |4;0> werden wegen der schlechten Auflösung beide Kanten detektiert; (d) Details aus Formelementsequenz in (a).

# B I L D F O L G E N

# BILDFOLGENVERARBEITUNG FÜR RUNDSICHTRADAR AUF BINNENSCHIFFEN

K. Mezger, H. Wehlan
Institut für Systemdynamik und Regelungstechnik
Universität Stuttgart

## 1. Einführung

Ein wichtiges Anwendungsgebiet der Bildfolgenverarbeitung ist die automatische Führung von Fahrzeugen mit Hilfe von Sensoren, die zweidimensionale Bilder erzeugen. Bei Einsatz von Rundsicht-Impulsradargeräten mit PPI-Sichtgerät erhält man Bilder, deren Punktkoordinaten durch einen Winkel und eine per Laufzeitmessung ermittelte Entfernung bestimmt sind.
Aus den typischen Eigenschaften solcher Bildfolgen ergeben sich vielfältige Probleme: Bilderfassung in Polarkoordinaten bei bewegtem Beobachter; radiusabhängige Bildintensität; Abschattungen in radialer Richtung des Bildes; Geisterbilder durch Mehrfachreflexionen; Beeinflussung der abgebildeten Objektform durch blickwinkelabhängige Reflexionseigenschaften. Diese Probleme müssen beim Entwurf von Algorithmen zur digitalen Bildfolgenverarbeitung berücksichtigt werden.

Rundsicht-Impulsradargeräte sind auf praktisch allen kommerziell betriebenen Schiffen vorhanden. Die digitale Bildfolgenverarbeitung wird dabei bisher lediglich in relativ einfacher Form zur Kollisionsverhütung bei Seeschiffen eingesetzt (Automatic Radar Plotting Aid; ARPA). Ein System zur automatischen Führung von Binnenschiffen, das auf der Auswertung von Bordradar-Bildfolgen basiert, wird derzeit am Institut für Systemdynamik und Regelungstechnik der Universität Stuttgart entwickelt. Zu diesem Forschungsprojekt soll ein Statusbericht gegeben werden, der die Bildfolgenverarbeitung in den Vordergrund stellt.

## 2. Hardware

Zur Erfassung der Radarbilddaten wurde eine auf Binnenschiffsradargeräte zugeschnittene Koppelhardware entwickelt. Diesem Interface kommt die Aufgabe zu, die vorliegende analoge Echoinformation zu digitalisieren sowie eine wesentliche Datenreduktion und Störunterdrückung durch örtliche Filterung vorzunehmen. Alle 2 Sekunden werden die in einem azimutal/radialen Raster von 1 Grad/3 m erfaßten ca. 90000 Bildpunkte eines Bildes an den Verarbeitungsrechner übergeben. Die Koppelhardware ist in [1] näher beschrieben.

## 3. Bildauswertung

Wegen der Echtzeitanforderungen wurde bei dem bisher realisierten und experimentell erprobten Autopiloten ein sehr einfaches Verfahren zur Bildauswertung eingesetzt, das sich im wesentlichen nur für die Fahrt in verkehrsarmen Gebieten eignet. Es beschränkt sich zunächst auf die Berücksichtigung des jeweils *ersten* Echos eines jeden Bildstrahles. Durch diese Maßnahme ergibt sich eine sehr einfache und dabei wirkungsvolle Datenreduktion von den ursprünglichen ca. 90000 Bildpunkten auf 360 Koordinatenwerte.
Im allgemeinen kann davon ausgegangen werden, daß die diesen Echos entsprechenden Meßpunkte die Uferlinien repräsentieren. Ausnahmen ergeben sich durch Objekte, die sich im Bereich der Wasserstraße befinden wie z.B. Brücken, andere Fahrzeuge oder Radartonnen (Bild 1a). Im Falle des Auftretens solcher Objekte muß im entsprechenden Sektor auf das zweite Echo oder eine weiter hinten liegende Reflexion übergegangen werden.
Voraussetzung hierfür ist die Erkennung und Klassifizierung der Objekte - eine Aufgabenstellung, die für den Fall der Brückenerkennung bereits erfolgreich gelöst wurde (siehe Abschnitt 3.4). Für jedes Bild erfolgt die Berechnung der Leitlinie aus den Uferverläufen nun in vier aufeinanderfolgenden Schritten:

Zunächst muß eine *Segmentierung* erfolgen, durch die die Zugehörigkeit der Meßpunkte zum linken oder rechten Ufer ermittelt wird. Nachfolgend ist eine *örtliche Filterung* bzw. Glättung der Uferlinien vorzunehmen. Aus den Parameterdarstellungen der Uferlinien werden die entsprechenden Koeffizienten der *Flußmittellinie* berechnet. Durch eine *Tiefpaßfilterung* der Mittellinie wird eine zeitliche Kumulierung der Bildinformation erreicht.
Das regelungstechnische Problem, das Fahrzeug durch entsprechende Ruderbetätigung entlang bzw. parallel zu der so bestimmten Leitlinie automatisch zu führen, wurde ebenfalls gelöst, soll hier jedoch nicht erörtert werden; siehe dazu [2].

### 3.1 Segmentierung

Zur Trennung der Sichtbereiche des linken und rechten Ufers wird nach vorn die Richtung der maximalen Sichtweite ermittelt (Bild 1b). Nach hinten sind die beiden Auswertesektoren $\alpha_R$ und $\alpha_L$ durch einen Blindsektor von ca. 120 Grad begrenzt.
Die Trennlinie vorn wird ständig einem aufgefundenen relativen Maximum nachgeführt, so daß sich für den Fall von Fahrwassergabelungen (Ab-

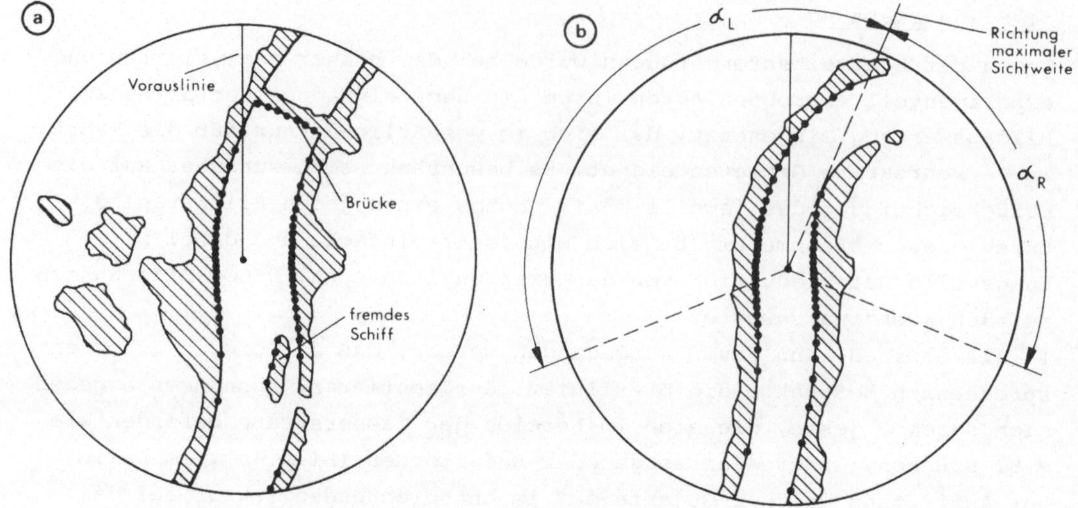


Bild 1: Typische Radarbilder (Punkte: erste Echos; schraffiert: alle Echos)

a) Brücke und fremdes Schiff im Radarbild

b) die Auswertungssektoren $\alpha_L$ und $\alpha_R$

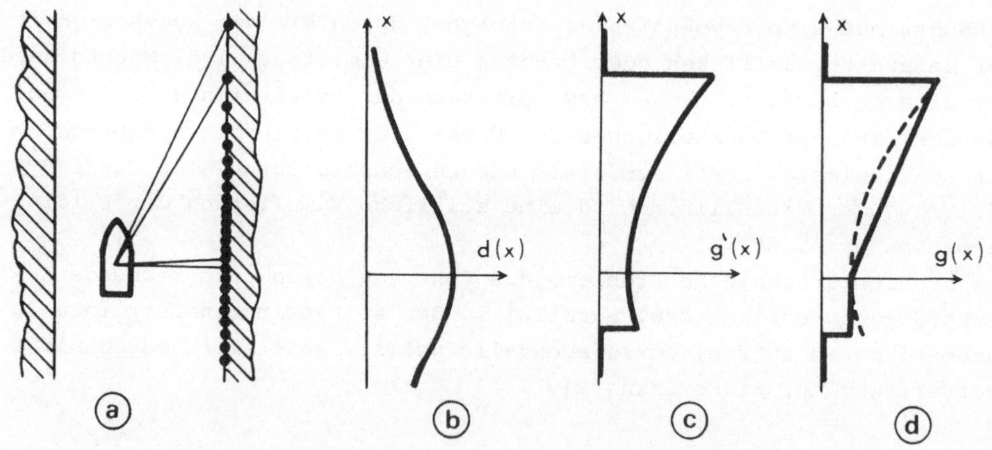


Bild 2: Meßpunktgewichtung für den Least-Squares-Fit

a) Meßpunkte bei geradlinigem Ufer

b) zugehörige Meßpunktdichte d(x)

c) Gewichtsfunktion $g'(x) \approx 1/d(x)$, zur Kompensation der Meßpunktdichte

d) Gewichtsfunktion g(x) zur zusätzlichen Kompensation der Zeitverzögerung durch Leitlinienfilterung

zweigungen etc.) zwei oder mehrere mögliche Trennrichtungen ergeben. In solchen Situationen kann die Trennlinie durch manuellen Eingriff in die jeweils gewünschte Richtung gesetzt werden.

### 3.2 Örtliche Filterung

Durch Least-Squares-Anpassung zweier Parabeln an die die Uferlinien darstellenden Meßpunkte wird die Datenmenge auf jeweils drei Polynomkoeffizienten weiter reduziert. Diese Parabelapproximation eignet sich deshalb sehr gut für die Leitlinienbestimmung, weil zum einen nur die niedrigsten Ortsfrequenzen der Uferverläufe extrahiert werden. Zum anderen entsprechen die Parabelkoeffizienten gerade den für die Regelung benötigten Größen Abstand, Winkel und Wendegeschwindigkeit.

Beim Least-Squares-Fit werden die Meßpunkte mit einer ortsabhängigen Gewichtsfunktion $g(x)$ unterschiedlich gewichtet. Für dieses Vorgehen gibt es zwei Gründe: Erstens bewirkt die im Polarsystem in äquidistanten Winkelinkrementen vorgenommene Messung (Bild 2a), daß sich im kartesischen x/y-System eine stark von x abhängige Meßpunktdichte ergibt (Bild 2b), die durch eine entsprechende Gewichtung (Bild 2c) kompensiert werden kann. Zweitens erhält man durch eine zusätzliche höhere Bewertung vorausliegender Meßpunkte (Bild 2d) die Möglichkeit, die zeitliche Verzögerung zu kompensieren, die bei der Leitlinienberechnung durch die oben erwähnte zeitliche Filterung entsteht. Nur so gelingt es, ins Fahrwasser hineinragenden Hindernissen (z.B. liegenden Schiffen) rechtzeitig auszuweichen.

### 3.3 Leitlinienberechnung und Filterung

Aus den jeweils entsprechenden Koeffizientenpaaren der beiden Uferparabeln entsteht durch Mittelwertbildung eine dritte Parabel, die in Flußmitte zwischen beiden Uferparabeln liegt.
Die Leitlinie für die Fahrzeugführung entsteht nun aus einer zeitlichen Filterung der Parameter der beschriebenen Mittellinie, wobei die Wahl der Filterzeitkonstanten von der Fahrwasserbreite bestimmt wird. Die Filterung sorgt dafür, daß die Leitlinie den sich verändernden Gegebenheiten laufend angepaßt wird, erzeugt jedoch von Bild zu Bild nur sehr geringe Variationen und reduziert so die erforderliche Ruderarbeit auf ein Mindestmaß.
Die Filtergleichungen sind dabei so formuliert, daß auch eine unterschiedliche Bewichtung der von beiden Uferparabeln einfließenden Informationen gewählt werden kann. Dies ist z.B. dann sinnvoll, wenn das eine Ufer einen glatten und gut meßbaren Verlauf besitzt, das an-

dere jedoch stark zerklüftet ist. Der Least-Squares-Algorithmus liefert Gütekennzahlen für die Parabelapproximation, so daß die Gewichtungsparameter und die Filterzeitkonstanten gegebenenfalls adaptiv bestimmt werden können.

### 3.4 Brückenerkennung

Auf Radarbildern erscheinen Brücken wie Barrieren im Fahrwasser (Bild 1a). Sie müssen in der Bildfolge erkannt werden, um die hinter der Brücke verborgenen Uferechos zur Parabelapproximation heranziehen zu können (anstelle der hier von der Brücke resultierenden ersten Reflexionen).

Die Erkennung von ins Bild einlaufenden Brücken wird anhand einer Auswertung von Merkmalen durchgeführt, die aus den Meßpunkten der ersten Reflexionen bestimmt werden können und die für die Erscheinung von Brücken typisch sind:

- Beim Auftreten einer Barrierenstruktur im vorderen Bildbereich tritt eine Clusterung der Abstandswerte unterhalb der maximalen Sichtweite auf.
- Die diesem Cluster angehörenden Meßpunkte etablieren eine Kontur, die quer zur Flußmittellinie liegt.
- Diese Kontur ist geschlossen, d.h. die Maximaldistanz zwischen jeweils benachbarten, ihr und den angrenzenden Uferlinien angehörenden Meßpunkten ist niedrig.

Zur Klassifikation werden über diesen zuvor zu quantifizierenden Merkmalen aus Meßdaten Wahrscheinlichkeitsdichten bestimmt, und zwar für die beiden Klassen "Brücke im Bild" bzw. "keine Brücke im Bild". Die aus den Bildfolgen aufgrund dieser Dichten ermittelten bedingten Wahrscheinlichkeiten werden durch einen Bayes-Klassifikator ausgewertet. Erst wenn durch die Gesamtheit der Merkmale aus einer Bildsequenz die Wahrscheinlichkeit für das Vorhandensein einer Brücke so weit angewachsen ist, daß diese eine vorgegebene Schwelle übersteigt, gilt die Brücke als erkannt.

Versuchsfahrten auf dem Neckar ergaben, daß die Erkennung von Brücken bis auf wenige Ausnahmen spätestens nach Annäherung auf 300 m sicher erfolgte.

## 4. Ausblick

Abgesehen von der für die Schiffsführung wesentlichen Berücksichtigung der Uferverläufe ergibt sich die Notwendigkeit, bei der Berechnung der Solltrajektorie weitere im Radarbild sichtbare Objekte wie

Radartonnen oder andere Verkehrsteilnehmer zu berücksichtigen.

Da die Radarmessung häufig durch Störungen beeinträchtigt wird, die durch Mehrfachreflexionen ("Geisterbilder") oder durch Regen, Wellen, Hochspannungsleitungen etc. verursacht werden, liefern Objekterkennungsverfahren, die lediglich Merkmale aus Einzelbildern auswerten, keine sicheren Klassifikationsergebnisse. Hier muß die zeitliche Entwicklung der Objektbewegung herangezogen werden, wie sie nur durch die Betrachtung von Bildsequenzen verfolgt werden kann. Dazu eignen sich besonders die bereits bei der Brückenerkennung mit Erfolg eingesetzten Bayes'schen Hypothesentestverfahren. Sie gestatten die rekursive Verarbeitung der unterschiedlichsten Merkmale, zu denen im Fall beweglicher Objekte auch Charakteristika der Bewegung selbst herangezogen werden können [3]. Hierbei wird jedem ins Bild kommenden Objekt ein Kalmanfilter zugeordnet, das dessen Bewegungsablauf verfolgt. Mit der dem Kalmanfilteralgorithmus zu entnehmenden bedingten Wahrscheinlichkeit für das Auftreten eines Objekts an einem bestimmten Meßort kann direkt in das Hypothesentestverfahren eingegangen werden.

Die beschriebenen Verfahren zur Objekterkennung und Objektverfolgung sind Gegenstand der momentan laufenden Arbeiten. Mögliche Erweiterungen wie z.B. kartengestützte Fahrwasserbestimmung durch Bild- oder Merkmalkorrelation mit abgespeicherten Referenzdaten sind im gegenwärtigen Stadium noch nicht geplant, sollen jedoch nach Abschluß der vordringlich erscheinenden Arbeiten mit einbezogen werden.

[1] Mezger, K.; Wehlan, H.: Bordradar-Bildauswertung zur automatischen Führung von Binnenschiffen. Fachberichte Messen - Steuern - Regeln Bd. 10, S. 124 - 133, Springer-Verlag 1983

[2] Liebmann, M.; Mezger, K.; Gilles, E.D.: Leitkabelgeführte Kursregelung von Binnenschiffen. Erscheint demnächst in der Zeitschrift Regelungstechnik

[3] Bar Shalom, Y.: Tracking Methods in a Multitarget Environment, IEEE Trans. Automat. Control Vol. AC-23, S. 618 - 626

# *MODELLIERUNG BEWEGTER KONKAVER KÖRPER*

Harald Westphal

Fachbereich Informatik - Universität Hamburg
Schlüterstraße 70, D-2000 Hamburg 13

**Abstract**

*Dieser Beitrag beschreibt ein Verfahren, mit dem Polyedermodelle bewegter starrer Objekte aus Bildfolgen gewonnen werden können. Ausgehend von der konvexen Hülle markanter Punkte [Dreschler und Nagel 82] werden zusätzlich innere Punkte und Bildkanten berücksichtigt. Dadurch können auch Konkavitäten und Oberflächenmuster modelliert werden.*

## 1. Modellierung bewegter konvexer Körper

In [Dreschler und Nagel 82] wird beschrieben, wie ein Polyedermodell eines bewegten, starren Körpers aus einer Bildfolge gewonnen werden kann. Dazu werden auffällige, körperfeste Punkte in den einzelnen Bildern der Folge bestimmt ('markante Punkte') und über möglichst lange Teile der Sequenz verfolgt. Aus diesen Projektionen körperfester Punkte lassen sich ihre dreidimensionalen Koordinaten in einem körperfesten System und die Trajektorie des Objekts bestimmen [Nagel 80, Tsai und Huang 82]. Als volumetrisches Modell des Objekts wird in [Dreschler und Nagel 82] die dreidimensionale konvexe Hülle dieser Punkte genommen. Einen solchen aus Dreiecken bestehenden Polyeder zeigt Abbildung 8.

Im folgenden wird beschrieben, wie dieses Modell verbessert werden kann (ausführlicher in [Westphal 84]).

## 2. Einbeziehung innerer Punkte

Bei der dreidimensionalen Rekonstruktion der markanten Punkte entsteht auch räumliche Information, die bei der Volumenmodellbildung mittels der konvexen Hülle nicht verwendet wird, nämlich diejenigen markanten Punkte, die innerhalb der konvexen Hülle liegen. In Abbildung 8 sind das beispielsweise die Punkte F und G am unteren Rand der Heckscheibe. Das Polyedermodell läßt sich verbessern, wenn diese mitberücksichtigt und so auch Konkavitäten modelliert werden können.

Es wird vorausgesetzt, daß das Objekt undurchsichtig ist. Dann darf eine Situation wie die in Abbildung 1 beschriebene nicht auftreten. Der markante Punkt P, der noch nicht in das Modell integriert sei, sei in dem gerade betrachteten Bild gefunden worden. Das bedeutet, daß er bei dieser Orientierung des Objekts sichtbar ist. Das Dreieck ABC sei eine Facette des Polyedermodells, zunächst also der konvexen Hülle der markanten Punkte. Diesem Modell zufolge aber verdeckt das Dreieck den Punkt P, er sollte also nicht sichtbar sein. Das Modell steht im Widerspruch zur Beobachtung.

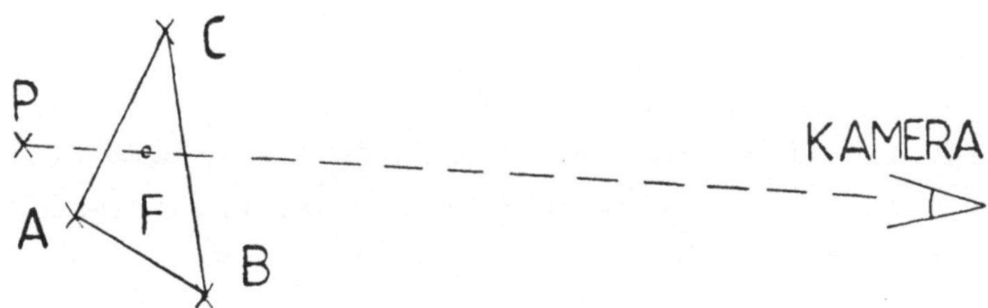


*Abbildung 1: Verdeckung von Punkt P durch Facette F*

Dieser Widerspruch kann dadurch aufgelöst werden, daß die Facette mit den Eckpunkten A, B und C durch drei neue Facetten APC, ABP und BCP ersetzt wird, wie in Abbildung 2 illustriert.

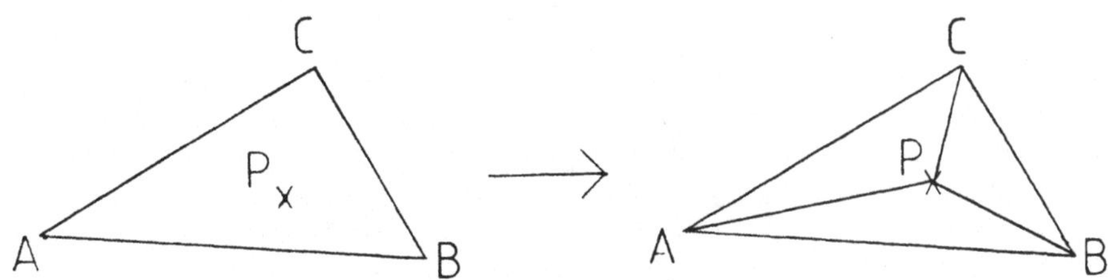


*Abbildung 2: Neutriangulierung durch Dreiteilung der Facette*

Auf diese Weise kann jeder in einem Bild gefundene innere markante Punkt in das Modell integriert werden.

Falls eine Facette mehrere innere markante Punkte verdeckt, so ist die sich ergebende neue Triangulation nicht eindeutig, sondern hängt von der Reihenfolge ab, in der die Punkte einbezogen werden. Von diesen Alternativen wird willkürlich eine ausgewählt, weil das im nächsten Kapitel beschriebene Verfahren die vorhandene Triangulation in eine Alternative überführt, wenn in weiteren Bildern, also in anderen Ansichten des Objektes, Hinweise darauf auftauchen, welche der Alternativen das Objekt besser beschreibt.

## 3. Elimination von Punkte verdeckenden Modellflächen

Während der eben beschriebene Algorithmus sichtbare innere markante Punkte behandelt, die noch nicht in das Modell einbezogen sind, soll jetzt ein Verfahren beschrieben werden, das an bereits in die Triangulation einbezogenen Punkten ansetzt.

Für jeden sichtbaren markanten Punkt wird geprüft, ob er unter der Betrachtungsrichtung des gerade behandelten Bildes von einer Fläche des Modells verdeckt wird. Wenn das der Fall ist, steht das vorhandene Modell im Widerspruch zu diesem Bild und wird entsprechend verändert.

Angenommen, die Triangulation sei zur Zeit so, wie in Abbildung 3 skizziert. Ein Test des Abstandes zur Kamera ergebe, daß P weiter entfernt ist als der Durchstoßungspunkt der Linie von P durch die Facette ABC zur Kamera. (Eine solche Situation illustriert auch Abbildung 1). P wird also durch die Facette ABC verdeckt. Wenn der Punkt aber sichtbar ist, darf diese Facette so nicht im Modell vorhanden sein.

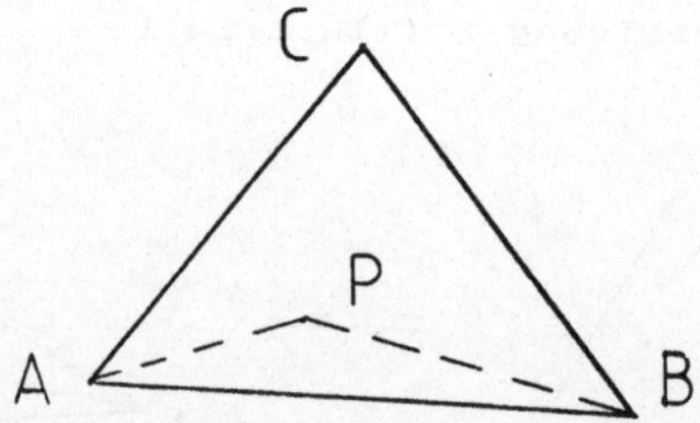


*Abbildung 3: Der sichtbare Punkt P wird von einer Facette verdeckt*

P kann durch Überführung der Kante AB in PC 'sichtbar gemacht' werden. Damit wird die Triangulation mit den Dreiecken PAB und ABC durch eine mit den Dreiecken PAC und PBC ersetzt:

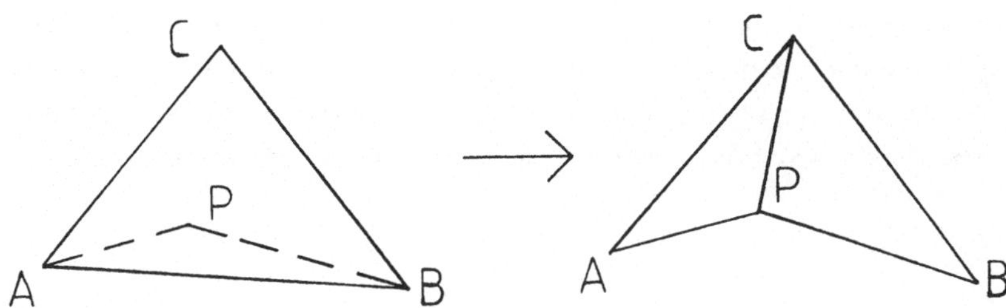


*Abbildung 4: Punkt P wird sichtbar*

Alle anderen Dreiecke bleiben unverändert. Diejenige Kante, die eliminiert wird, ist dadurch bestimmt, daß sie sowohl Kante des verdeckenden Dreiecks ist als auch Kante in einem Dreieck, das P als Eckpunkt besitzt. Normalerweise ist sie eindeutig bestimmt. Falls es zwei oder gar drei solcher Kanten gibt, wird irgendeine gewählt. Wichtig ist, daß Punkt P sichtbar wird.

Die in Abbildung 3 beschriebene Situation kann dadurch eintreten, daß P im vorigen Bild der Folge noch sichtbar war, aber durch eine Drehung des Objekts um eine waagerechte Achse unter der Kante AB 'hindurchgewandert' ist.

Wenn man von geringen Drehungen zwischen den einzelnen Aufnahmen ausgeht, wird man mit der beschriebenen Version des Algorithmus in der Regel auskommen. Falls die Drehungen zwischen den Aufnahmen dagegen größer sind, kann es passieren, daß es keine Kante gibt, die sowohl zum verdeckenden Dreieck als auch zu einem Dreieck mit P als Eckpunkt gehört. In diesem Fall sind die zu eliminierenden Kanten die Berührungskanten eines zusammenhängenden Dreieckszuges vom verdeckenden Dreieck ABC bis zum verdeckten Punkt P.

## 4. Einbeziehung von Bildkanten

Wenn in mehreren Bildern einer Folge eine gerade Bildkante zwischen zwei markanten Punkten gefunden wird, kann man davon ausgehen, daß auch im Objekt eine gerade Kante zwischen diesen Punkten besteht. Wenn dieses eine Form- oder Albedokante ist, paßt sich das Modell besser an das Objekt an, wenn diese Punkte durch eine Modellkante verbunden sind, also durch eine Schnittlinie zweier Facetten. Kreuzungen zwischen Bildkanten und Projektionen von Modellkanten sollten also durch Veränderung der Triangulation möglichst eliminiert werden.

Die einfachste Situation ist in Abbildung 5 beschrieben, in der die dicke Linie eine zwischen den markanten Punkten A und B gefundene Gerade im Bild darstellen soll. Die störende Modellkante CD kann leicht eliminiert werden, indem sie durch AB ersetzt wird.

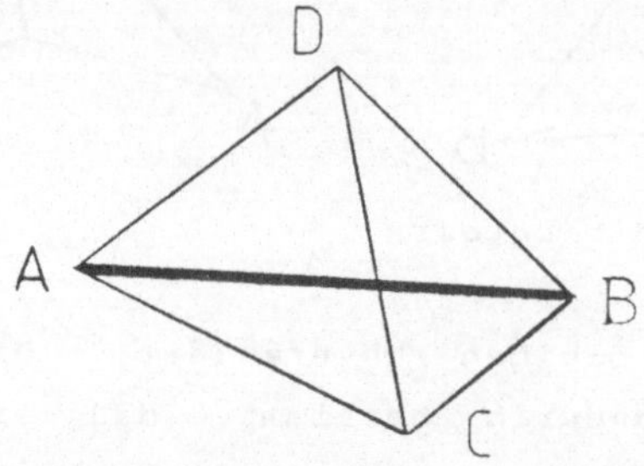


*Abbildung 5: Kreuzende Bildkante AB und Modellkantenprojektion DC*

Etwas komplizierter ist die Situation, wenn eine Bildkante die Projektionen mehrerer Modellkanten schneidet wie in Abbildung 6, wo die Projektionen der Modellkanten FC, FB und EC die Bildkante AD kreuzen.

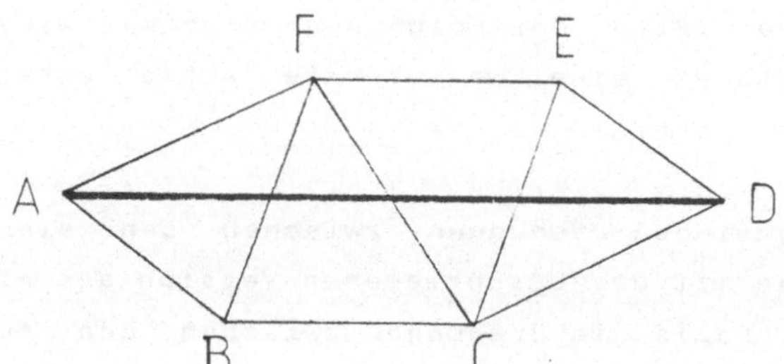


*Abbildung 6: Eine Bildkante schneidet mehrere Modellkanten*

Hier werden zunächst alle die Bildkante kreuzenden Modellkanten eliminiert und eine Kante von A nach D eingeführt. Die beiden Bereiche oberhalb und unterhalb dieser neuen Kante werden dann neu trianguliert, wodurch das Modell die in Abbildung 7 beschriebene Form annimmt.

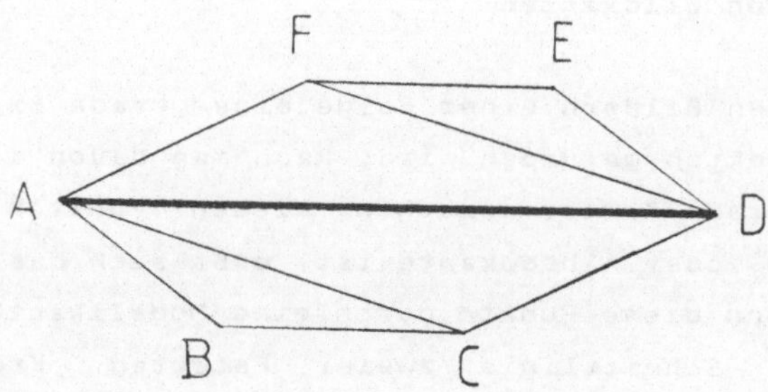


*Abbildung 7: Eine Neutriangulation mit der Bildkante AD*

## 5. Beispiel

Abbildung 8 zeigt den behandelten Ausschnitt eines mittleren Bildes einer Folge von 40 Aufnahmen, in denen ein Auto eine 200 Grad-Kurve fährt. Von dieser konvexen Hülle von (interaktiv ermittelten) markanten Punkten ausgehend werden die oben beschriebenen Verfahren auf die ganze Bildfolge angewandt und das in Abbildung 9 gezeigte Modell eines Audi 100 erzielt.

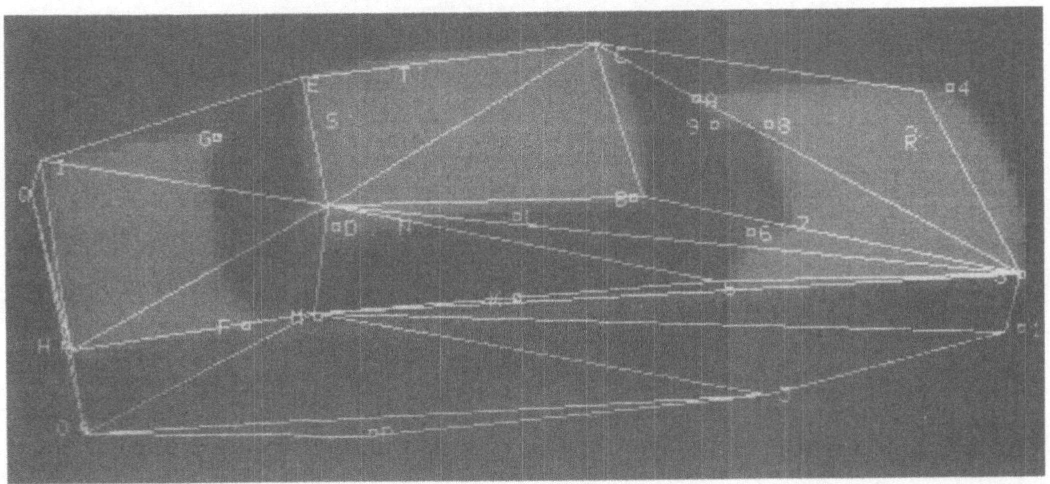

*Abbildung 8: Die konvexe Hülle der markanten Punkte, Ansicht von rechts*

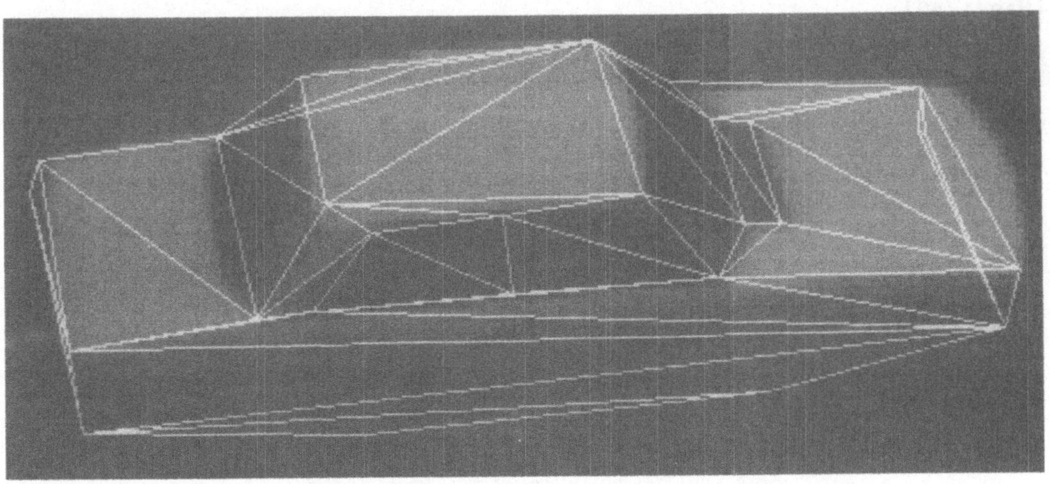

*Abbildung 9: Triangulation nach Bearbeitung der Szene*

*Abbildung 10: Schattiertes Modell nach Bearbeitung der Szene, Ansicht von vorne links*

**Literatur**

[Dreschler und Nagel 82]:
L. Dreschler und H.-H. Nagel: *Volumetric Model and 3-D Trajectory of a Moving Car Derived from Monocular TV Frame Sequences of a Street Scene*, CGIP 20, 1982, pp. 199-228.

[Nagel 80]:
H.-H. Nagel: *From Digital Picture Processing to Image Analysis*, Proc. Int. Conf. on Image Analysis and Processing, V. Cantoni (ed.), Pavia/Italy, 22.-24. Oktober 1980, pp. 27-40.

[Tsai und Huang 82]:
R.Y. Tsai und T.S. Huang: *Uniqueness and Estimation of Three-Dimensional Motion Parameters of Rigid Objects with Curved Surfaces*, Proc IEEE PRIP Conference, Juni 1982, pp. 112-118.

[Westphal 84]:
H. Westphal: *Dreidimensionale Modellierung bewegter Objekte und Ausnutzung von Helligkeitsveränderungen zur Formbestimmung*, Fachbereich Informatik der Universität Hamburg, in Vorbereitung.

# Detektion und Verfolgung von Objekten in natürlicher Umgebung

K.-H. Bers, M. Bohner, P. Fritsche, H. Stengel

Forschungsinstitut für Informationsverarbeitung
und Mustererkennung (FIM/FGAN)
Eisenstockstr. 12, 7505 Ettlingen 6

## 1. Einleitung

Bisher entwickelte Systeme zur Verfolgung von Objekten in natürlicher Umgebung basieren auf der Auswertung von Kontrastverhältnissen oder benutzen direkte Bildvergleichsverfahren (z.B. Korrelation), um die Wiedererkennung eines Objektes in einer Bildfolge zu ermöglichen. Wesentliche Probleme eines derartigen Verfolgungssystems (z.B. Störungen durch Vorder- und Hintergrund, Größenänderung der Objekte bei Annäherung) sind durch zusätzliche Detektionsverfahren und Algorithmen zur Kompensation der Bildvergrößerung überwunden worden /1,2/. In diesen Systemen wird die Erstdetektion des interessierenden Objekts noch manuell durchgeführt, die Verfolgung beschränkt sich in der Regel auf ein Einzelobjekt. Bei der Analyse natürlicher Szenen ist es jedoch häufig erforderlich, daß über einen längeren Zeitraum mehrere Objekte gleichzeitig verfolgt, neue Objekte automatisch erkannt und in die Verfolgung miteinbezogen werden. Die dazu notwendige Interpretation von Objektveränderungen und Objektstörungen erfordert die Unterstützung durch komplexere Bildverarbeitungsverfahren wie z.B. Methoden der automatischen Detektion und Objektklassifikation.

## 2. Bildauswertesystem

Das bei FIM entwickelte Simulationssystem zur automatischen Detektion und Verfolgung von Objekten in natürlicher Umgebung arbeitet auf der Basis der Gestaltbewertung und analysiert darüber hinaus die geometrischen Beziehungen der Objekte bzw. Teilobjekte innerhalb einer Szene. Damit wird die gleichzeitige Verfolgung mehrerer Objekte auch unter schwierigen Bedingungen möglich, wobei Objektveränderungen durch Verdeckungen, durch Verschmelzung und Trennung, das Verschwinden von Objekten und das Auftauchen neuer Objekte besonders berücksichtigt werden.

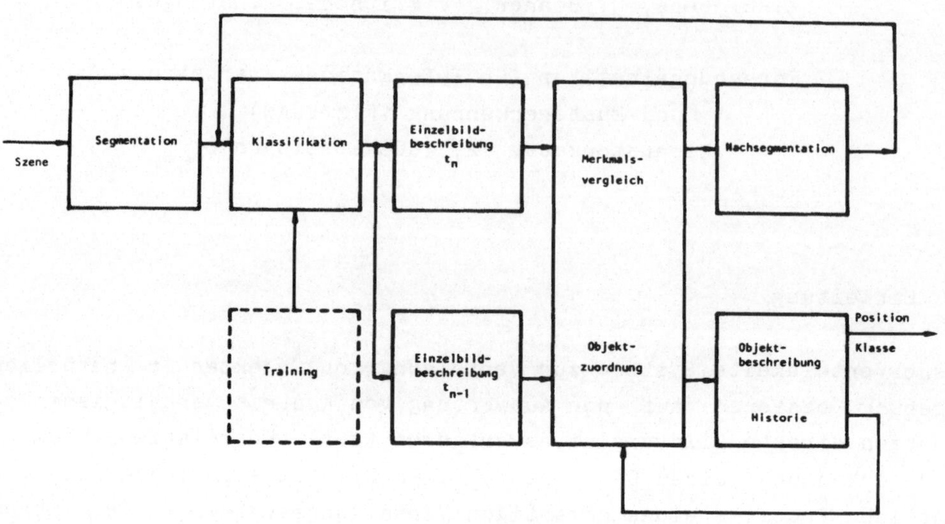


Abb. 1: Blockschaltbild des Gesamtsystems

Bild 1 zeigt das Blockschaltbild des Simulationssystems zur Objektverfolgung. Zu Beginn werden die Einzelbilder einer Folge segmentiert, für die entstehenden Flächen Formmerkmale und gegenseitige geometrische Beziehungen berechnet und abgespeichert (Segmentation). Durch den Vergleich mit Objektrepräsentanten werden diese Flächen klassifiziert und möglichen Objektklassen zugeordnet (Klassifikation). Zur Ermittlung der besten Zuordnung zwischen den Flächen bzw. Flächengruppen zweier aufeinanderfolgender Bilder wird das Maß der Übereinstimmung berechnet. Hierzu werden die Flächen auf Ähnlichkeit in den Flächenmerkmalen und auf Übereinstimmung geometrischer Beziehungen zueinander untersucht, wobei Verdeckungen, Verschmelzungen und Separierungen durch Teilflächenzuordnungen ermöglicht werden (Einzelbildbeschreibung, Vergleich, Zuordnung). Für Flächen, die aufgrund von Veränderungen der Bildfolge nicht immer segmentiert wurden, wird in den erwarteten Bildbereichen eine erneute Segmentation mit geänderten Parametern durchgeführt (Nachsegmentation). Nicht zugeordnete Flächen werden als "momentan nicht sichtbar" gekennzeichnet und in den nachfolgenden Auswertungen berücksichtigt (Historie). Das Ergebnis der Zuordnung beschreibt das Verhalten der Objekte im Verlauf der Szene und ist Voraussetzung für die weitere Auswertung (Objektbeschreibung).

## 2.1 Bildsegmentation

Der erste Schritt im Zuordnungsprozeß ist die Segmentation der Einzelbilder einer Folge. Dazu werden mit geeigneten Schwellen Binärflächen im Bild generiert, die sich im Kontrast von ihrer Umgebung abheben. Zu jeder so erzeugten Fläche werden beschreibende Formmerkmale berechnet (Kontur und Flächenmerkmale). Dieser Vorgang wird mit geänderten Binärisierungsschwellen wiederholt und die Ähnlichkeit der Flächen zueinander über die Merkmale und deren Abstand berechnet (level-slicing-Algorithmus /3/). Falls dieser Abstand eine wesentliche Gestaltsveränderung anzeigt, wird die zuletzt erzeugte Fläche als Repräsentant eines Objektes an dieser Bildposition zusammen mit den zugehörigen Formmerkmalen abgespeichert. Durch diesen Prozeß erhält man zahlreiche Flächen im Einzelbild, die durch ihre Merkmale charakteristisch beschrieben sind. Da diese Flächen unabhängig voneinander generiert werden, ist es erforderlich, nach der Segmentation geometrische Beziehungen zwischen den Flächen eines Einzelbildes zu berechnen (Lage im Bild, Abstand zueinander, Inklusionen, etc.). Diese Information ist wesentlich für die Auswertung von Objektveränderungen während einer Sequenz und wird ergänzend zu den Flächenmerkmalen abgespeichert.

## 2.2 Objektklassifikation

In einem Klassifikationsprozeß wird jede segmentierte Fläche mit Prototypen von Objekten verglichen und eine Entscheidung für eine dieser Objektklassen gefällt. Die Klassifikation basiert auf einer Berechnung des Mahalanobis-Abstandes zwischen den Formmerkmalen der jeweiligen Fläche und denen des Objektprototyps. Wenn der kleinste Abstand aus den Vergleichen einen bestimmten Wert unterschreitet, wird die aktuelle Fläche der entsprechenden Klasse zugeordnet. Diese Information wird als zusätzliches Element in den Merkmalsraum der Fläche eingegeben und im weiteren Verlauf bei der Auswertung der Zuordnungen der Flächen berücksichtigt. Die Prototypen der verschiedenen Klassen werden in einem Trainingslauf anhand von ungestörten Objekten aus vergleichbaren Szenen ausgewählt.

## 2.3 Objektzuordnung durch Merkmalsvergleich

Für die Zuordnung werden zuerst alle segmentierten Flächen zweier aufeinanderfolgender Bilder miteinander verglichen. Als Ausgangspaar für eine mögliche Registrierung werden zwei prägnante Flächen bestimmt. Ein Kriterium für die Prägnanz kann dabei beispielsweise hohe Ähnlichkeit oder seltenes Auftreten sein. Unter dieser Vorgabe werden für die übrigen Flächen Suchbereiche definiert und ihr Merkmalsabstand zu allen Flächen innerhalb des entsprechenden Suchbereiches errechnet. Folgende Schritte werden durchgeführt:

- Aufgrund dieser Abstände werden für jeden Suchbereich die zwei Flächen mit dem kleinsten Merkmalsabstand einander zugeordnet. Dadurch werden nur unkritische Flächen mit geringen Änderungen ihrer Formmerkmale zugeordnet. Weiterhin kann hier noch a-priori-Wissen über die zuzuordnenden Objekte berücksichtigt werden (z.B. ausschließliche Zuordnung stationärer Objekte).

- Der nächste Schritt berücksichtigt mögliche Verdeckungen, Verschmelzungen und Separierungen von Objekten. Hierbei wird versucht, ob durch die Objektveränderung nicht beeinflußte Flächenteile anhand typischer Konturverläufe wiedergefunden werden können. Für noch nicht zugeordnete Flächen in beiden Bildern werden die Konturlinien durch Polygonzugapproximation dargestellt und die beste Übereinstimmung zwischen diesen Flächen oder Teilen davon berechnet. Durch diese Teilflächenzuordnung werden weitere einander korrespondierende Flächenpaare gefunden.

- In einem weiteren Schritt werden kleine Flächen zugeordnet, für die wegen ihrer Größe die Formmerkmale nicht aussagekräftig genug sind und die Teilflächenzuordnung nicht eindeutig sein kann. Hierzu werden diese aufgrund ihrer lokalen Position, ihres Grauwertes und ihres Kontrastes zur Umgebung auf eine mögliche Zuordnung überprüft.

- Für alle in aufeinanderfolgenden Bildern einander zugeordneten Flächen wird der mittlere geometrische Abstand der Schwerpunkte von sich entsprechenden Flächen berechnet. Dieser Abstand ist ein Maß für die Übereinstimmung dieser Zuordnung.

Dieses Verfahren wird für verschiedene Kombinationen von Flächengruppen durchgeführt, wobei weitere Flächenpaare mit ausreichender Ähnlichkeit Grundlage für die Registrierung sind. Das Ergebnis ist jeweils ein Maß der Übereinstimmung der Flächen bzw. Flächengruppe zweier aufeinanderfolgender Bilder. Die Registrierung mit dem größten Maß der Übereinstimmung ergibt die endgültige Zuordnung und damit Wiederentdeckung und Verfolgung von Objekten.

Wenn für eine Fläche im entsprechenden Suchbereich des folgenden Bildes ein möglicher Partner fehlt, wird in diesem Bildbereich eine Nachsegmentation vorgenommen. Diese Nachsegmentation ist eine Wiederholung der Segmentation mit Mehrfachschwellen bei geänderten Parametern, um durch eine feinere Stufung der Binärisierungsschwellen Flächen zu segmentieren, die durch Beleuchtungs- oder Kontraständerungen während der Erstsegmentation nicht gefunden wurden.

## 2.4 Objektbeschreibung

Die Ergebnisse der Zuordnung geben Hinweise auf das Verhalten der Objekte. Diese Daten über Position, relative Bewegung und Klasse werden in einer Objektbeschreibung für die Bildfolge mitgeführt, ggf. korrigiert oder revidiert und im weiteren Verlauf der Szene für die Auswertung genutzt. Objekte, die nicht segmentiert wurden oder wegen zu großer Unähnlichkeit sich nicht zuordnen lassen, werden als "momentan nicht sichtbar" gekennzeichnet und bei den nachfolgenden Auswertungen weiter berücksichtigt. Treten in der Folge neue Objekte mit ausreichender Ähnlichkeit auf, werden diese den entsprechenden als "nicht sichtbar" gekennzeichneten Objekten zugeordnet.

# 3. Ergebnisse

Vorläufige Ergebnisse mit dem implementierten Verfolgungssystem für Klassifikation, Objektabweichung und Verfolgungsdauer an Testsequenzen im 8-12$\mu$m Spektralbereich haben gezeigt, daß die gleichzeitige Verfolgung von Objekten in komplexen Situationen möglich ist. Ein Beispiel für die Ergebnisse der Segmentation und Zuordnung wird anhand von zwei Einzelbildern aus einer Szene in Bild 2 gegeben. Aus Gründen der Übersichtlichkeit sind nur einige Flächen dargestellt, Flächen mit gleicher Buchstabenkennung sind mit dem implementierten System einander zugeordnet worden.

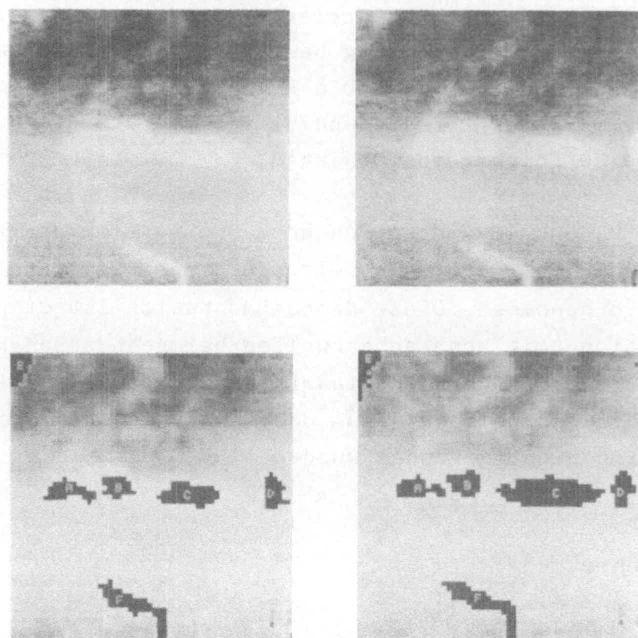

Abb. 2: Beispiel für eine Zuordnung

## 4. Weiterführende Arbeiten

Zukünftige Arbeiten dienen der Erweiterung und Verbesserung des Simulationssystems, wobei die Zugehörigkeit der einzelnen Flächen zu den Objekten, deren Verhalten und die Ergebnisse der Klassifikation über mehrere Bilder analysiert werden, um zusätzliche Information für die Verfolgung über einen längeren Zeitraum zu gewinnen. Eine Szenenbeschreibung mit Vorhersage von Objektbewegung und Objektveränderung, das Erkennen von Störungen und mögliche Objektverdeckungen lassen eine wesentliche Steigerung der Leistungsfähigkeit des Systems erwarten.

/1/ H. Gerlach: "Digitale Bildfolgenauswertung zum Wiederfinden von Objekten in natürlicher Umgebung", FIM-Bericht Nr. 68, Mai 1979

/2/ K.-H. Bers, H. Doll, P. Fritsche, H. Stroh: "Kompensation der Bildvergrößerung für Zielanflugverfahren", FIM-Bericht Nr. 97, Dez. 1981

/3/ A. Ebert, M. Bohner: " Discrimination and Classification of Operating Military Targets in Natural Scenes from Thermal Imaginary", FIM-Bericht Nr. 77, Mai 1980

# EINE FAMILIE VON BILDMERKMALEN FÜR DIE BEWEGUNGSBESTIMMUNG IN BILDFOLGEN

G.Zimmermann und R.Kories
Fraunhofer-Institut für Informations- und Datenverarbeitung
Sebastian-Kneippstr. 12-14, D-7500 Karlsruhe 1

## 1.0 EINLEITUNG

Für die Auswertung von Bildfolgen ist die Bestimmung von Verschiebungsvektorfeldern häufig eine notwendige Vorverarbeitung. Aus Vektorfeldern lassen sich je nach Anwendungsfall relativ bewegte Objekte finden, die Sensorbewegungsrichtung ermitteln oder die relative Tiefe der Szene bestimmen. In /1/ wird eine Übersicht über Verfahren zur Bestimmung von Verschiebungsvektorfeldern gegeben. Der vorliegende Beitrag beschreibt ein Verfahren, das Strukturen in Bildern ermittelt und sie von Bild zu Bild verfolgt. Solche Strukturen müssen stabil sein, d.h. sich in aufeinanderfolgenden Bildern wiederfinden lassen. Die Wirksamkeit der verschiedenen Bildmerkmale für die Bewegungsdetektion in Bildfolgen wurde in /2/ verglichen. Ein besonders wirkungsvoller Operator wird hier näher untersucht. Seine Eignung für die Ermittlung von Verschiebungsvektorfeldern in verschiedenen Ortsfrequenzbereichen wird hier demonstriert.

## 2.0 DER MONOTONIE-OPERATOR

Die Beschreibung von topographischen Strukturen des Grauwertgebirges kann dadurch geschehen, daß in einem Bildfenster ein Vergleich des Grauwerts des zentralen Pixels mit dem der umliegenden durchgeführt wird. Lokale Maxima zeichnen sich dann dadurch aus, daß alle Nachbarn einen kleineren Grauwert haben, monoton steigende oder fallende Ebenen dadurch, daß etwa die Hälfte der Nachbarn einen kleineren Wert hat usf.. Daraus ergibt sich die allgemeine Definition des Monotonie-Operators :
Jedes Pixel (Aufpunkt) wird mit k in der Nähe liegenden Pixeln (Vergleichspunkte) verglichen und in eine der k+1 Klassen 0..k eingeordnet. Die Nummer der Klasse wird dadurch bestimmt, wieviele

der Vergleichspunkte ein bestimmtes Kriterium ('kleiner', 'kleiner gleich' etc.) erfüllen. Dies ergibt entweder k+1 Binärbilder, jedes für eine Klasse, oder ein Pseudograuwertbild mit k+1 verschiedenen Grauwerten für die Klassen (Monotonie-Transformation). Diese Operation weist jeder topographischen Struktur genau eine m-Klasse zu, umgekehrt ist dies nicht immer erfüllt, da verschiedene Grauwertanordnungen zu derselben m-Klasse führen können.

Freie Parameter bei dieser Methode sind die Zahl der Vergleichspunkte, ihre Verteilung in der Umgebung und ihr Abstand vom Aufpunkt (Abgriffweite). Die Zahl und Anordnung wird zweckmäßigerweise an das Abtastsystem angepaßt (quadratisch, hexagonal). Wenn man Richtungsunabhängigkeit anstrebt, legt man die Punkte möglichst symmetrisch. Der Abhängigkeit von Bildinhalt (der sich ja in sehr weiten Grenzen ändern kann) und Abgriffweite wird dadurch Rechnung getragen, daß in mehreren Ortsfrequenz- bzw. Auflösungsbereichen gearbeitet wird und ein Beurteilungsmaß für die Wirksamkeit der einzelnen Bereiche angegeben werden kann. Dies wird weiter unten untersucht.

Es sind also keine Schwellen etc. mehr vorhanden, deren Einstellung Probleme erzeugen könnte. Damit liegt eine Familie von Merkmalsdetektoren vor, deren Parameter in natürlicher Weise vom verwendeten Sensortyp festgelegt werden.

In der vorliegenen Untersuchung wurde mit einem quadratischen Raster und 8 Vergleichspunkten gearbeitet, die horizontal, vertikal und diagonal angeordnet sind. Es wurde die Relation 'kleiner' angewandt. Demnach gibt es 9 m-Klassen, wobei die Klasse m0 lokale Minima oder Plateaus und m8 lokale Maxima repräsentiert. In der Pseudograuwertdarstellung entspricht schwarz m0 und weiß m8.

## 3.0 BANDPASSFILTERUNG

Der Monotonie-Operator klassifiziert einzelne Pixel nach einer qualitativen Topographie. Da im Grauwertgebirge i.A. kleine und große Strukturen auftreten, ist es wünschenswert, sie getrennt zu verarbeiten.

Dazu wird das Grauwertbild mit Filtern verschiedener Mittenfrequenz bandpaßgefiltert und auf jeden dieser Kanäle ein Monotonie-Operator angewandt.

Die dazu nötigen großen Masken können nach Burt /3/ durch wiederholtes

Filtern des Bildes mit einer kleinen Maske und anschließender Unterabtastung erreicht werden. Wir setzen zur Filterung separierbare Masken der Form

$$(0.05;\ 0.25;\ 0.40;\ 0.25;\ 0.05)^T * (0.05;\ 0.25;\ 0.40;\ 0.25;\ 0.05)$$ ein.

Die wiederholte Anwendung dieser Maske entspricht einer Tiefpaßfilterung mit zunehmend besserer Approximation an eine zweidimensionale Gaußkurve. Die Bandpaßfilterung ergibt sich dadurch, daß die Differenz zwischen aufeinanderfolgenden Bildern der Iteration gebildet wird. Die Durchlaßbereiche der als gaußförmig angenommenen Filter sind in Abb. 1 links dargestellt.
Es ist zu erwarten, daß der Monotonie-Operator mit verschiedener Abgriffweite in verschiedenen Ortsfrequenzbereichen unterschiedlich wirksam wird. In einer Versuchsreihe wurde deshalb eine Bildfolge, in der sich ein Auto auf einem Parkplatz bewegt (Abb. 1 rechts), den links dargestellten Bandpaßfilterungen unterworfen und mit dem Monotonie-Operator der Abgriffweite 3, 5 und 7 verarbeitet. Das Resultat des 1. Bildes ist in Abb. 2 in der Pseudograuwertdarstellung gezeigt. Waagrecht ist die Abgriffweite 3,5,7 und senkrecht die Bandpaßfilterung (2-1), (3-2), (4-3) aus Abb. 1 aufgetragen. Man sieht deutlich den Einfluß der Bandpaßfilterung, die immer gröbere Strukturen hervorhebt, während die Wirkung der Abgriffweite nicht so offensichtlich ist.

## 4.0 MERKMALSEXTRAKTION UND VERSCHIEBUNGSVEKTORBESTIMMUNG

Der Monotonie-Operator erzeugt aus einem Grauwertbild 9 Binärbilder, wobei jedes Pixel in genau einem Binärbild belegt ist. Für die Bestimmung lokaler Verschiebungen im Bild ist es sinnvoll, Orte gleicher topographischer Struktur zu bestimmen und zu verfolgen. Hierzu werden zusammenhängende Punkte gleicher m-Klassen zu Flecken zusammengefaßt. Das ist gleichbedeutend mit der Bestimmung der Zusammenhangskomponenten in den 9 Binärbildern. Diese Werte können für ein Binärbild im FS-Takt von einem bereits im industriellen Einsatz befindlichen Gerät berechnet werden /4/. Nach der Zusammensetzung der Komponenten zu Flecken wird die Fläche und der Schwerpunkt als vereinfachte Beschreibung der Flecken weiterverwendet (Flecken, die kleiner sind als 10 Pixel, werden aus Aufwandsgründen unterdrückt). Dadurch wird jedes Bild der Bildfolge durch einen Satz von Merkmalen beschrieben, der eine erheblich kompaktere Beschreibung des Originalbildes darstellt.

Zur Bestimmung des Verschiebungsvektorfeldes werden die einzelnen m-Flecken von Bild zu Bild verfolgt. Das Korrespondenzproblem wird dadurch vereinfacht, daß nur nach Flecken gleicher Klasse gesucht wird, da nicht zu erwarten ist, daß sich die topographischen Eigenschaften abrupt ändern.

Stehen mehrere zur Auswahl, dann wird derjenige mit der ähnlichsten Fläche genommen.

Die Verfolgung des Schwerpunkts der zugeordneten Flecken über zwei oder mehrere Bilder definiert dann einen lokalen Verschiebungsvektor.

Für die Beurteilung der Stabilität der m-Flecken wird eine 'Stabilitätsquote' benutzt. Sie gibt an, welcher Prozentsatz der Merkmale in darauffolgenden Bildern wiedergefunden wird. Daneben ist allerdings die absolute Zahl der Vektoren für bestimmte Aufgaben wichtig. Abb. 3 zeigt die Vektorfelder der Bildfolge in Abb. 1. für die Verfolgungsdauer von 320 ms. Die Anordnung ist wie in Abb. 2. Bedingt durch den Kameraschwenk nach links verschieben sich die Hintergrundsstrukturen nach rechts. Die Gruppe der Vektoren in der Bildmitte gehört zu dem im Bild fast unbewegten Auto.

Die Stabilitätsquoten sind

16, 30, 29
25, 36, 32
12, 24, 24 Prozent

in den jeweiligen Reihen. Die Vektorfelder zeigen, daß die Anpassung der Abgriffweite an den Frequenzbereich nicht sehr kritisch ist. Man sieht jedoch, daß niedrige Ortsfrequenzen und kleine Abgriffe nicht zusammenpassen (unten links). Das beste Ergebnis liefert das mittlere Vektorfeld. Es können hier mehr als ein Drittel der gefundenen Flecken über 5 Bilder verfolgt werden. In der oberen Reihe werden kleine Strukturen verfolgt (Fenster), in der unteren vorwiegend große (Autos).

Die Zahl der Vekoren am Auto, die für die Segmentation wichtig ist, ist im mittleren Frequenzbereich besonders groß. Hier werden offensichtlich die Details am Fahrzeug besonders berücksichtigt.

Diesem Beitrag liegen Arbeiten zugrunde, die im Rahmen eines Forschungsvorhabens vom Bundesminister der Verteidigung gefördert wurden.

## 5.0 LITERATUR


/1/ NAGEL, H.-H. Image Sequence Analysis: What Can We Learn from Applications? In: Image Sequence Analysis, T.S. Huang (ed.), pp. 19-228, Springer 1981.

/2/ ZIMMERMANN, G. KORIES, R. Die Eignung spezifischer Bildstrukturen für die Bewegungsbestimmung in Bildfolgen. 5.DAGM-83, VDE-Fachberichte 35, VDE-Verlag, pp. 60-65.

/3/ BURT, P.J. Fast Algorithms for Estimating Local Image Properties. CVGIP 21, pp. 368-382, 1983.

/4/ TROPF, H. et al. Applications of Binary Image Analysis Techniques. SPIE Vol.379, pp. 224-228, 1983


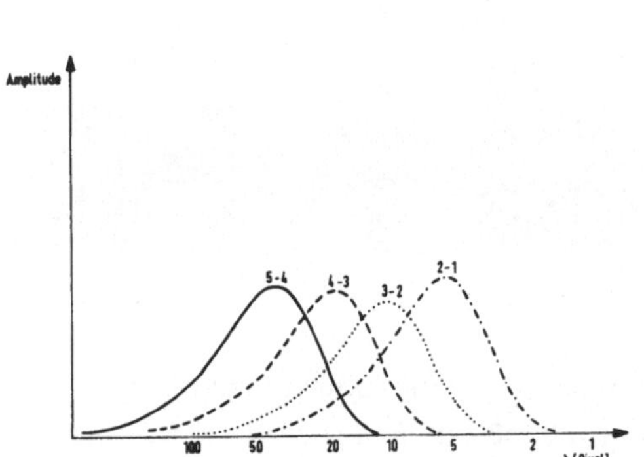

Abb. 1 links: Idealisierte Durchlaßkurven der Bandpaßfilter, die sich durch Subtraktion iterativ gaußgefilterter Bilder ergeben. Die Filter (2-1), (3-2) und (4-3) wurden im Test vewendet.

rechts: Natürliche Testszene. Das Fahrzeug fährt nach links, die Fernsehkamera schwenkt in die gleiche Richtung.

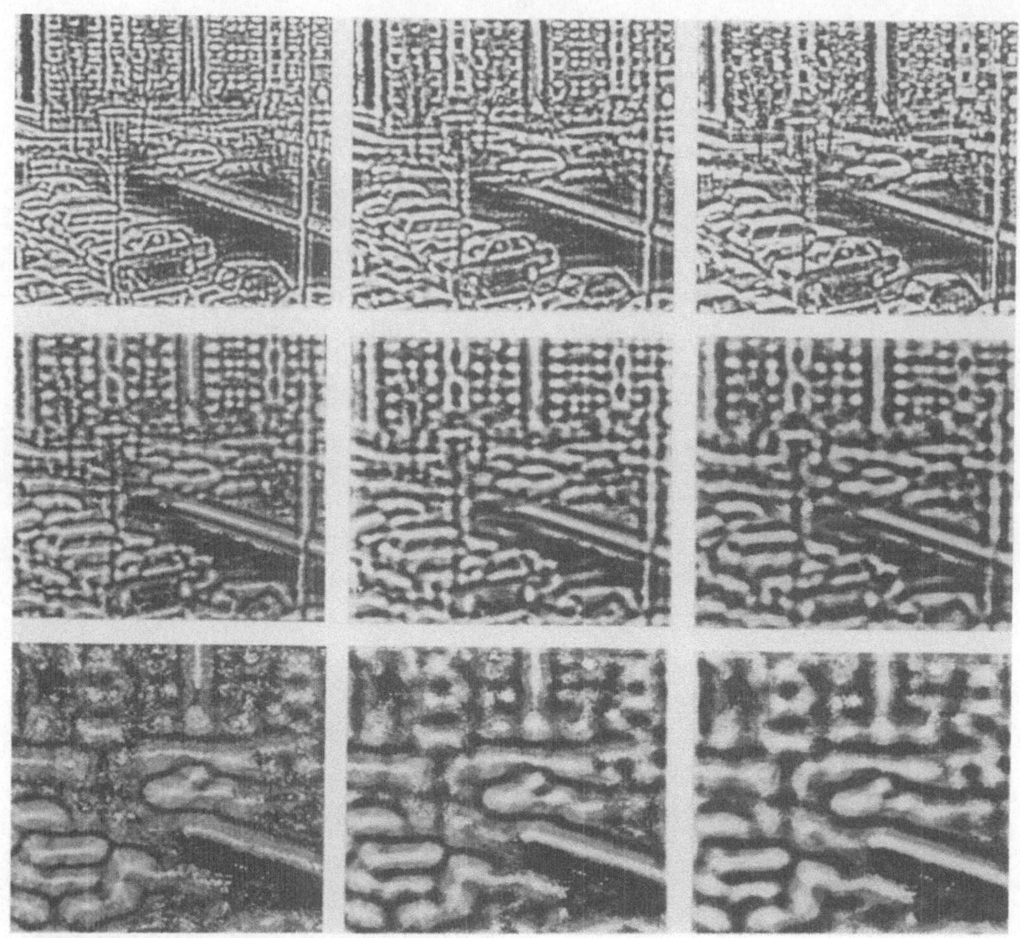

Abb. 2: Ergebnis der Monotonie-Transformation bandpaßgefilterter Bilder. Die Klasse m0 ist schwarz, m8 weiß dargestellt. Von oben nach unten variiert die Bandpaßfilterung von (2-1), (3-2) bis (4-3) (siehe Bild 1). Von links nach rechts wurden die Abgriffweiten 3, 5 und 7 des Monotonie-Operators verwendet.

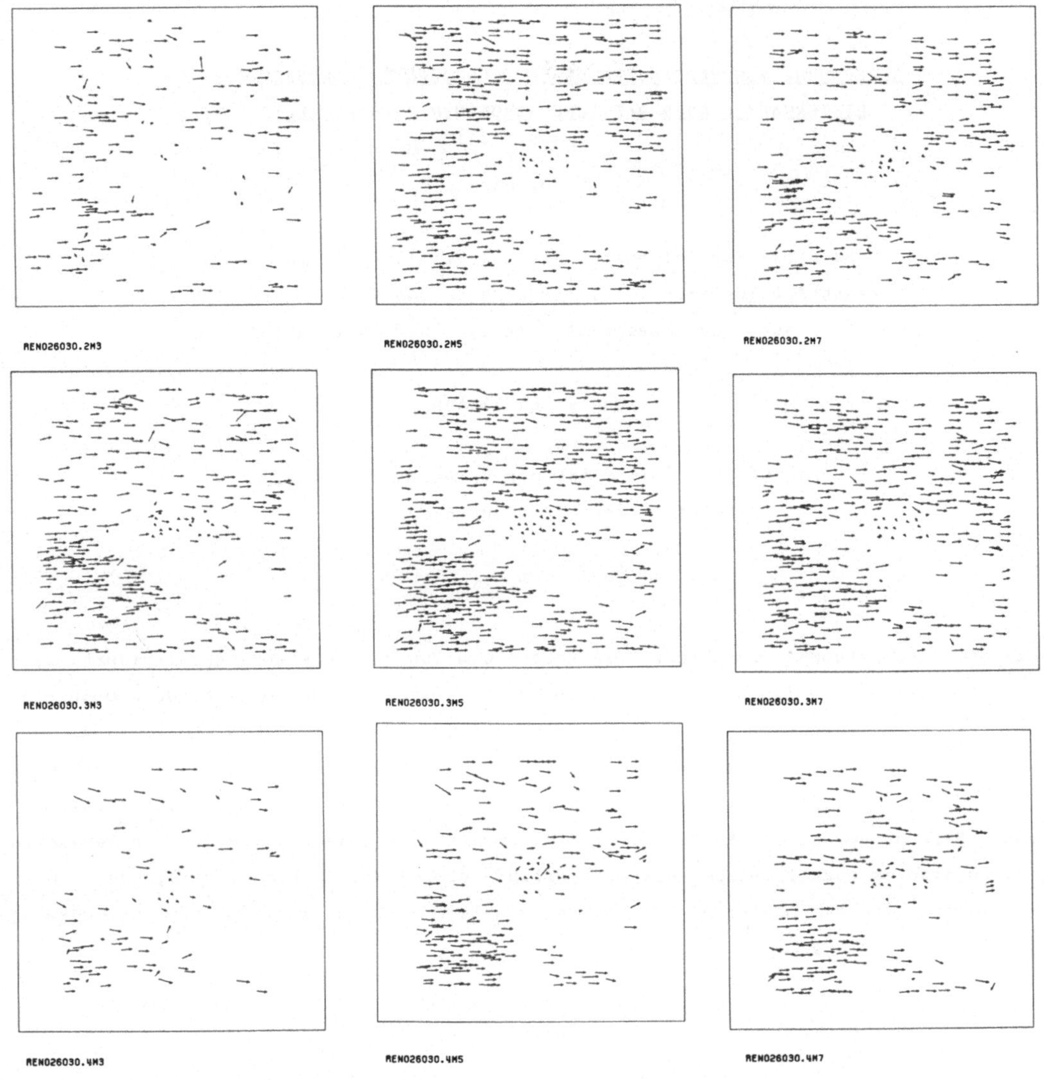


Abb. 3: Verschiebungsvektorfelder, die sich aus der Verfolgung der Strukturen in Abb. 2 ergeben. Die Anordnung ist analog zu der in Abb. 2. Die Gruppe der kleinen Vektoren etwa in Bildmitte gehört zum relativ bewegten Fahrzeug.

# BERECHNUNG VON VERSCHIEBUNGSVEKTORFELDERN IN BILDBEREICHEN MIT LINIENHAFTEN ODER PARTIELL HOMOGENEN GRAUWERTVERTEILUNGEN

H.-H. Nagel

Fakultät für Informatik der Universität Karlsruhe und
Fraunhofer Institut für Informations- und Datenverarbeitung
Sebastian-Kneipp-Str. 12-14, 7500 Karlsruhe 1

und W. Enkelmann

Fachbereich Informatik der Universität Hamburg
Schlüterstraße 70, 2000 Hamburg 13

Glattheitsforderungen ermöglichen die Berechnung von Verschiebungsvektorfeldern auch in Bildbereichen, deren Grauwertvariation nicht ausreicht, um lokal beide Komponenten des Verschiebungsvektors zu bestimmen (HORN und SCHUNCK 81). DAVIS et al. 83 und HILDRETH 83 fordern Glattheit bezüglich eines zuvor berechneten Konturverlaufs. NAGEL 83b entwickelte einen Ansatz, der durch eine "gerichtete Glattheitsforderung" ohne Berechnung einer Kontur die Ermittlung von Verschiebungsvektoren in Bereichen mit konstantem oder linearem Grauwertverlauf ermöglicht. Die vorliegende Arbeit untersucht eine von mehreren Alternativen zur Formulierung einer solchen "gerichteten Glattheitsforderung".

## 1. Einleitung

Durch ein Verschiebungsvektorfeld $U(X) = (u(X), v(X))^T$ ist eine Funktion definiert, die jeder Position $X = (x, y)^T$ eines Bildes die korrespondierende Position in einem anderen Bild zuordnet. Eine zuverlässige Schätzung des Verschiebungsvektorfeldes ist nötig, um z.B. 3D-Information aus Stereobildpaaren oder aus zeitlichen Bildfolgen zu gewinnen (DRESCHLER-FISCHER et al. 83). NAGEL und ENKELMANN 83 haben gezeigt, daß zuverlässige Schätzungen von beiden Komponenten des Verschiebungsvektors an Stellen im Bild möglich sind, an denen der Gradient der Grauwertverteilung hinreichend groß ist und gleichzeitig seine Orientierung hinreichend stark ändert.

## 2. "Gerichtete Glattheitsforderung"

NAGEL 83b formulierte das Problem, Glattheit nur senkrecht zur Richtung der stärksten Grauwertvariation zu berücksichtigen, als ein Minimierungsproblem. Sei g1(X) = g(X, t1) der Grauwert an der Stelle X in Bild t1 und analog g2(X) = g(X, t2) für Bild t2. Dann minimiere:

$$E = \iint dxdy \; \{ [g2(X)-g1(X-U)]^2 + \alpha^2 \, \mathrm{Spur} \, [(\nabla U)^T W \, (\nabla U)] \} \qquad (1)$$

$$\text{mit} \quad (\nabla U) = \begin{pmatrix} \frac{\partial u}{\partial x} & \frac{\partial v}{\partial x} \\ \frac{\partial u}{\partial y} & \frac{\partial v}{\partial y} \end{pmatrix} = \begin{pmatrix} u_x & v_x \\ u_y & v_y \end{pmatrix} \qquad (2)$$

wobei Nagel 83b die Größe $W = \frac{F}{\det F}$ als Gewichtsmatrix vorgeschlagen hat (3a)

$$\text{mit} \quad F = \begin{pmatrix} g_y \\ -g_x \end{pmatrix} \begin{pmatrix} g_y \\ -g_x \end{pmatrix}^T + a^2 \begin{pmatrix} g_{yy} & -g_{xy} \\ -g_{xy} & g_{xx} \end{pmatrix} \begin{pmatrix} g_{yy} & -g_{xy} \\ -g_{xy} & g_{xx} \end{pmatrix}^T \qquad (3b)$$

Die Indizes x und y bezeichnen die partiellen Ableitungen nach den entsprechenden Koordinaten des Bildes, wie in Gleichung (2) angedeutet. Die Euler-Lagrange Gleichungen für das Minimierungsproblem von Gleichung (1) lauten:

$$[g2(X)-g1(X-U)] \frac{\partial g1(X-U)}{\partial u} + \alpha^2 \begin{pmatrix} d/dx \\ d/dy \end{pmatrix}^T \left[ W \begin{pmatrix} u_x \\ u_y \end{pmatrix} \right] = 0 \qquad (4a)$$

$$[g2(X)-g1(X-U)] \frac{\partial g1(X-U)}{\partial v} + \alpha^2 \begin{pmatrix} d/dx \\ d/dy \end{pmatrix}^T \left[ W \begin{pmatrix} v_x \\ v_y \end{pmatrix} \right] = 0 \qquad (4b)$$

Sie bilden ein nichtlineares System von partiellen Differentialgleichungen in den Komponenten u(X) und v(X) des Vektorfeldes. Zum Studium dieses Gleichungssystems entwickelte NAGEL 83b einen iterativen Lösungsansatz. Zur Berechnung der partiellen Ableitungen der Bildfunktion g(X) einerseits und der Komponenten des Vektorfeldes u(X) und v(X) andererseits wurden die Operatoren von BEAUDET 78 verwendet. Erfahrungen während der Implementation dieses Ansatzes führten dazu, verschiedene Alternativen zur Formulierung von Gleichung (1) zu untersuchen. In Bildbereichen mit geradlinigen Grauwertübergängen sowie solchen mit mehr oder weniger konstanten Grauwerten verschwindet der Faktor "det F" im Nenner von Gleichung (3a). In der vorliegenden Arbeit untersuchen wir stattdessen die Verwendung von F / Spur F als Gewichtsmatrix. Gegenüber Gleichung (3a) bietet dies den Vorteil, daß die Komponenten der Gewichtsmatrix einen definierten Grenzwert haben. Die Alternative, nur F zu verwenden, ist in NAGEL und ENKELMANN 84 untersucht worden.

## 3. Lösungsansatz

Ausgehend von einem initialen Vektorfeld $U_o(X)$ wird ein Korrekturvektor DU(X) berechnet. Die gesuchte Lösung für U(X) sei gegeben durch:

$$U(X) = U_o(X) + DU(X) \tag{5a}$$

$$\text{mit} \quad DU(X) = \begin{pmatrix} Du(X) \\ Dv(X) \end{pmatrix} \quad \text{und} \quad \begin{matrix} |Du| \ll 1 \\ |Dv| \ll 1 \end{matrix} \tag{5b}$$

Der Korrekturvektor DU(X) wird unter der Voraussetzung berechnet, daß Terme höherer Ordnung in den Komponenten von DU(X) vernachlässigt werden können. Weiterhin sei der Beitrag von DU(X) zu den partiellen Ableitungen von U(X) an der Stelle X auf das Zentrum der Beaudet Operatoren beschränkt, d.h. $DU(X+DX) = 0$ falls $DX \neq 0$, soweit die Eingabe für die Beaudet Operatoren betroffen ist. Der Gewichtsfaktor des Zentralpixels sei mit "-m" bezeichnet und hat für ein Operatorfenster von 5*5 Pixeln den Wert 2/35. In Analogie zu NAGEL 83a wird eine Mittelung in einem Bildfenster durchgeführt, welches zur Berechnung der partiellen Ableitungen verwendet wurde. Diese Mittelung führt dazu, daß der Korrekturvektor DU(X) bestimmt werden kann und man erhält unter der Annahme, daß die partiellen Ableitungen von F vernachlässigt werden können (mit der Einheitsmatrix $\mathbb{1}$):

$$[B^T B + m\,\alpha^2 \mathbb{1}]\,DU$$

$$= -\overline{[g2(X)-g1(X-U_o)]\nabla g1(X-U_o)} + \frac{\alpha^2}{\text{Spur } F} \left\{ \begin{matrix} \text{Spur}\left[F \begin{pmatrix} u_{o_{xx}} & u_{o_{xy}} \\ u_{o_{xy}} & u_{o_{yy}} \end{pmatrix}\right] \\ \\ \text{Spur}\left[F \begin{pmatrix} v_{o_{xx}} & v_{o_{xy}} \\ v_{o_{xy}} & v_{o_{yy}} \end{pmatrix}\right] \end{matrix} \right\} \tag{6}$$

$$\text{mit} \quad B^T B = \begin{pmatrix} g1_x \\ g1_y \end{pmatrix}\begin{pmatrix} g1_x \\ g1_y \end{pmatrix}^T + a^2 \begin{pmatrix} g1_{xx} & g1_{xy} \\ g1_{xy} & g1_{yy} \end{pmatrix}\begin{pmatrix} g1_{xx} & g1_{xy} \\ g1_{xy} & g1_{yy} \end{pmatrix}^T \tag{7}$$

Um den Einfluß der "gerichteten Glattheitsforderung" zu verdeutlichen, diskutieren wir Gleichung (6) für den Fall einer Grauwertecke. Das Koordinatensystem sei so gewählt, daß es mit den Hauptkrümmungsrichtungen der Grauwertverteilung an der Stelle $X-U_o$ zusammenfällt, d.h. $g1_{xy} = 0$. Eine Grauwertecke ist durch folgende Gleichungen charakterisiert (vgl. NAGEL 83a):

$$g1_x = \text{maximum} \neq 0 \qquad g1_{xx} = 0$$
$$g1_y = 0 \qquad g1_{yy} = \text{maximum} \neq 0 \tag{8}$$

Setzen wir diese Spezialisierungen in Gleichung (6) ein, so erhalten wir nach der Mittelungsoperation für den ersten Term auf der rechten Seite von Gleichung (6):

$$DU(X) = -\begin{pmatrix} g1_x^2 + m\alpha^2 & 0 \\ 0 & a^2 g1_{yy}^2 + m\alpha^2 \end{pmatrix}^{-1} * \left\{ \begin{pmatrix} \overline{(g2(X)-g1(X-U_o))} * g1_x \\ \\ (g2_y(X)-g1_y(X-U_o)) * a^2 g1_{yy} \end{pmatrix} - \frac{\alpha^2}{g1_x^2 + a^2 g1_{yy}^2} \begin{pmatrix} \frac{1}{g1_x^2 + m\alpha^2} (a^2 g1_{yy}^2 u_{o_{xx}} + g1_x^2 u_{o_{yy}}) \\ \frac{1}{a^2 g1_{yy}^2 + m\alpha^2} (a^2 g1_{yy}^2 u_{o_{xx}} + g1_x^2 u_{o_{yy}}) \end{pmatrix} \right\} \quad (9)$$

$$Du(X) = \frac{-\overline{[g2(X)-g1(X-U_o)]}}{g1_x} * \frac{1}{1 + \frac{m\alpha^2}{g1_x^2}} + \alpha^2 \frac{a^2 g1_{yy}^2 u_{o_{xx}} + g1_x^2 u_{o_{yy}}}{(g1_x^2 + a^2 g1_{yy}^2)(g1_x^2 + m\alpha^2)} \quad (10a)$$

$$Dv(X) = \frac{-g2_y}{g1_{yy}} * \frac{1}{1 + \frac{m\alpha^2}{a^2 g1_{yy}^2}} + \alpha^2 \frac{a^2 g1_{yy}^2 v_{o_{xx}} + g1_x^2 v_{o_{yy}}}{(g1_x^2 + a^2 g1_{yy}^2)(a^2 g1_{yy}^2 + m\alpha^2)} \quad (10b)$$

Zunächst diskutieren wir den Fall $U_o(X) \equiv 0$, d.h. auch die zweiten Ableitungen von $u_o$ und $v_o$ verschwinden identisch. Wird die "gerichtete Glattheitsforderung" vernachlässigt, d.h. $\alpha^2$ gleich Null gesetzt, so erhält man die in NAGEL 83a abgeleiteten Gleichungen zur Berechnung eines Korrekturvektors an Grauwertecken. Da alle Beiträge in den Korrekturfaktoren der Gleichungen (10) positiv sind, führt ein Wert von $\alpha^2 \neq 0$ zu kleineren Korrekturvektoren. Die Glattheitsforderung sollte die Berechnung eines Korrekturvektors an Kanten des Grauwertgebirges beeinflussen, da dort nur eine Komponente des Verschiebungsvektors aufgrund der Grauwertvariation bestimmt werden kann. Betrachten wir die Gleichungen (10) für den Fall, daß $g1_{yy}$ gegen Null geht, d.h. nur in x-Richtung liegt eine signifikante Grauwertvariation vor. Wir sehen, daß die Komponente Du des Verschiebungsvektors aufgrund der Grauwertvariation bestimmt werden kann. Die Komponente Dv dagegen konvergiert gegen Null. Wäre $\alpha^2 = 0$, so würde die Komponente Dv über alle Grenzen wachsen.

Lassen wir jetzt die Annahme $U_o(X) \equiv 0$ fallen, d.h. gehen wir z.B. davon aus, daß Schätzwerte für $U_{,o}(X)$ aus dem Vergleich vorangehender Aufnahmepaare zur Verfügung stehen, so zeigen die Gleichungen (10) in intuitiv einleuchtender Weise auch den Einfluß der "gerichteten Glattheitsforderung" bei geradlinigen Grauwertübergängen oder in Bereichen mit praktisch konstantem Grauwert. Wir setzen zunächst $g1_{yy} = 0$. Dann ergibt sich:

$$Du(X) = \frac{-\overline{[g2(X)-g1(X-U_o)]}}{g1_x} * \frac{1}{1+\frac{m\alpha^2}{g1_x^2}} + \alpha^2 \frac{u_{o_{yy}}}{g1_x^2+m\alpha^2} \qquad (11a)$$

$$Dv(X) = \alpha^2 \frac{g1_x^2 v_{o_{yy}}}{g1_x^2 + m\alpha^2} = \frac{1}{m} \bar{v}_{o_{yy}} \qquad (11b)$$

Die "gerichtete Glattheitsforderung" sorgt also bei starkem Gradienten $|g1_x|$ in x-Richtung dafür, daß für die x-Komponente des Verschiebungsvektors eine Korrektur aus dem Verhältnis von Grauwertdifferenz und Gradient berechnet wird, die nur unwesentlich durch die Glattheitsforderung modifiziert wird. Die Korrektur der y-Komponente des Verschiebungsvektors erfolgt in diesem Fall aber ausschließlich durch die Glattheitsforderung. Erst wenn die zweite Ableitung der y-Komponente des Verschiebungsvektorfeldes entlang der Grauwertkante verschwindet, verschwindet auch die Korrektur Dv(X).

Läßt man jetzt auch die x-Komponente des Gradienten gegen Null gehen - d.h. klein gegen den Term $m\alpha^2$ werden -, so wird auch Du(X) nur noch durch die entsprechende 2. Ableitung der x-Komponente des Verschiebungsvektorfeldes bestimmt und verschwindet mit dieser.

Die "gerichtete Glattheitsforderung" sorgt also dafür, daß an Kanten des Grauwertgebirges nur die Komponente des Verschiebungsvektors in Richtung der stärksten Grauwertvariation berechnet wird. In der dazu senkrechten Richtung wird mit wachsender Iterationszahl die Information aus der Nachbarschaft übernommen.

Um in unserer derzeitigen Implementation numerische Schwierigkeiten in homogenen Bildbereichen zu verhindern, wird - bei einer Varianz von $2\sigma^2$ des Bildrauschens - ein Schwellwertvergleich der Diagonalelemente der Matrizen F bzw. $B^TB$ mit dem Minimalwert $\gamma = 2\sigma^2$ durchgeführt.

## 4. Ergebnisse

Dieser Ansatz ist auf einem Rechnernetzwerk implementiert und auf einer Folge von Bildern einer Realweltszene untersucht worden. Abb.1 zeigt das erste Bild dieser Bildfolge. Abb.2 zeigt das Ergebnis des 1. Iterationsschrittes für einen Bildausschnitt, welcher das abbiegende Taxi enthält. Bei diesem Iterationsschritt sind die partiellen Ableitungen des Vektorfeldes noch gleich Null, so daß die Vektoren nur aufgrund von signifikanten Grauwertänderungen berechnet wurden. Abb.3

zeigt das Vektorfeld nach 14 Iterationsschritten. Es wird deutlich, wie der Einfluß der "gerichteten Glattheitsforderung" dazu führt, daß Information in Bildbereiche des bewegten Objektes gelangt, die wenig Struktur aufweisen. Diese Ergebnisse wurden mit einem Operatorfenster von 5*5 Pixeln erzielt. Der Wert von $\alpha^2$ war während des Iterationsverfahrens konstant gleich 10. Das Iterationsverfahren wurde terminiert, als das Maximum des Betrages der Korrekturvektoren eines Iterationsschrittes einen Schwellwert unterschritten hatte.

## 5. Danksagung

Diese Arbeit wurde zum Teil durch die Deutsche Forschungsgemeinschaft gefördert. Wir danken B. Radig für seine Unterstützung bei der Durchführung dieser Arbeit.

## 6. Literatur

Beaudet 78
Rotationally Invariant Image Operators, P.R. Beaudet, IJCPR-78, pp. 579-583

Davis et al. 83
Contour-Based Motion Estimation, L.S. Davis, Z. Wu, and H. Sun, Computer Vision, Graphics, and Image Processing 23 (1983) 313-326

Dreschler-Fischer et al. 83
Lernen durch Beobachtung von Szenen mit bewegten Objekten: Phasen einer Systementwicklung, L. Dreschler-Fischer, W. Enkelmann und H.-H. Nagel, Proc. 5. DAGM-Symposium Mustererkennung 1983 Karlsruhe, 11.-13. Oktober 1983 VDE-Fachberichte 35, pp. 29-34, VDE-Verlag GmbH Berlin-Offenbach 1983

Hildreth 83
The Measurement of Visual Motion, E.C. Hildreth, Ph.D. Thesis (August 1983), Dept. Electrical Engineering and Computer Science, Massachusetts Institute of Technology, Cambridge/MA.

Horn and Schunck 81
Determining Optical Flow, B.K.P. Horn and B.G. Schunck, Artificial Intelligence 17 (1981) 185-203

Nagel 83a
Displacement Vectors Derived from Second Order Intensity Variations in Image Sequences, H.-H. Nagel, Computer Vision, Graphics, and Image Processing 21 (1983) 85-117

Nagel 83b
Constraints for the Estimation of Displacement Vector Fields from Image Sequences, H.-H. Nagel, Proc. IJCAI-83, pp. 945-951

Nagel und Enkelmann 83
Iterative Estimation of Displacement Vector Fields from TV-Frame Sequences, H.-H. Nagel und W. Enkelmann, Proc. 2nd European Signal Processing Conference, EUSIPCO-83, Erlangen/FR. Germany, September 12-16, 1983, H.W. Schuessler (ed.) pp. 299-302

Nagel und Enkelmann 84
Towards the Estimation of Displacement Vector Fields by "Oriented Smoothness" Constraints, H.-H. Nagel und W. Enkelmann, ICPR-84 (in press)

Abb.1

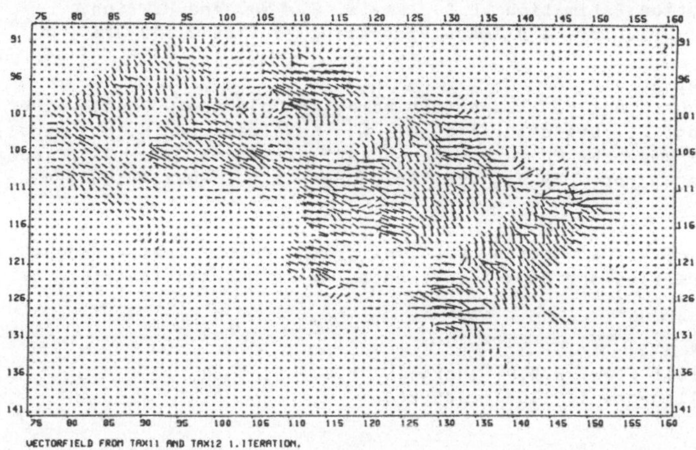


Abb.2

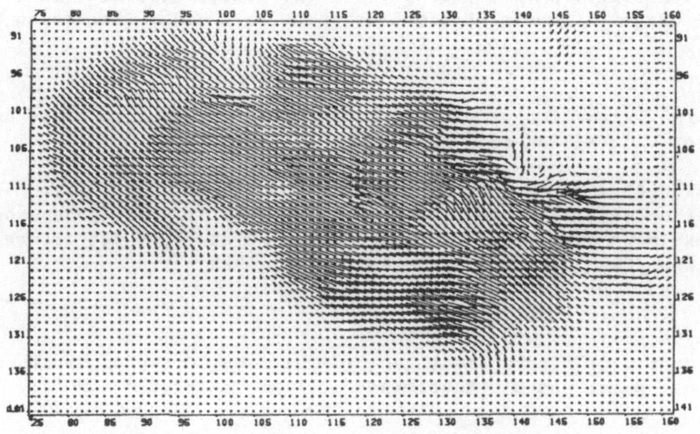


Abb.3

# GRUNDLAGEN DER MUSTERERKENNUNG

Bei der Übersendung des Manuskripts an den Verlag lag der Beitrag

DIE PATRICK-FISCHER-DISTANZ ALS VERFAHREN
ZUR KLASSIFIKATIONSORIENTIERTEN MERKMALSELEKTION

S.J. Pöppl

noch nicht vor. Sollte er rechtzeitig vor Drucklegung noch eingehen, wird er in den Anhang mit aufgenommen.

# PROBLEMORIENTIERTE BEURTEILUNG EINZELNER VERFAHRENSSCHRITTE IN DER BILDVERARBEITUNG

**W. E. Blanz, R. H. Dörrer, E. R. Reinhardt**

Universität Stuttgart - Institut für Physikalische Elektronik
Pfaffenwaldring 47 - D-7000 Stuttgart 80 - B R D

## 1 Einleitung

Für die verschiedensten Fragestellungen der quantitativen Bildauswertung und Mustererkennung wurden z. T. unterschiedliche spezielle Lösungen gefunden. Den meisten dieser Konzepte ist jedoch ein konsequent modularer Aufbau gemeinsam. An die Bildaufname und Digitalisierung schließt sich eine Vorverarbeitung, daran eine Merkmalsextraktion und letztendlich eine Klassifikation in vordefinierte oder neu zu definierende Klassen an. Es stellt sich daher die Aufgabe, systematisch allgemeine Lösungen zu entwickeln, die die Möglichkeit der Anpassung eines allgemeinen Systems an spezielle Problemstellngen bieten.

Aus der Vielfältigkeit der Problemstellungen in der Bildverarbeitung und Mustererkennung ergibt sich automatisch eine hohe Komplexität eines allgemeinen Systems; die Forderung nach Anpaßbarkeit führt dagegen auf eine ausgeprägte Parameterisierung der einzelnen Komponenten. Die Anpassung eines derartigen Systems führt dann auf eine i. a. nichtlineare Optimierungsaufgabe mit hochdimensionalen Parametervektoren. Als Gütekriterium läßt sich dabei natürlich theoretisch immer der Klassifikationserfolg heranziehen. Allerdings muß bei dieser Vorgehensweise immer der gesamte Prozeß durchlaufen werden, um eine Aussage über die Leistungsfähigkeit eines bestimmten Parametersatzes zu bekommen. Realisierte allgemeine Bildverarbeitungssysteme sind aber bereits so komplex, daß dieses Verfahren mit keiner Optimierungsstrategie mehr praktikabel ist.

In allen realistischen Anwendungsfällen muß also nach Möglichkeiten gesucht werden, die es erlauben, die einzelnen Teilprozesse getrennt voneinander zu optimieren, ohne jedesmal den Gesamtprozeß durchlaufen zu müssen. Die Schwierigkeit besteht hierbei in der Definition geeigneter Optimierungskriterien, die eine Aussage über die Klassifizierbarkeit der Bildinhalte zulassen, ohne dabei die Klassifikation selbst durchzuführen.

Diese Schwierigkeiten führen dazu, daß z. B. Vorverarbeitungsprozesse häufig intuitiv ausgewählt und nach visuellen Gesichtspunkten beurteilt werden. Gelingt dies bei der Vorverarbeitung noch teilweise, so versagt die Anschauung bereits bei der Auswahl trennspezifischer Merkmale oder gar bei Transformationen im Merkmalsraum.

Hier soll nun eine Vorgehensweise beschrieben werden, die es gestattet, einzelne Verfahrensschritte getrennt voneinander zu optimieren und die damit auf jeden Fall vermeidet, daß die Schwierigkeiten von einer Verarbeitungsstufe zur nächsten verlagert werden. Außerdem wird die Leistungsfähigkeit der einzelnen Stufen im Hinblick auf die Trennbarkeit der Klassen quantitativ beschreibbar und somit eine vollautomatische Adaption eines Gesmatprozesses, einschließlich der Auswahl der besten unter den zur Verfügung stehenden Verfahren, an verschiedene Fragestellungen ermöglicht.

## 2 Verfahrensweise

Bei den Untersuchungen wird davon ausgegangen, daß es sich bei den zu analysierenden Problemen um Diskriminationsprobleme, also um Klassifikationsprobleme mit fest vorgegebenen Klassen handelt. Wo dies nicht der Fall ist, beschreibt die Theorie der Clusteranalyse, wie man zu solchen Klassen kommen kann. Je nach Fragestellung müssen die Bilder oder Signale dann nach bestimmten vorgegebenen Inhalten klassifiziert werden, wobei die Klasseneinteilung selbst bei gleichem Bildmaterial von Aufgabenstellung zu Aufgabenstellung variieren kann.

Ferner wird von einer endlichen Menge von Teilprozessen, also z. B. einem vorgegebenen Bildverarbeitungssystem mit genau definierten Hardware- und Softwarekomponenten, ausgegangen. Somit ist ein solches Verarbeitungssystem einerseits durch seinen Zeichenvorrat (Grauwerte, Grauwertübergangswahrscheinlichkeiten, Umfangs- und Flächenwerte, Ortsfrequenzen etc.) sowie die damit ausführbaren Transformationen (Medianfilterung, Hochpaßfilterung, Merkmalsextraktion etc.) charakterisiert. Alle Transformationen sollen außerdem durch einen Parametervektor steuerbar sein, wobei der Nullvektor immer das Auslassen der betreffenden Transformation anzeigt.

Jede Transformation bildet dabei einen Zeichensatz eindeutig in einen anderen Zeichensatz ab. In der Regel wird dabei eine Informationsreduktion vorgenommen, so daß die Transformationen nicht eineindeutig sind. Das Ziel aller Transformationen ist jedoch nicht die möglichst redundanzfreie Kodierung der ursprünglichen Information. Entscheidend bei jeder Transformation ist lediglich, ob sie die Trennung vorgegebener Klassen nicht erschwert (wobei dann gleichzeitig eine Datenreduktion vorgenommen werden kann) oder ob sie die Trennbarkeit der Klassen sogar verbessert, was durchaus auch möglich ist und natürlich immer angestrebt wird. Eine Verbesserung ist deshalb möglich, weil hier von einem real vorgegebenen Verarbeitungssystem mit eingeschränkten Meßmöglichkeiten ausgegangen wird und nicht von einem "Laplaceschen Dämon", dem auf jeder Stufe beliebig viel Information über einen Prozeß zur Verfügung steht. In realen Systemen sind also immer Transformationen denkbar, die Daten so aufbereiten, daß vorgegebene Klassen mit den vorhandenen Meß- und Klassifikationseinrichtungen besser zu trennen sind als vor dieser Transformation. In einem System, das Texturmerkmale messen kann, ist z. B. die Segmentation eine solche Transformation, weil sie störende Hintergrundtexturen aus Bildern eliminiert. Jede Transformation in diesem Sinne läßt sich also darstellen als

$$w = T(v) \tag{1}$$

wobei die Transformationsvorschrift T die Zeichen v in die Zeichen w abbildet.(v und w können dabei natürlich auch Vektoren oder Matrizen sein, wobei nicht nur der Zeichenvorrat, sonder auch die Dimension von w gegenüber v reduziert sein kann.)

Die Fragestellung für jeden Teilprozeß eines Bildverarbeitungssystems lautet dann : wie muß die Transformation aussehen, die bei dem gegebenen Eingangszeichensatz einen Ausgangszeichensatz liefert, bei dem die vorgegebenen Klassen wenn möglich besser zu trennen sind als im Eingangszeichensatz. Ein Maß Q, mit dem diese Trennbarkeit geschätzt werden kann, wird im nächsten Abschnitt vorgestellt.

Der Ablauf der Optimierung eines Teilprozesses ist in Abb. 1 dargestellt.

Die Optimierung von Teilprozessen mit dem hier diskutierten Verfahren führt natürlich im allgemeinen nicht zu einem optimalen Gesamtverfahren, wie man es erhalten würde, wenn man sämtliche Systemparameter mit dem letztendlichen Klassifikationserfolg als Qualitätsmaß optimieren würde. Dies wird aber im Rahmen dieser Untersuchungen auch nicht angestrebt. Angestrebt wird vielmehr ein Verfahren, das bei einem vorgegebenen Verarbeitungssystem und einer gegebenen Aufgabe, immer und vor allem systematisch zu einer möglichen Lösung führt, und genau das ist das hier gezeigte Verfahren zu leisten imstande. Das optimale Gesamtsystem ist dabei von rein akademischem Interesse, weil der Weg dorthin, wegen der Vielzahl der zu optimierenden Parameter, in den wenigsten Fällen wirtschaftlich oder mit gegenwärtig zur Verfügung stehenden Rechnern möglich sein wird.

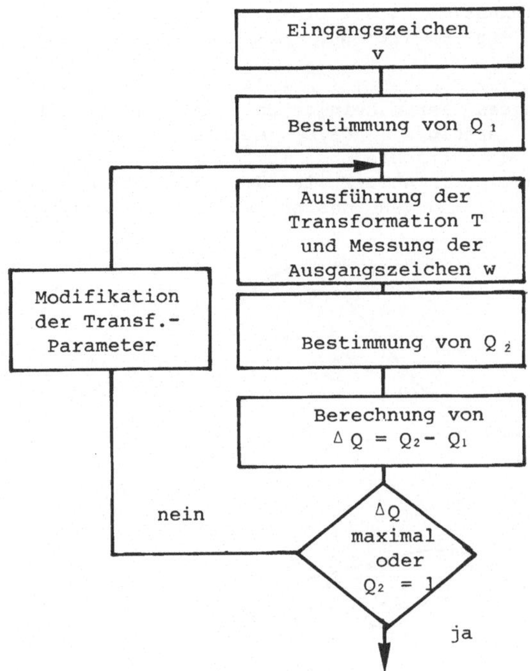


Abb. 1 Ablaufschema für die Optimierung

## 3 Beurteilungsmaß

Zentraler Punkt der hier skizzierten Vorgehensweise ist nun ein Maß, das eine Aussage über die Klassifizierbarkeit von Bild- oder Signalinhalten zuläßt, ohne daß dabei die Klassifikation selbst durchgeführt zu werden braucht. Faßt man zu diesem Zweck die von Meyer-Eppler /1/ gegebene Definition der (unilateralen) Kommunikation etwas weiter und sagt, "Kommunikation ist die Aufnahme und Verarbeitung von physikalisch, chemisch oder biologisch nachweisbaren Signalen durch Systeme, bei denen diese Signale Ursache für die Änderung eines inneren Zustandes sein können", so kann man versuchen die Wahrscheinlichkeit für die Änderung dieser inneren Zustände zu schätzen und somit zu einem Maß für die wie E. v. Weizsäcker /2/ sie nennt "pragmatische Information" zu kommen.

Gegeben sei zunächst eine Quelle $\{v|k\}$, die in Abhängigkeit von einem Zustand k Zeichen v aussendet. Daran schließe sich eine Transformation oder ein Satz von Transformationen T an, die die Zeichen v in Zeichen w überführt. Den Schluß der Kette bildet dann ein Erkennungssystem $\{k_E|w\}$, das in Abhängigkeit von den empfangenen Zeichen w in bestimmte innere Zustände $k_E$ übergeht.

$$\{v|k\} \longrightarrow w = T(v) \longrightarrow \{k_E|w\}$$

Ein Maß für die Wirkung der empfangenen Information ist nun die Wahrscheinlichkeit $p(k_E|k)$, d. h. die Wahrscheinlichkeit, daß das Erkennungssystem in den Zustand $k_E$ übergeht, wenn sich die Quelle im Zustand k befindet, wobei natürlich

$$p(k_E|k) = \delta_{k_E,k} \tag{2}$$

d. h.

$$Q = \prod_{k_E=k} p(k_E|k) = 1 \tag{3}$$

angestrebt wird. (Die Übereinstimmung der Ordnungszahlen der Zustände soll andeuten, daß sich die Zustände von Quelle und Erkennungssystem auf irgendeine Art entsprechen.)

Die Schätzung der bedingten Wahrscheinlichkeit $p(k_E|k)$ soll nun ohne das Erkennungssystem $\{k_E|w\}$ erfolgen. Dazu betrachtet man die Überlappung der Dichteverteilungen, die zu den verschiedenen möglichen Zuständen der Quelle gehören, in den einzelnen Zeichenräumen. In Abb. 2 sind drei mögliche Überlappungszustände für einen 2-Klassenfall und einen eindimensionalen Zeichenraum dargestellt.

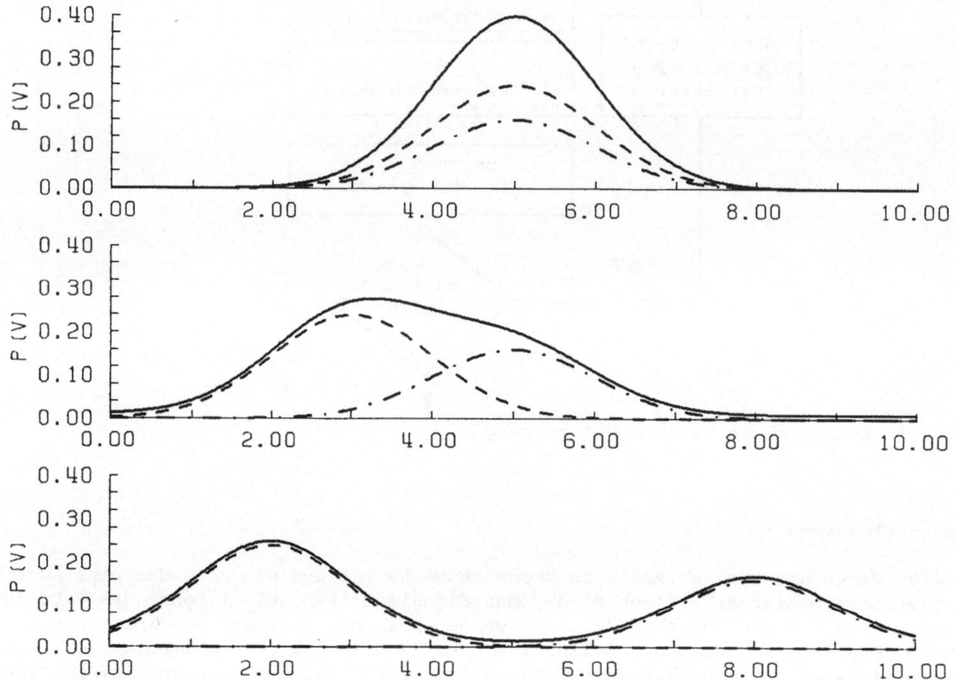


Abb. 2 Verschiedene Überlappungszustände
gestrichelt - p(v,1) - strichpunktiert - p(v,2)
ausgezogen - p(v) = p(v,1) + p(v,2)

Eine Klassifikation ist nun um so sicherer möglich, je weniger sich diese Dichteverteilungen überlappen. Ein Modell für Gl. (3) ist deshalb eine Funktion, die

1.) stetig ist in allen Variablen
2.) monoton mit der Überlappung fallend ist
3.) 0 ist für den Fall vollständiger Überlappung
4.) 1 ist für den Fall, daß die Dichteverteilungen überhaupt nicht überlappen.

Zwei weitere Bedingungen kommen hinzu, wenn man fordert, daß die Abhängigkeit von der Klassenstatistik p(k) einerseits zwar gering sein soll, andererseits soll Q für gleichverteilte Klassen maximal sein. (Die letzten Bedingungen sind zwar nicht unbedingt notwendig, sie kommen jedoch den meisten Klassifikationsstrategieen entgegen.)

Eine Funktion, die alle Bedingungen erfüllt ist (ohne Beweis)

$$Q = \frac{H(v) - \sum_k p(k)\, H(v|k)}{H(k)} \tag{4}$$

mit

$$H(v) = \int_{-\infty}^{+\infty} p(v) \text{ ld } p(v)\, dv \tag{5}$$

der Shannon'schen Entropie /3/ und

$$H(v|k) = \int_{-\infty}^{+\infty} p(v|k) \text{ ld } p(v|k)\, dv \tag{6}$$

der bedingten Shannon'schen Entropie und

$$H(k) = \sum_k p(k) \text{ ld } p(k) \tag{7}$$

der Shannon'schen Klassenentropie.

Eine anschauliche Erklärung für Gl. (4) ergibt sich folgendermaßen: Man subtrahiere von der allgemeinen Unsicherheit über die Zeichen diejenigen gewichteten Unsicherheiten, die bleiben, wenn man die zugehörigen Zustände bereits kennt.

Die Abb. 3a und 3b veranschaulichen die Abhängigkeiten von Q. In Abb. 3a wurden die Dichteverteilungen aus Abb. 2 gegeneinander verschoben und Q über der Verschiebung aufgetragen. Abb. 3b zeigt die Abhängigkeit von Q von der Klassenstatistik. Es ist Q über p(k=1) aufgetragen (Natürlich gilt p(k=1) + p(k=2) = 1).

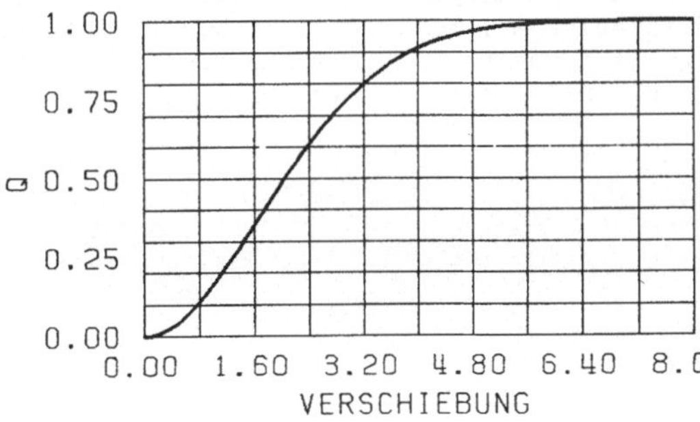


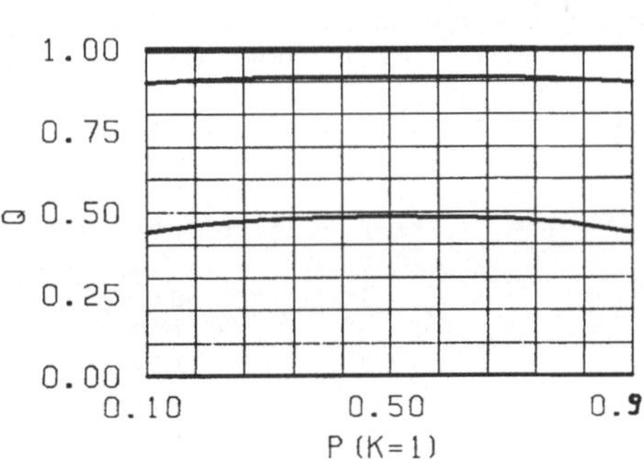


3a 3b

Abb. 3a Q in Abhängigkeit von der Verschiebung und der Klassenstatistik
3b Q in Abhängigkeit von p(k=1) (Parameter : Verschiebung)

Ein gewisses Problem stellt die Schätzung der Dichteverteilung der messbaren Zeichen dar. Bei den hier dargestellten Versuchen wurde diese Dichteverteilung immer mit Hilfe von Histogrammen geschätzt.

## 4 Experimentelle Ergebnisse

Zunächst sollte das Beurteilungsmaß dazu verwendet werden, eine Transformation auszuwählen, die bei einem Meßsystem, das nur Umfänge messen kann, zu einer Lösung führt, bei dem eine Klassentrennung möglich ist. Als Bildvorlage wurden zwei Binärbilder mit verschiedenen Mustern ausgewählt. Abb. 4 zeigt die beiden Binärbildklassen. Die Binärbilder wurden dabei so ausgewählt, daß die Umfänge in den Originalbildern bei beiden Klassen gleich groß waren.

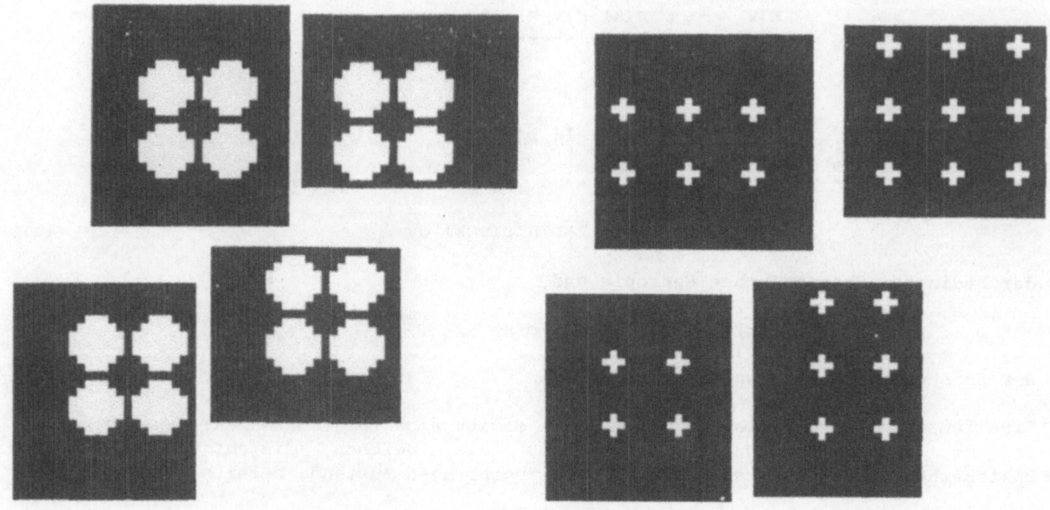

Abb. 4a Binärbild Klasse 1 Abb. 4 b Binärbild Klasse 2

Die zur Verfügung stehenden Transformationen waren Dilatation und Erosion, wobei beide Transformationen über den Koppelfeldradius als Parameter optimierbar waren. Tabelle 1 zeigt in der ersten Spalte den Koppelfeldradius beider Transformationen, in der nächsten Spalte das Beurteilungsmaß für die Dilatation und in der letzten Spalte das Beurteilungsmaß für die Erosion.

| KF-Radius | Dilatation | Erosion |
|---|---|---|
| 0 | 0.0 | 0.0 |
| 1 | 1.0 | 0.54 |
| 2 | 0.93 | 0.85 |
| 3 | 0.21 | 1.0 |
| 4 | 0.11 | 0.77 |
| 5 | 0.11 | 0.15 |
| 6 | 0.0 | 0.0 |

Tab. 1 Beurteilungsmaß für Binärbilder mit Rangfolgetransformationen

Die Ergebnisse zeigen, daß in diesem einfachen konstruierten Fall die Trennung der beiden Klassen im Falle der Dilatation mit dem Koppelfeldradius 1 und im Falle der Erosion mit Koppelfeldradius 3 vollständig möglich ist.

In einem weiteren Experiment sollte die hier beschriebene Vorgehensweise zur Dimensionsreduktion eines Merkmalsraumes verwendet werden. Dabei wurden die einzelnen Komponenten eines Merkmalsvektors als die vom System meßbaren Zeichen aufgefaßt. Die Optimierung bestand darin, aus diesen Zeichen eine vorgebbare Zahl von tatsächlich zu verwendenden Zeichen auszusuchen. Dabei wurde zunächst wieder von synthetischen, ursprünglich 10-dimensionalen Merkmalsvektoren ausgegangen, deren einzelne Komponenten durch zu zwei verschiedenen Zuständen gehörenden Zufallsprozessen erzeugt wurden. Die Zustände konnten dabei den Mittelwert und die Varianz des Zufallsprozesses steuern, der ansonsten normalverteilte Zufallszahlen lieferte. Insgesamt wurden dabei 500 Merkmalsvektoren erzeugt.

Parallel zu diesem Experiment wurde noch eine Karhunen-Loewe-Transformation durchgeführt und dabei die Dimension jeweils auf die gleiche Zahl reduziert, wie bei dem Auswahlprozeß nach dem hier beschriebenen Verfahren. Die Tabelle 2 zeigt die Zahl der Dimensionen in der ersten, die Klassifikationsleistung (Anteil der richtig klassifizierten Ereignisse) bei einer Dimensionsreduktion nach dem hier beschrieben Verfahren in der zweiten und nach der Karhunen-Loewe-Transformation in der dritten Spalte.

| Dimensionszahl | Klas.-Leist. Q | Klas.-Leist. KHL |
|---|---|---|
| 10 | 86.0 % | 86.0 % |
| 5 | 85.4 % | 60.0 % |
| 3 | 84.4 % | 60.2 % |

Tab. 2 Klassifikationsleistung mit Beurteilungsmaß und Karhunen-Loewe-Transformation

Der große Vorteil des hier beschriebenen Verfahrens ist nicht so sehr die bessere Klassifikationsleistung. Eine derart deutlich bessere Leistung des hier beschriebenen Verfahrens tritt grundsätzlich dann ein, wenn sämtliche Komponenten des Merkmalsvektors völlig unkorreliert sind. Von größerem und allgemeinerem Vorteil ist vielmehr die Tatsache, daß, nachdem einmal ein relevanter Satz von Merkmalsvektorkomponenten ausgewählt wurde, künftig nur noch dieser reduzierte Satz gemessen zu werden braucht, wohingegen bei der Karhunen-Loewe-Transformation immer alle Merkmale gemessen werden müssen und erst danach der reduzierte Merkmalssatz berechnet werden kann.

Dieses Verfahren wurde auch dazu benutzt, um bei Merkmalsvektoren, die Bilder biologischer Zellen beschreiben, eine Dimensionsreduktion durchzuführen. Die Dimension des Merkmalsraumes war hier ursprünglich 360, die Klassenzahl 2 und die Zahl der untersuchten Fälle etwa 3000. Tabelle 3 zeigt die Ergebnisse wieder für das hier beschriebene Verfahren und die Karhunen-Loewe-Transformation.

| Dimensionszahl | Klas.-Leist. Q | Klas.-Leist. KHL |
|---|---|---|
| 360 | 95.7 % | 95.7 % |
| 20 | 87.7 % | 89.0 % |
| 10 | 87.5 % | 87.7 % |
| 5 | 87.2 % | 87.5 % |

Tab. 3 Klassifikationsleistung mit Beurteilungsmaß und Karhunen-Loewe-Transformation

Die Ergebnisse beider Verfahren sind in etwa vergleichbar, jedoch ist der Aufwand bei dem hier vorgestellten Verfahren erheblich geringer als bei der Karhunen-Loewe-Transformation.

## Literatur

/1/ W. Meyer-Eppler
Grundlagen und Anwendungen der Informationstheorie
Springer-Verlag Berlin Heidelberg New York 1969

/2/ E. v. Weizsäcker
Erstmaligkeit und Bestätigung als Komponenten der pragmatischen Information in
E. v. Weizsäcker (Hrsg.) Offene Systeme
Ernst Klett Verlag Stuttgart 1974

/3/ C. E. Shannon and W. Weaver
The mathematical theory of communication
The University of Illinois Press, Urbana 1949

# ARRAYPROZESSOR FÜR NICHTLINEARE BILDFILTERUNGEN IN ECHTZEIT

W. Kringler, E.R. Reinhardt

Institut für Physikalische Elektronik, Universität Stuttgart
Pfaffenwaldring 47, D - 7000 Stuttgart 80

## 1. Einleitung

In der digitalen Bildverarbeitung lassen sich lineare und nichtlineare Bildtransformationen mit Hilfe lokaler Ortsfilter durchführen /1/. Diese Operationen dienen der Bildreinigung, Rauschminderung und zur Merkmalsextraktion in Grautonbildern. Rangfolgeoperationen sind sehr leistungsfähige nichtlineare Filterungen, wobei die EROSION, DILATATION, und die MEDIANFILTERUNG in der Praxis eine gewisse Bedeutung erlangt haben /2/. Die prinzipielle Arbeitsweise lokaler Ortsfilter mit Spezialprozessoren zeigt Bild 1.

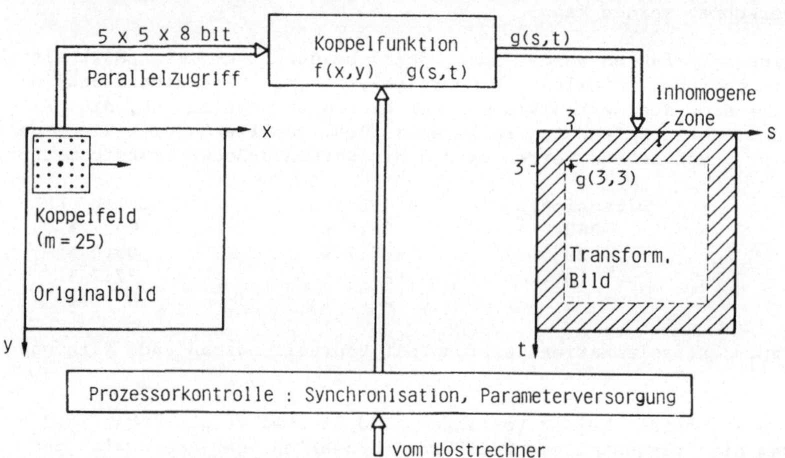


Bild 1: Prinzip der Koppelfeldverarbeitung.

Ein örtlich begrenztes zweidimensionales Koppelfeld mit m Elementen wird über die Bildvorlage geschoben. Die innerhalb des Fensters befindlichen Bildpunkte (Grauwerte) werden in einem schnellen Spezialrechner gepuffert, durch lineare oder nichtlineare Verarbeitungsvorschriften, der Koppelfunktion, verknüpft und daraus ein neuer Bildpunkt berechnet. Die Rechenvorschrift, die Größe des Koppelfeldes und sonstige Parameter werden von einem übergeordneten Rechner vorgegeben.

Der im weiteren beschriebene Prozessor beschränkt sich auf Rangordnungsoperationen. Die Koppelfunktion, die im Prozessor realisiert ist, beinhaltet somit die folgende Vorschrift: Bei einer Koppelfeldgröße von m Koppelpunkten ist das Zentrumspixel (Aufpunkt) des Koppelfensters durch denjenigen Grauwert zu ersetzen, der bezüglich seiner Nachbarpunkte eine bestimmte vorgegebene Rangfolge n einnimmt:

$$R_{m,n} = Z_n \left[ 1 \leq n \leq m \right] \qquad (1)$$

R 25, 13 ist demnach der Operator für ein MEDIANFILTER bei einer Reichweite des Koppelfeldes von 5 x 5 Bildpunkten.

Rangfolgetransformationen - speziell die MEDIANFILTERUNG - beanspruchen auf Universalrechnern sehr viel Rechenzeit. Besonders die in der automatischen Zellbildanalyse (FAZYTAN /3/) notwendigen schnellen Vorverarbeitungsschritte ließen es gerechtfertigt erscheinen, einen Spezialprozessor für Rangfolgetransformationen zu entwickeln, der Bilder mit einer Auflösung von 512 x 288 Bildpunkten in TV-Echtzeit verarbeitet (256 Graustufen).

## 2. Verfahrensbeschreibung

Die meisten aus der Literatur bekannten Sortierverfahren z.B. Quicksort, Shellsort, Hoaresort u.s.w. wurden an Standard-Prozessorstrukturen angepaßt und optimiert. Viele dieser Verfahren nützen die Redundanz aus, die in der Verteilung der Eingangsdaten enthalten ist. Dadurch wird die zum Sortieren benötigte Anzahl von Rechenschritten abhängig von der Bildinformation. Bei der Realisierung von Hardware-Lösungen für Spezialrechner ist eine einfache Datenstruktur mit einer konstanten Anzahl von Verarbeitungsschritten anzustreben, insbesondere wenn ein festes Taktraster vorgeschrieben ist. Deshalb muß ein Verfahren entwickelt werden, welches es ermöglicht, den Gesamtprozeß in identische Teilaufgaben zu zerlegen. Diese können von unabhängig arbeitenden Einzelprozessoren gelöst werden. Die sich dadurch ergebende einfache Schaltungsstruktur, wird durch einen relativ großen Aufwand und einen Überhang an Redundanz erkauft. Dies fällt jedoch umso weniger ins Gewicht, je mehr sich eine Möglichkeit der Schaltungsstandardisierung und somit der Großintegration in GATE ARRAYS anbietet.

Bild 2 zeigt eines der zur Diskussion stehenden Verfahren schon als Prinzipschaltung skizziert. Die Anordnung ist dem bekannten BUBBLE SORT-Schema /4/ nachempfunden. Sie besteht aus einem erweiterbaren Sortiernetzwerk (Beispiel für m = 5 Eingangsvariable), welches aus m (m - 1)/2 identischen Vertauschungselementen (VE) besteht. Die Eingangsgrößen, die über ein Schieberegister parallel zur Verfügung stehen werden paarweise zusammengefaßt und nur dann vertauscht, wenn der größere Wert links vom kleinen steht, ansonsten bleibt die Reihenfolge der Zahlenpaare unverändert. Am oberen Ende des Netzwerkes steht somit eine Liste aller Eingangsvariablen sortiert zur Verfügung.

Weitere schnelle Algorithmen wurden von T.S. HUANG (/5/ Histogrammverfahren) und P.-E. DANIELSON (/6/ Aproximationsverfahren) vorgeschlagen. Beim letztgenannten Verfahren wird eine Sortierung der Grauwerte umgangen, weil im allgemeinen keine Notwendigkeit dafür besteht, ständig eine komplette Rangliste zu generieren. Dies ist auch der Hauptgedanke des im folgenden beschriebenen Prozessors. Das Grundprinzip besteht darin, jeden Grauwert mit allen übrigen durch Spezialprozessoren simultan zu vergleichen.

Die dabei errechneten Hilfsgrößen markieren durch eine spezielle Logik einen der Koppelfeldgrauwerte und weisen diesen als gesuchten Wert aus. Dieses Vorgehen bringt einige Vorteile mit sich:

- geringe Signaldurchlaufzeit im Prozessor
- evtl. auftretende Störungen pflanzen sich nicht über mehrere Bildpunkte fort
- die lokale Zuordnung zwischen Rangordnungsgrauwert und Koppelfeldpunkt bleibt erhalten.

## 3. Realisierung eines Prozessorelements

Um alle Koppelfeldpunkte untereinander vergleichen zu können, werden die Eingangsgrößen in Form eines Kreuzschienenverteilers angeordnet. In jedem Kreuzungspunkt ist ein Vergleicher (Bild 3, Beispiel für m = 5) angeordnet, der über 2 getrennte Ausgänge 2 Binärentscheidungen trifft: $a_i > a_k$ (Ausgang 1) und $a_i < a_k$ (Ausgang 2). Mit $a_i$ werden die horizontalen Eingangsvariablen bezeichnet, während $a_k$ die vertikalen Referenzgrößen darstellen. $V_{ik1}$ ist das Ergebnis des Vergleicherausgangs 1, $C_{ik2}$ ist das Ergebnis des Ausgangs 2. Somit lassen sich folgende trivale Logikbeziehungen angeben:

$$\begin{aligned} V_{ik1} &= \text{HIGH für } a_i > a_k \qquad & V_{ik2} &= \text{HIGH für } a_i < a_k \\ V_{ik1} &= \text{LOW für } a_i \leqslant a_k \qquad & V_{ik2} &= \text{LOW für } a_i \geqslant a_k \end{aligned} \tag{2}$$

Auf der Diagnoalen i = k befindliche Komparatoren liefern naturgemäß keinen Beitrag, während die symmetrisch zu dieser Diagonalen liegenden inverse Resultate hervorbringen. Dadurch reduziert sich die Zahl der tatsächlich notwendigen Vergleichsoperationen für m Eingangsvariable wie beim BUBBLESORT-Verfahren auf m (m - 1)/2. Dieser Zusammenhang soll jedoch hier zugunsten einer einfachen Datenstruktur und der Standardisierung von Teilschaltungen nicht genutzt werden.

Nun wird die Quersumme Q aller HIGH führenden Vergleicherausgänge einer Matrixzeile in folgender Weise gebildet:

$$\begin{aligned} Q_{k1} &= \sum_{i=1}^{m} V_{ik1} \\ Q_{k2} &= \sum_{i=1}^{m} V_{ik2} \end{aligned} \tag{3}$$

Die Rangordnung n eines bestimmten Koppelfeldpunktes $a_k$ ist durch die Beziehung

$$n = Q_{k2} + 1 \tag{4}$$

in einfacher Weise zu bestimmen. Die umgekehrte Fragestellung nach dem Referenzwert $a_k$, der eine vorgegebene Rangordnung n im Ensemble aller Koppelfeldpunkte einnimmt, ist auf diese Weise nicht eindeutig zu bestimmen, weil identische Grauwerte auch identische Quersummenerzeugen. Fogende Logikbedingung liefert ein Steuersignal $S_k$, welches die zur Rangordnung n gehörigen Eingangswerte $a_k$ auf einen gemeinsamen

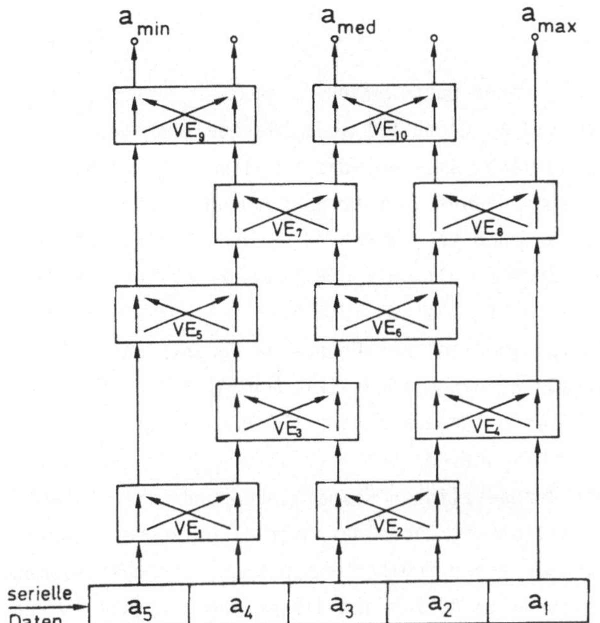


Bild 2: Sortiernetzwerk (BUBBLESORT)

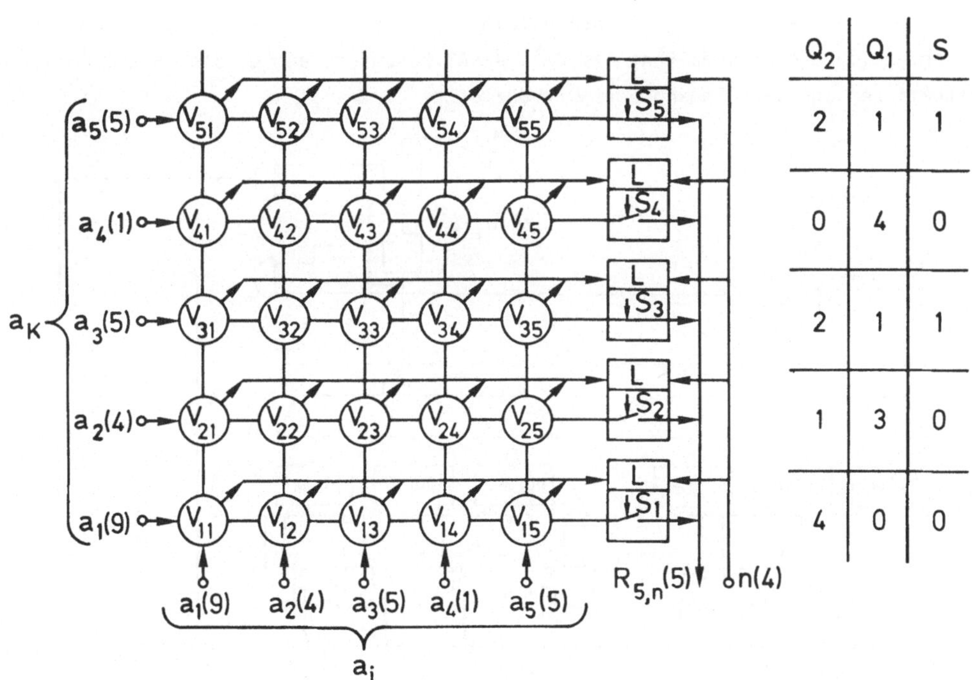


Bild 3: Vergleichermatrix

Ausgangsbus schaltet:

$$S_k = (Q_{k2} < n) \wedge (Q_{k1} \leqslant (m - n)) \tag{5}$$

In Bild 3 ist jede Zeile der Matrix mit einer Quersummenbildung für $Q_{k1}$ und $Q_{k2}$ sowie einer Entscheidungslogik gemäß Gl. (5) ausgestattet (L). Die Stellung der Schalter $S_k$ und die nebenstehende Tabelle beziehen sich auf das in Klammern angegebene Zahlenbeispiel. Die für eine Realisierung dieses Verfahrens notwendige Elektronik wiederholt sich für jede Zeile in Bild 3 und kann daher als standardisierte Schaltung aufgebaut oder durch geeignete Maßnahmen als GATE ARRAY konzipiert werden. Für die angestrebte Koppelfeldgröße von 5 x 5 Pixel sind deshalb 25 solcher Grundeinheiten erforderlich. Das Prinzipschaltbild eines solchen Prozessorelements zeigt Bild 4. 25 Komparatoren (8 bit) vergleichen alle Eingangsgrößen (Eingang A) mit einer durch externe Beschaltung individuell zu wählenden Referenzgröße (Eingang B). Die Vergleichsergebnisse $V_{ik1}$ und $V_{ik2}$ werden über PROMs und Addierstufen in die Hilfsgrößen $Q_1$ und $Q_2$ gemäß Gl. (3) umgewandelt. Mit 2 zusätzlichen Komparatoren und einer UND-Verknüpfung wird der Logikausdruck (5) realisiert, wobei das hierbei erzeugte Steuersignal S den jeweiligen Referenzwert über einen Treiberbaustein auf den gemeinsamen Ausgangsbus durchschaltet. Durch die doppelte Ausführung dieses Schaltungsteils können 2 Rangfolgetransformationen parallel ablaufen.

Zur Verringerung des Aufwandes können sämtliche Vergleichsoperationen auch bitseriell mit einem höherfrequenten Taktsignal erfolgen. Diese Möglichkeit bietet sich bei einer Konzeption dieser Schaltung als GATE ARRAY besonders an, um die Anzahl der Gatterfunktionen und der Eingangspins zu reduzieren.

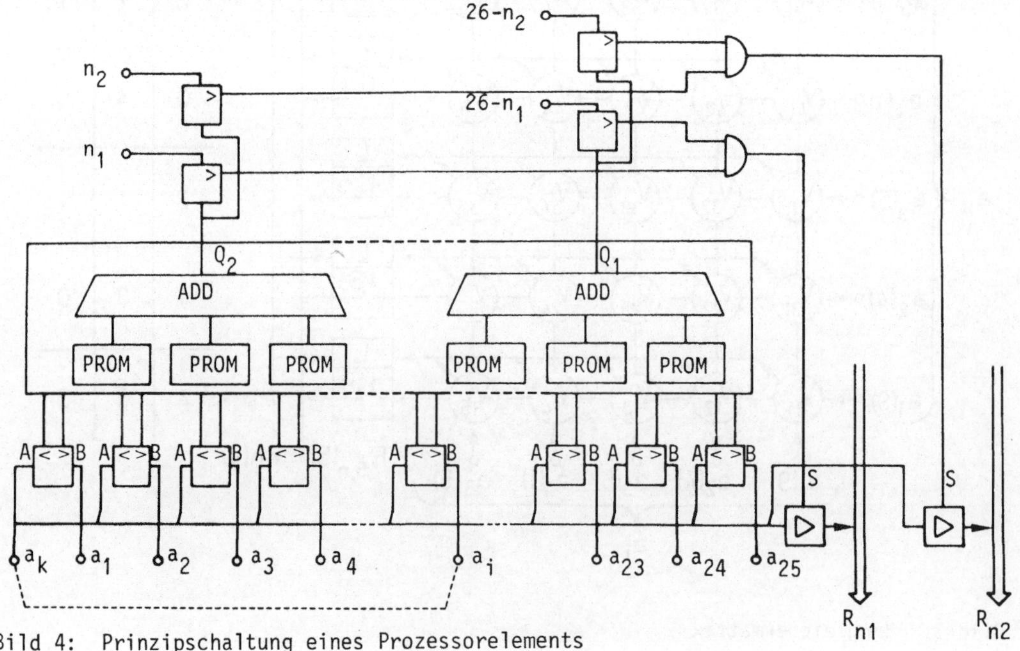


Bild 4: Prinzipschaltung eines Prozessorelements

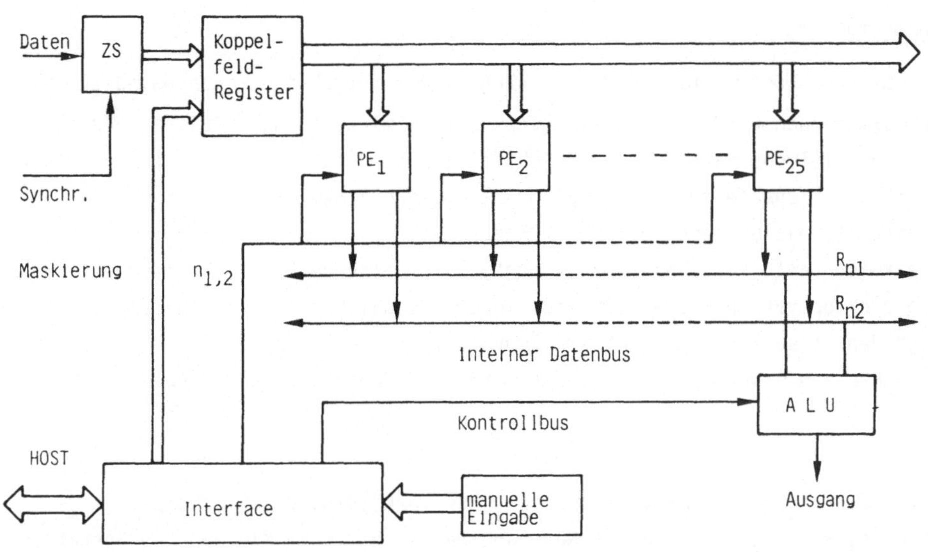


Bild 5: Blockschaltbild des Prozessors

## 4. Gesamtaufbau des Prozessors

Bild 5 zeigt das Blockschaltbild des Prozessors. Die TV-Daten gelangen zunächst zum Zeilenspeicher (ZS), der die Aufgabe hat, jeweils 5 Fernsehzeilen kontinuierlich abzuspeichern, so daß am Ausgang dieser Schaltungseinheit 5 Bildpunkte zu je 8 bit spaltenweise zur Verfügung stehen. Die Steuerung erfolgt über TV-Synchronsignale und über ein 10 MHz Taktsignal. Bei jedem Einspeichern einer neuen Zeile werden am Ausgang simultan die 5 vorausgegangenen Zeilen ausgelesen. Diese gelangen in das Koppelfeldregister, das einen parallelen Zugriff zu allen 25 Bildpunkten ermöglicht. Diese werden über einen 200 bit breiten Datenbus den Prozessorelementen (PE) zugeführt. Über eine programmierbare Maskierung lassen sich beliebige Bildpunkte ausblenden und somit Form und Größe des Fensters variieren. An den 2 Ausgangskanälen des Prozessorblocks erscheinen die über das Interface selektierten Rangfolgesignale $R_{n1}$ und $R_{n2}$. Ein spezieller Betriebsmodus erlaubt es, die Rangordnungen $n_1$ und $n_2$ als Koppelfeldadressen zu interpretieren ($n = k$). Dann erscheinen an den Ausgangskanälen die Originalgrauwerte des Koppelfeldes. In einer universellen Recheneinheit (ALU) lassen sich einfache logische und arithmetische Verknüpfungen der Rangfolgesignale durchführen, z.B. Differenz, Mittelwert, Schwellwertoperationen usw. Bild 6 zeigt ein Anwendungsbeispiel. In Extraktionsrepliken von Legierungen sollen die nadelförmigen von den flächenhaften Bildelementen getrennt und vermessen werden. Mit einer MEDIANFILTERUNG können die Nadeln entfernt bzw. im Grauwert stark reduziert werden, während die großflächigen Objekte erhalten bleiben. Durch Subtraktion des Originalbildes und Kontrastanhebung werden die Nadeln extrahiert (Vor - Segmentation).

## 5. Zusammenfassung

Zur Entlastung des Hostrechners und zur Erhöhung der Verarbeitungsgeschwindigkeit bei Bildtransformationen wurde ein Spezialprozessor entwickelt, der MEDIANFILTERUNG und andere Rangfolgeoperationen in TV-Echtzeit, d.h. mit einer Datenrate von 10 Mb/s durchführt. Die Koppelfeldgröße ist programmierbar bis max. 5 x 5 Bildpunkte. Die Rangfolgetransformation geschieht über 25 parallel arbeitende Einzelprozessoren. Durch die konsequente Parallelstruktur ergibt sich eine Rechengeschwindigkeit von 7000 Vergleichsoperationen und 1250 Additionen pro µs. Die Konzeption des Prozessors begünstigt den Einsatz von GATE ARRAYs. Durch Zusatzmodule lassen sich die Verknüpfungsmöglichkeiten erweitern und an bestimmte Anwendungsfälle adaptieren.

## Literatur

/1/ Pratt, W.K.: Digital Image Processing, New York 1978, Wiley & Sons

/2/ Nakagawa, Y., Rosenfeld, A.: A Note on the Use of Local Min and Max Operations in Digital Picture Processing, IEEE Trans. on Man and Cybernetics 8, 1978

/3/ Erhardt, R., Reinhardt, E.R.: FAZYTAN, A System for Fast Automated Cell Segmentation, Cell Image Analyses and Feature Extraction Based on TV-Image Pickup and Parallel Processing, Analytical and Quantitativ Cytology Journal 1, 1980

/4/ Nudd, G.R.: Implementation of Advanced Real-time Unterstanding Algorithms, Semiannual Technical Report, Image Proc. Institute, Univ. Southern Calif., 1979

/5/ Huang, T.S.: A Fast Two-dimensional Median Filter Algorithm, Proc. IEEE Conf. on Pattern Recognition and Image Analysis, pp. 128 - 131, 1978

/6/ Danielson, P.-E.: Getting the Median Faster, Comp. Graphics and Image Proc. 17, pp. 71 - 78, 1981

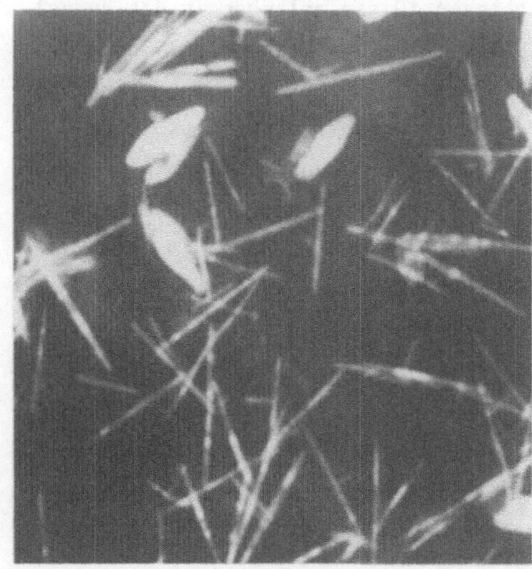

Bild 6 a: Original

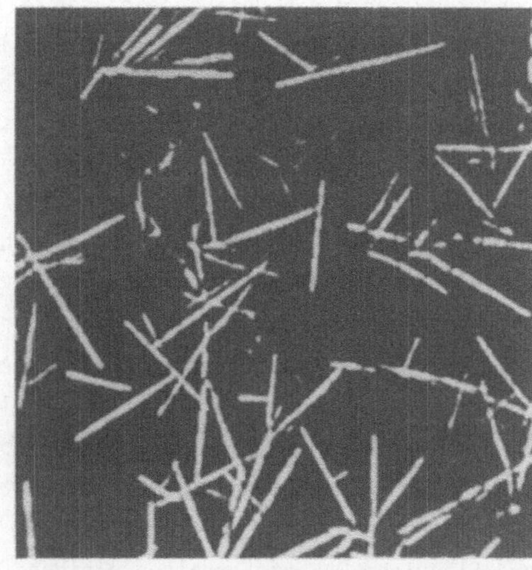

Bild 6 b: Nadelfilter

# HIERARCHICAL GENERATION OF 2-D DATA STRUCTURES

Philipp W. Besslich

University of Bremen, FB-1, P.O. Box 330440

D-2800 Bremen 33, F.R. of Germany

ABSTRACT: We study linear 1-D signal-flow graph methods to devise hierarchical bottom-up and top-down transformations. It is shown that hierarchical data structures (e.g. quadtrees) can be obtained directly from line-scanned data. Hierarchical generation of certain other transform coefficients (e.g. WHT coefficients) is another topic discussed in this paper.

## 1. Introduction

Hierarchical data structures for the representation of two-dimensional (2-D) signal data have received much attention [1-3]. Examples are quadtree and pyramid structures which require a hierarchical bottom-up processing when generated from the picture element level. From each processed hierarchy level, the next higher one can be generated, until the trunk of the tree is reached. We have shown recently how to perform bottom-up and top-down quadtree transformations (QTT) using the radix-2 signal-flow graph (SFG), provided the data are stored in an hierarchical order [4]. Similary the coefficients of the Walsh-Hadamard transformation (WHT) can be generated hierarchically [5].

This paper deals with the possibility to generate hierarchical data structures from linewise stored data and vice versa. SFG processing implies "in-place" operation, i.e. the contents of 2 memory locations are pulled and twofold lineary combined in a "butterfly" operation. The results are then stored back into the same locations, because the original data are no longer needed. Hence, only the space for storing the initial data is required. To process 2-D data use is generally made of separable transformations. This is to say: Rows and columns are processed consecutively by 1-D transformations. We show first that under certain stipulations linewise and columnwise processing can be replaced with a single transform procedure. It is the aim of this paper to show how to generate the 2-D coefficients of a 2-D array (image) from those of subimages. Consider an array of dimension $2^n \times 2^n$ which is subdivided into subsquares of size $2^{n-1} \times 2^{n-1}$, $2^{n-2} \times 2^{n-2}$, etc. We develop a method to successively generate the coefficients of all

2x2, 4x4, 8x8, etc. subsquares, each one from the coefficients of its 4 subsquares. This procedure can be easily implemented for a class of transforms, including the WHT, provided the data are stored in hierararchical order.

In practice, line-scanned memory mapping prevails. In this contribution we show that mixed-radix-$2^k$ SFGs are suitable tools to process linewise stored 2-D data. Hierarchical generation of 2-D coefficients using the mixed-radix-$2^k$ SFG is the final goal of this paper. It will be shown that for a class of transformations (e.g. WHT, QTT), line-sequential memory mapping and hierarchical generation of coefficients can be combined.

## 2. 1-D Processing of Hierarchical Ordered 2-D Data

As has been pointed out previously [5,6], hierarchical (or dyadic) indexed $2^n \times 2^n$ arrays are an ideal match for iterative radix-2 signal-flow operation [7] (Fig. 1a). The most important and advantageous property of this index system is that data elements are located in memory in an order of hierarchically ordered subsquares. The elements having index nos. 0-3, 4-7, 8-11, etc. form all 2x2 subsquares, nos. 0-15, 16-31, 32-37, etc. form all the 4x4 subsquares, and so on. Let the dyadic indexed data elements be taken as initial data of a radix-2 SFG processing (cf. Fig.1a). Then the various iterations exactly combine those pairs of data whose relative addresses (indices) have Hamming distance 1, i.e. are located symmetrically to the borders of subsquares. An important feature of radix-2 SFG processing of hierarchical ordered data is that their local adjacencies are maintained in the 1-D vector, because data are ordered in subsquares down to 2x2 arrays. As has been shown previously for the WHT, the 2-D transform coefficients can be generated by radix-2 SFG processing of the hierarchical ordered vector [5]. A number of useful applications have also been reported.

In order to develop SFGs for hierarchical structures, the first 2 iterations are to combine adjacent data elements to 2x2 subsquares: vertically and horizontally by the 1st and 2nd iteration, respectively. The next 2 iterations combine 4 adjacent 2x2 subsquares to 4x4 adjacencies, etc. (Fig. 2). From Figs. 1 and 2 it can be deduced that in a linear transformation the sequence of iterations may be arbitrarily permuted if the multipliers a, b, c and d (cf. Fig. 1b) are different from zero and constant over the entire SFG. This result follows directly from the fact that each "input" to the SFG is connected to each "output" by exactly one path. Interchanging the iterations does not change the arrows to be passed. Hence, the weight factor with which each input contributes to the outputs is independent of the sequence of iterations. The WHT is an example of a transformation with constant, non-zero multipliers (a=b=c=1, d=-1). This is in contrast to the FFT, the iterations of which must not be interchanged. However, 1-D processing to obtain 2-D coefficients is possible for the FFT too [8]. Another way for hierarchical generation of FFT coefficients is via the WHT [9].

## 3. Signal-Flow Graphs for Line-Sequential Ordered Data

The previous section was based on the assumption of hierarchical ordered data in memory. This order is normally not present in stored image arrays. Usually images are rather stored in a line-scanned sequence and hence, the method of hierarchical generation of transform coefficients is not directly applicable. One possibility is to relocate data in memory. An in-place algorithm which changes memory mapping from line order to hierarchical order and vice versa has been implemented [10]. However, for many applications data rearrangmenet is not a satisfying solution, considered from the point of processing time. Therefore we develop a modified SFG which allows direct execution of hierarchical data structure algorithms on the data mapped to memory in line-sequential form [10].

We aim at finding a new SFG which produces the same 2-D coefficients for line-sequential data as the radix-2 SFG does for hierarchical ordered data. A simple and pragmatic way to achieve such a mapping is first to rearrange the initial data accordingly, and then to redraw the SFG iteration by iteration. Fig. 2 shows an example for a 4x4 array. Input and output variables marked by an asterisk refer to the hierarchical index system. The 1st and the 2nd iteration are identical to the 1st and 3rd iteration of the radix-2 SFG. But the 3rd and 4th iteration are of radix 4. Each radix-4 iteration requires exactly as many two-by-two combinations as the corresponding radix-2 iteration has, i.e. $2^{2n-1}=8$. Hence, 16 of the possible arrows are omitted in the radix-4 SFG, because their multipliers are zero. For this very reason, the radix-4 butterflies are difficult to recognize. The result is not particulary surprising when realizing that two (vertically) neighboring data elements have a "distance" of 4 in memory. Because symmetries are different from those of the dyadic index system certain butterflies are "upside-down", i.e. the multipliers a and d are interchanged, and so are b and c.

The result obtained for the 4x4 data array can easily be generalized. A $2^n \times 2^n$ image requires 2n iterations: two each of radix $2^1$, $2^2$,..., $2^n$. Fig. 3 illustrates the SFG of a 64 element array (n=3). In those butterfly groups marked by an asterisk the multipliers a-d and b-c are interchanged. The coefficients obtained after 2 iterations refer to 2x2 subarrays. Two more iterations generate 4x4 coefficients.

In order to reverse the operation, i.e. to devise a top-down process, the multipliers need only be substituted by the inverse ones, unless the matrix $\begin{bmatrix} a & c \\ b & d \end{bmatrix}$ is singular. The resulting SFG is of identical geometric shape, i.e. for forward and reverse transformation the same $2^{2n-1}$ arrows are different from zero.

## 4. Examples

Applications to hierarchical ordered data for quadtree manipulation have been reported elsewhere [4,5]. Using mixed-radix-$2^k$ SFGs, these algorithms are applicable to line-sequential data as well.

Another example applies to the hierarchical generation of WHT coefficients. Let the multipliers of Fig.2 be a=b=c=1, d=-1. We consider the signals $z_0$ to $z_{15}$ and $y_0$ to $y_{15}$. Then $z_0$ to $z_3$ are composed from $x_0$ to $x_3$, weighted with the Hadamard matrix of order 4. Similary we obtain $z_4$ to $z_7$, etc. Accordingly the signals $y_0$ to $y_{15}$ are linear input combinations weighted with $\pm$ 1 as prescribed by the Hadamard matrix of order 16. If picture elements are numbered in line-scanned sequence, the 2x2 coefficients $z_j$ and the 4x4 coefficients $y_j$ follow from the basis pictures depicted in Fig. 4. This figure demonstrates the hierarchical construction of coefficients, each from 4 of the next lower order.

## 5. References

[1] A. Rosenfeld, "Quadtrees and pyramids: hierarchical representation of images", in Haralick, R. (Ed.), Pictorial Data Analysis, Springer Verlag, Berlin, ISBN 3-540-1288-5, 1983.

[2] S.L. Tanimoto and T. Pavlides, "A hierarchical data structure for picture processing",Computer Graphics and Image Processing,vol.4, 1975, pp. 104-109.

[3] H. Samet and A. Rosenfeld, "Quadtree representation of binary images", Proc. 5th Internat. Conf. Pattern Recognition, pp.815-818, 1980.

[4] Ph.W. Besslich, "Quadtree construction by dyadic array transformation",Proc. IEEE Conf. on Pattern Recognition and Image Processing, 1982, pp. 550-554.

[5] Ph.W. Besslich, "Fast transform processing of pictorial data",in R.M. Haralick (Ed.), Pictorial Data Analysis, Springer Verlag, Berlin, ISBN 3-540-1288-5, 1983.

[6] Ph.W. Besslich, "A method for the generation and processing of dyadic indexed data", IEEE Trans., C-32, pp. 487-494, 1983.

[7] D.F. Elliott and K.R. Rao, Fast Transforms. New York: Academic Press, 1982.

[8] R.M. Mersereau and T.C. Speake, "A unified treatment of Cooley-Tukey algorithms for the evaluation of the multi-dimensional DFT", IEEE Trans. ASSP-29, 1981, pp. 1011-1018.

[9] Y. Tadokoro and T. Higuchi, "Discrete Fourier transform computation via the Walsh transform", IEEE Trans., ASSP-26, pp. 236-240, 1978.

[10] Ph.W. Besslich and J.O. Kurowski, "Globale and lokale Gewichtstransformationen zur Cluster-Analyse", Berichte Elektrotechnik 1/83, Universität Bremen, Fachbereich 1, ISSN 0724-1933, 1983.


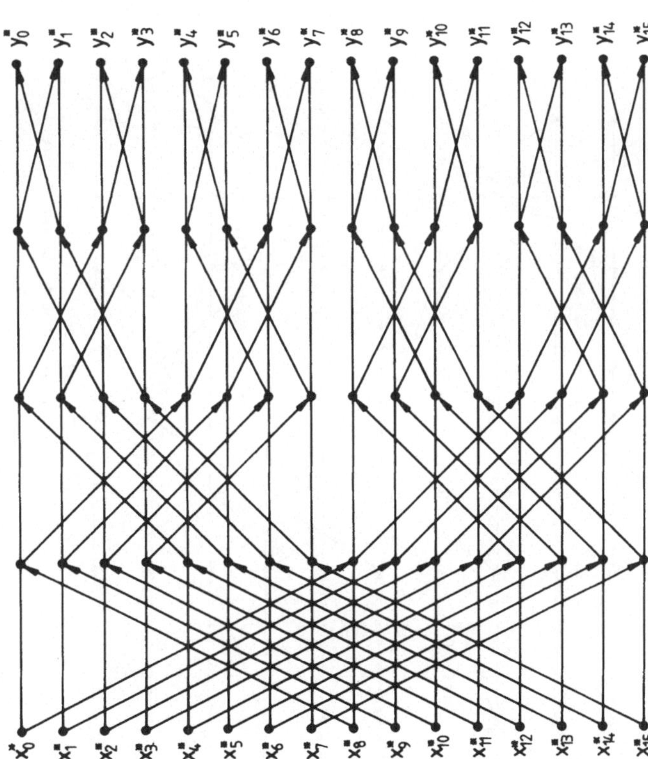


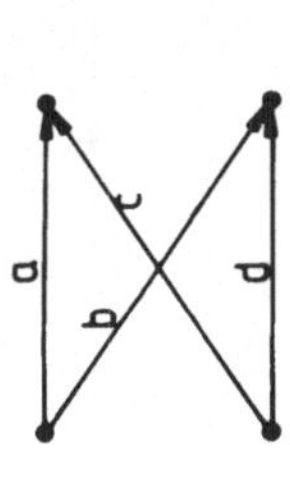


a, b, c, d multiplicative constants

Fig. 1. (a) Radix-2 SFG (n=2). (b) Butterfly with multipliers.

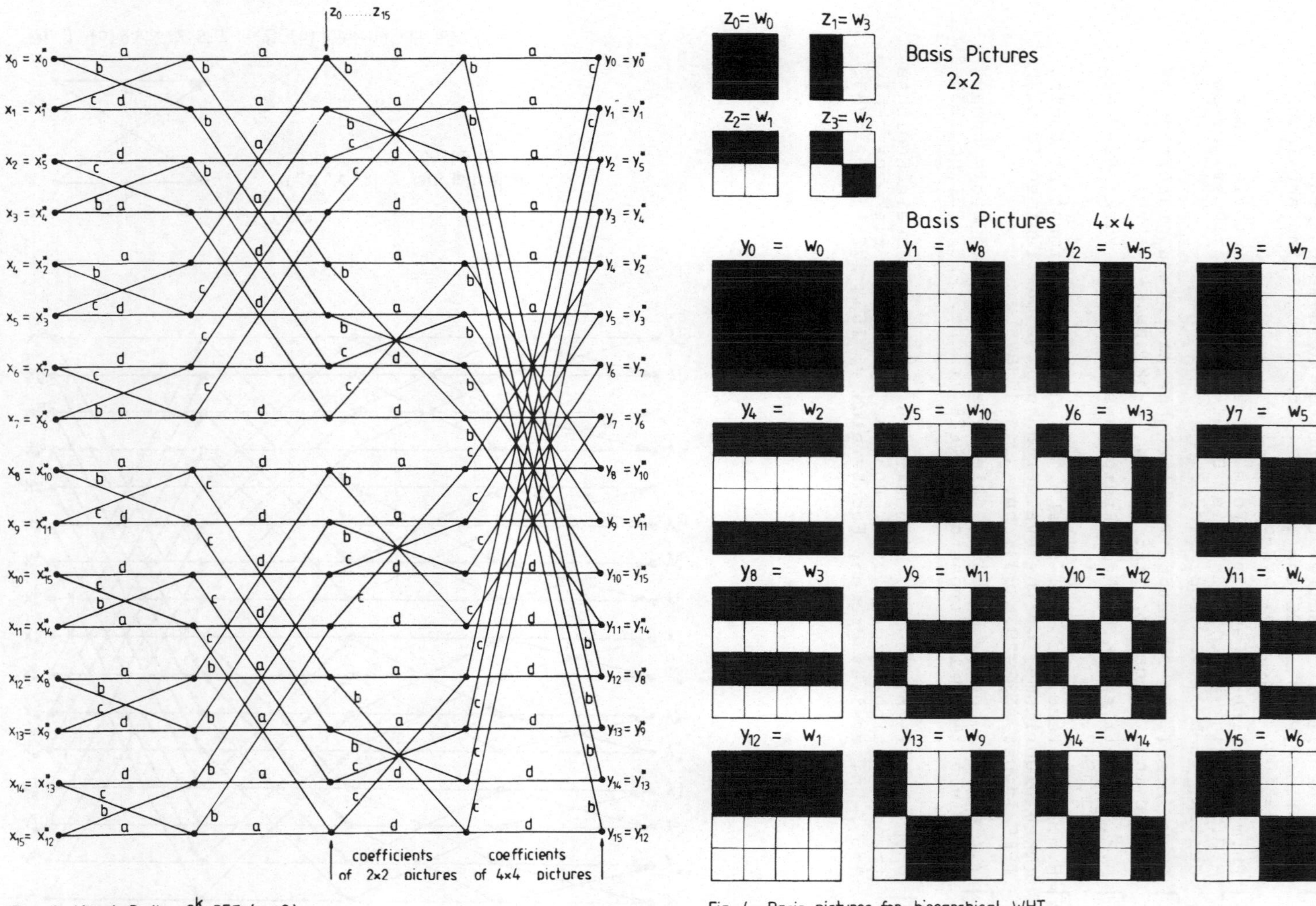


Fig. 2. Mixed-Radix - $2^k$ SFG (n=2).

Fig. 4. Basis pictures for hierarchical WHT.

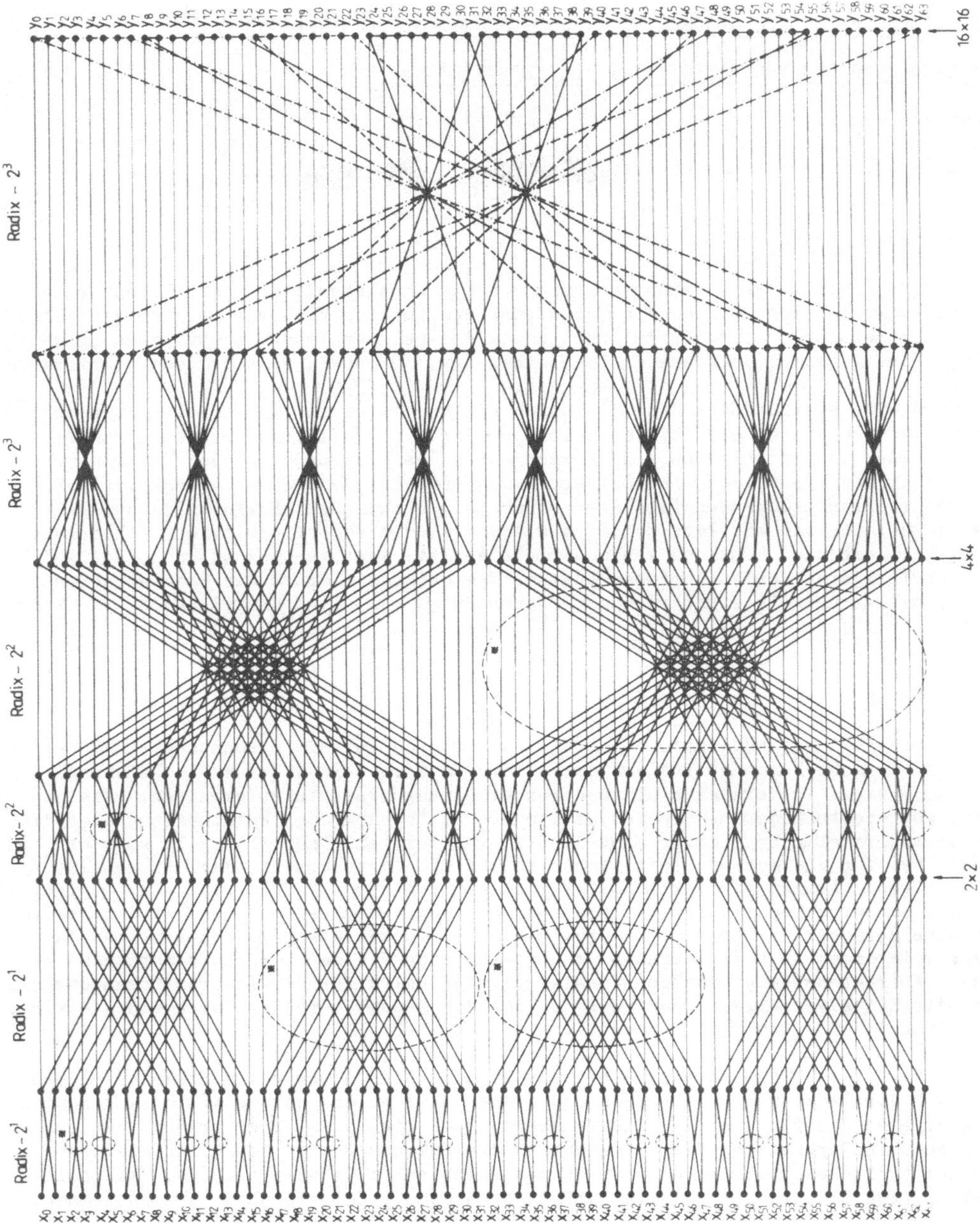


Fig. 3. Mixed-Radix-$2^k$ SFG (n=3).

# STATISTISCHE BETRACHTUNGEN ZUR LEISTUNGSMESSUNG AN KLASSIFIKATOREN BEI GLIEDERUNG DES TESTMATERIALS IN TEILSTICHPROBEN

Jürgen Franke

AEG-TELEFUNKEN, Forschungsinstitut, Ulm

## Zusammenfassung

Es wird das Problem der Leistungsmessung von Erkennungssystemen speziell unter dem Gesichtspunkt betrachtet, daß die Teststichprobe in eine Vielzahl von Teilmengen aufgegliedert ist. Solch eine Aufteilung ist in den meisten Anwendungsaufgaben in natürlicher Weise gegeben (verschiedene Schreiber bzw. Sprecher, verschiedene Schriftarten).

Dazu wird eine statistische Modellierung eingeführt, bei der der zeichenerzeugende Prozeß einen Parameter erhält, der selber wieder eine zufällige Veränderliche ist. Die einzelnen Teilstichproben sind verschiedene Realisierungen dieser Zufallsvariablen. Unter den Hypothesen Einpunktverteilung bzw. Exponentialverteilung der Fehlerrate des zeichenerzeugenden Prozesses werden die Funktionen MFR(ANTEIL) bzw. RFR(ANTEIL) ausgewertet, die die mittlere Fehlerrate MFR bzw. die relative mittlere Fehlerrate RFR in dem verbleibenden Rest des Testmaterials angibt, wenn man bis auf den Rest ANTEIL alle schwierigeren Teilstichproben aus der Testmenge entfernt. Die theoretischen Kurvenverläufe werden mit einer real gemessenen Kurve bei einem Handblockschrifterkennungsproblem verglichen.

## 1. Einführung

Bei der Entwicklung und Adaption von Klassifikatoren für ein Erkennungssystem (Schriftzeichen-, Spracherkennung) ist man daran interessiert, ein Maß für die Leistungsfähigkeit des Systems im Vergleich mit anderen Erkennungssystemen zu erhalten. Eine einfache Möglichkeit besteht darin, die Fehlerrate EPS bei erzwungener Entscheidung oder die Rückweisungsrate bei bestimmten Schwellen zu vergleichen. Dadurch ergibt sich ein summarisches Maß für die gesamte Teststichprobe und dies unterstellt, daß der gesamte zeichenerzeugende Prozeß einheitlicher statistischer Natur ist. Dies ist aber i.a. nicht der Fall, da eine Teststichprobe meistens aus sehr verschiedenen Quellen stammt (verschiedene Sprecher, - Schreiber, - Fonts bzw. - Druckwerkzeuge). Bestimmt man für jede dieser Teilmengen ihre Fehlerraten, so hat man eine Vielzahl von Informationen zur Verfügung. Aber ebenso wie die Gesamtfehlerrate den Blick für die inneren Zusammenhänge durch die Mittelwertbildung verwehrt, so ist der Gesamtüberblick durch eine verwirrende Anzahl von Daten auch erschwert.

Deshalb hat es sich als vorteilhaft erwiesen, die Ergebnisse der einzelnen Teilmengen, z.B. nach der Größe der Fehlerraten, zu ordnen. Ein so erstelltes Histogramm besitzt normalerweise nicht nur einen Funktionswert. Dies liegt, wie oben erwähnt, an den verschiedenen Teilprozessen, die alle eine andere Erkennungscharakteristik besitzen, ist aber bei endlichem Stichprobenumfang aus statistischen Gründen auch der Fall bei der idealisierten Situation, daß alle Teilstichproben aus dem gleichen Prozeß stammen.

Für die Praxis ist so eine Aufstellung der Fehlerraten nach ihrer Größe von Bedeutung, da der Grund für die großen Fehlerraten nicht nur statistischer Natur ist, sondern i. allg. auch an der Nichteinhaltung der Spezifikationen hinsichtlich Zeichengestalt und Schriftqualität liegt. Häufig ergibt sich die Möglichkeit, auf die schwierigen Eingangsprozesse dahingehend einzuwirken, daß die Erkennungsleistung verbessert wird.

Hierbei ergibt sich auch die Frage nach der mittleren Fehlerrate der Reststichprobe, wenn man die als schwierig oder nicht als konventionsgerecht erkannten Teilstichproben aus der Betrachtung herausläßt. Eine solche Auswertung erhält man unmittelbar, wenn man von den ranggeordneten Fehlerraten ausgeht und sie von den kleinen Fehlerraten her durcharbeitet. Berechnet wird hierbei zu dem jeweils bereits erfaßten ANTEIL die entsprechende mittlere Fehlerrate MFR. Die so ermittelte Funktion MFR(ANTEIL) gibt einen Überblick über das vorliegende Problem und eignet sich für Vergleiche mit anderen Problemen bzw. Erkennungssystemen.

Bei der Auswertung dieser Funktion MFR(ANTEIL) ist darauf zu achten, daß ihr Verlauf zum einen von der Zusammensetzung der Teilstichproben abhängt, zum anderen aber auch durch einen zu geringen Stichprobenumfang eine Uneinheitlichkeit der Teilstichproben vorgetäuscht wird, die in Wirklichkeit gar nicht vorhanden ist, sondern nur durch statistische Effekte entsteht.

Es wird in dieser Arbeit das Problem der Messung der Funktion MFR unter dem speziellen Gesichtspunkt eines endlichen Stichprobenumfangs betrachtet.

## 2. Statistische Modellierung

Jeder der unendlich vielen Teilprozesse des zeichenerzeugenden Prozesses besitzt gegenüber einem Erkennungssystem, das ja in sich deterministischer Natur ist, eine feste vorgegebene Fehlerrate EPST. Dieser Parameter EPST ist über den Gesamtprozeß gesehen selber wieder eine zufällige Veränderliche.

Bei der Leistungsmessung von Erkennungssystemen wird jede Teilstichprobe einem Teilprozeß zugeordnet, wobei sowohl die Auswahl der Teilprozesse als auch die Auswahl in ihnen als zufällig zu betrachten ist. Sieht man sich das Ergebnis der Messung der Fehlerrate für eine einzelne Teilstichprobe an, so handelt es sich hierbei also um eine zufällige Realisierung der festen Fehlerrate EPST des zufällig ausgewählten Teilprozesses.

Beträgt der Stichprobenumfang N, so ist die Fehleranzahl M unter der Bedingung, daß die in der Teilstichprobe enthaltenen Elemente unabhängig voneinander gezogen wurden und identisch verteilt sind, eine diskrete Zufallsvariable, die einer Binomialverteilung mit dem Mittelwert EPST * N und der Varianz EPST * (1-EPST) * N gehorcht:

$$\mathrm{PROBT}(M) = \binom{N}{M} * \mathrm{EPST}^{M} * (\ 1 - \mathrm{EPST}\ )^{N - M} \qquad (1)$$

Relativiert man die Anzahl M auf den Stichprobenumfang N, so erhält man die empirisch gemessene Fehlerrate

$$\mathrm{EPS} = M\ /\ N, \qquad (2)$$

die genauso wie M eine zufällige Veränderliche ist, mit dem Mittelwert EPST und der Varianz EPST * (1 - EPST) / N.

Diese Betrachtungen, die wir für einen einzelnen Teilprozeß mit dem angenommenen Parameter EPST angestellt haben, können wir nur dann auf den Gesamtprozeß übertragen, wenn wir die zusätzliche Annahme machen, daß EPST für alle Teilprozesse gleich ist.

In dem allgemeineren Fall, daß EPST selber eine kontinuierliche Zufallsvariable mit der Verteilungsdichte P(EPST) ist, ergibt sich die Wahrscheinlichkeit dafür, daß in einer Teilstichprobe mit N Stichprobenelementen genau M Fehler zu finden sind, aus der Erwartungswertbildung hinsichtlich EPST über die Binomialverteilung
PROBT nach Gl. (1)

$$\mathrm{PROB} = E\ \{\mathrm{PROBT}\}. \qquad (3)$$

PROBT ist die Wahrscheinlichkeit dafür, daß man in einer Teilstichprobe mit dem Stichprobenumfang N genau M falsch erkannte Zeichen findet, wenn die wahre Fehlerwahrscheinlichkeit dieser Teilstichprobe beim Zusammentreffen mit einem gegebenen Klassifikator EPST ist.

## 3. Gewinnung der Funktionen MFR(ANTEIL) und RFR(ANTEIL)

Ordnet man die Ergebnisse einer konkreten Teststichprobe, die in I Teilstichproben mit jeweils N Stichprobenelementen aufgegliedert ist, nach ihrer Fehlerrate EPS, so erhält man ein Histogramm über die Fehlerrate, welches leicht in eine akkumulierte Häufigkeitsverteilung übertragen werden kann. Wir erhalten dann die Funktion EPS(ANTEIL), die angibt, bei welchem Anteil der I Teilstichproben eine Fehlerrate kleiner-gleich EPS gemessen wurde. Die Variable ANTEIL variiert im Intervall 0...1 und die Funktion hat in allen praktisch interessanten Fällen bei ANTEIL = 1 einen polähnlichen Verlauf.

Betrachtet man die Teilstichproben mit einer Fehlerrate größer als einer willkürlich festgelegten Schwelle EPS als "Ausreißer" und alle anderen als "innerhalb der Konvention liegend", so kann man an Hand dieser Funktion ablesen, welcher Aufwand an Schulung oder Kontrolle bei den Eingangsprozessen notwendig wäre, um zu garantieren, daß bei keinem der akzeptierten Teilprozesse eine bestimmte Grenzfehlerrate überschritten wird.

Für die Anwendung wichtiger als dieser etwas abstrakte Wert der Grenzfehlerrate EPS ist die mittlere Fehlerrate MFR aller "innerhalb der Konvention liegenden" Teilstichproben. Relativiert man diese Funktion auf den Wert MFR(ANTEIL=1), so ergibt sich die Funktion RFR(ANTEIL), die hinsichtlich Abszisse und Ordinate auf das Intervall 0...1 beschränkt ist.

Die anschauliche Bedeutung dieser Funktion RFR(ANTEIL) ist, daß die mittlere Fehlerrate auf den angegebenen Bruchteil RFR ihres ursprünglichen Wertes fällt, wenn man die schwierigeren Teilstich-proben bis auf den Rest ANTEIL aus der Gesamtstichprobe entfernt.

Die beiden Bilder 1 und 2 zeigen die empirisch an der in Abschnitt 5 beschriebenen Stichprobe gemessenen Funktionen MFR und RFR.

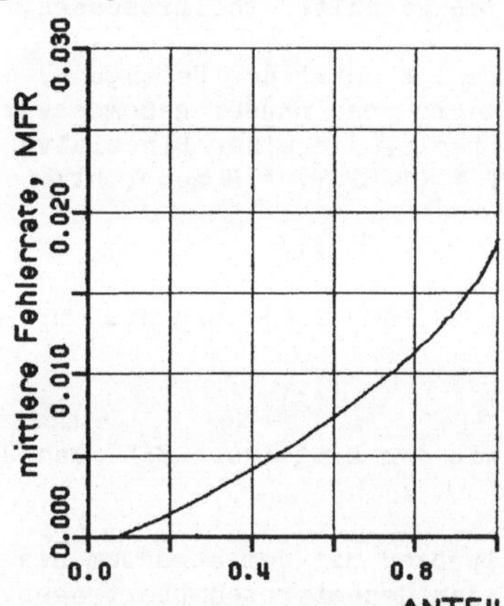


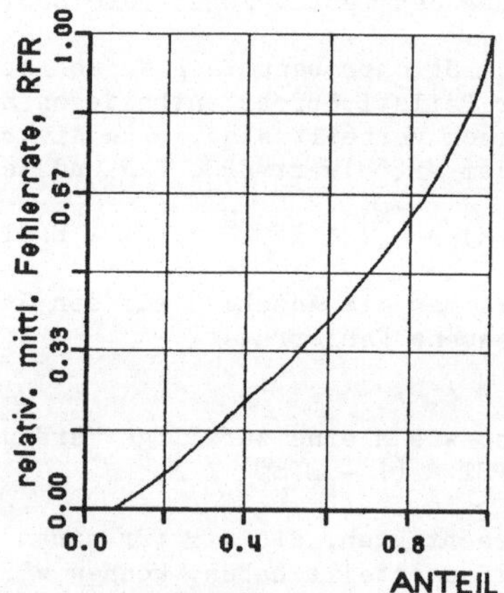


Bilder 1 und 2: Die mittlere Fehlerrate MFR und die relativierte mittlere Fehlerrate als Funktion der Variablen ANTEIL

## 4. Betrachtung von Teststichproben mit speziellen Verteilungen

Die in einem Experiment mit N Stichprobenelementen registrierte Fehleranzahl M ist eine Zufallsvariable. Nach Gl. 3 treten M Fehler mit der Wahrscheinlichkeit PROB = PROB(M) auf. Die Verteilung von PROB erhält man über die Erwartungswertbildung über die bedingte Wahrscheinlichkeit PROBT, Gl.(1), die von der Zufallsvariablen EPST abhängt. Akkumuliert man PROB(m) über m

$$\text{ANTEIL} = \sum_{m=0}^{M} \text{PROB}(m), \qquad (4)$$

so erhält man den ANTEIL der Teilstichproben, die bei festem N höchstens M Fehler enthalten.

Wenn man nur solche Teilstichproben akzeptiert, deren Fehleranzahl diese Grenze nicht überschreitet, so erhält man den bedingten Erwartungswert für die Fehleranzahl in der akzeptierten Teilmenge:

$$\text{MFA} = \frac{1}{\text{ANTEIL}} * \sum_{m=0}^{M} m * \text{PROB}(m) \qquad (5)$$

Hieraus ergibt sich wieder die mittlere Fehlerrate

$$\text{MFR} = \text{MFA} / N \qquad (6)$$

und die relativierte mittlere Fehlerrate

$$\text{RFR} = \frac{1}{\text{MFR}(1)} * \text{MFR}. \qquad (7)$$

## 4.1. Einpunktverteilung

Eine interessante Referenz gegenüber den in der Praxis vorkommenden uneinheitlich verteilten Teilstichproben stellt der Fall der identisch verteilten Teilstichproben dar, da der endliche Stichprobenumfang auch in diesem Fall schwankende Ergebnisse M bzw. EPS liefert. Erst bei wachsendem Stichprobenumfang nähert sich die Funktion RFR(ANTEIL) der horizontalen Gerade. Um Fehlinterpretationen der Kurven RFR zu vermeiden, soll in diesem Abschnitt gezeigt werden, wie sich der Stichprobenumfang auf die Kurve RFR auswirkt

In der vorgegebenen Situation ist EPST für alle Teilstichproben gleich und die Erwartungswertbildung (Gl. 3) entfällt. Für PROB ist unmittelbar PROBT einzusetzen. Für die Berechnungen sind EPST und N freie Parameter und uns interessiert der Verlauf der Funktion RFR für beliebige Konstellationen (EPST,N). Da aber die Funktion RFR für dieselben Werte des Produktes EPST * N asymptotisch gleich ist und wir uns nur für Wertepaare interessieren, für die die Unterschiede vernachlässigt werden können, war es nur für einige Parameterkonstellationen EPST * N nötig, die Kurvenverläufe von RFR zu berechnen.

Bild 3 zeigt die Kurvenschar für die Parameter EPST * N = 1, 2, 5, 10, 20 und ∞ in der Reihenfolge von rechts-unten nach links-oben, wobei die Berechnung mit EPST = 0.001 durchgeführt wurde. Der Parameter EPST * N hat die anschauliche Bedeutung "Erwartungswert der Fehleranzahl".

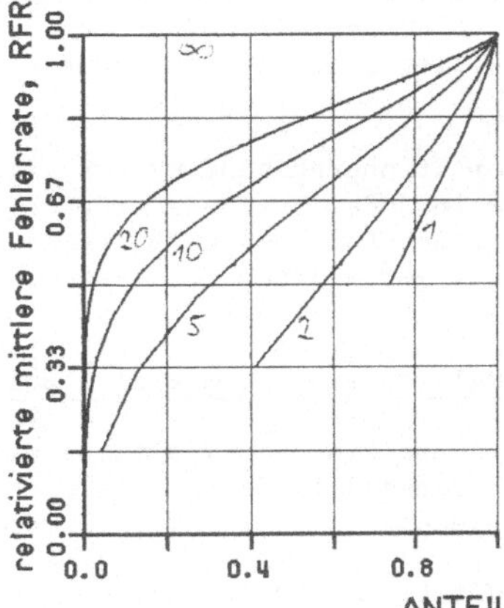


Bild 3: Die Funktion RFR für den Fall einheitlicher statistischer Eigenschaften aller Teilstichprobe Parameter EPST * N

## 4.2. Exponentialverteilung

Die Ergebnisse praktischer Experimente gaben die Anregung zu der Annahme EPST sei exponentialverteilt mit dem Parameter EPSM:

$$P(\text{EPST}) = \frac{1}{\text{EPSM}} * e^{-\text{EPST} / \text{EPSM}} \qquad (8)$$

Greift man wahllos eine der Teilstichproben mit N Elementen heraus, so werden durch das gegebene Erkennungssystem M Stichprobenelemente falsch erkannt. Die diskrete Variable M ist binomialverteilt mit PROBT(M,EPST) nach Gl. (1).

Durch die Erwartungswertbildung

$$\mathrm{PROB(M)} = \int_0^{\infty} \mathrm{PROBT(M,EPST)} * \mathrm{P(EPST)} * \mathrm{d(EPST)} \qquad (9)$$

erhalten wir die Wahrscheinlichkeit, mit der eine beliebige Teilstichprobe beim Zusammentreffen mit dem gegebenen Erkennungssystem genau M Fehler produziert.

Während in 4.1 der einheitliche Wert EPST Parameter der numerischen Auswertung war, so ist es bei exponentialverteiltem EPST der Erwartungswert EPSM. Trotzdem bleiben die Überlegungen hinsichtlich der Beziehungen zwischen den beiden Parametern EPSM und N auch hier gültig.

Bild 4 zeigt die Kurvenschar für die Parameter EPSM * N = 1, 2, 5, 10, 20 und ∞ in der Reihenfolge von rechts-unten nach links-oben, wobei die Berechnung mit EPSM = 0.001 durchgeführt wurde. Der Parameter EPSM * N hat die anschauliche Bedeutung "Erwartungswert der Fehleranzahl".

Vergleicht man die Bilder 3 und 4 miteinander, so zeigt sich, daß ein endlicher Stichprobenumfang der Teilstichproben auf eine Teststichprobe mit einheitlichen statistischen Eigenschaften stärkeren Einfluß hat als auf Teststichproben mit breiter variierenden statistischen Eigenschaften.

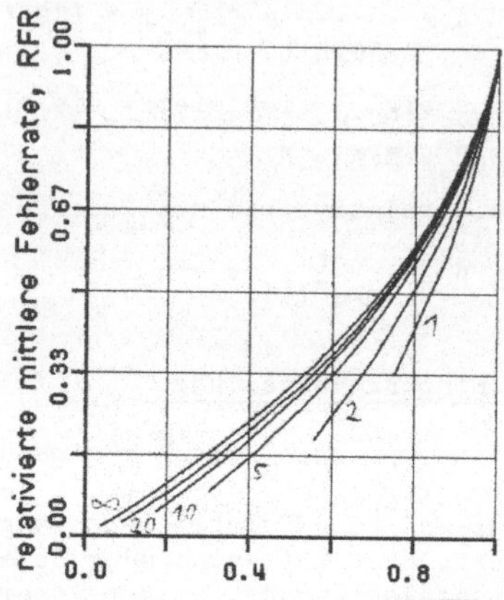


Bild 4: Die Funktion RFR für den Fall exponentialverteilter Fehlerwahrscheinlichkeiten in den Teil-Stichproben. Parameter EPSM * N

Ist der Stichprobenumfang für alle Teilstichproben so groß, daß im Mittel 10 bis 20 Fehler in jeder Teilmenge produziert werden, so weist das RFR-Diagramm im Falle gleichverteilten EPST noch eine starke Abweichung vom idealen Verlauf auf, während bei exponentiell verteiltem EPST kaum noch Abweichungen vorhanden sind.

## 5. Vergleich mit einem realen Beispiel

Für ein praktisches Experiment wurde eine recht umfangreiche Handblockschrift-Stichprobe /1, 2/ verwendet. Es handelt sich dabei um 36 verschiedene Klassen, die jeweils von 212 verschiedenen Schreibern je 15 mal geschrieben wurden.

Die Aufteilung der Stichproben nach den 212 Schreibern war die Grundlage für die Auswertung der Stichprobe im Sinne dieses Beitrages. Die über alles gemittelte Fehlerrate EPSM lag bei 0.0183. Bei einem Stichprobenumfang von N = 540 pro Teilstichprobe lag die mittlere Fehleranzahl also bei EPSM * N = 9.88. Es ergab sich die in Bild 2 ermittelte Kurve. Es handelt sich dabei um dieselbe Darstellungsweise wie in den Bildern 3 und 4.

Der Vergleich mit der Modellsituation von Bild 3 läßt erkennen, daß die Stichprobe tatsächlich ungleichmäßig verteilt ist und daß der Kurvenverlauf nicht nur durch einen zu kleinen Stichprobenumfang bedingt ist. Hingegen ist die recht gute Übereinstimmung mit der Kurve EPSM*N = 10 in Bild 4 mehr als zufällig zu betrachten, da eine andere Zusammensetzung des Schreiberkollektivs sicherlich einen anderen Kurvenverlauf ergeben hätte.

Die Betrachtungen in 4.2 zeigten, daß sich bei einem Parameter EPSM*N = 10 eine tatsächliche Ungleichmäßigkeit der Stichprobe schon recht genau in der Funktion RFR abbildet. Somit drücken die gemessenen Fehlerraten einigermaßen zuverlässig die tatsächliche Schwierigkeit der Teilstichprobe aus.

## 6. Diskussion

In dieser Arbeit wurden einige Verfahrensweisen zusammengefaßt, die schon längere Zeit bei der Auswertung von Klassifizierungsleistungen benutzt wurden. Neu ist die statistische Modellbildung und die Auswertung der statistischen Modelle. Der entscheidende Schritt ist hier die Betrachtungsweise, daß die Teilstichproben des zeichenerzeugenden Prozesses selber zufällig verteilt sind und in ihrer Fehlerrate von einem zufällig schwankenden Parameter abhängen. Dieser Parameter ist die Fehlerrate EPST, die durch ihre Dichtefunktion P(EPST) vollständig beschrieben ist.

In der Praxis ist die Darstellung der Erkennungsleistung eines Systems durch die Funktion MFR bzw. RFR dann von Vorteil, wenn man durch Sonderbehandlungen die Möglichkeit hat auf besonders schwierige Eingangsprozesse verbessernd einzuwirken -Schulungs- oder Wartungsmaßnahmen-, und damit die Fehlerraten unter bestimmte Schwellen fallen zu lasser

## Literatur

/1/ P. Krause, H. Bleichrodt
Experimente zum direkten Einlesen und Erkennen handgeschriebener Ziffern und Druckbuchstaben mit Rechnern
IITB-Mitteilungen 1972/73, S. 9-16

/2/ P. Krause
Quantitativer Vergleich von Verfahren zur Ermittlung der minimalen Klassifikationsfehlerrate
Dissertation an der Fakultät Elektrotechnik, Universität Karlsruhe

# ANWENDUNGEN IN DER ROBOTIK

# UND INDUSTRIE

# EIN NEUES SPRACHEINGABESYSTEM, ANDEWENDET IM KFZ

Peter Andreas und Dr. Michael Junge
Volkswagenwerk AG, Wolfsburg

## I. Einführung

Von der Forschung des VW-Werkes wurde ein für den Einsatz im Kfz geeignetes Spracherkennungssystem entwickelt.

Es sollte nachgewiesen werden, daß ein derartiges Gerät den folgenden Bedingungen genügen kann:

- funktionsfähig im gesamten Fahrbetriebsbereich unter ungünstigen Signal-Störverhältnissen
- Reduzierung des Aufwandes im Vergleich zu konventionellen Systemen.

Derartige Systeme können unmittelbar mit großem Nutzen zur Unterstützung Behinderter eingesetzt werden. Grundsätzlich kann es dem Fahrer helfen, sich besser auf seine eigentliche Fahraufgabe zu konzentrieren, da die Kommunikation Fahrer-Fahrzeug vom optischen auf den akustischen Kanal verlagert wird. Dies gilt insbesondere für die Bedienung zukünftiger Informationssysteme mit großem Bedarf an Eingangsdaten (z.B. Navigationssysteme). Voraussetzung ist allerdings eine gute Akzeptanz des Systems durch den Fahrer.

Für Demonstrationszwecke wurde das System zur Steuerung des im Golf-GTI serienmäßig vorhandenen Tripcomputers eingesetzt.

Das Vokabular besteht aus den folgenden Kommandos:

| | |
|---|---|
| 1. Zeit | 6. Öltemperatur |
| 2. Kilometer | 7. Außentemperatur |
| 3. Dauer | 8. Löschen |
| 4. Geschwindigkeit | 9. Eins |
| 5. Durchschnittsverbrauch | 10. Zwei |

Nach Aufruf erscheint die gewünschte Größe auf einer Multifunktionsanzeige. Akezptanzuntersuchungen liegen z.Zt. noch nicht vor. Dieser Bericht beschränkt sich deshalb auf die Beschreibung der technischen Lösung.

Die aus unserer Sicht wesentlichen Probleme für den Einsatz eines Spracherkennungssystems im Kfz seien hier noch einmal aufgeführt:

- geringe Kosten
  Der Systempreis sollte in der Größenordnung eines Tripcomputers liegen, d.h. das System muß mit wenigen Standardbauelementen realisierbar sein.
- Fahrgeräusch und Mikrofonabstand
  Das Mikrofon soll den Fahrer in keiner Weise behindern. Es wurde deshalb unter

dem Fahrzeughimmel in einer Entfernung von ca. 50 cm vom Fahrermund installiert. Das Fahrgeräusch setzt sich aus Motor-, Reifen- und Windgeräuschen zusammen, wobei die beiden letzteren starke Anteile im Sprachfrequenzband aufweisen. Bedingt durch den großen Mikrofonabstand ergibt sich ein relativ geringer Signal-Störabstand ($\leq$ 6 dB).

- Zurückweisung anderer akustischer Signale
  Das System sollte nach Möglichkeit ohne Spracheingabetaste auskommen. D.h. es muß in der Lage sein, normale Konversation zwischen Fahrer und Beifahrer von gezielten Kommandos zu unterscheiden.

II. Merkmalsextraktion nach der Methode der Strukturanalyse einer Binärfolge
Ein Sprachsignal kann ohne wesentliche Beeinträchtigung seiner Verständlichkeit in eine Binärfolge umgesetzt werden /1/.

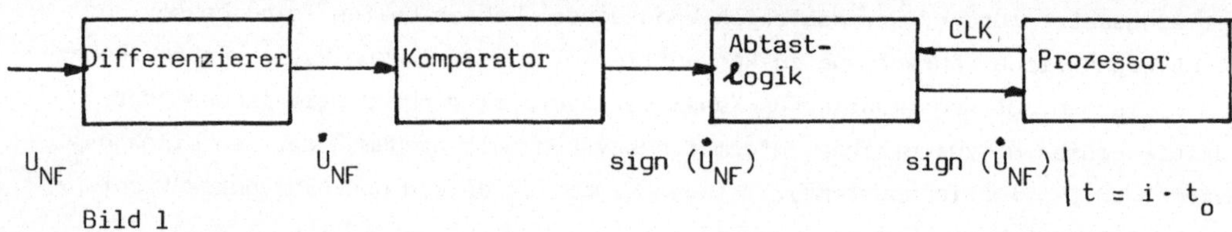


Bild 1

Das Mikrofonausgangssignal $U_{NF}$ wird verstärkt und differenziert. Der Komparator übernimmt die Umsetzung in ein Binärsignal, das das Vorzeichen der Steigung des Sprachsignals repräsentiert.
Die nachfolgende Abtastlogik /2/ verhindert Aliasing-Effekte bei der Abtastung des Binärsignals mit einem vom Prozessor generierten Takt.
Die so gewonnenen seriellen Eingangsdaten für den Prozessor sind amplitudenunabhängig, sodaß eine Amplitudennormierung entfällt.
Die Auswertung der Binärfolge besteht in einer statistischen Strukturanalyse. Der Prozessor ermittelt die Häufigkeit bestimmter Sub-Strukturen, indem innerhalb aufeinanderfolgender fester Zeitrahmen (Frames) das Vorhandensein derartiger Strukturen in der Binärfolge ausgezählt und registriert wird.
Eine Struktur wird als festes Bitmuster bestimmter Länge definiert z.B.

| Länge | Struktur |
|---|---|
| 1 | 0,1 |
| 2 | 00, 10, 01, 11 |
| 3 | 010, 001, 101, 011, 111 |

Um einen p-dimensionalen Merkmalsvektor $x_i$ für den Frame i zu bilden, werden p verschiedene Strukturen definiert und ihre Häufigkeiten im Frame i festgestellt:

$x_i = (x_{1i},\ldots,x_{pi})$. Das gesprochene Wort wird durch ein Sprachmuster repräsentiert, das aus einer Folge von m Merkmalsvektoren besteht: $X = (x_1,\ldots,x_m)$. Diese Folgen von Merkmalsvektoren sind gut reproduzierbar, wobei bestimmte Merkmale auf Grund ihres charakteristischen Verhaltens eine einfache Bestimmung der Wortgrenzen erlauben.

Der wesentliche Vorteil dieses Verfahrens besteht in der Tatsache, daß die Strukturanalyse mit einfachen logischen Operationen realisierbar ist, sodaß diese Aufgabe von einem Standard-8bit-Prozessor on line ausgeführt werden kann. In Verbindung mit der sehr einfachen analogen Signalvorverarbeitung sind damit die Voraussetzungen für eine erhebliche Reduzierung des Gesamtaufwandes im Vergleich zu konventionellen Geräten gegeben.

Das von uns realisierte System benutzt als Merkmale die folgenden 3 Strukturen: 01, 11, 010. Die Abtastrate beträgt 8 kHz. Auf Grund der festen Framelänge von 20 ms ergibt sich ein Informationsfluß von ca. 0,8 KB/s für die Sprachmuster.

Zeitfunktion der Häufigkeiten der Strukturen 01 (✱), 11 (#) 010 (✶) für die Worte: "Eins", "Zwei".

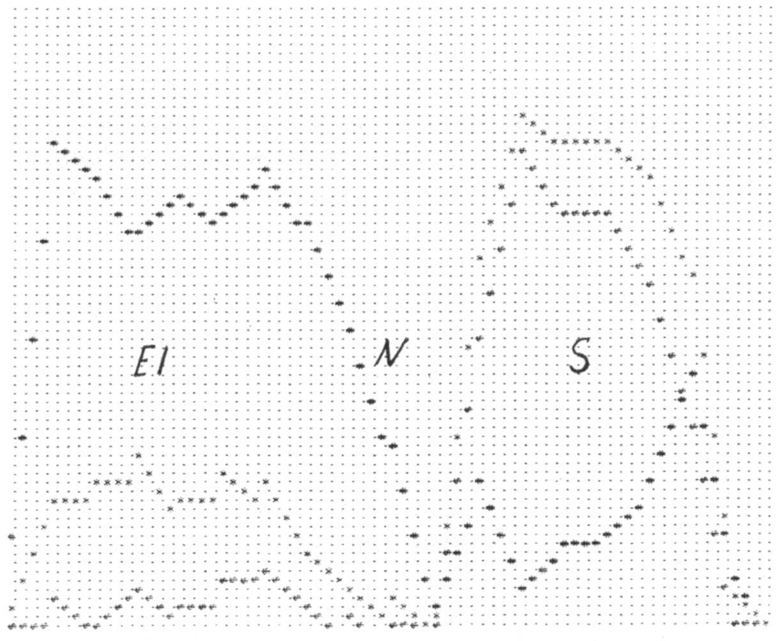


Bild 2

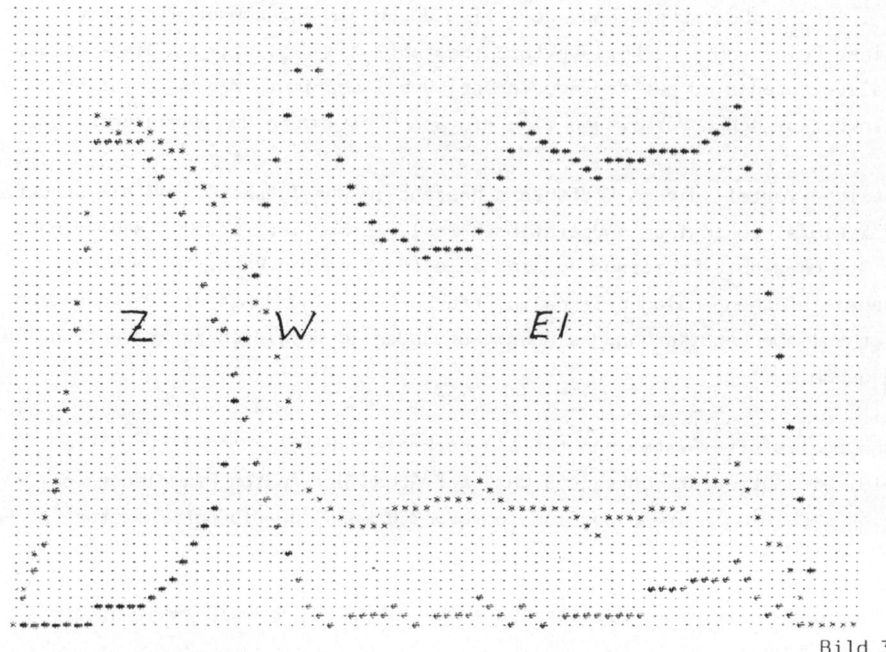


Bild 3

III. Vergleichsoperation

Das erzeugte Sprachmuster wird entweder im sog. Trainigsmodus als Referenzmuster abgelegt oder im sog. Erkennungsmodus mit den abgespeicherten Referenzmustern verglichen. Für den Mustervergleich wird eine aus der Dynamischen Programmierung (DP) /3, 4/ abgeleitete wesentlich schnellere Methode (fast nonlinear time alignment (FNT)) verwendet, die ebenfalls eine nichtlineare Zeitzuordnung zweier Muster durchführt und als Ergebnis ein Abstandmaß für die Ähnlichkeit der Muster liefert.

Gegeben seien zwei Muster

$X = (x_1,\dots,x_i,\dots,x_n)$
$Y = (y_1,\dots,y_j,\dots,y_m)$

Der FNT-Algorithmus ermittelt eine nichtlineare Zeitanpassung beider Muster, die sich wie üblich als Folge von Punkten $P_1,\dots,P_k,\dots,P_l$ in der i-j Ebene darstellen läßt.

Die Punktfolge wird induktiv folgendermaßen ermittelt:

1.) $P_1 = (1,1)$

2.) $P_k = (i,j)$ sei bereits ermittelt

Sei $d\,(i,j) = \sum_{\nu=1}^{p} | x_{i\nu} - y_{j\nu} |$ der lokale Abstand, dann ist $P_{k+1}$ derjenige der Punkte (i+1,j), (i+1,j+1), (i,j+1), für den der lokale Abstand d minimal wird. Falls alle drei lokalen Abstände gleich sind, soll stets der Punkt (i+1, j+1) gewählt werden.

(i,j+1) (i+1,j+1)

(i,j) (i+1,j)

Ist $P_k = (n,j)$, so sei $P_{k+1} = (n,j+1)$ und falls $P_k = (i,m)$, so sei $P_{k+1} = (i+1,m)$.

In jedem Schritt wird dabei der zum Punkt $P_k = (i+j)$ gehörige lokale Abstand d (i,j) zum globalen Abstand D dazuaddiert:

$$D = \sum_{k=1}^{l} d\,(i_k,\, j_k)$$

Die Anzahl der Rechenschritte für den Algorithmus FNT ist $\leq n + m$. Für die dynamische Programmierung hingegen sind $n \cdot m$ Schritte erforderlich. Dies erklärt den Vorteil des FNT-Mustervergleichs hinsichtlich der Rechenzeit.

Eine geringfügige Zusatzlogik bei der Auswahl des nächsten Punktes $P_{k+1}$ im FNT Algorithmus verhindert, daß "lokale Ausreißer" in den Datensätzen X und Y zu schlechten Ergebnissen führen.

In einem Testprogramm wurden DP und FNT unmittelbar miteinander verglichen, indem sie nacheinander auf dieselben Sprachmuster angewendet wurden. Bezüglich der Entscheidungsergebnisse ergab sich kein signifikanter Unterschied. Da der Entscheidungspfad bei der FNT unmittelbar bekannt ist, ergibt sich die Möglichkeit, automatisch eine Rückweisungsschwelle zu bilden. Aus diesem Grunde genügt in der Trainingsphase ein einmaliges Sprechen des Vokabulars, wobei der Benutzer (in diesem Fall der Fahrer) vom System per Sprachausgabe geführt wird.

## IV. Unterdrückung stationärer Geräusche

Bei Einsatz des Systems im Fahrzeug ergeben sich worst case Signal-Störabstände von weniger als 6 dB. Das Fahrgeräusch kann im Vergleich zur Sprache als quasistationär betrachtet werden. Dieser chrakteristische Unterschied wird für die Störgeräuschunterdrückung ausgenutzt.

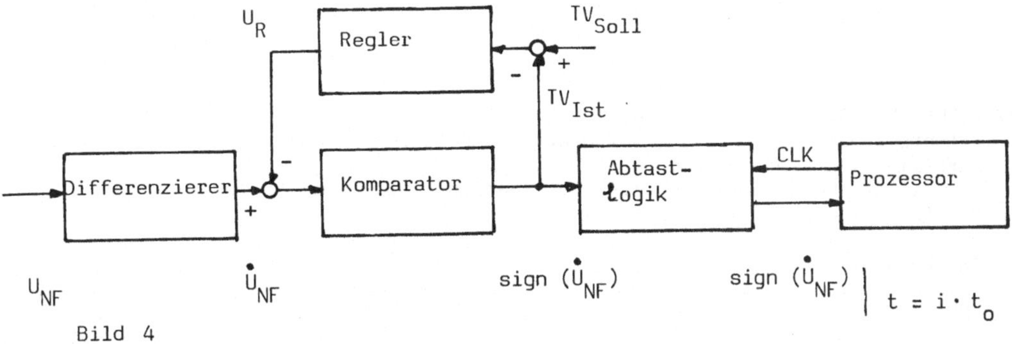


Bild 4

Das Eingangssignal des Komparators wird durch Addition einer Regelspannung $U_R$ so verschoben, daß im stationären Fall der Mittelwert des Tastverhältnisses des Komparatorausgangssignals $TV_{ist}$ einem vorgegebenen minimalen Sollwert $TV_{Soll}$ entspricht. Die Zeitkonstante des Reglers wurde so groß gewählt, daß er dynamische Vorgänge, wie z.B. ein Kommandowort, nicht ausregeln kann. In diesem Fall wertet der Komparator nur den Teil des Eingangssignals aus, der das aktuelle Störsignalniveau überschreitet.

Damit ist die Voraussetzung für eine eindeutige Bestimmung der Wortgrenzen gegeben. Da das Sprachsignal immer noch dominiert (SNR $\leqq$ 6 dB), unterscheiden sich die unter diesen Umständen erzeugten Sprachmuster nicht wesentlich vom ungestörten Fall.

## V. Rückweisung von undefinierten Sprachsignalen

Im Falle der Konversation mit dem Beifahrer erzeugt der Fahrer Sprachsignale, die von dem Spracherkenner ignoriert werden sollen. Als ein Unterscheidungskriterium wurden bestimmte Pausenzeiten definiert. Während die Konversation in kontinuierlicher Sprache geführt wird, müssen gültige Kommandoworte in Pausenzeiten von ca. 1 s eingebettet sein.

Zusätzlich wurden Schranken für die Wortlänge definiert. Ein kontinuierlich gesprochener Satz überschreitet oft die maximal zulässige Wortlänge.

Auf die durch dieses Netz von Zeitbedingungen geschlüpften undefinierten Sprachsignale wird der in der Vergleichsoperation (FNT) implementierte Rückweisungsalgorithmus angewendet.

## VI. Ergebnisse

Das beschriebene Spracherkennungssystem wurde mit Hilfe des µP MC6809 und des Interfacebausteines SY6522 realisiert.

Für das Programm wurden ca. 2,5 K benötigt. Von den insgesamt implementierten 2 K Datenspeicher können 1,6 K für ca. 20 Worte als Referenzspeicher genutzt werden.

Das Gesamtsystem hat die Größe einer halben Europakarte.

In der Regel wurden im Fahrzeug Erkennungs-Raten von $\geqq$ 95 % erzielt.

Die in IV. beschriebenen Maßnahmen reichen für eine völlige Unterdrückung undefinierter Sprachsignale noch nicht aus.

## Referenzen


/1/ LICKLIDER, J.C.R. and POLLACK, I.,
Effects of Differentiation, Integration and Infinite Peak Clipping upon the Intelligibility of Speech,
Journal of the Acoustical Society of America, Vol 20, No 1, January 1948, Pgs 42 - 51

/2/ ANDERSON, I.C.
"Improved zero-crossing method enhances digital speech"
EDN 13/82

/3/ SAKOE, H. and CHIBA, S.,
"A dynamic programming approach to continous speech recognition,"
Proc. Int. Congr. Acoust., Budapest, Hungary, 1971, paper 20c - 13

/4/ DAS, S.K.,
"Memory and time improvements in a dynamic programming algorithm for matching speech patterns, "
IEEE Trans-Acoust., Speech, Signal Processing, Vol. ASSP-26, pp. 583 - 586, Dec. 1978.

# ÜBERPRÜFUNG VON HOLZSTRUKTUREN IN ECHTZEIT DURCH MODELLGESTÜTZTE DATENREDUKTION

Wolfgang Pölzleitner, Walter Kropatsch

Forschungsgesellschaft Joanneum
Institut für digitale Bildverarbeitung
Wastiangasse 6, A-8010 Graz

Zusammenfassung. Bei der automatischen Klassifikation von Profilhölzern in Güteklassen unterscheiden sich die zu erkennenden Muster nicht signifikant durch radiometrische Größen. Bisher bekannte Lösungsverfahren beruhen auf statistischen Methoden, die vorwiegend die Textur vermessen. Diese Methoden führen zu keiner wesentlichen Datenreduktion. Es wird aufgezeigt, daß die Verwendung eines Modells der Wachstumsprozesse im Holz eine Datenreduktion in großem Ausmaß ermöglicht. Diese ist Voraussetzung für eine Klassifikation in Echtzeit.

Diese Arbeit wird vom "Forschungsförderungsfond für die gewerbliche Wirtschaft", Kärntnerstraße 21-23, 1015 Wien, unterstützt.

## I. Einleitung

Beim Einsatz von bekannten Verfahren der Mustererkennung in industriellen Sichtsystemen entsteht häufig die Kluft zwischen theoretischer Machbarkeit einerseits und Realisierbarkeit der Methoden in Echtzeit andererseits. Die verfügbaren Rechnerarchitekturen und -technologien stellen Grenzen dar, die besonders bei datenintensiven Computer-Sichtsystemen unüberwindbar sind.

Zahlreiche Methoden zur Verarbeitung und Klassifikation von Texturen fallen in diese Kategorie. Solche Methoden bedienen sich der Extraktion statistischer Größen, die als Merkmale für die Klassifikation dienen.

Ein Beispiel hiefür ist die Problematik der Qualitätskontrolle von Industrieprodukten, bei der die Erkennung und quantitative Bewertung von Fehlern verschiedenster Art notwendig ist. In der Holzindustrie tritt diese Problemstellung bei der automatischen Güteprüfung von Profilbrettern auf, die hier als Beispiel dienen soll.

Bei diesen und verwandten Problemen ist es nicht möglich, das zu prüfende Objekt mit einer Gutmusterschablone zu vergleichen, da die Gutmuster selbst statistisch verteilte Komponenten besitzen. Die Alternative, nämlich das Aufstellen von Modellen für die möglichen Fehler (in diesem Beispiel Astlöcher, Risse, Harzgallen, etc.)

scheidet aufgrund der Anzahl und der Verschiedenartigkeit der notwendigen Modelle aus.

Bei dieser Klasse von Mustererkennungsproblemen ist es jedoch möglich, anhand eines Modells das Entstehen der zu erkennenden Muster mathematisch (d.h. geometrisch oder topographisch) oder algorithmisch (d.h. syntaktisch) nachzuvollziehen. Diese Philosophie ermöglicht eine effiziente Trennung der Gutmuster von den Schlechtmustern, sowie die Vermessung und Bewertung der erkannten Muster. Die gleichzeitig erreichte Datenreduktion ermöglicht eine Implementation des Klassifikationsschemas in Echtzeit. Die vorgeschlagene Strategie wird anhand eines Systems zur automatischen Profilbrettklassifikation veranschaulicht.

### Problemstellung

Gehobelte Profilbretter werden in Längsrichtung an einer Zeilenkamera (CCD-Array) vorbeibewegt. Die zeilenweise gewonnene Bildinformation wird an eine Verarbeitungseinheit übertragen, die in Echtzeit die Klassifikation des Brettes in Güteklassen A, B, C durchführt. Die Inspektion erfolgt kontinuierlich.

Die von einem solchen System zu unterscheidenden Muster sind im wesentlichen Linien- und Flächenmuster. Beide Mustertypen beinhalten in unserem Beispiel sowohl Gütemerkmale (Maserung, Äste) als auch qualitätsmindernde Merkmale (Risse, Harzgallen, Hobeleinschläge). Es gilt diese Objekte zu erkennen und zu vermessen. Das wesentliche Kriterium bei der Auswahl möglicher Lösungsansätze für die Mustererkennung ist die Eigenschaft, daß sich die einzelnen Muster nur unvollständig durch radiometrische Größen unterscheiden.

## II. Lösungsansätze für die Mustererkennung und deren Eingrenzung

Conners et al. /1/ berichteten kürzlich über ein Inspektionssystem, dessen Entwurf die Holzmerkmale als klassisches Beispiel für Texturmuster behandelt. Der beschrittene Weg baut auf der Verwendung von Cooccurence-Matrizen und daraus abgeleiteten statistischen Größen erster und zweiter Ordnung auf. Aus diesen Größen wird der Merkmalsvektor für die Klassifikation gebildet. Die in den Mustern vorhandene Struktur wird nur implizit über die verwendeten Texturmaße berücksichtigt. Verwandt zu dieser Methode ist der Ansatz von Ade /2/, der sogenannte Eigenfilter zur Charakterisierung von textilen Mustern verwendet. Diese Eigenfilter werden aus den Eigenvektoren der Kovarianzmatrix der Textur abgeleitet. Berichte über weitere Methoden zur Klassifikation von Texturen existieren in großer Zahl. Obwohl der Beweis der prinzipiellen Machbarkeit des Mustererkennungsproblems für Holzstrukturen durch Conners /1/ erbracht wurde, scheitert die Implementierung an der unzureichenden Datenreduktion, die eine Grundvoraussetzung für die Echtzeitforderung darstellt. Weiters ist eine Vermessung der erkannten Muster mit diesen Methoden nicht ohne weiteres möglich.

Den statistischen Methoden ist gemeinsam, daß sie keine explizite Annahme über die interne Struktur der zu erkennenden Muster beinhalten. Syntaktische Methoden (Fu /3/) verwenden solche Annahmen, wobei es schwer ist, geeignete Grammatiken zur Modellierung der Muster zu finden. Wie beim Template-Matching steigt hier der Aufwand mit der Zahl der Muster.

## III. Ein Modell ermöglicht Datenreduktion

Der Weg, den wir vorschlagen, verwendet ein globales, dreidimensionales Modell des Holzbrettes, das die Struktur festlegt, mit der weitere, lokale Modelle miteinander zusammenhängen. Das globale Modell berücksichtigt die Entstehung des Brettes in einem biologischen Wachstumsprozeß, in dem bestimmte Muster andere ausschließen (Maserung, Äste). Die Beurteilungsaufgabe lautet: Stelle fest, wie weit ein betrachtetes Brett dem Modell entspricht. Jede Abweichung von dem Modell ist notwendigerweise in die Klasse der Fehler einzuordnen.

Abbildung 1 zeigt das Schema des globalen Modells:
- Die betrachtete Oberfläche des Brettes ist ein ebener, zur Baumachse paralleler Schnitt durch den Stamm. Dieser besteht aus Jahresringen, die konzentrischen Zylindern ähneln. Die Jahresringe entstehen durch sekundäres Dickenwachstum /4/ infolge eines Wachstumsschubs im Frühjahr, der langsam gegen den Herbst ausklingt. Maserung ist jenes Muster, das durch den ebenen Schnitt durch die Menge der Jahresringe entsteht.
- Ein Ast ist ebenfalls eine Menge konzentrischer Jahresringe, deren Achse radial von der Mittelachse des Stammes wegläuft. Ein Ast verdrängt die Jahresringe des Stammes, sodaß sich Maserung und Äste nie schneiden können. Dieses dreidimensionale Modell impliziert auch

einen eindeutigen Zusammenhang zwischen der Form eines Astes und seiner Lage auf dem Brett.

Der Vergleich des zu beurteilenden Brettes mit diesem Modell beruht im wesentlichen auf dem Verlauf der Maserung. Diese bildet das Gerüst für das globale Modell. Wenn es gelingt, diese Struktur zu vermessen, kann aufgrund der Wachstumsgesetze zwischen gleichartigen Mustern unterschieden werden. (Beispiel: Harzgallen und Kernröhre sind in Bezug auf Radiometrie und Form identisch. Harzgallen sind aber an Jahresringe angelagert, während die Kernröhre im Zentrum des innersten Jahresringes ohne Berührung desselben liegt).

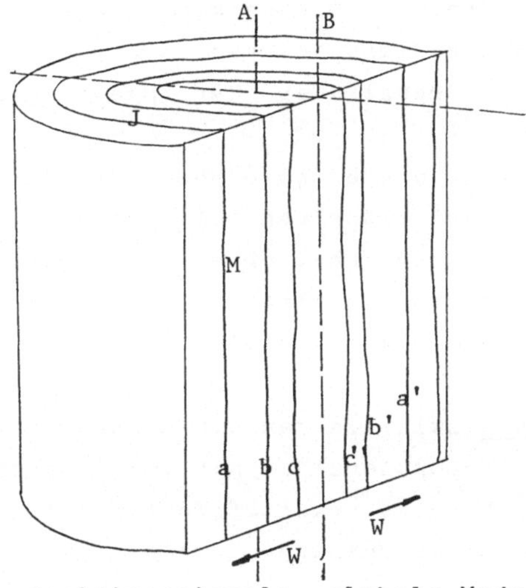


Abbildung 1: Das dreidimensionale, globale Modell der Holzstruktur. (A = Baumachse; B = gedachte Brettsymmetrie=achse; J = Jahresring; M = Maserung; W = Wachstumsrichtung projeziert auf die Brettebene)

Die Maserung verläuft quer zur Abtastrichtung, sodaß jede Abtastzeile einen Querschnitt durch die Maserungslinien erzeugt. Dieser Querschnitt beinhaltet ein für die Maserung charakteristisches sägezahnartiges Muster (siehe Abbildung 2), das sich in jeder Abtastzeile wiederholt. Der Verlauf der Maserung kann daher durch ein lokales, eindimensionales Modell ermittelt werden.

Diesem lokalen Modell liegen Wachstumsprozesse des Holzes zugrunde:

Der Wachstumsschub im Frühjahr bewirkt das Entstehen großer Zellen am Beginn eines Jahresringes. Die Größe der neu entstehenden Zellen nimmt gegen den Herbst hin ab. Auf dem Brett erscheinen große Zellen heller als kleine. Die Maserung ist somit dadurch gekennzeichnet, daß der Übergang von dunkel auf hell sprunghaft, von hell auf dunkel jedoch kontinuierlich verläuft (in Wachtumsrichtung). Der Verlauf der Intensität entlang einer Abtastzeile ist sägezahnartig. Wie die Maserung sind ebenso alle anderen im Holz auftretenden Muster durch diese Dunkel-Hell-Sprünge gekennzeichnet, wenn auch mit unterschiedlicher Ausprägung. Von der Richtung dieses Intensitätssprungs kann auf die Wachstumsrichtung geschlossen werden.

Extraktion der Maserung

1. Mit Hilfe eines speziellen, digitalen Filters werden zeilenweise die Koordinaten der für die Maserung maßgeblichen Intensitätssprünge ermittelt. Das Filter liefert zusätzlich die Wachstumsrichtung des Jahresringes an diesen Stellen. Die Merkmalsextraktion ist damit ein eindimensionales Problem der Signalanalyse. Abbildung 3 zeigt einen Bildausschnitt mit den Grenzlinien der Maserung nach erfolgter Merkmalsextraktion.

2. Die einzelnen Koordinaten werden zu einem geschlossenen Linienzug zusammengesetzt. Für jeden einzelnen Linienzug erlaubt das dreidimensionale Modell die Entscheidung, ob er zur Maserung gehört oder nicht. Für die Maserung müssen bestimmte Symmetriebedingungen erfüllt sein, zu deren Feststellung folgende drei Modellparameter herangezogen werden können:

- Die Abstandsproportionen zwischen den einzelnen Maserungslinien. Die Abstände ab, bc, sind proportional zu a'b', b'c' gemäß einem für das Brett charakteristischen Proportionalitätsfaktor (siehe Abb. 1).
- Die Wachstumsrichtung der Jahresringe. Bezogen auf das Brett ist diese entweder zum linken oder rechten Brettrand gerichtet (siehe Abb. 3).
- Die Größe der Intensitätssprünge.

Diese Parameter sind symmetrisch bezüglich der imaginären Brettmittelachse B in Abbildung 1. Die als Maserung klassifizierten Gebiete können nun von der weiteren Verarbeitung ausgeschlossen werden, womit eine Datenreduktion von großem Ausmaß erreicht wurde. Bei der weiteren Verarbeitung sind nur die noch nicht klassifizierten Intensitätssprünge zu behandeln.

## IV. Implementation

Die Verarbeitung der Bilddaten ist hardwaremäßig in Vorverarbeitung und Auswertung getrennt /5/. Der gesamte Prozeß der Reduktion der abgetasteten Bildinformation auf einige wenige

Parameter, die das globale Modell beschreiben, findet in der Vorverarbeitungseinheit statt. In einer Initialphase werden aus den ersten Bildzeilen eines Brettes Schätzwerte für die Parameter des globalen Modells extrahiert. Jede neu abgetastete Zeile wird in einem adaptiven Prozeß mit diesem Modell verglichen und dient zu einer Richtigstellung (Update) des Modells. Größere Abweichungen deuten auf Fehler (z.B. bedingt durch das Auftreten von Ästen) und initieren den Prozeß der Fehlervermessung im Hauptrechner. Die Vorverarbeitungseinheit liefert an den Hauptrechner nur mehr jene Primitiva, die als zu Fehlern gehörig erkannt wurden.

## V. Ausblick

Ein System zur automatische Klassifikation von Profilbrettern ist in Arbeit. Die in diesem Artikel vorgeschlagene Strategie ist für die Implementation in Echtzeit geeignet. Es wird eine Fördergeschwindigkeit von 120 Meter pro Minute angestrebt, die bei einer radiometrischen Auflösung von einem Quadratmillimeter eine Pixelrate von etwa 500.000 Pixel pro Sekunde bewirkt. Die beschriebene Methode der modellgestützten Datenreduktion erlaubt die Bewältigung solch großer Datenmengen. Sie ist nicht beschränkt auf das hier zugrunde liegende Beispiel aus der Holzindustrie, vielmehr sind weitere Anwendungsbereiche durchaus denkbar.

## VI. Literatur


/1/ Conners R. W., McMillin C. W., Lin K.: "Identifying and Locating Surface Defects in Wood: Part of an Automated Lumber Processing System", IEEE Transactions on PAMI, Vol. 5, No. 6, November 1983, pp. 573-583.

/2/ Ade F.: "Characterization of Textures by 'Eigenfilters'", Signal Processing, Vol. 5, No. 5, North Holland, 1983.

/3/ Fu K.S.: "Syntactic Pattern Recognition and Applications", Prentice-Hall, Inc., Englewood Cliffs, New Jersey, 1982.

/4/ Linder H.: "Biologie", Verlag Gustav Swoboda und Bruder, Wien 1975.

/5/ Kropatsch W., Pölzleitner W.: "Automatische Profilbrettklassifikation - Welche Technologien kommen für den industriellen Einsatz in Frage", 5. Jahrestreffen der ÖAGM, Dezember 1983, Schriftenreihe der Österreichischen Computer Gesellschaft, Oldenburg Verlag, Wien.

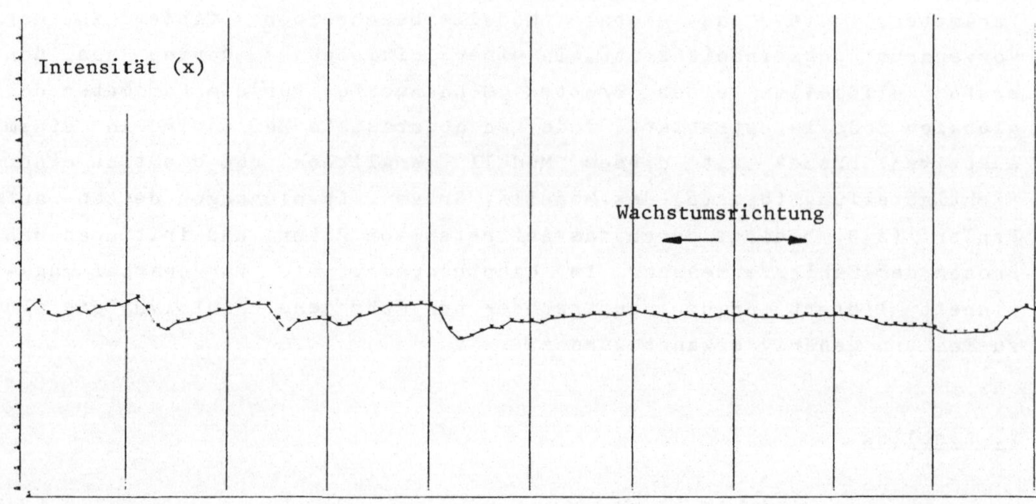


Abbildung 2: Intensitätsverlauf entlang einer Abtastzeile quer zur Maserung.

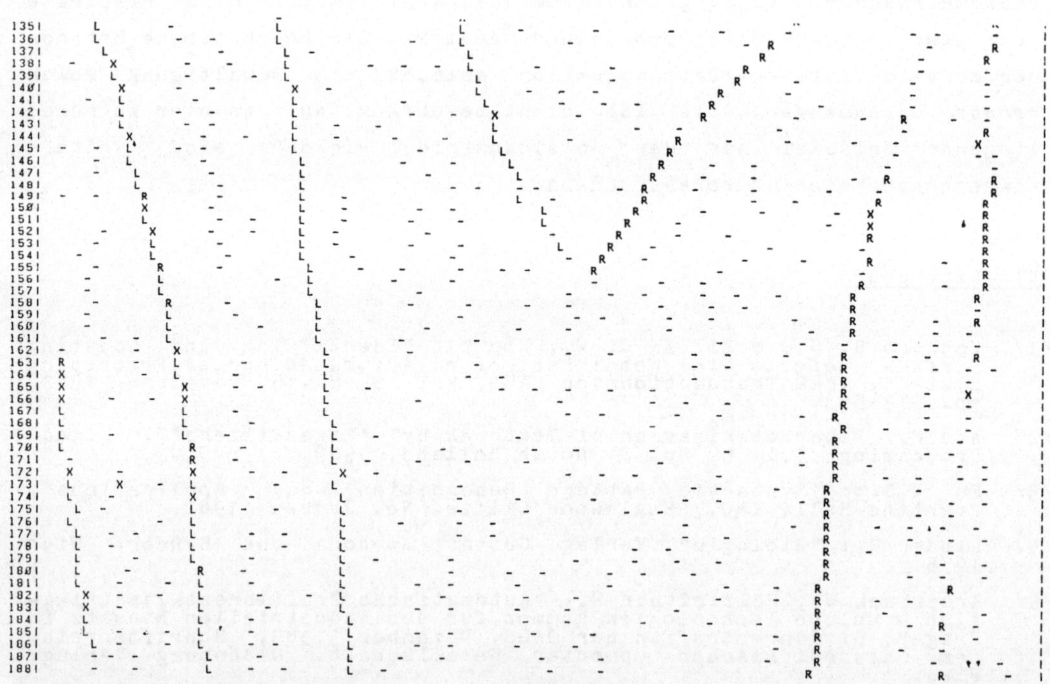

Abbildung 3: Das Merkmal "projezierte Wachstumsrichtung" wird zeilenweise extrahiert und später zu Linienzügen zusammengesetzt. ('R', 'L', 'X' bedeuten die Wachstumsrichtungen 'rechts', 'links' und 'unbekannt'; '-' steht für nicht signifikante Intensitätssprünge)

# Segmentierung von Schweißnahtfehlern in Röntgenaufnahmen aus der zerstörungsfreien Materialprüfung

W. Daum und P. Rose

Bundesanstalt für Materialprüfung
Labor 6.23: "Strahlenverfahren und Strahlenschutz"
Unter den Eichen 87, 1000 Berlin 45

## 1. Einführung

Der Einsatz technischer Erkennungssysteme in der industriellen Radiographie hat sich bislang vorwiegend auf die Aufbereitung des Röntgenbildes konzentriert. Verfahren wie Kontrastanhebung, Rauschverminderung und Ausleuchtungskorrektur haben zwar verbesserte Bedingungen für die visuelle Auswertung geschaffen, das Auffinden von Materialfehlern wurde jedoch weiterhin dem Menschen überlassen. Die Gründe hierfür liegen hauptsächlich in der bisher unerreichten selektiven Answertefähigkeit des menschlichen Betrachtungssystems. Insbesondere bei der Schattenprojektion eines Röntgenbildes, wo die Anzeige eines Materialfehlers häufig von anderen im Bild vorhandenen Strukturen getrennt werden muß, ist das Auge einer maschinellen Erkennung weit überlegen. Dennoch haben Untersuchungen gezeigt, daß bei problemangepaßten Entwicklungen die Bildverarbeitung auch hier leistungsfähige Auswertemethoden zur Verfügung stellen kann. Am Beispiel von Schweißnahtradiographien soll demonstriert werden, wie eine Suche nach Fehleranzeigen in Röntgenaufnahmen selbst bei schwierig auswertbaren Bildinhalten erfolgreich durchgeführt werden kann.

## 2. Das Muster "Schweißnaht"

Um die Problematik der Fehlererkennung in Schweißnahtradiographien zu verdeutlichen, ist in Abb. 1 die Durchstrahlungsaufnahme einer Schweißnaht mit einigen gut sichtbaren Fehlern dargestellt. Die Schweißnaht selbst, hier waagerecht verlaufend, ist hell abgebildet, da durch die Nahtüberhöhung und der damit verbundenen Materialzunahme der Röntgenfilm an dieser Stelle weniger geschwärzt wird. Dagegen werden Fehler, die zumeist als rundliche oder schlauchförmige Hohlräume auftreten oder flächenhafte Materialtrennungen sind, durch den Materialverlust im Durchstrahlungsbild dunkel angezeigt. Das hier vorliegende Röntgenbild zeigt die wesentlichsten Schweißnahtfehler, die jedoch in der Praxis gewöhnlich nicht mit diesem hohen Kontrast und in dieser Häufigkeit vorkommen.

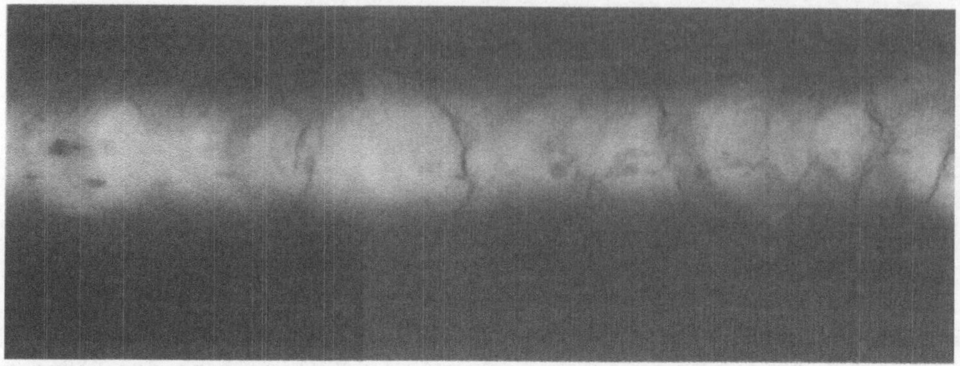

Abb. 1: Durchstrahlungsaufnahme einer Schweißnaht

Schweißnahtrisse, die sich durch ihre langgestreckte Form und durch ihre steilen Fehlerflanken zu erkennen geben, sind in der Bildmitte und im rechten Teil des Nahtbereichs wiedergegeben. Poren, die sich als runde Objekte abbilden, treten hier nur vereinzelt auf und sind links und halbrechts in der Durchstrahlungsaufnahme zu sehen. Weiterhin sind Wurzelfehler zu erkennen, die sich in der Schweißnahtmitte befinden, und Einbrandkerben der Decklage, die sich am Randbereich der Schweißnaht zeigen. Zusätzlich zu den Fehlerabbildungen sind jedoch weitere Strukturen enthalten, die auf Unregelmäßigkeiten in der Nahtoberfläche zurückzuführen sind und bei einer automatischen Fehlerdetektion von den wahren Fehleranzeigen getrennt werden müssen. Welche Schwierigkeiten sich aus der Bildstruktur einer Schweißnahtradiographie für die maschinelle Fehlererkennung ergeben, soll die folgende Zusammenstellung verdeutlichen:

<u>Fehlerlage:</u> In einem Schweißnahtabschnitt können mehrere Fehler gleichzeitig auftreten und sich gegebenenfalls überlagern.

<u>Fehlertypen:</u> Die große Anzahl verschiedener Schweißnahtfehler und ihre unterschiedlichen Abbildungseigenschaften im Röntgenbild verhindern eine gezielte Suche über vorher festgelegte Referenzen.

<u>Fehlerkontrast:</u> Fehlererkennungsverfahren basieren auf der Erfassung regionaler Schwärzungsunterschiede. Die sichere Erkennung eines Fehlers

kann nur gewährleistet werden, wenn sich der Fehler gegenüber seiner Umgebung im Bereich der Helligkeitsauflösung des Bildeinzugsystems (TV-Kamera) abhebt. Starke Schwärzungsschwankungen innerhalb eines Fehlers führen zu unvollständiger Detektion (z. B. Rißunterbrechungen).

Strukturüberlagerung: Durchstrahlungsaufnahmen von unbearbeiteten Schweißnähten enthalten eine Reihe von Strukturen (Raupe, Wurzeldurchhand etc.), die den Fehlerabbildungen ähnlich sind und deshalb zu Fehldetektionen bei der Fehlererkennung führen können.

## 3. Segmentierung mittels analytischer Bildapproximation

### 3.1 Hintergrundmodell

Abb. 2 zeigt den Ausschnitt einer Schweißnahtradiographie, die im Nahtbereich verschiedene Poren enthält. Der Kontrast der einzelnen Poren ist sehr unterschiedlich. In Abb. 3 ist der Grauwertverlauf eines Schnittes senkrecht zur Schweißnahtrichtung dargestellt. Deutlich ist der Unterschied zwischen der durch die zwei Poren und der durch die Schweißnahtraupe verursachten Grauwertänderung zu erkennen. Die Fehleranzeigen können durch hohe Ortsfrequenzanteile in Verbindung mit einer großen absoluten Grauwertänderung charakterisiert werden. Im Gegensatz dazu führt die Materialzunahme im Bereich der Schweißnaht nur zu einer allmählichen Grauwertänderung. Diese Eigenschaften nutzen wir zur Fehlersegmentierung aus, indem wir die Materialzunahme (bzw. die daraus resultierende Grauwertänderung) durch ein Modell nachbilden und dann aus der Bildfunktion eliminieren.

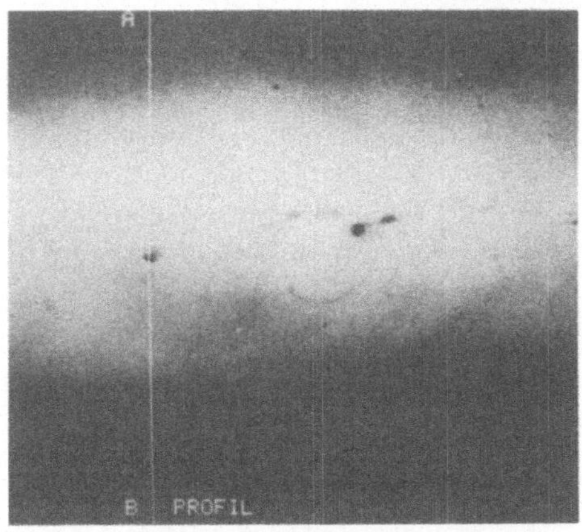


Abb. 2: Schweißnahtaufnahme mit mit Poren

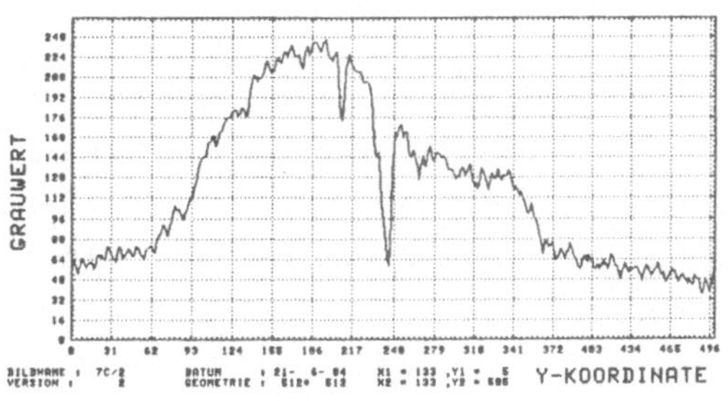


Abb. 3: Grauwertprofil zu Abb. 2

Zur Eliminierung des Hintergrundsignals in Bildfunktionen findet man in der Literatur verschiedene Anregungen. BALLARD und BROWN [1] schlagen folgende Vorgehensweise vor:

Durch eine analytische Approximation der Originalbildfunktion f(x,y) verschafft man sich eine Hintergrundbildfunktion $f_H(x,y)$ und subtrahiert diese von der Originalbildfunktion:

$$f_D(x,y) = f(x,y) - f_H(x,y)$$

Verschiedene Funktionsformen sind in der Lage, den Bildhintergrund analytisch zu beschreiben. Im einfachsten Fall ist $f_H(x,y)$ eine Konstante

$$f_H(x,y) = C$$

oder linear

$$f_H(x,y) = Ax + By + C$$

Anpassungsfähigere Hintergrundmodelle entstehen durch eine tiefpaßgefilterte Version der Originalbildfunktion

$$f_H(x,y) = \mathcal{F}^{-1} [H(u,v) \cdot (F(u,v)]$$

mit H(u,v) = Übertragunsfunktion des Tiefpaßfilters

F(u,v) = Fourier-Transformierte der Funktion f(x,y)

oder durch Berechnung einer ausgleichenden kubischen Splinefunktion.

Auf Grund der einfacheren Realisierungsmöglichkeit und den Schwierigkeiten beim Entwurf einer geeigneten Übertragungsfunktion überwiegen bei der Hintergrundmodellberechnung die Vorteile der Spline-Approximation [1].

## 3.2 Spline-Approximation

Ausgleichs- oder Glättungssplines werden zur Restauration, Filterung oder Modellbeschreibung erfolgreich in vielen Bereichen der digitalen Signalverarbeitung eingesetzt [siehe 2, 3, 4]. Auf Grund der guten Genauigkeit bei hinreichender Glattheit und erträglichem Rechenaufwand bieten sich kubische Splinefunktionen zur Berechnung des Hintergrundmodells der digitalisierten Schweißnahtradiographie an.

SPAETH [5] verwendet zum Ausgleich von Funktionsverläufen eine kubische Splinefunktion, bei der man bei vorgegebenen Ordinatenwerten $U_k$ eine interpolierende Splinefunktion durch noch unbekannte Ordinatenwerte $U_k{}^*$ derart bestimmt, daß die Ordinatendifferenz $(U_k - U_k{}^*)$ den Sprüngen der Splinefunktion in der dritten Ableitung in $x_K$ positiv proportional ist.

$$P_k (U_k - U_k{}^*) = r_k; \; k = 1, \ldots, n$$

$$\text{mit } P_k > 0$$

$$r_1 = f_1'''(x_1)$$

$$r_k = f_k'''(x_k) - f_{k-1}'''(x_k); \; k = 2, \ldots, n-1$$

$$r_n = -f_{n-1}'''(x_n)$$

Die Proportionalitätskonstanten $P_k$ spielen die Rolle von Gewichten. Größere $P_k$ produzieren eine geringe Abweichung $U_k - U_k{}^*$. Für $P_k \longrightarrow 0$ erhält man die im Sinne der kleinsten Quadrate ausgleichende Gerade [3]. Zur Vereinfachung und zur Verkürzung der Rechenzeit geben wir alle $P_k = P$ vor. Mit dieser Proportionalitätskonstanten haben wir die Möglichkeit, die Approximation der jeweiligen Bildvorlage anzupassen.

Die Ermittlung des Hintergrundmodells der Schweißnahtradiographie erfolgt durch zeilen- und spaltenweise Berechnung der ausgleichenden Splinefunktion nach dem von SPAETH angegebenen Algorithmus, wobei die Proportionalitätskonstante P einen festen Wert im Intervall $0.1 > P > 0.0001$ annimmt. Das somit erhaltene Hintergrundmodell (Abb. 4) wird von der Originalbildfunktion subtrahiert und das Resultat mit einem Offset versehen (Abb. 5). Entsprechend dem Profil in Abb. 3 sind die Profile der Hintergrund- und Differenzbildfunktion in Abb. 6 dargestellt.

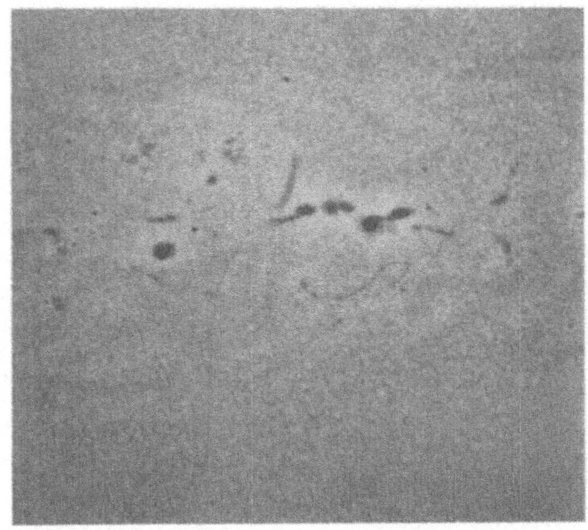

Abb. 4: Hintergrundbildfunktion

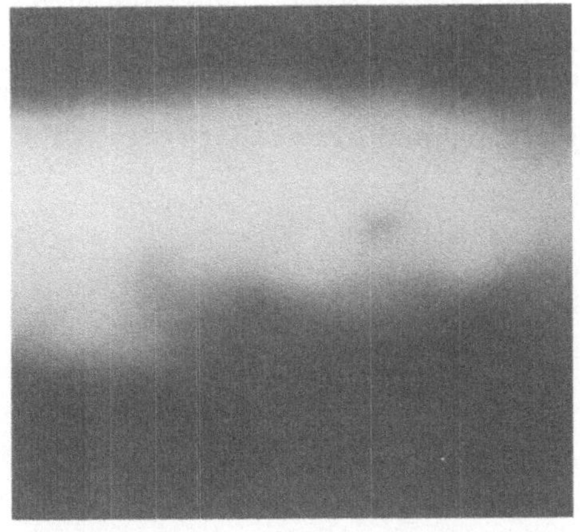

Abb. 5: Differenzbildfunktion

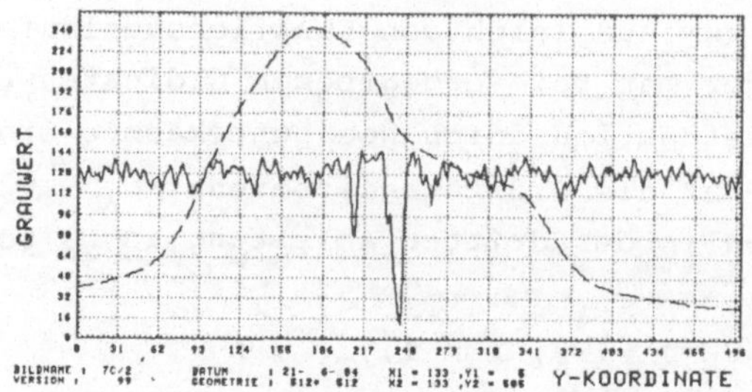


Abb. 6: Profildarstellung zu Abb. 4 und 5

## 3.3 Auswertung der Differenzbildfunktion

Die Differenzbildfunktion $f_D(x,y)$ besteht aus einem näherungsweise homogenen Bildhintergrund, aus dem sich vorhandene Schweißnahtfehler, gekennzeichnet durch dunkle Regionen, ausreichend kontrastreich abheben. Die Grobsegmentierung geschieht durch eine einfache Schwellwertoperation, wobei der Schwellwert aus dem Grauwerthistogramm entnommen wird. Damit erhält man ein 2-Klassenbild, das aus Hintergrund- und Objektklasse besteht (Abb. 7). Dieses Binärbild wird sodann in zwei Schritten weiterverarbeitet:

- Die Einzelobjekte der Objektklasse werden mit dem kleinstmöglichen Radius von einem Bildpunkt erodiert. Damit verschwinden kleinere Untergrundpunkte, die durch die Schwellwertoperation in die Objektklasse klassifiziert worden sind.

- Zur Rekonstruktion und zur Optimierung der Fehlernachzeichnung erfolgt im zweiten Schritt eine iterative grauwertabhängige Dilatation der noch im Bild vorhandenen Einzelobjekte.

Damit ist der Segmentierungsprozeß abgeschlossen (Abb. 8) und eine nachfolgende Merkmalsextraktion und Fehlerklassifizierung kann beginnen.

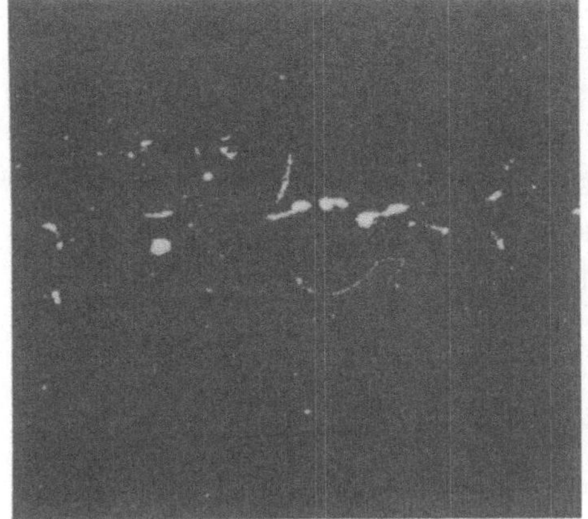

Abb. 7: Grobsegmentierung

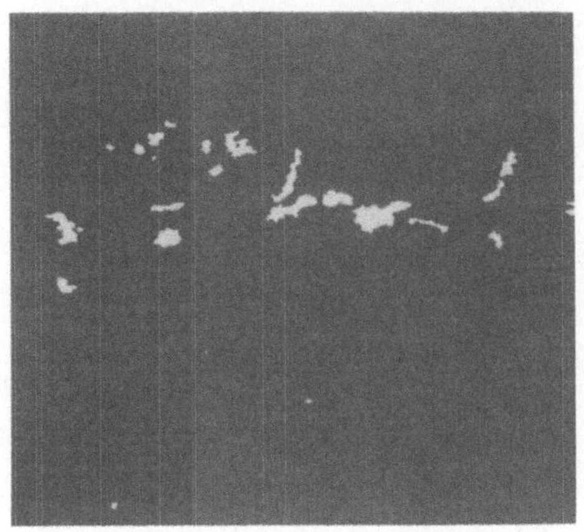

Abb. 8: Fehlersegmentierung

## 4. Diskussion

Das Bildapproximationsverfahren in Verbindung mit der Schwellwertoperation und der nachfolgenden Binärbildreinigung stellt ein flexibles und zuverlässiges Segmentierungsverfahren dar. Die Auswertung verschiedener Schweißnahtradiographien hat gezeigt, daß auch bei komplizierten Nahtstrukturen gute Segmentierungsergebnisse erzielt werden. Voraussetzung für eine einwandfreie Nachzeichnung der Fehlerkontur ist allerdings ein ausreichender Kontrast des Fehlers zu seiner lokalen Umgebung. Das Verfahren arbeitet unabhängig vom Fehlertyp und ist somit für die automatische Auswertung von Schweißnahtradiographien universell einsetzbar.

## Literatur

[1] Ballard, H.D., Brown, C.M.: "Computer Vision"
Prentice Hall Inc., Englewood Cliffs, 1982

[2] Dierckx, P.: "Algorithms for Smoothing Data with Periodic and Parametric Splines"
Computer Graphics and Image Proc. 20, 1982, pp. 171-184

[3] Reinsch, C.H.: "Smoothing by Spline-Functions"
Num. Math., 10, 1967, pp. 177-183

[4] Schlichte, H.: "Zur Spline-Interpolation bei Digitalfiltern"
Frequenz, 38, 1984, pp. 44-49

[5] Spaeth, H.: "Spline-Algorithmen zur Konstruktion glatter Kurven und Flächen"
3. Aufl. Oldenbourg, München 1983

# BESTIMMUNG DER GREIFPUNKTE FÜR DEN ENTLADE-ROBOTER BEI UNGEORDNET IN DER KISTE LIEGENDEN ZYLINDRISCHEN WERKSTÜCKEN

# DETERMINATION OF THE ROBOT'S GRIPPING POINT FOR PICKING UP RANDOMLY PACKED CYLINDRICAL WORKPIECES FROM CONTAINERS

J. Weber
URW Unternehmensberatung Karow Rubow Weber GmbH
Hamburg

## 1. Aufgabenstellung

Bei der Getriebewellenfertigung werden die Rohlinge in offenen Behältern angeliefert. Ein Behälter faßt 400 - 500 gleiche Werkstücke. Sie werden heute manuell aus dem Behälter entnommen und orientiert auf Fördereinrichtungen abgelegt bzw. in den Bearbeitungsautomaten eingegeben. Dieser Vorgang soll mit Hilfe von Robotern automatisiert werden. ("Griff in die Kiste").

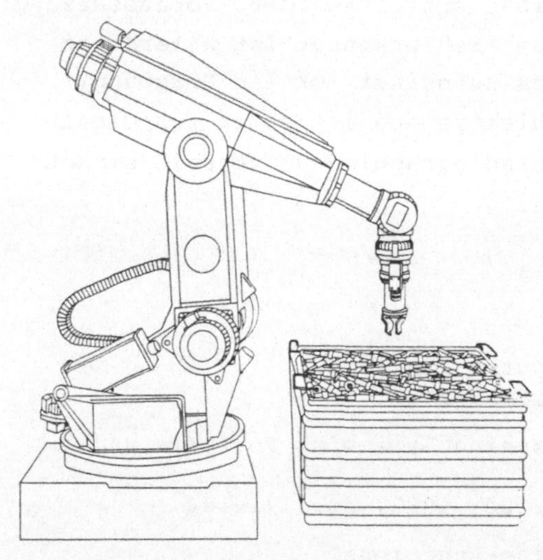

Abb. 1 Greifsituation

Gefordert wird eine vollständige Entladung des Behälters. Pro Teil stehen 10 Sekunden zur Verfügung. Die Einrichtung soll flexibel sein; d.h. bei Teileänderung soll mit wenig Aufwand umgerüstet werden können. Das dabei in Betracht gezogene Teilespektrum beinhaltet Getriebewellenrohlinge unterschiedlicher Ausführung und Abmessungen.

Das Projekt umfaßt eine Reihe unterschiedlicher Einzelaufgaben: die Konstruktion eines geeigneten Greifers, Entwicklung der Stereobildaufnahmeoptik, Aufbau eines Mikrorechnersystems unter Einbeziehung spezieller Elektronik für die Bildvorverarbeitung, die eingehende Auseinandersetzung mit der Robotersteuerung und die Entwicklung aller erforderlichen Programme, angefangen bei der Ablauforganisation über die Mustererkennung und Greifpunktbestimmung bis hin zur vollständigen Überwachung der Roboterbewegung. Kritischer Punkt bei der Entwicklung ist die Mustererkennung: Anhand mehr oder weniger reduzierter Bilddaten müssen die ungeordnet im Behälter liegenden Getriebewellenrohlinge einzeln identifiziert und Greifpunkte ermittelt werden. Im weiteren muß zumindest lokal die jeweilige Stapelung untersucht werden, damit Greiferkollisionen vermieden werden können.

Abb. 2 Greifobjekte (Getriebewellen-Rohlinge)

Der Greifpunkt sollte dabei so liegen, daß der Greifer von oben her Zugang hat. Die Backen des Greifers müssen ohne Behinderung durch andere Wellen den Rohling umschließen können. Die zulässige Unsicherheit in der Bestimmung der Koordinaten des Greifpunktes ist abhängig von der Greiferkonstruktion. Im beschriebenen Fall liegt sie bei $\pm$ 1 mm in der Bildebene (X,Y) und $\pm$ 2 mm in der dazu Senkrechten (Z).

Da insgesamt, einschließlich Roboterbewegung, nur 10 Sekunden zur Verfügung stehen, darf das Mustererkennungsprogramm bei der Zielanlage zur Greifpunktermittlung höchstens 1 - 2 Sekunden benötigen. Diese Anforderung macht eine Aufteilung der Analyse in einen Vor- und einen Hauptprozess erforderlich. Als Hauptrechner wird aus Gründen der Kompatibilität ein Mikrorechner vom Typ Z80 verwendet. Die Vorprozessorplatine ist eine Eigenentwicklung der URW Unternehmensberatung, Hamburg.

## 2. Lösungsweg für die Greifpunktbestimmung

### 2.1. Bildaufnahme

Die Szene der zu greifenden Getriebewellen wird von zwei Einzeilenkameras beobachtet. Die in einer Ebene liegenden optischen Achsen der Kameras stehen senkrecht auf der Bildebene (Boden des Behälters). Die Kameras sind leicht geneigt zueinander aufgehängt, um eine Stereoauswertung der Bilder zu ermöglichen. Der Winkel zwischen ihnen beträgt 14°. Sie sind an einem spindelgetriebenen Schlitten montiert, der

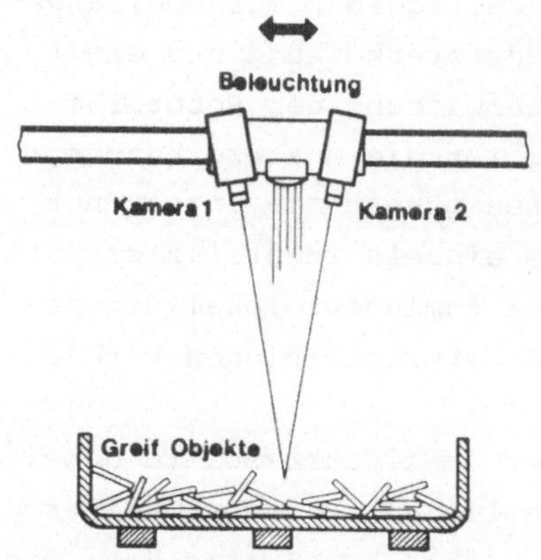


über den Behälter hinweg verfahren werden kann (Scanner). Die lichtempfindlichen Zeilen der Kameras bestehen aus je 1000 Dioden, die längs des Verfahrweges 1200 mal ausgelesen werden. Der Takt für das Auslesen stammt von einem Weggeber. Die Schrittweite entspricht ca. 1 mm in der Bildebene. Bei einer Aufnahmesequenz entstehen so zwei Grauwertbilder mit je 1200 x 1000 Bildpunkten.

Abb. 3 Bildaufnahme Optik

## 2.2. Segmentierung

Die von der Beleuchtung herrührenden Reflexe auf den Getriebewellen sind auf den Bildern als langgestreckte, mehr oder weniger unterbrochene Flecken zu erkennen (Abb. 4). Diese Flecken müssen einzeln bezüglich ihrer Grauwertverteilung untersucht und - wenn möglich - zu Wellen zusammengefügt werden.

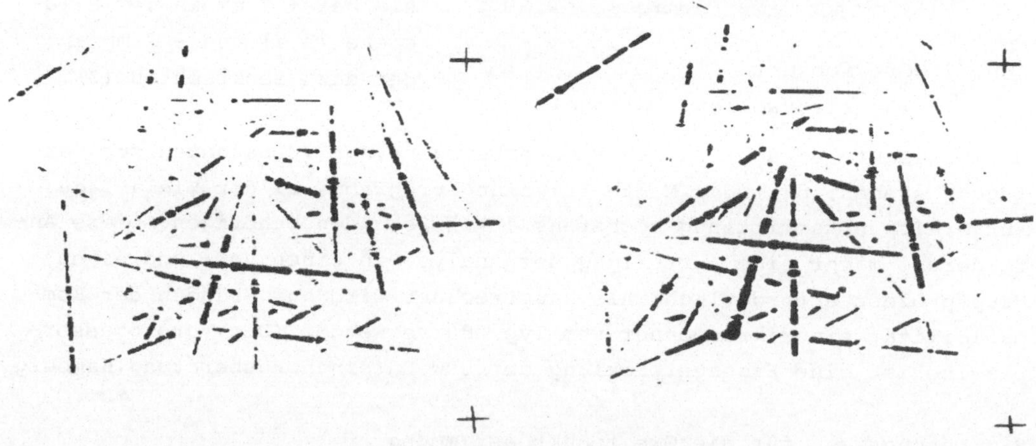

Abb. 4 Bildausschnitte von Kamera 1 und Kamera 2
(Binärbild, invertiert)

Die Verarbeitung beginnt mit der Reduktion der Bilddaten auf Bereiche, deren Helligkeiten über einer bestimmten Schwelle liegen. Das Auffinden der richtigen Schwellenhöhe (Adaption) wird durch ein gesondertes Programm vorgenommen. Dieses läuft in regelmäßigen Abständen ab, um

Beleuchtungsänderungen und Änderungen im Reflexionsvermögen der Wellen (Rost) kompensieren zu können. Ein Maß für die optimale Lage der Schwelle ist die Ausprägung des Grauwertgradientenfeldes. Ist der Fleck zu groß (Schwelle zu tief), ist die für die Zuordnung benötigte Gradientenvorzugsrichtung wenig ausgeprägt. Geht man mit der Schwelle zu hoch, verliert man Flecken, die man zur Achslagenbestimmung benötigt.

Bei den Getriebewellen handelt es sich um zylindrische Objekte. Aufgrund dieser Form und der vorgegebenen Beleuchtung ist im Bild eine charakteristische Grauwertverteilung zu erwarten: die Helligkeit nimmt quer zur Wellenachse ab; d.h., die Gradientenvorzugsrichtung gibt einen Hinweis auf die Orientierung der Welle.
Die Gradientenvorzugsrichtung wird aus einer Häufigkeitsverteilung, zu der jeder Bildpunkt des Fleckens einen Beitrag liefert, ermittelt:

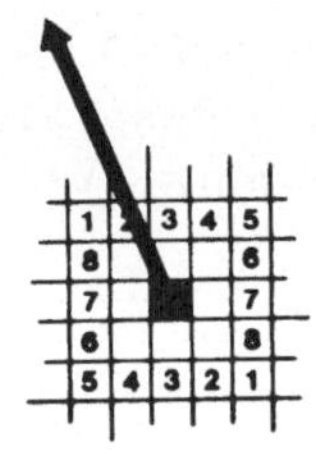


Abb. 5 Ermittlung der Gradientenvorzugsrichtung

Das 360° Umfeld um einen Bildpunkt kann in 16 Felder aufgeteilt werden, wobei jeweils zwei gegenüberliegende Felder zu einer "Richtung" zusammengefaßt werden (s.Abb.5). Die Richtung, bei welcher der größte Helligkeitsunterschied zwischen Aufpunkt und Umfeldpunkt besteht, erhält im Histogramm einen Beitrag.
Neben der Gradientenvorzugsrichtung werden pro Fleck noch die Flecklänge und der Fleckschwerpunkt bestimmt. Hierfür wird vom Binärbild des Fleckens ausgegangen, d.h. innerhalb der durch die Schwelle definierten Fleckgrenzen wird jeder Bildpunkt mit dem gleichen Gewicht belegt.
Diese Vereinfachung wird gewählt, um Verarbeitungszeit zu sparen. Der für die Bestimmung der Wellenachse theoretisch geeignetere Helligkeitsschwerpunkt unterscheidet sich (im Rahmen der zulässigen Meßunsicherheiten) lagemäßig nicht wesentlich vom Flächenschwerpunkt.
Der letzte Schritt bei der Bestimmung der genannten Fleckmerkmale - Schwerpunkt, Länge, Gradientenvorzugsrichtung - erfolgt im Hauptrechner. Der Vorprozessor liefert dafür bereits weitgehend vorverarbeitete Daten.

Aufgabe des Hauptrechners ist es im folgenden, die Flecken zu Wellen zusammenzufassen. Der erste Gesichtspunkt dafür ist eine Linearitätsforderung: Korrespondierende Fleckschwerpunkte müssen auf einer Geraden liegen. Der zweite Gesichtspunkt ist der, daß Flecken, die zu einer Welle gehören, die gleiche Gradientenvorzugsrichtung haben müssen. Wie es sich gezeigt hat, ist bei den vorliegenden Bildern ein Gesichtspunkt alleine nicht ausreichend. Benutzt man nur die Linearitätsforderung, benötigt man zum einen lange Rechenzeiten wegen der hohen Zahl der Permutationen und zum anderen ist das Zuordnungsergebnis nicht immer eindeutig. Die Gradientenvorzugsrichtung andererseits kann durch Schattenbildung oder Oberflächenstörungen wie Rost und Verschmutzung vom Normalfall deutlich abweichen. Erst beide Gesichtspunkte zusammen ergeben ein befriedigendes Ergebnis; d.h. ca. 80 % der Flecken werden zugeordnet und mindestens die obenauf liegenden Wellen sind nahezu vollständig repräsentiert und damit rekonstruierbar.

## 2.3. Wellenrekonstruktion

Segmentierung und Wellenrekonstruktion werden individuell für die beiden Bilder (von Kamera 1 und Kamera 2), d.h. nur im Zweidimensionalen, vorgenommen. Als Ergebnis der Segmentierung erhält man Gruppen von zusammengehörenden Flecken, deren Mittelpunkte auf einer Achse liegen. Jeder Fleck hat eine Länge. Bei einer Aufreihung (siehe Bild 6) erhält man ein mehr oder weniger ausgeprägtes Lückenbild:

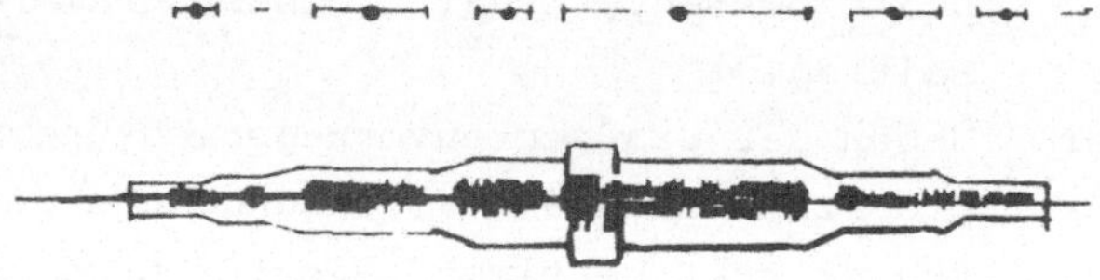

Abb. 6 Rekonstruktion der Welle

Die Lücken treten vorwiegend an den konischen Stellen der Welle auf. Da die Wellenform bekannt ist, kann anhand der Lücken auf die Lage der Welle und damit auf den Umriß geschlossen werden. Das Greifen der Welle soll möglichst nicht an den konischen Stellen und nicht an den Enden der Wellen erfolgen. Bei einer wie beschrieben rekonstruierten Welle können diese Bereiche bei der Greifpunktbestimmung ausgeschlossen werden. Der genauere Umriß wiederum wird bei der Prüfung, ob Kollisionsgefahr für den Greifer besteht, benötigt. Als möglicher Greifpunkt kommen alle diejenigen Fleckschwerpunkte in Betracht, die auf einer in diesem Sinne rekonstrierbaren Welle liegen und bei denen der zugehörige Fleck eine für die Greiferbacken hinreichende Länge hat.

## 2.4. 3D-Lagebestimmung

Die in den obigen Punkten genannten Arbeitsschritte werden für die Bilder von Kamera 1 und Kamera 2 in gleicher Weise ausgeführt. Ergebnis sind zwei getrennte Listen mit den Daten der jeweils im Bild 1 und Bild 2 rekonstruierten Wellen und mit den möglichen Greifpunkten. Zwischen den beiden Listen wird eine Korrespondenz hergestellt: Eine in Bild 1 gefundene Welle muß auch in Bild 2 vorhanden sein. Kriterium für die Auffindung ist die ähnliche Winkellage und der nach nur einer Seite hin mögliche Versatz dieser Welle. Für diesen Suchvorgang werden die beiden Bilder anhand von Referenzpunkten zur Deckung gebracht.

Als nächster Schritt wird zu dem in Bild 1 gefundenen Greifpunkt ein homologer Punkt im Bild 2 ermittelt. Die anfangs gemachte Annahme, daß bereits die Flächenschwerpunkte korrespondierender Binärflächen ausreichend homolog sind, erwies sich wegen der doch recht unterschiedlichen Reflexbilder als nur mangelhaft erfüllt. Zwei Fakten machen es jedoch möglich, daß der homologe Punkt in Bild 2 aus den Bilddaten direkt berechnet werden kann.

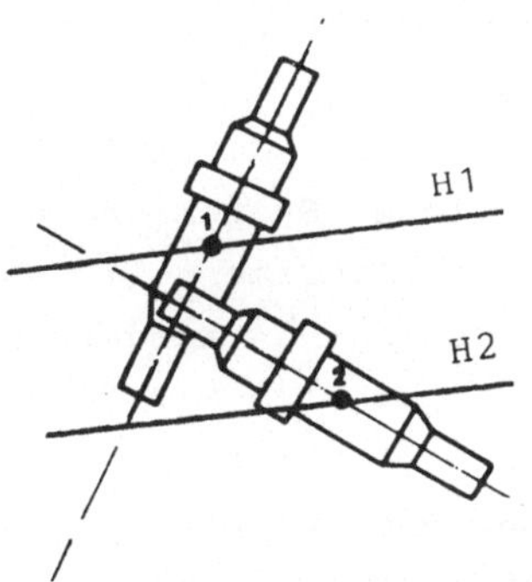


Abb. 7 Homologielinien (H1,H2)

1) Die beiden Kameras sind mechanisch starr miteinander verbunden. Sie werden linear über den Behälter hinwegbewegt; d.h., auf einer Parallelen zur Verfahrrichtung liegende Punkte in der Objektebene werden durchgängig mit den gleichen Dioden in Kamera 1 und Kamera 2 registriert (Homologielinien).

2) Eine Ausgleichsrechnung hat unter Zugrundelegung der Fleckschwerpunkte eine genaue Achslage der Welle ergeben.

Der homologe Punkt ergibt sich dann als Schnittpunkt zwischen Wellenachse und Homologielinie (Abb. 7).

## 2.5. Auswahl von Greifpunkten

Unter den bisher betrachteten Greifpunkten muß eine Auswahl getroffen werden. In Frage kommen nur die zuoberst liegenden Wellen, was anhand der z-Koordinaten entschieden werden kann. Im weiteren können nur Greifpunkte von Wellen zugelassen werden, die ausreichend gut rekonstruiert werden konnten und bei denen genügned Freiraum für den Greiferansatz vorhanden ist. Letzteres kann mehr oder weniger aufwendig

festgestellt werden.
Vorgesehen sind zwei Ausbaustufen:

1. Absuche der Greifpunktumgebung auf Flecken, d.h. auf Reflexe von Wellen, die im Kollisionsbereich liegen.

2. Lokale Rekonstruktion des Wellenstapels in der Nachbarschaft des Greifpunktes.

Realisiert wurde bisher nur die erste Stufe und es hat sich gezeigt, daß das Ergebnis nahezu ausreichend ist. Kommt es in seltenen Fällen doch zur Kollision des Greifers mit einer benachbarten Welle, so sorgen speziell konstruierte Sensoren (siehe Abschnitt 3.1.) dafür, daß der Greifer zurückgezogen und ein anderer Greifpunkt angefahren wird. Eventuell erübrigt sich damit die zweite Stufe.

### 2.6. Transformation in das Roboterkoordinatensystem

Um letztlich dem Roboter Greifpunkte in seinem Koordinatensystem angeben zu können, sind eine Reihe von Koordinatentransformationen erforderlich. Die Mustererkennung läuft mit Bildkoordinaten. Bei der Stereorekonstruktion kommt die z-Koordinate hinzu. Die Bildkoordinaten werden auf Raumkoordinaten mit der optischen Achse von Kamera 1 als z-Achse umgerechnet. Der Zusammenhang zwischen diesem System und dem System des Roboters (Versatz und Drehwinkel) wird experimentell bestimmt. Der Roboter transportiert dabei ein Punktlicht an ausgesuchte Stellen seines Koordinatensystems. Dieses Punktlicht wird mit den Kameras beobachtet und seine Koordinaten im Kamerasystem ermittelt. Der Bezug zwischen beiden Systemen ist hergestellt und die Transformationsparameter können berechnet werden. Da das Punktlicht am Greifer montiert ist, ist damit der Greiferversatz gleich miteingeschlossen.

## 3. Realisierung

### 3.1. Roboter und Greifer(Abb.8 und Abb.9)

Die Greiferbacken bestehen aus oberflächengehärtetem Stahl. Sie werden pneumatisch auf- und zubewegt. Beim Zufassen rastet die Knacke ein, womit ein Wiederaufgehen der Backen verhindert wird. In den Backen sind optische Sensoren angebracht. Sie haben zwei Aufgaben:

1. Trifft die Greiferbacke von oben kommend auf ein Hindernis (Kistenrand, Kistenboden), wird die Bewegung gestoppt und der Greifer in die Ausgangsposition zurückgefahren (Sensoren A).

2. Ist ein Teil gegriffen worden und liegt das Teil richtig im Greifer, dann kann die Abwärtsbewegung gestoppt und der Greifer geschlossen werden (Sensor B).

Neben dem Kollisionsschutz unterstützen diese Sensoren den Greifvorgang. Wie oben beschrieben, wird die x- und y-Koordinate eines Greifpunktes recht genau (± 1 mm) von den Bildverarbeitungsprogrammen ermittelt. Auch die Orientierung der Wellenachse ist gut bekannt, so daß der Greifer winkelgenau aufgesetzt wird. Nur in der Höhe gibt es eine größere Unsicherheit (± 4 mm). Die fällt jedoch nicht ins Gewicht, da über den berechneten Höhenwert hinaus solange mit dem Greifer weiter nach unten gefahren wird, bis die Sensorengruppe B anspricht, das Teil also sicher im Greifer liegt.

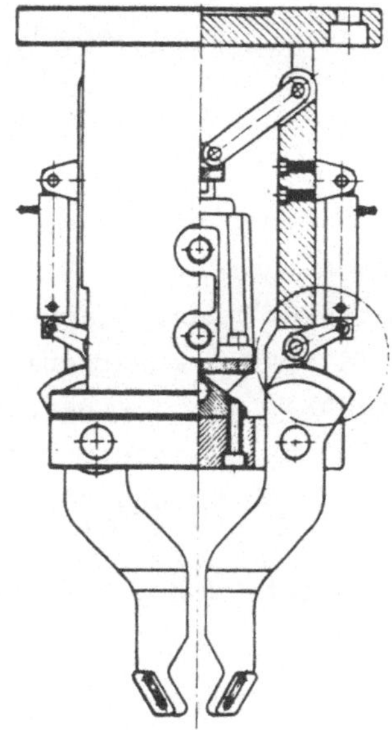

Abb. 8 Greiferkonstruktion

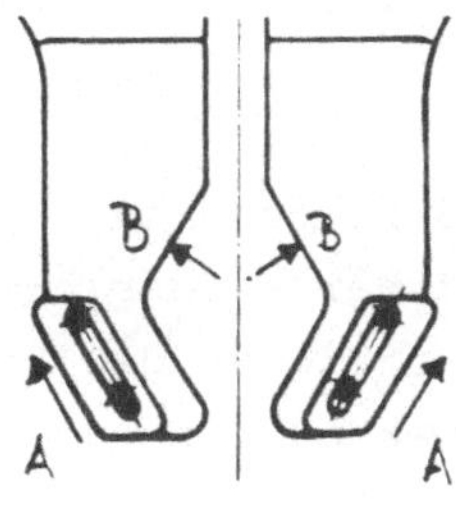


Abb. 9 Sensoren im Greifer

3.2. Bildaufnahmesystem

Bei der Aufgabenstellung "Griff in die Kiste" wird folgender Daten- und Kommandofluß angestrebt:

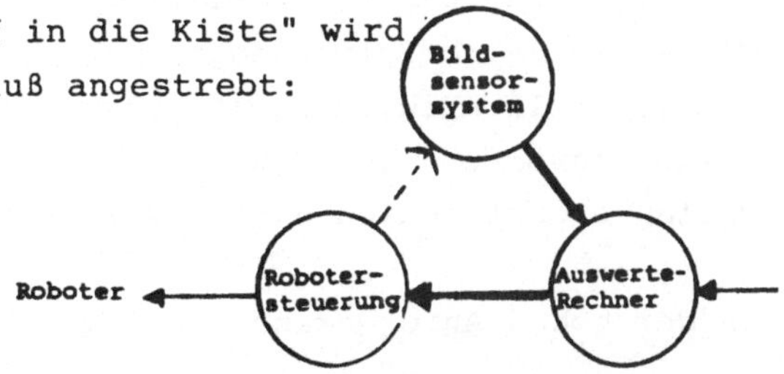

Bild-sensor-system

Roboter

Roboter-steuerung

Auswerte-Rechner

Abb.10 Daten- und Kommandofluß

Zum Start gibt ein Bediener den Wellentyp, den Ablageort, die Taktzeit und eventuell noch weitere Zustands- und Ablaufparameter ein.

Das Bildsensorsystem, das in der Nähe des Greifers montiert ist, nimmt ein Bild vom Behälterinhalt auf und leitet die Bilddaten in den Auswerterechner, in dem mit Hilfe von Mustererkennungsprogrammen ein Greifpunkt ermittelt wird. Die Verfahrbefehle für den Roboter werden berechnet und an die Robotersteuerung übertragen. Ist kein geeigneter Greifpunkt gefunden worden, wird das Bildsensorsystem vom Roboter in eine neue Position gefahren oder geschwenkt. Auf diese letztgenannte Operation - das Nachsetzen des Sensorsystems - wurde im ersten Anlauf verzichtet. Wie in Abschnitt 2.1. beschrieben, wird für die Bildaufnahme augenblicklich noch ein vom Roboter getrenntes Bildaufnahmesystem benutzt. In einem zukünftigen Ausbau wird anstelle dieses Zeilenkamerasystems der vom Roboter mitgeführte Sensorkopf treten. Im Gegensatz zum eingesetzten "Scanner" wird er Halbleitermatrixkameras enthalten. Die Bildanalyse und Greifpunktbestimmung wird jedoch in den wesentlichen Punkten gleich ablaufen.

## 3.3. Rechnersystem

Das Rechnersystem besteht aus einem Vorprozessor und einem Hauptrechner. Mit dem Vorprozessor ist es möglich, schon während der Bildaufnahme (Echtzeit) die Grauwertverarbeitung durchzuführen. Gearbeitet wird mit einem Durchsatz von ca. 500 Zeilen (à 1000 Grauwerten) pro Sekunde. Der Hauptrechner ist ein Z80-Mikrorechner mit 3 x 64 KBytes (3 Seiten) Speicher. Für die Aufnahme der Bilddaten wurden zusätzlich weitere 8 Seiten hinzugefügt. Jede Seite kann durch Umschalten wie ein Hauptspeicher adressiert werden.
Die Zielversionen der Programme sind so konzipiert, daß sie in PROM's geladen werden können.

## 3.4. Programme

Für die folgenden Aufgaben sind Programme entwickelt worden:
- Ablaufsteuerung und Bedienung,
- Ablaufüberwachung und Kollisionsvorsorge,
- Eich- und Kalibriervorgänge,
- Schnittstellenbedienung (Roboter, Sensorik, Bedienterminal),
- Bilddatenvorverarbeitung
- Wellenrekonstruktion und Greifpunktbestimmung.

Wegen der hohen Anforderungen bezüglich der Verarbeitungsgeschwindigkeit wurde die Vorverarbeitung als Mikroprogramm, die darauffolgende Mustererkennung vorwiegend in Z80-Assembler geschrieben.

## 4. Ergebnis

Die Gesamtanlage ist im Labor aufgebaut worden. Für einen Einsatz in der Fabrik sind noch eine Reihe von Änderungen und Erweiterungen erforderlich, besonders im Hinblick auf die Langzeitstabilität, den Bedienkomfort und die Betriebssicherheit.

Die wesentlichen Komponenten des Aufbaus: Bildaufnahmesystem, Vorprozessor, Rechner, Roboter und Greifer sowie die Mustererkennungsprogramme arbeiten zufriedenstellend und können ohne wesentliche Änderungen in eine Zielanlage übernommen werden. Abgesehen von situationsbedingten Ausnahmefällen werden von den Mustererkennungsprogrammen die Greifpunkte korrekt ermittelt. Ausnahmefälle sind stark geneigt liegende Wellen und Wellen in den Ecken des Behälters. In beiden Fällen sind bei der Betrachtung von oben kaum Reflexe vorhanden. Diese Schwierigkeit wird in Zukunft nicht mehr auftreten, weil es dann möglich sein wird, den am Roboter befestigten Kamerakopf in eine zur Welle günstige Blickposition zu brignen. Das kostet zwar zusätzliche Zeit. Diese Zeit fällt jedoch nicht ins Gewicht, da diese ungünstigen Lagen erfahrungsgemäß bei höchstens 5 % der Wellen im Behälter auftreten.
Problematischer ist der Punkt, wie Kollisionen der empfindlichen Greifermechanik mit im Weg liegenden, aber nicht berücksichtigten Objekten vermieden werden können. Nicht angesprochen werden sollen hier die möglichen Kollisionen außerhalb des Behälters und die Kollisionen mit dem Behälterrand. Hierfür gibt es roboterspezifisch Schutzvorkehrungen, einmal durch zusätzlich installierte Sensoren, zum anderen durch Verriegelungen in der Robotersteuerung selbst. Gemeint ist hier die mögliche Kollision bei einem ungünstig liegenden oder einem falsch berechneten Greifpunkt. Läßt sich auch durch geschickte Greiferkonstruktion und Sensorausstattung desselben das Kollisionsrisiko gering halten, bleibt trotzdem ein Schaden nicht ausgeschlossen. Deshalb wird als Vorsichtsmaßnahme nur mit einem Bruchteil der maximal möglichen Verfahrgeschwindigkeit gearbeitet, was letztlich einen beachtlichen Verlust an Zeit bedeutet. Hier könnte eine weitergehende Auswertung der Kamerabilder in Richtung auf die Rekonstruktion lokal begrenzter Wellenstapel noch einen wesentlichen Fortschritt bringen.

# DIE METHODE DER DISKRIMINIERENDEN GRAPHEN ZUR FEHLERTOLERANTEN MUSTERERKENNUNG

Oskar Bartenstein, Gerd Maderlechner
Zentrale Forschung und Technik
Siemens AG, München

## 1. Einleitung

Industrielle Bildanalyse wird typischerweise nicht auf irgendwelche Vorlagen angewandt, sondern auf Bilder aus bekannten Anwendungsgebieten, z.B. Flußpläne, elektrische Schaltpläne oder Katasterkarten. Es ist bekannt, daß strukturelle Mustererkennungsverfahren in vielen Anwendungsgebieten zu leistungsfähiger Bildinterpretation eingesetzt werden /1/, daß aber diese Verfahren besonders empfindlich gegen Störungen in der Bildvorlage oder fehlerhafte Segmentierung von Primitiven sind.

Die in dieser Arbeit vorgestellte Methode der diskriminierenden Graphen nutzt die speziellen Eigenschaften des Anwendungsgebietes aus, um die strukturelle Mustererkennung robuster und effektiver zu machen. Insbesondere wird damit ein in /2/ vorgestelltes graphentheoretisches Mustererkennungsverfahren zur Erkennung grafischer Symbole verbessert.

Das Verfahren besteht aus zwei Phasen, einem einmaligen Vorbereitungslauf zur Wissensextraktion aus dem Anwendungsgebiet mit dem Ergebnis der diskriminierenden Graphen (DG) und aus dem eigentlichen Mustererkennungsverfahren zur Bilderkennung mittels der DG.

Die Algorithmen zur Bestimmung der DG und zur Mustererkennung wurden in PROLOG /4/ implementiert. Die Sprache PROLOG wurde gewählt, weil sie die regelorientierte Mustererkennung unterstützt, eine einfache Wissensrepräsentation des Anwendungsgebietes gestattet und eine saubere Trennung von Anwendungswissen (Fakten und Regeln) von Verfahren ermöglicht.

Am Beispiel eines handgezeichneten elektrischen Schaltplans mit charakteristischen Störungen wird die Leistungsfähigkeit der diskriminierenden Graphen gegenüber der reinen Teilgraphenisomorphie /2/ gezeigt.

## 2. Beschreibung des Verfahrens

Ausgangspunkt des Verfahrens ist eine relationale Beschreibung des Bildes aus grafischen Primitiven, die in Form eines bewerteten Graphen repräsentiert wird. Die Knoten der Graphen sind in dem hier betrachteten Anwendungsgebiet von Liniengrafik (Strichzeichnungen) die Verzweigungs- und Eckpunkte und die Kanten bedeuten die zwei Knoten verbindenden Linienelemente. Die Bewertung der Graphen besteht aus geometrischen Attributen der Knoten und Kanten. Die Bestimmung des Graphen aus dem Binärbild wird in /2/ beschrieben.

Die Aufgabe der Bildinterpretation ist sowohl die Erkennung der sämtlichen vorkommenden grafischen Symbole und aller Verbindungslinien, als auch die relationale Beschreibung des Bildes aus den Symbolen in Form eines Graphen.

Die für das Anwendungsgebiet charakteristischen grafischen Symbole werden in einem Vorbereitungslauf in bewertete Graphen übersetzt und in einer Symbolbibliothek abgelegt. In /2/ wird ein Verfahren zur Mustererkennung der Symbole vorgestellt, das als Kern einen Teilgraphenisomorphiealgorithmus enthält, der den Ansatz von Ullmann /3/ auf bewertete Graphen verallgemeinert. Die Vorteile dieses Verfahrens liegen in der Flexibilität der Symbolbeschreibung und der leichten Erweiterbarkeit des Symbolvorrats. Nachteilig ist jedoch der Suchaufwand, der mit der Anzahl der Knoten exponentiell ansteigt. Darüber hinaus ist das Verfahren sehr störanfällig, weil es nur nach vollständigen Symbolgraphen sucht. Eine Suche nach gestörten Mustern des Symbols wäre auch möglich, erhöht aber den Suchaufwand noch mehr.

Wir stellen eine Lösung dieses in der strukturellen Mustererkennung häufig vorkommenden Problems der Störempfindlichkeit vor, die den Suchaufwand bei wenig Störungen sogar verringert.

Die Methode der Diskriminierenden Graphen nutzt die charakteristischen Unterschiede der grafischen Symbole aus. Die Symbolerkennung erfolgt dann nur noch durch Suche nach den diskriminierenden Graphen (DG) im

Bildgraph. Der DG eines Symbols ist ein bewerteter Teilgraph des Symbolgraphen, der in keinem anderen Symbolgraphen enthalten ist. Es gibt zu jedem Symbol im allgemeinen mehrere diskriminierende Graphen. Die DG erlauben die theoretisch minimale Suche bei maximaler Fehlertoleranz. Im ungestörten Bildgraphen genügt die Suche nach den minimalen Diskriminierenden Graphen. In Abb. 1 ist ein Beispiel für minimale DG für eine Symbolbibliothek von 3 Symbolen eines elektrischen Schaltkreises gezeigt.

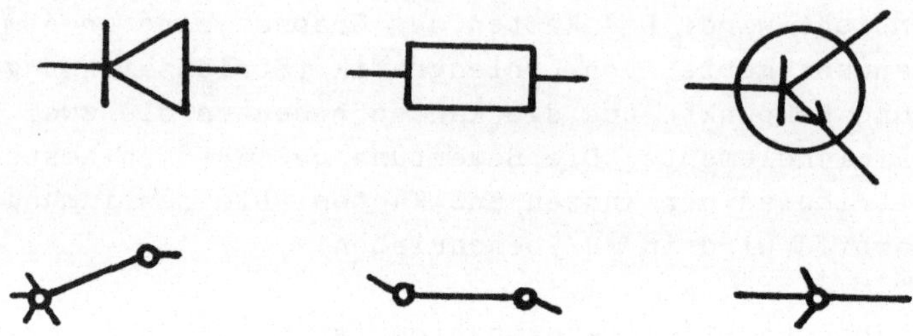

Abb. 1 Automatisch bestimmte minimale diskriminierende Graphen zu den drei Symbolen der Symbolbibliothek. Die Anzahl der offenen Enden an den Knoten deuten den Knotengrad an, z.B. die Diode hat einen DG aus zwei Knoten mit Grad 5 bzw. 2 und einer Kante.

Zur Erzeugung der DG eines Symbols wird der Symbolgraph rekursiv verkleinert und gegen alle übrigen Symbolgraphen aus der Bibliothek getestet. Dabei entsteht ein Baum von immer einfacheren Teilgraphen. Die Blätter des Baumes sind die diskriminierenden Graphen. Dies ist ein aufwendiger aber nur einmaliger Übersetzungslauf für alle Symbole, der eine Bibliothek von DG liefert. Die nachfolgende Symbolerkennung mittels Teilgraphenisomorphie setzt darauf auf.

## 3. Implementierung in PROLOG

Die Symbolgraphen der Symbolbibliothek und der Bildgraph werden in

a) ?-op(900,yfx,e).

```
/* Datenteil degnand1.pro */
picture(nand,nand(a18,a41,a3,a17,a37,a39,a38),
       [a1 e a2,a2 e a3, a1 e a5, a2 e a8, a4 e a5,
        a5 e a6, a7 e a8, a8 e a9, a4 e a10, a6 e a12,
        a7 e a13, a9 e a15, a10 e a11, a11 e a12, a13 e a14,
        a14 e a15, a11 e a25, a14 e a16, a16 e a17, a16 e a28,...]

graphic(diode,diode(B1,B8),
       [B1 e B3, B2 e B3, B3 e B4, B2 e B6, B5 e B6,
        B4 e B6, B7 e B6, B6 e B8,
        deg(B2,2),deg(B3,3),deg(B4,2),deg(B5,1),deg(B6,5),
        deg(B7,1)]).

graphic(resistor,resistor(C1,C6),
       [C1 e C4, C4 e C2, C4 e C7, C2 e C3, C7 e C8,
        C3 e C5, C5 e C8, C5 e C6,
        deg(C2,2),deg(C3,2),deg(C4,3),deg(C5,3),deg(C7,2),
        deg(C8,2)]).

graphic(transistor,transistor(D1,D3,D11),
       [D1 e D4, D3 e D5, D4 e D5, D4 e D12, D4 e D10,
        D12 e D5, D12 e D2, D12 e D9, D12 e D6, D9 e D7,
        D9 e D8, D9 e D10, D5 e D10, D10 e D11,
        deg(D2,1),deg(D4,4),deg(D5,4),deg(D6,1),deg(D7,1),
        deg(D8,1),deg(D9,4),deg(D10,4),deg(D12,5)]).
```

b)

```
remove_from([A|B],A,B).
remove_from([A1 e A2|B],A2 e A1,B).
remove_from([A|B],E,[A|C]) :- remove_from(B,E,C).

delete_from(L1,[],L1).
delete_from(L1,[A|L2],L3) :-
        remove_from(L1,A,L1_without_A),
        delete_from(L1_without_A,L2,L3).


reduction1(Graph,Name,[Red_Symb|Remaining_Graph]) :-
        graphic(Name,Red_Symb,Symbol),
        delete_from(Graph,Symbol,Remaining_Graph).
```

Abb. 2 a) PROLOG Beschreibung des Bildgraphen (gekürzt) und der Symbolbibliothek.
b) Regeln zur Symbolerkennung und Reduktion des Bildgraphen in einen Ergebnisgraph aus gefundenen Symbolen und deren Verbindungen (ohne diskriminierende Graphen).

PROLOG /4/ als Fakten repräsentiert und in seine Datenbank eingetragen (Abb. 2). Zur Darstellung des Graphen wird ein neuer Operator e definiert, der die Kantenrelation darstellt. Da nur ungerichtete Graphen vorkommen, wird die Kommutativität von e durch eine Regel erzwungen

(Abb. 2b). Die Knoten des Bildgraphen werden als Konstanten, die Knoten der Symbolgraphen als Variable definiert. Die Mustererkennung der Symbole mittels Teilgraphenisomorphie läßt sich in PROLOG mit wenigen Regeln formulieren (Abb. 2b). Auf die Frage ?- reduction1(nand, resistor, GR) antwortet der PROLOG Interpreter mit den Anschlußknoten des Widerstands (falls vorhanden) und ersetzt im reduzierten Graphen GR die inneren Knoten des Widerstandes durch das Symbol. Nach vollständiger Reduktion des Bildgraphen mit allen Symbolen enthält GR alle Symbole mit Anschlüssen und die Verbindungslinien.

a)

```
discriminates(DG,Symbol,Symbols) :-
        select_one(Symbols,Symbol,Other_Symbols),
        mkground(Other_Symbols),
        Symbol contains DG,
        separate(DG,Other_Symbols).

separate(_,[]).
separate(DG,[A|B]) :- not(A contains DG),separate(DG,B).

mindg(DG,Symbol,Symbols) :-
        select_one(Symbols,Symbol,Other_Symbols),
        mkground(Other_Symbols),
        pick_at_least_n(Symbol,1,DG),
        separate(DG,Other_Symbols).
```

b)

```
reduction2(Graph,Name,[Red_Symb|Remaining_Graph]) :-
        dg(Name,DG,Red_Symb,Symbol),
        Graph contains DG,
        delete_from(Graph,Symbol,Remaining_Graph).

Graph contains Subgraph :- delete_from(Graph,Subgraph,_).
```

Abb. 3 a) Mit discriminate wird ein diskriminierender Graph (DG) für das Symbol symbol bezüglich der Symbolbibliothek symbols erzeugt. Mit mindg wird der minimale DG bestimmt.

b) reduction2 sucht die Symbole wie reduction1 jedoch mit DG.

Die Erzeugung der diskriminierenden Graphen läßt sich ebenso kompakt in PROLOG formulieren (Abb. 3a). Mit discriminate wird für ein Symbol in der Symbolbibliothek symbols ein Diskriminierender Graph DG ermittelt. Mit mindg wird der minimale DG bestimmt. Die Suche nach den DG eines Symbols erfolgt mit reduction2.

## 4. Ergebnisse

In Abb. 4 ist eine gestörte Handskizze von einem elektrischen Schaltplan gezeigt, die mit den DG von Abb. 1 bearbeitet wird. Die Rechenzeit zur Identifizierung aller Symbole mit den diskriminierenden Graphen betrug 3,5 sec auf einer Siemens 7551 mit MPROLOG. Mit voller Symbolgraphensuche (reduction1) wird kein Symbol identifiziert. Das gleiche gilt auch für den Algorithmus zur Teilgraphenisomorphie in /2/.

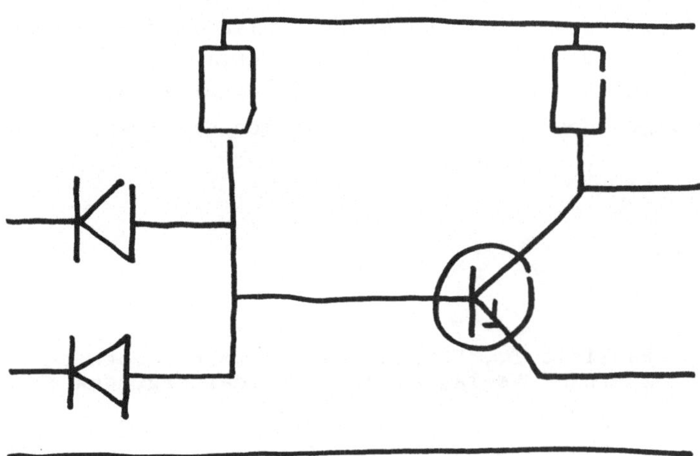

Abb. 4 Handgezeichneter Schaltplan eines NAND-Gatters mit 7 typischen Störungen (Unterbrechungen, zusätzliche Knoten, unsaubere Pfeilspitze). Mit den DG von Abb. 1 lassen sich alle Symbole identifizieren.

Ein Rechenzeitvergleich der PROLOG-Implementierung (MPROLOG auf

Siemens 7551) und der PASCAL-Implementierung von /2/ ergibt ein Verhältnis von 16 sec zu 5,5 sec für die Erkennung aller Symbole in einer fehlerfreien Version des NAND-Gatters von Abb. 4.

Die geringere Ausführungsgeschwindigkeit der PROLOG Programme (Faktor 3) wird durch den geringen Aufwand bei der Implementierung und die leichte Erweiterbarkeit der Programme kompensiert. Ein PROLOG Compiler würde das Laufzeitverhalten noch bedeutend verbessern.

## 5. Zusammenfassung

In dieser Arbeit wird die Methode der diskriminierenden Graphen vorgestellt. Sie eignet sich dazu, strukturelle Mustererkennungsverfahren robuster und schneller zu machen. Ein diskriminierender Graph ist die minimale eindeutige symbolbeschreibende Struktur relativ zu einem Anwendungsgebiet. Am Beispiel von Handskizzen von elektrischen Schaltbildern wird die Leistungsfähigkeit des Verfahrens gezeigt. Die Algorithmen wurden in PROLOG implementiert, um die Eignung dieser Sprache für die wissensgesteuerte Mustererkennung zu untersuchen. Die Erfahrungen und Ergebnisse bestätigen die Erwartungen.

## Literatur


/1/ Pavlidis T., "Structural Pattern Recognition", Springer Verlag, Berlin, Heidelberg, New York, 1977

/2/ Maderlechner G., Kuner P., Hundt E., in "Mustererkennung 1983, 5. DAGM Symposium", M. Kazmierczak (ed.), VDE-Verlag, Berlin, 1983, pp. 155-160

/3/ Ullmann J.R., "An Algorithm for Subgraph Isomorphism" J. of ACM, 23, 1976, pp. 31-42

/4/ Clocksin W.F., Mellish C.S., "Programming in Prolog", Springer Verlag, Berlin, Heidelberg, New York 1981

# A N W E N D U N G E N   I N   D E R   M E D I Z I N

# PSEUDOMASK TECHNIQUE
# FOR DIGITAL SUBTRACTION ANGIOGRAPHY (DSA)

*P.A. Devijver, C. Ronse,*
Philips Research Laboratory Brussels,
av. E. Van Becelaere, 2,
B-1170 Bruxelles, Belgium.

*P. Haaker, E. Klotz, R. Koppe, R. Linde,*
Philips GmbH Forschungslaboratorium Hamburg
Vogt-Kölln-Str. 30,
D-2000 Hamburg, W. Germany.

## I. Introduction

In recent years, the field of blood vessel diagnostics has seen increasing importance of a process called "Digital Subtraction Angiography" (DSA) which produces enhanced images of blood vessels [3,4]. It is accomplished by subtracting two digitized X-ray images of the patient, the first one taken before and the second one taken after the injection of a contrast medium in the blood vessels. This injection can be done selectively by a catheter or, in a less intruding way, intraveinously.

Problems arise because patient motion between the two exposures leads to a mismatch between the two images and therefore to errors in the detection of blood vessels. This is particularly true in the case of the intraveinous injection, since the time between the pre- and post-injection images is relatively long [1].

It would thus be very interesting to get the subtraction mask from the post-injection exposure only. This can be successfully achieved in the case of injection by catheter and pictures showing highly contrasted vessels. We do not know how far this could be realized with intraveinous injection or low contrast pictures.

One is therefore led to search for new techniques using pattern recognition methods in order to extract blood vessel features from a single exposure. A known method is the *unsharp masking* [5,7].

We present here a technique called the *pseudomask*. It consists in the extraction from an original image of a second image, called the pseudomask image, from which the blood vessel patterns of the original one have been eliminated. This contrasts with the unsharp masking, where vessels are blurred. Then the subtraction between these two reveals the blood vessel patterns of the original image. Clearly, this technique remains in the DSA style, with the original and pseudomask images corresponding to the post- and pre-injection exposures respectively.

We show in Figure 1 the result of conventional DSA (time mask), unsharp masking and pseudomask on a X-ray picture.

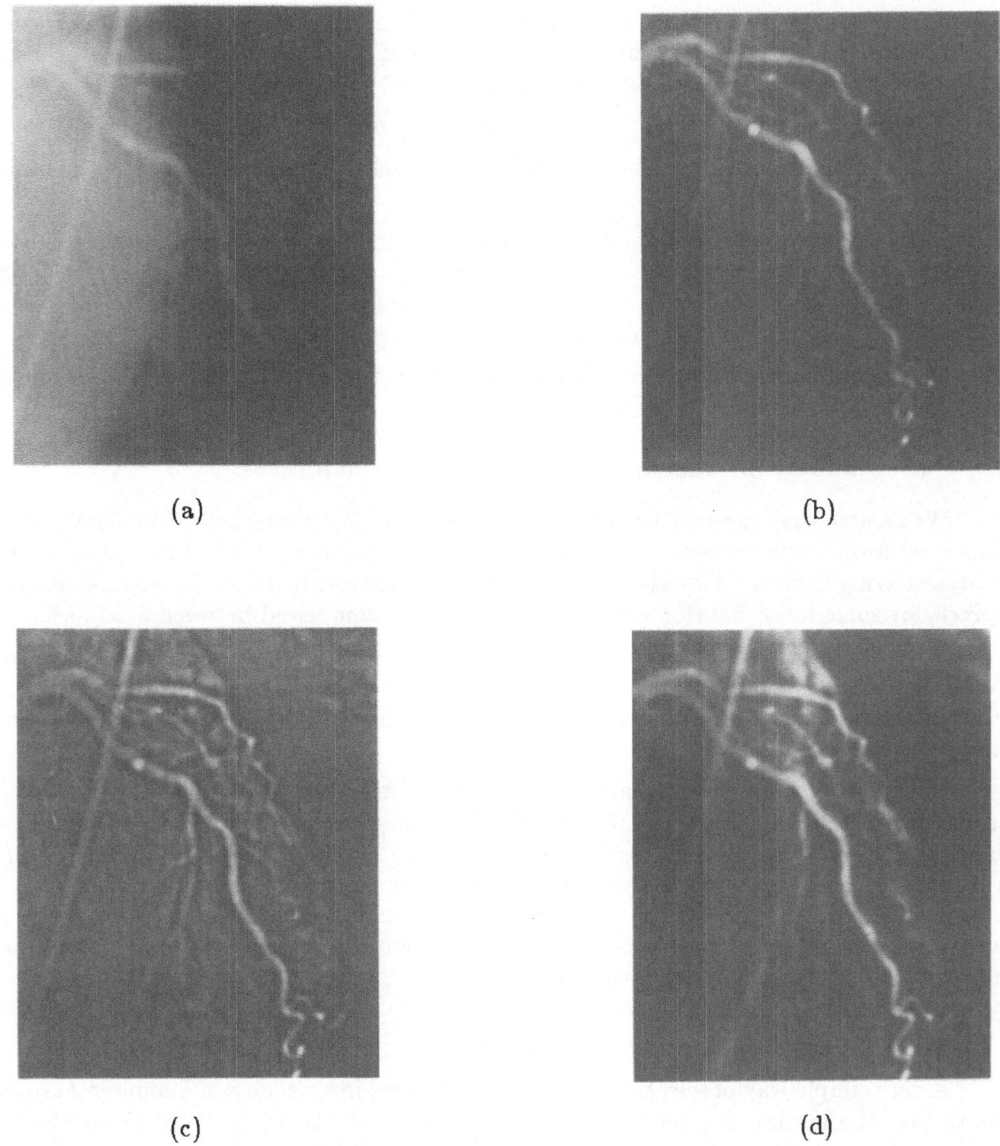

**Figure 1:** *(a) Post-injection image. (b) Time mask. (c) Unsharp masking. (d) Pseudo-mask.*

There are several possible medical applications for this technique, which can roughly be divided into two types:

(1) Those related to the 3-D reconstruction of blood vessels (see for example the DATOS method [2]).

(2) Those concerning the analysis of angiographic images.

These two types of applications lead to two distinct sets of constraints. For example, in DATOS [2], the 3-D reconstruction is made from four 2-D projections, where each voxel gets the minimum grey level among the 4 grey levels of its projections. This leads thus to the following constraints on the application of DATOS to the four projections:

(a) A vessel point must be recognized as a vessel point in all four projections.

(b) A background point must be recognized as a background point in at least one projection.

Therefore one must avoid the elimination of features for which there is some doubt as to whether they represent blood vessels or not. Indeed, a gap in a vessel in one projection leads to the wrong detection of a discontinuity or stenosis (*i.e.*, a narrowing of the vessel) in the 3-D reconstruction, and so in an error in the medical diagnostic.

On the other hand, if one restricts oneself to one projection, one can be less conservative in the elimination of noisy features.

## II. Basic method for the construction of the pseudomask

We assume that the grey level of blood vessels is higher than that of the background. Thus they form ridge patterns (narrow and elongated portions of the image surrounded by areas having lower grey levels). We suppose that the width of blood vessels is at most $d$ pixels for some integer $d$ (for example we can take $d$ comprised between 5 and 9).

We start from a simple idea: for a given pixel $p$, if $p$ is a vessel point, then the grey level of the background around that vessel must be approximated by a low rank value (for example the minimum, or for safety, a near-to-minimum value) among all grey levels in a window of radius at least $d/2$ centered about $p$.

Thus we get the following method for the construction of the pseudomask image: starting from the original image $I$, we take for every pixel $p$ in it a window $W(p)$ of diameter $d$ around $p$, and we choose a low rank value $I'(p)$ among all grey levels $I(q)$ for $q$ in $W(p)$. The resulting image $I'$ represents then a first approximation of the pseudomask. In order to avoid the influence in the pseudomask of noisy extrema in the grey level, we smooth the new image $I'$ (by averaging it over a window of diameter $d$) and so we obtain the pseudomask image $I''$. Then the subtraction $I - I''$ should show the blood vessels of the original image $I$.

These 3 steps are illustrated in Figure 2.

A very simple way of selecting a low rank grey level in a window of diameter $d$ around $p$ is to take the minimum grey level among those of $p$ and the 8 pixels at checkerboard-distance $d/2$ from $p$ along the 8 fundamental directions (N, NW, etc.), as shown in Figure 3.

With this choice the algorithm is ten times faster and leads to good 3-D reconstruction results with the DATOS method alluded to above. However it produces a lot of noise on 2-D images, including vessel-looking ridges induced by sharp edges of the image (this can be seen for example in Figure 2 at the edge between the dark and light areas). Hopefully these noisy ridges are uncorrelated in the four 2-D projections used for 3-D reconstruction, and so they do not lead to the creation of false blood vessels in the 3-D reconstruction. Moreover, we can include the possibility to reduce failures in vessel recognition by retaining all vessel points which appear in at least 3 projections (instead of all 4).

There are several possible refinements of this basic pseudomask method:

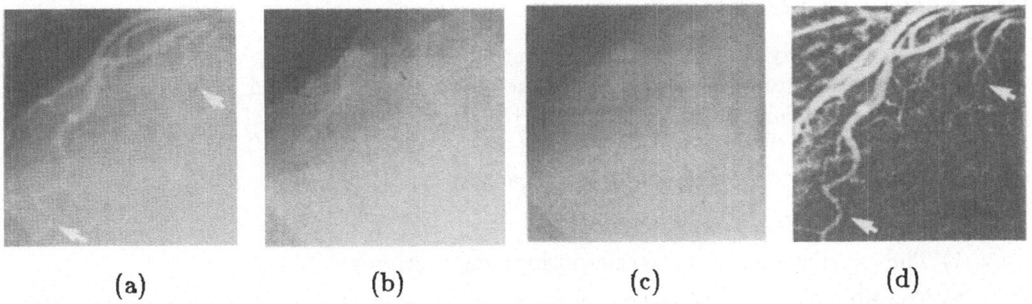

(a) (b) (c) (d)

**Figure 2:** *(a) Post-injection image $I$. (b) Pseudomask image $I'$ (using the minimum value). (c) Averaged pseudomask image $I''$. (d) Subtraction image $I - I''$ with enhanced contrast. (The arrows in (a) and (d) show small vessels which are correctly detected.)*

```
a . . . b . . . c
. .     .     . .
.   .   .   .   .
.     . . .     .
d . . . p . . . e
.     . . .     .
.   .   .   .   .
. .     .     . .
f . . . g . . . h
```

**Figure 3:** *$I'(p)$= minimum grey level of $p$ and of the 8 pixels $a$, $b$, $c$, $d$, $e$, $f$, $g$ and $h$.*

(1) In order to avoid noisy ridges in the pseudomask subtraction $I - I''$ produced by ramps in the grey level in $I$, we can require that for every pixel $p$, the low rank grey level chosen for $I'(p)$ must be attained on both sides of $p$ along some direction. Thus one can consider pairs of pixels along two opposite directions from $p$ and take for each such pair the maximum grey level; then we choose for $I'(p)$ a low rank value (for example the minimum) among all those maxima.

(2) The width $d$ can be made adaptive in function of an approximation of the actual width of the vessel. For example, we can take $d = 2$, 4, 8 or 16 and decide for every pixel $p$ which value of $d$ is the best on the basis of some decision criterion.

(3) Different variants of the pseudomask can be applied in succession.

It should be noted that the specialization of our algorithm depends on the ultimate goal; *e.g.*, for 3-D reconstruction, restrictions in the detection of blood vessels should be avoided. At this stage we have not experimented the third refinement, but the first two have been integrated in the more complex method which is described in the next section.

We have implemented the simple pseudomask in FORTRAN on a VAX 11/780 computer. It processes $256 \times 256$ images with 256 grey levels in a few seconds.

## III. Skeleton-controlled pseudomask

The idea underlying this method is that the size and orientation of the pseudomask window can be determined by a skeleton of the blood vessels, in which we associate to every point an approximation of the local width (by a power of 2) and of the local orientation modulo 180 degrees (by a multiple of 45 degrees). In fact the pseudomask window is applied only on skeleton pixels and a few nearby pixels.

The process is divided in three stages:

1) The construction of the skeleton by local methods.

2) The filtering of the skeleton by a combination of local and regional methods.

3) The construction of the pseudomask image with the help of the skeleton.

Our skeleton construction algorithm is a specialization of a method proposed by Rosenfeld [6]. We start from eight $3 \times 3$ windows corresponding each to one side of a ridge along one of the eight fundamental directions (N, NW, W, etc.). We show the N and NW windows on Figure 4.

$$\begin{matrix} 0 & -2 & +1 \\ -2 & +2 & 0 \\ +1 & 0 & 0 \end{matrix} \qquad\qquad \begin{matrix} -1 & -2 & -1 \\ +1 & +2 & +1 \\ 0 & 0 & 0 \end{matrix}$$

**Figure 4:** *NW window.* *N window.*

Now for $k = 1, \ldots 4$, we look for ridges of width approximately equal to $d = 2^k$, and so we build from these eight windows of size $3 \times 3$ eight windows of size $3d \times 3d$, where each pixel in the original window is replaced by a $d \times d$-square over which we average the grey levels. The original image is convolved with these eight new windows.

For each pair of windows corresponding to opposite directions, consider the convolution of each of them with the original image. The minimum of the values on a pixel $p$ of these two convolved images is a measure of the likelihood of a ridge centered about $p$, of width $d$ and orientation modulo 180 degrees corresponding to these two windows. The highest of these minima can be shown to be approximately 4 times the height of the possible ridge of width $d$ on $p$, while its orientation is that of the pair that scores highest.

Thus for every pair $(k, p)$, where $k$ is a width level and $p$ a pixel, we have a measure of the corresponding local height and local orientation. We will obtain the skeleton by making successive eliminations. The pair $(k, p)$ is eliminated:

— if it has a negative height;

— if there is a larger height for some $(k, p')$, where $p'$ lies at checkerboard distance at most $2^{(k-1)}$ from $p$ along the orientation perpendicular to that of $(k, p)$ (this is the non-maxima suppression of [6]);

— if $(k-1, p)$ or $(k+1, p)$ has a larger height;

— if the square of the height at $(k, p)$ is too small in comparison with the average noise in a $3 \cdot 2^k \times 3 \cdot 2^k$-window around $p$ (this is close to Yakimowsky's method [8]);

— if the height at $(k, p)$ is due mainly to the heights of smaller ridges around $p$.

After these eliminations, we select for each pixel $p$ the highest $k$ such that $(k,p)$ was not eliminated. If all of them were eliminated, $p$ is not a skeleton pixel. For a skeleton pixel $p$, the number $k$ specifies the local width level (the corresponding width is then $2^k$), and the local orientation is the one measured on the pair $(k,p)$.

In fact, our algorithm is somewhat more complicated, but the description given here should impart the reader a fair idea of the method.

The skeleton obtained by this algorithm needs some filtering in order to eliminate skeleton segments which are too short in comparison to their width. For this purpose we have devised an algorithm combining local and regional methods. We will not describe it here, because it is based on intricate geometric conditions. It appears from our experiments that this algorithm tends to reduce most noisy portions of the skeleton.

Finally, we can perform a pseudomask based on the filtered skeleton by associating to every skeleton pixel a pseudomask window having the corresponding width and orientation. At places where the skeleton breaks, changes in local orientation or decrease in local width occur, we associate pseudomask windows of decreasing size to some other neighbor pixels, in order to have smooth transitions in the resulting image. The smoothing of the pseudomask is done within the pseudomask window. By subtracting the pseudomask image from the original one, we get a representation of the ridges, in particular of the blood vessels. In Figure 5 we show the result of this skeleton-based pseudomask on the post-injection image of Figure 1 (a), with the contrast enhanced by a square root function.

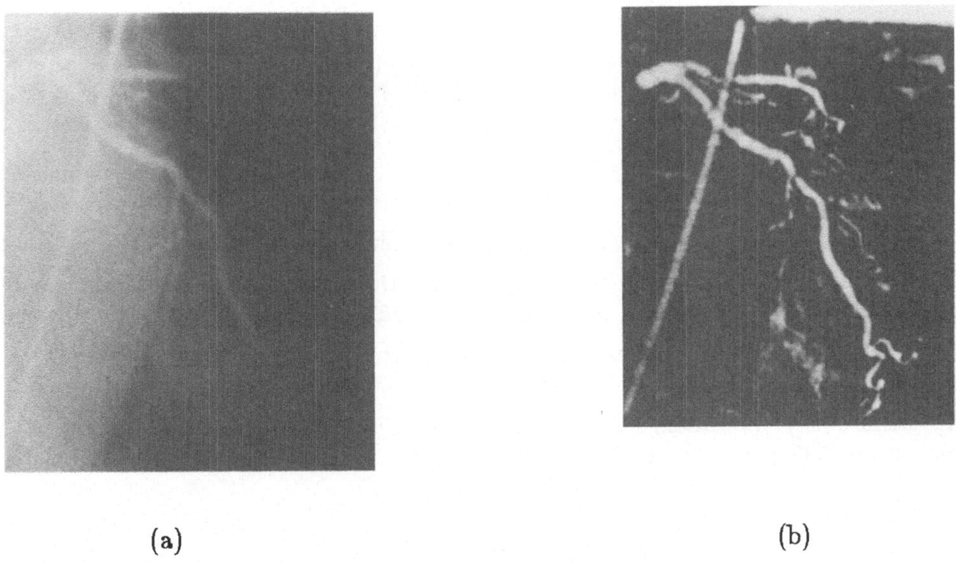

(a) (b)

**Figure 5:** *(a) Original image. (b) Result of the pseudomask based on the filtered skeleton.*

With highly contrasted images the resulting subtraction image is much less noisy than with the simpler algorithm described in the previous section. However, as this algorithm builds the skeleton by a succession of eliminations, it tends to eliminate fuzzy portions of blood vessels as "too noisy". Thus one can obtain gaps in the resulting skeleton. There result then noisy breaks or narrowings in the blood vessels of the subtraction image. Therefore this complex algorithm is not suited for 3-D reconstruction by the method of DATOS [2], unless we improve it with some gap-filling procedure.

We have implemented the skeletonization, skeleton filtering and skeleton-controlled pseudomask algorithms in PASCAL on a VAX 11/780 computer. The processing time for a $256 \times 256$ image with 256 grey levels is approximatively 10 minutes. However fast implementations are possible with parallel machines.

## IV. Conclusion

The pseudomask is a relatively simple method for the enhancement of blood vessels from a single angiographic picture. It can be implemented in a large number of variants according to the goal pursued (low noise, complete recovery of all blood vessels, 3-D reconstruction, elimination of non-correlated vessel or background points in the projections, etc.). However for diagnostic applications the method has yet to be improved.

## References

[1] W. R. Brody: Hybrid Subtraction for Improved Arteriography. *Radiology*, Vol. 141, pp. 828–831, Dec. 1981.

[2] P. Haaker, E. Klotz, R. Koppe, R. Linde: Digitale Angio-TOmoSynthese (DATOS). These Proceedings.

[3] J.W. Ludwig, L.H.J. Verhoeven, M.D. Engels: Digital Video Subtraction Angiography (DVSA) equipment. Angiographic technique in comparison with conventional angiographic in different vascular areas. *British J. of Radiology*, Vol. 55, pp. 545–553, 1982.

[4] C.A. Mistreta: Digital Subtraction Angiography, the shape of things to come. *Diagnostic Imaging*, Vol. 130, pp. 36–40, 1982.

[5] W.K. Pratt: *Digital Image Processing*, N. Y., Wiley, pp. 322–326, 1978.

[6] A. Rosenfeld, M. Thurston: Edge and Curve Detection for Visual Scene Analysis. *IEEE Trans. on Computers*, Vol. C-20, no. 5, pp. 562–569, May 1971.

[7] W.F. Schreiber: Wirephoto Quality Improvement by Unsharp Masking. *Pattern Recognition*, Vol. 2, no. 2, pp. 117–121, May 1970.

[8] Y. Yakimowsky: Boundary and Object Detection in Real World Images. *J. ACM*, Vol. 23, no. 4, pp. 599–618, Oct. 1976.

# DIGITALE ANGIO-TOMOSYNTHESE (DATOS)

P. Haaker, E. Klotz, R. Koppe und R. Linde
Philips GmbH Forschungslaboratorium Hamburg
D-2000 Hamburg 54, F.R.G.

## 1. Einleitung

In einer normalen Röntgenaufnahme von einem medizinischen Objekt erscheinen anatomische Strukturen überlagert. Gewisse Objektstrukturen sind dadurch nur schlecht oder gar nicht zu sehen. Bei Angiographien spezieller Bereiche sind die mit Kontrastmittel gefüllten Gefäße manchmal so stark überlagert [1,2], daß eine diagnostische Beurteilung sehr erschwert oder gar unmöglich ist. Es gibt die Möglichkeit, zu einer detaillierteren Darstellung zu kommen, wenn man entweder mehrere Projektionsbilder aus verschiedenen Perspektiven anfertigt (z.B. in der Herzangiographie bis zu 7) oder man verwendet tomographische Verfahren, die eine ausgewählte Schicht aus dem 3D-Objekt abbilden, wie z.B. die konventionelle Tomographie [3] oder die Computertomographie [4]. Daneben gibt es Tomosyntheseverfahren [5,6], bei denen alle Schichten aus einer einzigen Aufnahme rekonstruiert werden. Vorteilhaft ist die geringere Belastung des Patienten an Untersuchungsdauer, Strahlendosis und bei Angiographien an Kontrastmittel. So konnte die Kurzzeittomosynthese bei zerebralen [7] und koronaren Gefäßen [8,9] mit Erfolg durchgeführt werden. Tomosyntheseverfahren konnten sich dennoch wegen des hohen technischen Aufwandes bislang klinisch nicht durchsetzen.

Mit der Entwicklung der Digitalen Angiotomosynthese (DATOS), die auf neuen digitalen Rekonstruktionsalgorithmen beruht, konnte ein Verfahren entwickelt werden, das den klinischen Anforderungen besser gerecht werden könnte. DATOS verwendet statt der bislang üblichen Rückprojektion, die bei wenigen Projektionen zu störenden Bildfehlern (Artefakten) führt, eine nichtlineare Schichtrekonstruktion, bei der Artefakte weitgehend vermieden werden. Ergebnisse haben gezeigt, daß schon mit 4 Projektionen klinisch relevante Ergebnisse zu bekommen sind.

## 2. Mathematische Beschreibung

Nach dem Satz von Radon [10] benötigt man eigentlich alle Projektionen aus dem vollen Winkelbereich, um eine eindeutige Rekonstruktion der ortsabhängigen Röntgenabsorption zu berechnen. Stehen nur eine geringe Anzahl von Projektionen aus einem begrenzten Winkelbereich [11] zur Verfügung, so kann man dennoch unter Verwendung von a priori-Kenntnissen zu diagnostisch brauchbaren Ergebnissen kommen. In Fig. 1 wird ein Objekt, das nur einen röntgenabsorbierenden Punkt V besitzt, von 2 Strahlenquellen $X_1$ und $X_2$ in die beiden Projektionsbilder $B_1$ und $B_2$ abgebildet.

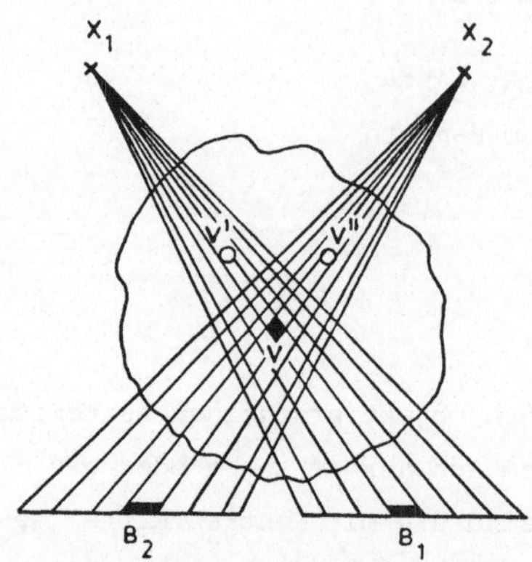


Fig. 1: Projektion durch 2 Quellen

Offensichtlich ist eine eindeutige Rekonstruktion dieses Objektes möglich, wenn man zwei a priori-Informationen verwendet.

1. Die Röntgenabsorption ist nicht negativ und damit die zu rekonstruierenden Voxel. Dies gilt für alle Röntgenabbildungen.
2. Alle bildbestimmenden Voxel werden von allen Quellen durchstrahlt. (Damit scheidet die Lösung mit den 2 Punkten V' und V" aus.) Diese Bedingung läßt sich zumindest für selektive Angiographien gut erfüllen.

Enthält darüber hinaus das Rekonstruktionsvolumen nur wenige bildstrukturbestimmende Voxel - wir sprechen dann von einem verdünnten Objekt -, so kann man mit dem nichtlinearen Verfahren der Extremwertsdekodierung zu oft brauchbaren Rekonstruktionen kommen. Um dies zu verstehen, betrachten wir Fig. 2.

Nach Logarithmieren der gemessenen Röntgenintensitäten und Diskretisierung des Rekonstruktionsraumes in Voxel und der Projektionsbilder in Pixel, die man aufgrund des geometrischen Strahlensatzes bei gitterförmiger Verteilung der Röntgenröhre so vornehmen kann, daß jeder Voxel durch jede Quelle eindeutig in einen Pixel abgebildet wird [12], gilt für die Projektion eines Voxels V durch k Quellen der lineare Summenansatz

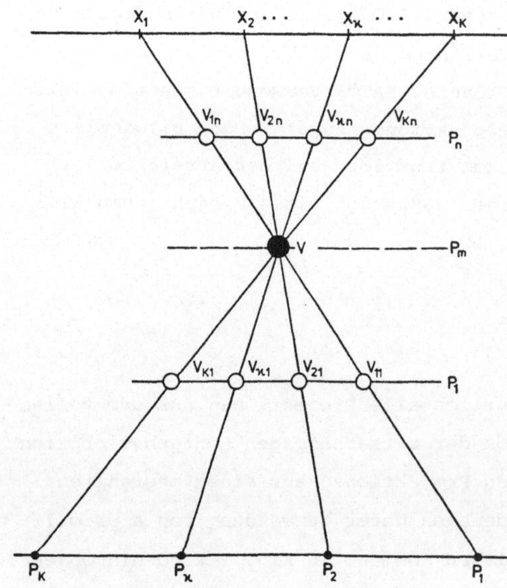


Fig. 2: Projektion eines Voxels von k Quellen

$$P_{\varkappa} = \sum_{\nu=1}^{n} V_{\varkappa\nu} \quad , \quad \text{wobei } V_{\varkappa m} = V \,. \tag{1}$$

Bei der normalen Tomographie oder Tomosynthese wird dem Voxel V durch Rückprojektion (RP) der Wert

$$\bar{V} = \frac{1}{n} \sum_{\varkappa=1}^{k} \sum_{\nu=1}^{n} V_{\varkappa\nu} \quad \text{zugeordnet.} \tag{2}$$

Die Erfahrung zeigt, daß bei der RP die Artefakte (Bildfehler) tolerierbar sind, wenn eine große Anzahl [7] von Projektionen vorliegen und das Objekt relativ homogen (wenige Kontrastsprünge) ist. Die RP führt aber zu schlechten Resultaten, wenn nur wenige Projektionen vorliegen und die Projektionsbilder so hoch strukturiert sind wie bei Angiographien.

Bei der Extremwertsdekodierung (ED) setzen wir

$$V^* = \min_{\varkappa=1}^{k} \sum_{\nu=1}^{n} V_{\varkappa\nu} \quad . \tag{3}$$

Wegen

$$V_{\varkappa\nu} \geq 0 \quad \text{gilt} \tag{4}$$

$$V \leq V^* \leq \bar{V} \ , \tag{5}$$

so daß V* eine kleinere obere Grenze für den Grenzwert des Voxel V liefert als die Rückprojektion $\bar{V}$.

Im Fall von verdünnten Objekten, wie sie bei der digitalen Subtraktionsangiographie [1,2] vorliegen, liefert die ED schon bei wenigen (4) Projektionen eine brauchbare räumliche Gefäßrekonstruktion.

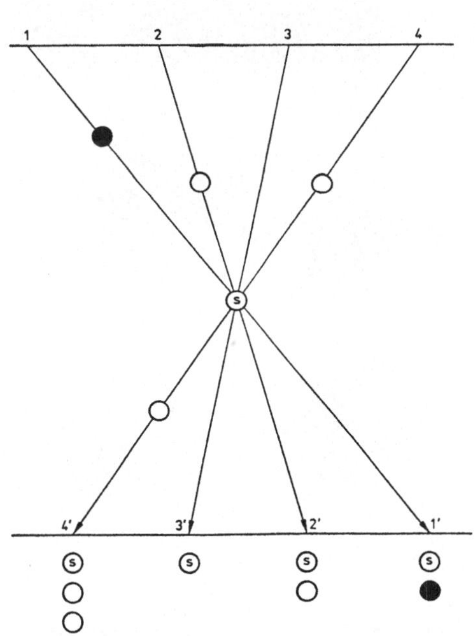


Fig. 3: Projektion eines Strukturpunktes

Der Vorteil der ED gegenüber der Rückprojektion ist aus Fig. 3 zu ersehen. Der Strukturpunkt s wird durch 4 Quellen in die Bildebene abgebildet. Die Projektionen von den Quellen 2 und 4 sind durch ein bzw. zwei schwach absorbierende Punkte überlagert, während die Projektion von Quelle 1 durch einen dunklen Punkt verdeckt wird. Durch Quelle 3 wird der Strukturpunkt frei projiziert. Die Rekonstruktion durch RP wird stark durch den dunklen Punkt gestört (Artefakt), während die ED den Strukturpunkt aus Projektion 3 exakt rekonstruiert.

Im allgemeinen läßt sich jeder Strukturpunkt durch ED genau rekonstruieren, wenn er in mindestens einer Perspektive frei projiziert wird. Diese Bedingung ist für angiographische Objekte ganz gut erfüllt.

3. Ergebnisse und Diskussion

Praktisch erprobt haben wir die ED zunächst an einem einfachen Drahtmodell (Fig. 4a), von dem wir mit einer beweglichen Röntgenquelle aus 12 Projektionsrichtungen Aufnahmen gemacht haben (Fig. 4b). Die Filmbilder wurden mit einem Optronics-Photoscan-Gerät digitalisiert. Die ED liefert in diesem Fall eine artefaktfreie Rekonstruktion aller Schichten (siehe Fig. 4c'), während die RP sehr stark durch Artefakte gestört ist (siehe Fig. 4c). Die Rekonstruktionsalgorithmen wurden in Fortran auf einem VAX 11/780-Computer implementiert.

Um zu zeigen, daß die ED auf Angiographie anwendbar ist, haben wir ein präpariertes menschliches Herz [8] verwendet, bei dem die Herzkranzgefäße mit Kontrastmittel gefüllt sind und von den 4 Röntgenprojektionen aufgenommen wurden (siehe Fig. 5a). Etwas Kontrastmittel ist ausgelaufen (siehe Pfeil) und verdeckt einen Teil der Gefäße.

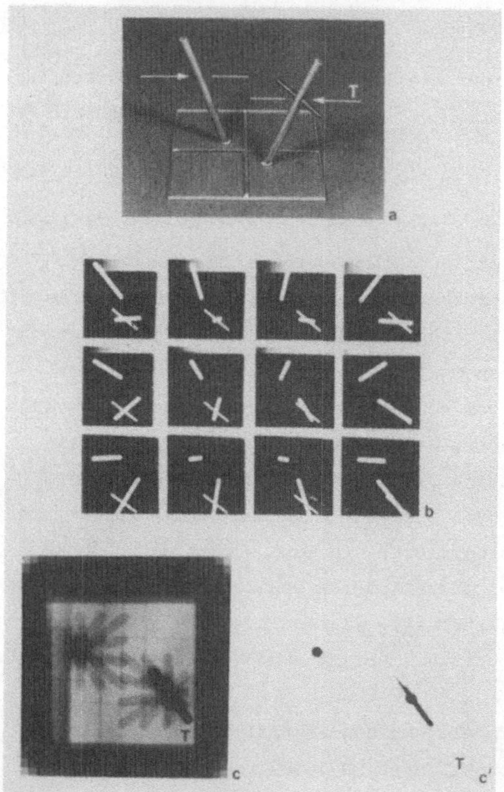


Fig. 4: a) Drahtmodell
b) Mehrfach-perspektivbild
c) Schichtbild mittels Rückprojektion
c') Schichtbild mittels Extremwertsdekodierung

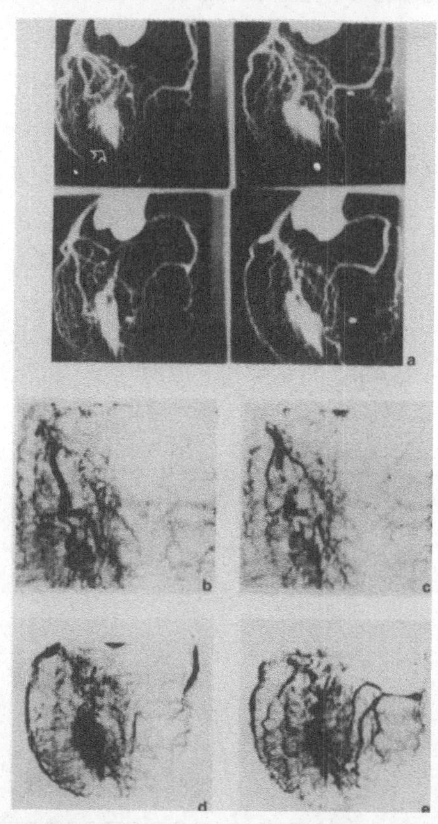


Fig. 5: a) 4 Rückprojektionsbilder von einem präparierten Herzen
b-c) Schichtbilder aus verschiedenen Tiefen

Man erhält durch die Schichtrekonstruktion eine Trennung der Gefäßstrukturen, wie in Fig. 5b-e zu erkennen ist.

Die nächsten Bilder zeigen erste Ergebnisse von einer Patientenaufnahme [9]. Für die Rekonstruktion lag uns eine Subtraktionsangiographie der Herzkranzgefäße in 16 Projektionen vor. Die Ergebnisse der Rekonstruktion sind in Fig. 6 zu sehen. Während die RP mit 16 Projektionen (Fig. 6a+b) durch Artefakte gestört ist (offene Pfeile), liefert die ED (Fig. 6a'+b') aus nur 4 Projektionen weitgehend artefaktfreie Bilder. Die Gefäßeinengung (Pfeil) ist klar erkennbar. Die Matrixgröße bei diesen Bildern: ca. 256 x 256 Punkte.

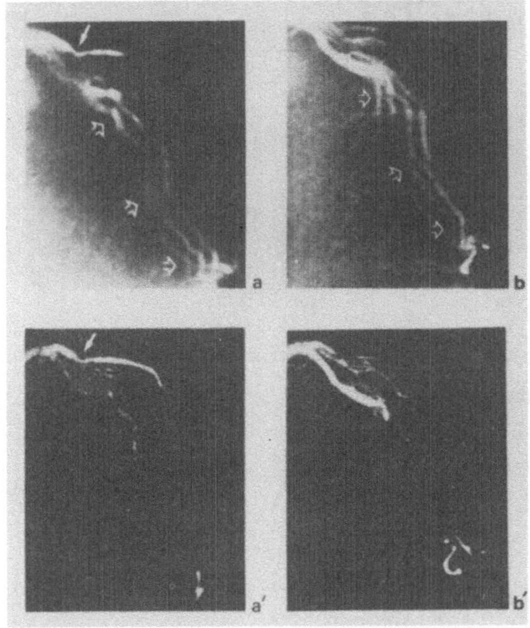


Fig. 6: Schichtbilder von Herzkranzgefäßen.
a+b) Rückprojektion (n=16) offene Pfeile markieren Artefakte
a'+b') Extremwertsdekodierung (n=4). Artefakte sind weitgehend eliminiert.

In Fig. 7a+b ist der prinzipielle Aufbau einer DATOS-Anlage zu sehen, wie sie im klinischen Betrieb eingesetzt werden könnte. Die 4 Röhren werden simultan geblitzt. Der Aufbau entspricht im wesentlichen der digitalen Subtraktionsangiographie-Technik [1,2]. Die geometrische Verzeichnung der BV-TV-Kette haben wir durch Software so weit korrigiert, daß sie nicht stört [13].

In verrauschten Bildern kann es zweckmäßig sein, von der verallgemeinerten Rekonstruktionsgleichung

$$\tilde{V} = \frac{\sum_{\varkappa=1}^{k} w_{\varkappa} \sum_{\nu=1}^{n} V_{\varkappa\nu}}{\sum_{\varkappa=1}^{k} w_{\varkappa}} \tag{7}$$

auszugehen, bei der die Gewichte heuristisch optimiert oder aufgrund von a priori-Kenntnissen bestimmt werden.

Gleichung (7) enthält die RP für $w_{\varkappa} = 1$ und die ED für

$$w_{\varkappa} = \begin{cases} 0 \\ 1 \end{cases} \text{für} \sum_{\nu=1}^{n} V_{\varkappa\nu} \begin{cases} > \\ = \end{cases} \min_{\varkappa=1}^{k} \sum_{\nu=1}^{n} V_{\varkappa\nu} \quad , \quad \text{als Spezialfall .} \tag{8}$$

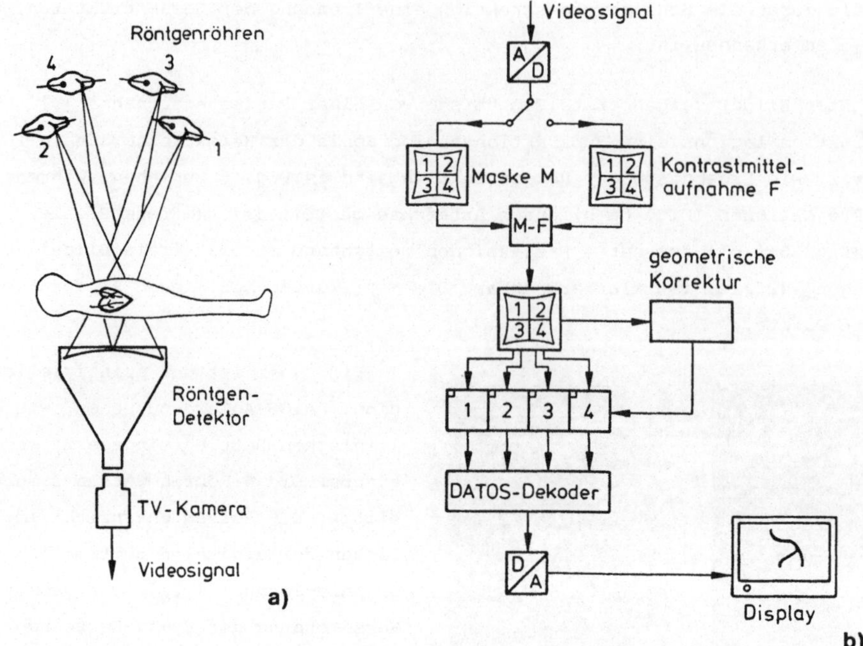


Fig. 7: DATOS: a) Aufnahme, b) Digitale Speicherung, Subtraktion und Extremwertsrekonstruktion.

Setzen wir bei einer Maximumausschlußdekodierung

$$w_{\varkappa} = \begin{cases} 0 \\ 1 \end{cases} \quad \text{für} \quad \sum_{\nu=1}^{n} v_{\varkappa\nu} \begin{cases} = \\ < \end{cases} \max_{\varkappa=1}^{k} \sum_{\nu=1}^{n} v_{\varkappa\nu} \quad , \tag{9}$$

erhalten wir bei kontraststarken Angiographien auch weitgehend artefaktfreie Bilder.

Anhand der Beispiele (Fig. 5 und 6) wurde gezeigt, daß man in der Subtraktionsangiographie mittels DATOS schon mit 4 Projektionen und einem nichtlinearen Rekonstruktionsverfahren zu diagnostisch relevanten tomographischen Gefäßdarstellungen kommen kann.

## 4. Literatur


[1] J.W. Ludwig, M.D., Ph.D., L.H.J. Verhoeven and P.H.C. Engels, M.D.: Digital video subtraction angiography (DVSA) equipment, Angiographic technique in comparison with conventional angiography in different vascular areas. Brit. J. Radiol. 55 (1982) 545-553.

[2] Diana F. Guthaner, M.D., Lewis Wexler, M.D., Dieter R. Enzmann, M.D., Stephan J. Riederer, Ph.D., Gary S. Keyes, Ph.D., William F. Collins, M.S., William R. Brody, M.D., Ph.D.: Evaluation of Peripheral Vascular Disease Using Digital Subtraction Angiography. Radiology 147 (May 1983) 393-398.

[3] Ziedses des Plantes, G.B.: Eine neue Methode zur Differenzierung in der Röntgenographie, Acta Radiol. 13 (Stockholm 1932) 182-192.

[4] Hounsfield, G.N.: Computerized Transverse Axial Scanning (tomog.). Pt. 1: Description of System. Brit. J. Radiol. 46 (1973) 1016-1022.

[5] Grant, D.G.: IEEE Trans. Biomedical Engn. BME/19 (1972) 2028.

[6] Klotz, E., Weiss, H.: Three Dimensional Coded Aperture Imaging using Non-redundant Point Distributions. Optics Comm. 11 (1974) 360.

[7] M. Nadjmi, H. Weiss, E. Klotz, R. Linde: Kurzzeit-Tomosynthese - klinische Erfahrungen. Röntgenpraxis 34 (1981) 247-252.

[8] H. Woelke, P. Hanrath, M. Schlüter, W. Bleifeld, E. Klotz, H. Weiss, D. Waller, J. v. Weltzien: Work in Progress. Flashing tomosynthesis: A tomographic technique for quantitative coronary angiography. Radiology 145 (Nov. 1982/2) 357-360.

[9] H. Becher, P. Hanrath, M. Schlüter, W. Bleifeld, E. Klotz, P. Haaker, R. Linde, H. Weiss: Selektive Koronarangiographie mittels Kurzzeittomosynthese bei Patienten mit koronaren Herzkrankheiten. Veröffentlichung in: RöFo.

[10] Radon, J.: Über die Bestimmung von Funktionen durch ihre Integralwerte längs gewisser Mannigfaltigkeiten. Ber. Verh. Sachs. Akad. Wiss. 69 (1917) 262-277.

[11] Barry, P., Medoff, William, R. Brody, Menahem Nassi, and Albert Macowski: Iterative convolution backprojection algorithms for image reconstruction from limited data. Opt. Soc. Am., Vol. 73, No. 11 (Nov. 1983) 1493-1500.

[12] J. Hamasaki and K. Yokota: Direct recording and reconstruction of 3-D X-ray images. Applied Optics, Vol. 17 (1978) 3125-3132.

[13] R. Koppe, H.H. Thomsen: Autorectification of digital image pickup units. Interner Bericht.

# TEXTURUNTERSUCHUNGEN BEI ULTRASCHALLBILDERN

E. Schuster, E. Palkowitsch, E. Lieber, Chr. Wawerda
Institut für Medizinische Computerwissenschaften
(Vorstand: Prof. Dr. G. Grabner)
Garnisongasse 13, A-1090 Wien, Österreich

## 1.) EINLEITUNG:

Am Institut für Medizinische Computerwissenschaften wurden Programme zur Texturanalyse von Ultraschallbildern entwickelt und implementiert, deren Ziel es ist,

(1) das sonographische Abbild von Gewebe mit gesicherter Diagnose bezüglich ihrer Textureigenschaften zu beschreiben, um sie in der Folge über diese Parameter leichter klassifizieren bzw. differenzieren zu können.

(2) innerhalb eines umschriebenen Gebietes mit vermuteter homogener Struktur Bereiche aufzufinden und anders(färbig) darzustellen, die vom übrigen Gewebe bezüglich eines oder mehrerer frei wählbarer Texturmaße abweichen.

Bei der ersten Fragestellung versuchen wir Texturmaße zu finden, bezüglich derer sich Gewebe, die an einer bestimmten Krankheit erkrankt sind, besonders deutlich bzw. besonders sicher von anderen Krankheitsformen, -stadien bzw. vom gesunden Gewebe unterscheiden. Solche Texturmaße würden dann auch bei Gewebe, die bisher nicht eindeutig diagnostisch zugeordnet werden konnten, als Entscheidungshilfe dem Arzt angeboten werden.
Bei der zweiten Fragestellung versuchen wir lokale Veränderungen innerhalb eines vermuteten homogenen Bereichs, z.B. Leberparenchym, aufzufinden, wie etwa Metastasen, Einschlüsse, Durchblutungsstörungen, Tumore, Zysten, Karzinome und ähnliches.

## 2.) METHODISCHE VORGANGSWEISE

### 2.1.) CHARAKTERISIERUNG VON GEWEBE MIT GESICHERTER DIAGNOSE (ART, STADIUM UND FORM DER ERKRANKUNG)

Auf der II. Universitätsklinik für Gastroenterologie und Hepatologie

(Vorstand: Prof. Dr. G. Grabner) werden Patienten mit Erkrankungen der Organe des Bauchraumes (Galle, Leber, Niere, Pankreas) routinemäßig mit Hilfe von Ultraschall untersucht. Das am Institut für Medizinische Computerwissenschaften entwickelte System "IPSUS" (für: "Interactive Processing System for UltraSound") erlaubt nun synchron zu dem vom herkömmlichen Ultraschallscanner PICKER 80L/DI erzeugten Ultraschallbild digital ein Bild aufzubauen, das mit 16-fach höherer Genauigkeit quantisiert wurde. Jene Bilder, die im Laufe einer Ultraschalluntersuchung zu einer bestimmten Diagnose geführt haben, bzw. die das zu untersuchende Organ besonders gut abbilden, werden digital gespeichert und nachträglich ausgewertet. Dabei wird zuerst eine Vielzahl von Texturparametern (gegenwärtig: 22) von Teilbereichen unterschiedlicher Größe und Lage des erkrankten Organs berechnet und in einem File abgelegt, um die intraindividuellen Unterschiede abschätzen zu können. In der Folge werden dann jene Werte der berechneten Texturmaße von Patienten mit gleicher und gesicherter Diagnose zusammengefaßt und statistisch ausgewertet, um die interindividuellen Unterschiede beschreiben zu können. Zuletzt werden jene Texturmaße, die sowohl eine geringe intra- als auch interindividuelle Variation zeigten, uni- bzw. multivariat gegen jene Werte getestet, die von anderen Krankheiten, -stadien und -formen berechnet wurden.

Da das Institut für Medizinische Computerwissenschaften in Personalunion mit der II. Universitätsklinik für Gastroenterologie und Hepatologie geführt wird, ist die für eine solche Forschung unerläßliche enge Zusammenarbeit mit den Ärzten bzw. ein reiches Datenmaterial verschiedener Krankheitsformen und -stadien garantiert.

## 2.2.) AUFFINDEN VON TEILBEREICHEN MIT ABWEICHENDER TEXTUR INNERHALB EINES HOMOGEN VERMUTETEN GEWEBES

Bei vielen inneren Organen (z.B. Leber) wird idealisierend angenommen, daß das sonographische Abbild der Gewebsstruktur homogen ist. Um nun innerhalb eines solchen Organs lokale Abweichungen in der Textur zu entdecken, denen krankhafte Veränderungen entsprechen könnten (z.B. Zysten), werden lokale Texturmaße berechnet und miteinander verglichen. Jene Bereiche mit Textureigenschaften, die vom übrigen Gewebe signifikant unterschiedlich sind, werden in einer anderen Farbe (gegenwärtig: orange/rot) als das normale Gewebe (gegenwärtig: grün) im Originalbild dargestellt. Dabei werden die Echo-Amplituden unverändert proportional ihrer Höhe kodiert, sodaß die Strukturmuster weiterhin sichtbar bleiben.

Durch eine wahlweise sukzessive mengentheoretische Verknüpfung solcher Abweichungsbereiche desselben zu analysierenden Ausschnittes können Areale dargestellt werden, die sich z. B. in mehreren Maßen gleichzeitig oder die sich mindestens in einem der berechneten Texturmaße unterscheiden.

Da die eigentlichen Ultraschallbilddaten nicht zerstört werden, sondern nur ihre Darstellung (d.h. Farbumsetzung) verändert wird, ist der herkömmliche Diagnoseprozeß davon völlig unbeeinflußt, und die Texturanalyse bietet somit zusätzliche Information an, die zu einer sichereren Diagnose führen kann. Entsprechend der Arbeitsweise bei der klinisch-routinehaften Ultraschalldiagnose haben wir dafür einen interaktiven Ansatz gewählt und gehen dabei folgendermaßen vor:

- Der Benutzer definiert Größe und Lage des zu untersuchenden Gebietes G im Ultraschallbild.
- Über das Gebiet G wird ein gleichmäßiger Raster gelegt, der eine vom Benutzer bestimmte Feinheit hat.
- Um jeden Schnittpunkt des Rasters wird eine Umgebung mit dem Schnittpunkt als Mittelpunkt definiert. Die Größe dieser Umgebungen wird ebenfalls vom Benutzer bestimmt, wobei die so entstandenen Umgebungen nicht notwendigerweise paarweise disjunkt sein oder eine Überdeckung des gesamten Gebietes darstellen müssen.
- Von jeder dieser Umgebungen wird nun das vom Benutzer gewählte Texturmaß berechnet und zusammen mit den Ortskoordinaten in einem File abgelegt. Gegenwärtig stehen insgesamt 20 verschieden Texturmaße aus den Gruppen

    - textural edgeness
    - relative extrema density
    - spread
    - gray tone run length
    - co-occurence

  dem Arzt zur Verfügung. Kriterien für die Wahl eines bestimmten Maßes sind vor allem Aussagekraft und die dafür benötigte Rechenzeit.
- Von diesen Texturwerten der einzelnen Umgebungen wird der Mittelwert und die mittlere Abweichung von diesem Mittelwert berechnet.
- Der Abweichungsbereich $T_{neu}$ wird nun aus jenen Umgebungen gebildet, deren Texturwerte bezüglich eines vom Benutzer gewählten Kriteriums nicht in einem frei wählbaren Normbereich um den durchschnittlichen Texturwert dieses zu analysierenden Bereiches liegen.

So können etwa Abweichungsbereiche definiert werden, deren Texturwerte signifikant größer (kleiner) als der Durchschnitt sind, oder aber auch als jene Bereiche, deren Texturwerte sich hinreichend stark vom mittleren Wert unterscheiden (gleichgültig, ob größer oder kleiner),

- Wenn aus früheren Berechnungen bereits ein abweichender Bereich $T_{alt}$ gegeben ist, so kann der Benutzer zwischen 3 Formen des im Original-Ultraschallbild tatsächlich neu eingefärbten Abweichungsbereiches $T_{curr}$ wählen:
  - $T_{curr} = T_{alt} \cap T_{neu}$
  - $T_{curr} = T_{alt} \cup T_{neu}$
  - $T_{curr} = T_{neu}$
- Wenn der neu entstandene Abweichungsbereich $T_{curr}$ nicht den Erwartungen des Benutzers entspricht, weil z. B. aufgrund einer zu unspezifischen Definition der Ausreißer der Abweichungsbereich $T_{curr}$ zu groß geworden ist, so kann
  - das Kriterium der Ausreißer (d.h. Art und Größe der Abweichung) neu definiert

  und
  - die mengentheoretische Verknüpfung mit $T_{alt}$ neu bestimmt

  werden. In diesem Fall wird der Ausgangszustand wiederhergestellt und der neue Abweichungsbereich $T_{neu}$ berechnet, der dann zusammen mit der eventuell neuen mengentheoretischen Operation den neu darzustellenden Bereich $T_{curr}$ definiert.
- Wurde ein befriedigendes Ergebnis erzielt, so können weitere Texturmaße berechnet werden, wobei der gegenwärtig dargestellte Abweichungsbereich $T_{curr}$ zu $T_{alt}$ wird.

## 3.) BEISPIELE

In den Abbildungen 1 und 2 ist das Original-Ultraschallbild einer Leberzyste zu sehen. Das hellumrandete Rechteck wurde dabei auf seine Textureigenschaften analysiert, wobei folgende Spezifizierungen der Parameter verwendet wurden:

- Gitterabstand: 9 pixels
- Umgebung: Quadrate mit 81 Bildpunkten
- Texturmaß: spread
- Ausreißer: Gitterpunkte, deren lokale

Streuung kleiner war als die mittlere Streuung minus der Streuung der berechneten Texturmaße

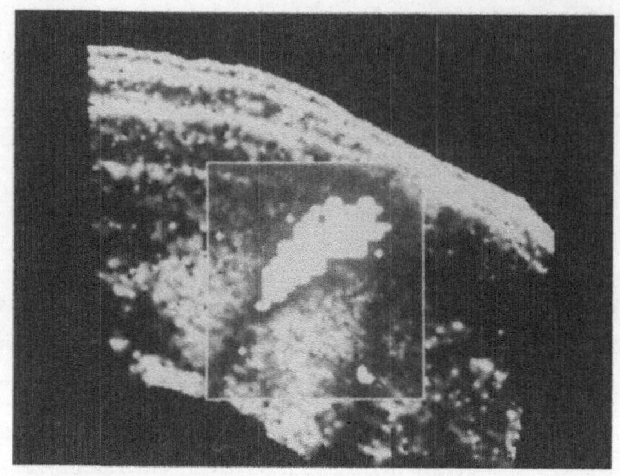

Abbildung 1: Auffinden und Markieren einer Leberzyste mit Hilfe einer Texturanalyse

Um das verarbeitete Gebiet auch auf einem Schwarz-Weiß-Bild gut sichtbar vom restlichen Bild abzuheben, wurden statt verschiedener Farben unterschiedliche Umsetzungsfunktionen für diese beiden Bereiche gewählt:

| | |
|---|---|
| Analysebereich: | Logarithmus, normiert bezüglich der Grauwerteverteilung innerhalb des Analysefensters |
| übriges Bild: | truncated linear function |

Der Abweichungsbereich wurde zur besseren Sichtbarkeit konstant auf Null (Schwarz; - Abbildung 1) bzw. auf maximale Helligkeit (Weiß; - Abbildung 2) gesetzt.

Das durch die Texturanalyse gefundene Abweichungsgebiet deckt sich dabei fast vollkommen mit jenem Bereich, den der Arzt als Leberzyste visuell diagnostiziert hat.

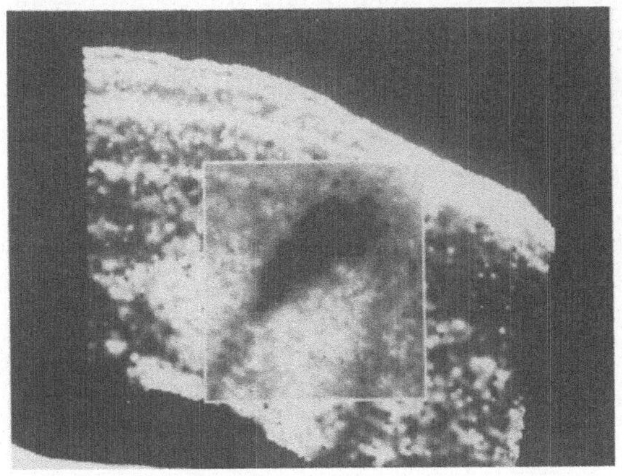

Abbildung 2: Darstellung einer mittels Texturanalyse gefundenen Zyste in maximaler Helligkeit

## 4.) ZUSAMMENFASSUNG

Diese Algorithmen zur Charakterisierung und Klassifizierung von Texturen biologischer Gewebe in Ultraschallbildern sind im Bildgenerierungs- und -verarbeitungssystem "IPSUS" integriert, das Ultraschallbilder mit 8 bit Genauigkeit in Echtzeit synthetisieren bzw. diese dann in (fast) Echtzeit nachverarbeiten kann. Da sowohl die Bildgenerierung bzw. -verarbeitung als auch die Algorithmen zur Texturuntersuchung interaktiv gesteuert werden und die gefundenen Teilbereiche mit unterschiedlichen Texturen nur markiert werden, ohne die eigentliche Ultraschallinformation zu verändern, können dieselben Bereiche mehrmals mittels verschiedener Algorithmen geprüft werden.

Durch die besonders enge Zusammenarbeit mit den Ärzten der II. Universitätsklinik für Gastroenterologie und Hepatologie steht uns ein sehr umfangreiches Datenmaterial von einer Vielzahl von Krankheitsformen und -stadien zur Verfügung und wir können daher die Leistungsfähigkeit bzw. die medizinische Relavanz der einzelnen Algorithmen sehr rasch und effizient überprüfen und gegebenenfalls modifizieren.

# Automatische Kontursuche und Segmentierung in Sonographiebildern des Uterus als Grundlage für eine verbesserte Strahlentherapieplanung

K.-H. Englmeier[1], R. Hecker[1], H. Hötzinger[2], H. Thiel[1]

1) Institut für Medizinische Informatik und Systemforschung der GSF, Ingolstädter Landstraße 1, D-8042 Neuherberg/München

2) Städtisches Krankenhaus Passau, Bischof-Pilgrim-Straße 1, D-8390 Passau

## Zusammenfassung :

Die intrauterine Ultraschalltomographie hat sich als geeignetes Verfahren zur Darstellung normalen Myometriums sowie dessen pathologischer Veränderungen, insbesondere der Bestimmung von Lage und Ausdehnung maligner Prozesse, erwiesen.
Die intracavitäre Radiotherapie des Corpus-Carzinoms, insbesondere die Afterloading-Technik, kann damit erstmals anhand der erzeugten Schnittbilder mit einem genau definierten Zielvolumen arbeiten, da Schallsonde und Afterloadingsonde die gleiche geometrische Konfiguration aufweisen.
Im folgenden wird ein Verfahren vorgestellt, das es dem Benutzer ermöglicht, rechnergestützt über Segmentation von Organschnittflächen das Tumorvolumen zu bestimmen sowie eine pseudo-3-dimensionale Projektion in Kombination mit der Energiedosisverteilung der radioaktiven Quelle zu erzeugen.

## Schlüsselwörter :

Intracavitäre Radiotherapie, Intrauterinsonographie, pseudo-3-dimensionale Darstellung, Segmentation, Template Matching, Volumenbestimmung

## Einführung :

Die intrauterine Ultraschalltomographie kann in Zusammenhang mit einer diagnostischen Ausschabung oder einer intracavitären Einlage durchgeführt werden. Dabei wird der Muttermund dilatiert und physiologische Kochsalzlösung über einen Bypass als Wasservorlaufstrecke installiert, nachdem der Schallkopf in das cavum uteri eingeführt wurde. Der an der

Spitze der Schallsonde liegende Transducer dreht sich mit konstanter Geschwindigkeit um 360°, wobei die Rotationsgeschwindigkeit stufenlos von 1-10 Umdrehungen/sec. variiert werden kann. Beim Herausziehen der Sonde werden Ultraschallschnittbilder des Uterus in der jeweiligen Einführtiefe erzeugt.
Die Beurteilung der Ultraschallbilder richtet sich nach folgenden Kriterien :
- Darstellung des Endometriums und der Serosa.
- Binnenstruktur des Myometriums

Innen- und Außenwand der Gebärmutter zeigen sich in der Regel als echodichte Zonen. Das Myometrium erscheint von relativ homogener Echo-Sruktur beim normalen Uterussonogramm. Pathologische Gewebeveränderungen wie Myom, Carzinom und Sarkom liefern echoärmere Bezirke innerhalb des Myometriums.
Im Fall der inoperablen malignen Veränderung des Uterus erfolgt die high-dose Afterloading-Therapie mit 192-Iridium. Zur Optimierung der Radiotherapie ist einerseits die exakte Definition des Tumorvolumens, andererseits die individuelle Isodosengestaltung aufgrund der Informationen durch die Intrauterinsonographie notwendig /1/.
Volumenbestimmung und Darstellung des Isodosenverlaufs im 3-dimensionalen Raum setzen jedoch eine rechnergestützte Segmentation des Gebärmutterschnittbildes voraus. Dazu wurde ein Verfahren entwickelt, das es dem Benutzer ermöglicht, über strukturangepaßte Filter den Uterusquerschnitt inclusive cavum uteri und Schallsonde zu segmentieren.

## Methoden der Segmentierung

Die Segmentation des Gebärmutterschnittbildes gliedert sich in drei Teilaufgaben :

- Segmentierung des Uterus durch
  - Konturfindung der äußeren Organbegrenzung des Uterus (Serosa),
  - Konturfindung des Cavum uteri;
- Segmentierung pathologisch veränderter Bezirke innerhalb des Uterus.

Aufgrund der unterschiedlichen Echostrukturen im Bereich der Organbegrenzungen bzw. innerhalb des Uterus sind für die drei Teilaufgaben unterschiedliche Verfahren entwickelt worden. Sämtliche Verfahren arbeiten in Bildern mit 128x128 Bildpunkten.

## 1. Konturfindung der Serosa

Die Serosa zeigt sich im Ultraschallbild im allgemeinen als nahezu kreisförmige Ringwall-Struktur (siehe Abbildung 1a), allerdings mit teilweise großen Lücken (in Abb. 1a unten) sowie mit schwachem Kontrast des Walles in Bereichen hoher Echointensitäten des umgebenden Gewebes (in Abb. 1a Mitte links).

Die in Ultraschallschnittbildern des Uterus häufig vorkommenden großflächigen Intensitätsveränderungen sowie die großen Lücken in den Konturen machen eine Konturfindung mit Hilfe von Intensitätsschwellen und/ oder mit Gradientenverfahren praktisch unmöglich. Auch aufwendigere 2-dimensionale Relaxationsverfahren, die aus Zeitgründen in der Regel in relativ kleinen Umgebungen (3x3 bzw. 5x5 Pixel) arbeiten, dürften kaum in der Lage sein die großen Lücken zu schließen.

Für die gestellte Aufgabe wurde daher folgender iterativer Konturfindungsalgorithmus entwickelt, der - ausgehend von den Randbedingungen geschlossener, nahezu kreisförmiger Konturen - mit Hilfe strukturangepaßter Filter über Korrelationsmaximierung die tatsächlichen Organgrenzen findet :

1.1 Zunächst werden die Bilder mit einem kreisförmigen Bandpass gefiltert, der einerseits die wallähnliche Struktur der Organbegrenzung hervorhebt, andererseits sowohl das Rauschen unterdrückt (Tiefpasswirkung) als auch großflächige (niederfrequente) Intensitätsschwankungen im Ultraschallbild ausgleicht (Hochpasswirkung).

Das Filter wurde über die "window method" (siehe z.B. /1/) mit folgenden Spezifikationen erzeugt :

Untere Grenzfrequenz : 0,03
Obere Grenzfrequenz : 0,4
Fenster-Funktion : Kaiser-window mit $\beta = 5$, N=77.

Die Angabe der Grenzfrequenzen erfolgt in normierten Einheiten, d.h. Abtastintervall in beiden Richtungen = 1 und entsprechend maximal vorkommende Frequenz in jeder Richtung = 0,5. Die Filterung selbst erfolgt im Frequenzraum.

Das Ergebnis einer solchen Bandpassfilterung zeigt Abbildung 1b, angewandt auf das Bild in Abbildung 1a. Die so gefilterten Bilder sind Ausgangspunkt für das hier beschriebene Verfahren sowie für das unter Punkt 2. beschriebene Verfahren zur Konturfindung des Cavum uteri.

1.2 Im ersten Schritt des Iterationsverfahrens wird zunächst diejenige kreisförmige Ringmaske mit Ort und Radius ermittelt, die der äußeren Organbegrenzung im gefilterten Bild am besten angepaßt ist.

Das Ergebnis dieses Schrittes zeigt Abbildung 1c, wo das gefilterte Bild 1b und die entsprechende Ringmaske überlagert sind.
Ort und Radius der am besten angepaßten Kreismaske werden folgendermaßen ermittelt :
Zunächst werden insgesamt 8 kreisförmige Ringmasken mit unterschiedlichen Radien, aber gleicher Dicke so definiert, daß der Mittelpunkt der Kreisringe in der Feldmitte bei den Koordinaten 65/65 |Pixel| liegt. Die Innenradien der Ringmasken sind nacheinander 27,30,33,36,39,42,45 bzw. 48 Pixel (entlang einer Hauptachse) und decken damit die in Ultraschallbildern tatsächlich vorkommenden Radien der Serosa bei den hier gewählten standardisierten Gerätebedingungen vollständig ab. Die Dicke der Ringmasken entspricht mit 4 Pixel (entlang einer Hauptachse) in etwa der Dicke der Serosa im gefilterten Ultraschallbild. Innerhalb der Kreisringe haben die Masken den Wert 1, außerhalb den Wert 0. Dann werden die Kreuzkorrelationen der Ringmasken mit dem gefilterten Ultraschallbild berechnet und aus diesen die maximale Korrelation sowie deren Lage ermittelt. Die zugehörige Maske ist die gesuchte.
Abbildung 2 zeigt als Beispiel die Kreuzkorrelation zwischen dem gefilterten Bild 1b und der Ringmaske mit dem größten Korrelationsmaximum aller 8 Masken. Das Maximum der Kreuzkorrelation etwa in der Mitte des Feldes ist die maximale Korrelation der beschriebenen Maske mit dem gefilterten Bild, wobei der Ort des Maximums dem Mittelpunkt der Ringmaske entspricht und damit deren Lage relativ zum gefilterten Bild anzeigt (siehe Abb. 1c).

1.3 Im nachfolgenden Iterationsverfahren wird die ermittelte Ringmaske in ihrer Lage relativ zu der Serosa im gefilterten Bild nicht mehr verändert, sondern nur noch durch Formvarianten und Korrelationsmaximierung den tatsächlichen Konturen angepaßt.
Hierzu wurde ein Algorithmus entwickelt, der es erlaubt, die Maske in Winkelschritten von 7,5° nach innen bzw. außen um eine Pixelbreite einzudellen bzw. auszubeulen und die hierdurch bedingte Veränderung der Korrelation der Maske mit dem Bild zu berechnen.
Im Rahmen dieses Algorithmus entsteht eine Liste, die für insgesamt 48 Winkelpositionen die Veränderungen der Korrelation bei Veränderung der Maske an der betreffenden Winkelposition nach innen bzw. außen enthält.
Pro Iterationsschritt wird eine solche Liste erstellt und die Maske an jeder Winkelposition nach folgenden Regeln verändert :

I : Nimmt die Korrelation bei Veränderung der Maske nach innen und außen ab, bleibt die Maske unverändert.

II : Nimmt die Korrelation bei Veränderung der Maske nach innen (bzw. außen) ab und nach außen (bzw. innen) zu, wird die Maske an der betreffenden Winkelposition um eine Pixelbreite nach außen (bzw. innen) verändert.

III : In allen anderen Fällen wird die Entscheidung von den Veränderungsrichtungen der benachbarten Winkelpositionen in der Weise abhängig gemacht, daß die Veränderung den Trend der Veränderung der benachbarten Winkelpositionen mitmacht.

Die pro Iterationsschritt veränderte Maske ist Ausgangsmaske für den jeweils folgenden Iterationsschritt usw.
Das Verfahren bricht ab, wenn die Korrelation der Maske mit dem Bild von einem Iterationsschritt zum nächsten um weniger als 1% zunimmt. Je nach dem Verlauf der tatsächlichen Kontur im Ultraschallbild bricht das Verfahren in der Regel nach 5 bis 10 Schritten ab. Abbildung 1d zeigt das Ergebnis des Iterationsverfahrens nach 8 Schritten, ausgehend von Abbildung 1c.

## 2. Konturfindung des Cavum uteri

Nach Bandpassfilterung des Ultraschallbildes erfolgt zum Auffinden der Ultraschallsonde in Abhängigkeit vom Abbildungsmaßstab die Generierung einer ringförmigen Maske. Diese wird wiederum mit dem Bild kreuzkorreliert. Aus dem Korrelationsmaximum resultiert der Mittelpunkt der Sonde, der der automatischen Detektion der Gebärmutterinnenwand als Ausgangspunkt dient. Um den Sondenmittelpunkt wird zunächst ein Bildausschnitt $-32 \leq x \leq 32$, $-32 \leq y \leq 32$ (siehe Abb. 3a) in Polarkoordinaten transformiert (Abbild. 3c). Da sich im kartesischen Koordinatensystem die Kontur des Cavum uteri kreis- bzw. ellipsenähnlich darstellt, liegen die Konturpunkte nach Polarkoordinatentransformation auf einer Geraden oder Kurve. Damit ist die Kontursuche weit weniger aufwendig, da die Konturpunkte nur in radialer Richtung zu suchen sind /3/.
Zur Auswahl einer für die Konturpunkte geeigneten Schwelle erfolgt zunächst die Bestimmung des Maximums in der nach rechts abfallenden Histogrammverteilung des gefilterten Bildausschnittes. Der Schwellwert resultiert dann aus der doppelten Breite der Verteilung, die bei dem 10-Prozent-Wert des Maximums ermittelt wird. Nach anschließender Binärbildgenerierung und Ausblenden des bekannten Ultraschallsondenradius werden die Konturpunkte von 0° bis 360° abgetastet. Aus der

Rücktransformation der Konturpunkte in das kartesische Koordinatensystem und der Verbindung derselben mit parametrischen Splinefunktionen ergibt sich die geschlossene Kontur des Cavum uteri (s. Abb. 3d)
Maligne Veränderungen innerhalb des Myometriums wie Carzinom und Sarkom zeigen sich in der Regel echoärmer als das restliche Myometrium, jedoch schwankt der Reflexionsgrad stark in Abhängigkeit von der nekrotischen Verflüssigung. Zum Zweck der Tumorvolumenbestimmung werden momentan interaktiv Stützstellen entlang des pathologisch veränderten Bezirkes ermittelt und anschließend mit Splinefunktionen verbunden /4/.

## Tumorvolumenbestimmung

Nach Segmentierung des pathologisch veränderten Bezirkes kann dessen Flächeninhalt über Verfahren der numerischen Integration bestimmt werden. Sind sämtliche Flächeninhalte der Tumorsequenzbilder ermittelt, kann das Tumorvolumen wiederum mit Methoden der numerischen Integration approximiert werden. Das Verfahren und seine Genauigkeit wurde bereits an anderer Stelle diskutiert /4/.

## Pseudo-3-dimensionale Rekonstruktion und Superposition der Energiedosisverteilung

Im Fall der inoperablen malignen Veränderung erfolgt in der Regel die Kombination einer lokalen Kontaktbestrahlung (Afterloading-Verfahren) mit einer perkutanen Hochvolttherapie wobei die Planung der Bestrahlungstherapie folgende Ziele beinhaltet :

- hohe Bestrahlung des Tumors
- relativ geringe Belastung der Blase, des Rektums und der Harnleiter /5/.

Dazu bietet die intrauterine Sonographie in Kombination mit der Computertomographie erstmals die Möglichkeit der individuellen Bestrahlungstherapieplanung. Denn einerseits erlaubt die Computertomographie die Abgrenzung des Uterus zu Blase und Rektum, andererseits liefert die Intrauterinsonographie Aufschlüsse über die Tumorausbreitung innerhalb des Myometriums.
Zur Darstellung des Dosisverlaufs im Uterus und seiner Umgebung wird zunächst der segmentierte Uterusquerschnitt dem in nahezu gleicher Schnitthöhe angefertigten CT-Bild nach Skalierung auf den gleichen Abbildungsmaßstab überlagert. Ist die Dosisverteilung im Querschnitt

mit Hilfe des Afterloadingsystems GAMMA-MED II (Fa.Sauerwein) berechnet, kann diese wiederum dem Superpositionsbild überlagert werden (siehe Abb. 4).
Zur Berücksichtigung der Isodosenverteilung in der Frontal- und Sagittalebene werden zunächst aus den Querschnitten des Uterus ein Frontal- und Sagittalschnitt rekonstruiert (siehe Abb. 5).
Nach Berechnung der Dosisverläufe in sagittaler und frontaler Richtung werden diese anschließend dem medianen Sagittal- und Frontalschnitt überlagert. Durch Rotationen um die x-, y- und z-Achse und Berücksichtigung der Visibilitätskriterien können beide Schnittebenen pseudo-3-dimensional dargestellt werden (siehe Abb. 6).

## Schlußbetrachtung

Es wurde ein Verfahren vorgestellt, mit dem die Organschnittfläche des Uterus - inclusive pathologischer Bezirke - im Schallbild segmentiert werden kann. Die Methode liefert einerseits die Voraussetzung zur rechnergestützten Tumorvolumenbestimmung, andererseits können dadurch im Rahmen der Bestrahlungstherapieplanung die Belastung der umgebenden Organe sowie die optimale Dosierung am Tumor ermittelt werden.

## Literatur


/1/ Hötzinger, H., Becker, H., Becker, V.: Interuterine Ultraschalltomographie (IUT): Vergleich mit makroskopischen Präparatschnitten, Geburtsh. und Frauenheilk., 44 (1984), 219-224

/2/ Cappellini, V., Constandinides, A.G., Emiliani, P.: Digital Filters and Their Applications. Academic Press, London-New York-San Francisco, 1978

/3/ Abmayr, W., Rappl, W., Mannweiler, E.: Segmentation von Zellen in Gewebeschnitten. VDE-Fachbericht des 5.DAGM-Symposiums 1983, VDE-Verlag GmbH, Berlin-Offenbach, 118-123.

/4/ Englmeier, K.-H., Hecker, R., Pöppl, S.J.: Computergestützte Bestimmung des Prostatavolumens aus transrektalen Ultraschalltomogrammen. VDE-Fachbericht des 5.DAGM-Symposiums 1983, VDE-Verlag GmbH, Berlin-Offenbach, 361-366.

/5/ Kepp, R., Staemmler, H.-J.: Lehrbuch der Gynäkologie, neubearbeitet von Kaiser, R. und Pfleiderer A., G.Thieme-Verlag, 1982

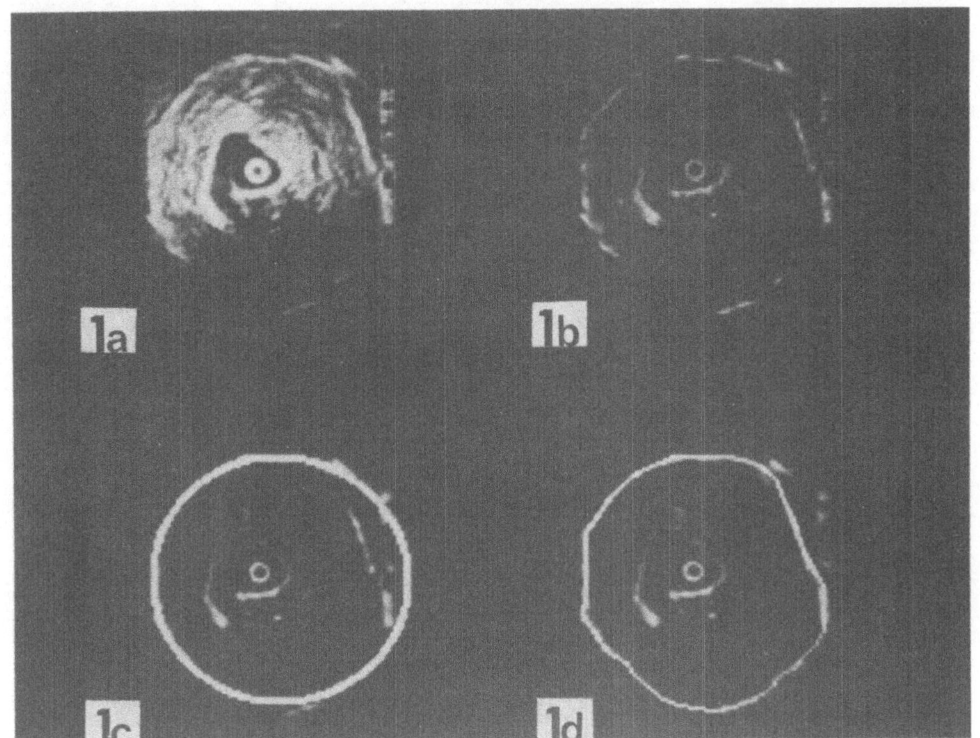


Abb.1 a) Original eines intracavitären Sonogrammbildes des Uterus
b) Resultat des Bandpassfilters, angewandt auf Abb.1a.
c) Überlagerung des bandpassgefilterten Bildes mit der am besten angepaßten kreisförmigen Ringmaske an die Kontur der Serosa
d) Optimale Anpassung der Maske durch Formvariation über iterative Korrelationsmaximierung

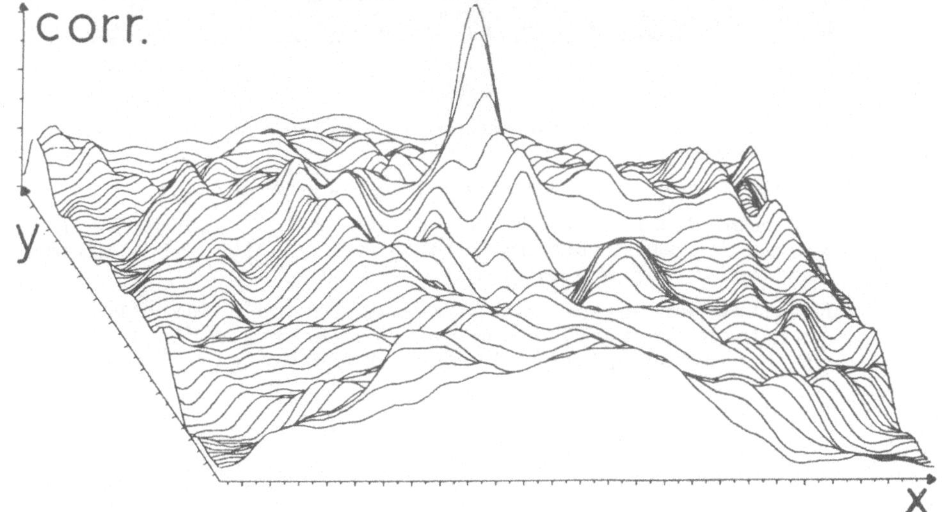


Abb.2 Kreuzkorrelation zwischen dem gefilterten Bild 1b und der Ringmaske mit dem Radius 36 Pixel, Dicke 4 Pixel

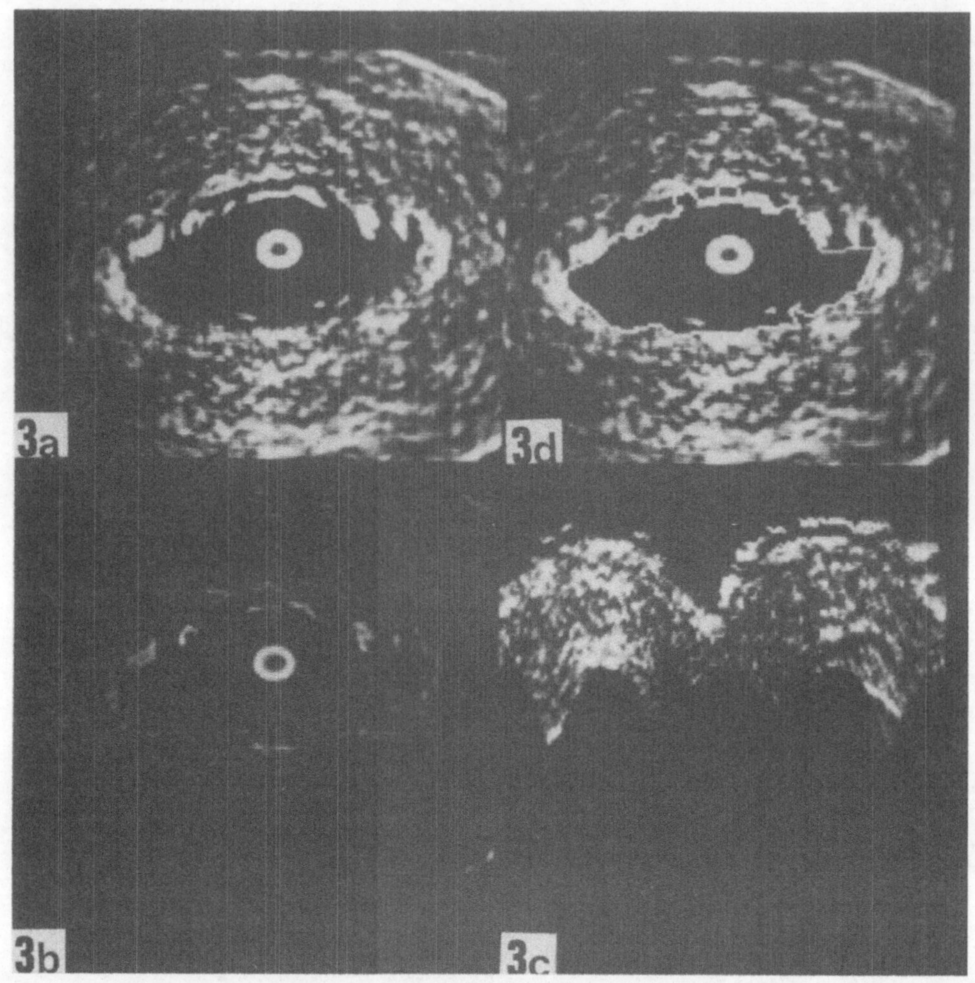


Abb.3 a) Darstellung der gefundenen Bildausschnitte um den Schallsondenmittelpunkt im Originalbild

b) Resultat des Bandpassfilters, angewandt auf 3a

c) Polarkoordinatentransformation des Bildausschnittes im Original; in x-Richtung sind die Winkel 0°-360°, in y-Richtung die Radien aufgetragen

d) Resultat der automatischen Konturpunktsuche nach Rücktransformation ins kartesische Koordinatensystem und Verbindung mit kubischen Splinefunktionen dem Originalbild überlagert.

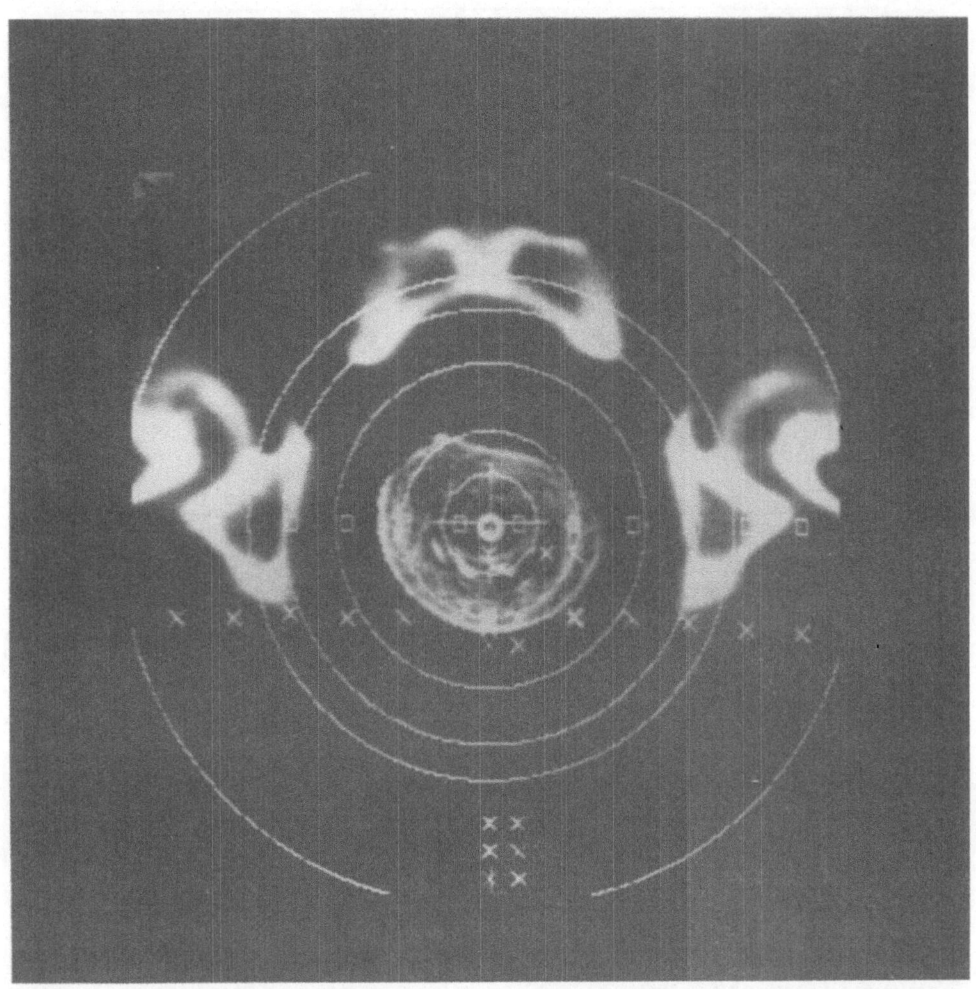

Abb.4 Transversales Computertomogrammbild in Höhe der Cervix mit überlagertem Ultraschallquerschnittbild des Uterus, zur Ermittlung der Strahlenbelastung des Tumors und der Umgebung.

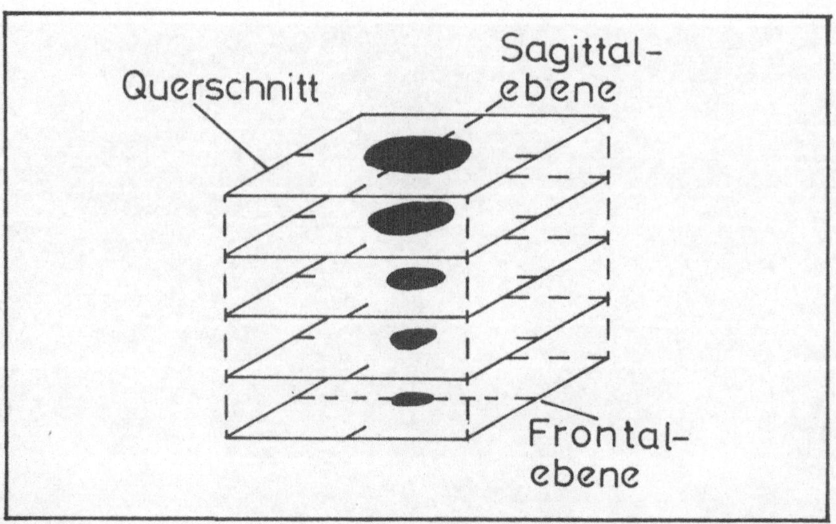


Abb.5 Schematische Darstellung des Ultraschalltomogramms

Abb.6 Pseudo-3-d-Darstellung der Sagittalebene geschnitten mit der Frontalebene. Entlang der Schnittgeraden befindet sich die Afterloadingsonde mit den eingezeichneten Haltepunkten. Der Tumor ist dunkler coloriert; dem Gesamtbild sind die Isodosen in frontaler und sagittaler Ebene überlagert.

Bei der Übersendung des Manuskripts an den Verlag lag der Beitrag

ZUR QUANTIFIZIERUNG VON MYOKARDSZINTIGRAMMEN

MIT A-PRIORI-WISSEN

R. Kienscherf, D.P. Pretschner

noch nicht vor. Sollte er rechtzeitig vor Drucklegung noch eingehen, wird er in den Anhang mit aufgenommen.

# AUFLÖSUNGSVERBESSERUNG VON COMPUTERTOMOGRAPHISCHEN SZENEN DURCH FUZZY-SET ALGORITHMEN

Helmut Oswald
Technische Universität
und
Forschungsgesellschaft Joanneum Graz
Wastiangasse 6, A-8010 Graz, Österreich

Zusammenfassung

Im vorliegenden Beitrag wird ein Konzept zur Verbesserung der räumlichen Auflösung von computertomographischen Szenen vorgestellt. Diese neuartige Technik wird an Hand einer vereinfachten Testsituation dargestellt. Dabei wird der vom Partialvolumeneffekt in einem Voxel berechenbare relative Anteil einer Struktur nach einem Fuzzyset Modell räumlich verteilt. Die daraus entstehende Anordnung von Subvoxel soll der Realität möglichst nahe kommen.

## 1.0 EINLEITUNG

Ein wesentliches Problem der Computertomographie besteht bis heute in der Geometrie der Voxel, das heißt dem Verhältnis der Kantenlänge des Grundrisses zur Kantenlänge der Höhe (Brooks u.a, 1977) (Abbildung 1). Dieses Problem hängt im wesentlichen von der Strahlendosis und von der Empfindlichkeit der Detektoren ab. Aus Gründen der Sicherheit für den Patienten ist es jedoch nicht möglich, die Strahlendosis beliebig zu erhöhen,um entsprechend dünne Scanschichten zu erhalten. Das zweite Problem, die Empfindlichkeit der Detektoren, ist ein technisch-physikalisches; der Fortschritt in der Detektortechnologie führt zwar zu höherer geometrischer Auflösung, doch blieb bisher das Mißverhältnis von Schichtdichte und Pixeldimensionen erhalten. Es ist daher von Interesse, die vom Scanner gelieferten Daten (Schichtbilder) so weiterzuverarbeiten, daß eine bessere geometrische Auflösung erhalten wird. Das Ziel dabei ist ein kubisches Voxel.

## 2.0 REKONSTRUKTION DREIDIMENSIONALER STRUKTUREN AUS IHRER ZWEIDIMENSIONALEN PARTIALVOLUMEN-REPRÄSENTATION

Die Auflösungsverbesserung sollte in ihrem Ansatz auf das Phänomen des Partialvolumens eingehen. Im wesentlichen ist dies dadurch charakterisiert, daß man die Partialvolumenanteile in einem Voxel nach einem Modell verteilt. Für dieses Modell kann sowohl ein globaler Szenenbezug als auch ein lokaler Bezug auf ein bestimmtes Objekt oder eine Struktur verwendet werden.

### 2.1 Der Partialvolumeneffekt

Eine systembedingte Ungenauigkeit bei der Darstellung von CT-Schichtwerten ist der sogenannte 'Partialvolumeneffekt'. Werden in einem Volumselement Strukturen unterschiedlicher Dichte gemessen, so entspricht der Dichtewert des Volumenelements dem Mittelwert aller in dem Voxel gemessenen Dichtewerte. Bei Übergängen von Gewebestrukturen oder bei Läsionen, die kleiner als die Schichtdicke sind, treten deshalb Dichtewerte auf, die keiner der einzeln gemessenen Strukturen entsprechen.

Wenn wir die Einschränkung treffen, daß in einem Voxel **höchstens** 2 verschiedene Materialien bzw. Strukturen vorhanden sind, die jede eine charakteristische Dichte haben, so läßt sich eine Formel für den Volumsanteil herleiten, den jede Struktur in diesem Voxel hat (Walser,1977):

$$PVA = \frac{V(i,j,k) - D_1}{D_2 - D_1} \qquad (1)$$

Der auf 1 normierte Partialvolumenanteil (PVA) ist der Anteil der Struktur 2 mit mittlerer Dichte $D_2$ in einem Voxel $V(i,j,k)$. $D_1$ ist die mittlere Dichte der Struktur 1.

Mit dieser Formel (1) läßt sich somit der relative Anteil einer Struktur in einem Voxel bestimmen (Abbildung 2). Für eine höhere Auflösung ist aber nicht nur der relative Anteil allein interessant, sondern auch die relative Lage der Partialvolumenanteile innerhalb der Volumenelemente.

Die Problemstellung der höheren Auflösung reduziert sich somit auf die Bestimmung der Verteilung von k-Subvoxeln in einem Voxel der Schicht, wobei k die Anzahl der zu besetzenden Subvoxel ist. k liegt zwischen 0 und n, der Anzahl Subvoxel in einem Voxel. Diese Anzahl k ist direkt aus dem PVA ableitbar. Dieses Problem der relativen Verteilung ist im allgemeinen nicht exakt zu lösen. Nimmt man jedoch an, daß es eine Lösung gibt, die der Wirklichkeit am nächsten kommt, so läßt sich das Problem durch ein 'Fuzzy-set' formulieren.

## 2.2 Fuzzy-Logik

Die Fuzzy-Logik läßt sich am einfachsten mengentheoretisch darstellen (Bezdek 1981). Für eine Teilmenge S von P zeigt die charakteristische Funktion $u_S$, ob ein Element x der Menge P zur Teilmenge S gehört oder nicht:

$$u_S(x) = \begin{cases} 1 \text{ wenn } x \in S \\ 0 \text{ wenn } x \notin S \end{cases} \tag{2}$$

Die Fuzzy-charakteristische Funktion bildet jedes Element der Menge P in das geschlossene Intervall $[0,1]$ ab. Damit sind also alle Übergänge der Zugehörigkeit eines Elements zur Teilmenge S von "nicht" über "teilweise" bis "ganz" möglich.

Bei der Theorie der Fuzzy-Sets handelt es sich um ein Konzept der mehrwertigen Logik, die es erlaubt, daß ein Element zur selben Zeit zu einer Menge gehören und nicht gehören kann. Dabei wird der Grad an Zugehörigkeit zur Menge vom Wert der Funktion bestimmt.

Diese Theorie kann zur Lösung des Problems der Auflösungsverbesserung in CT-Szenen herangezogen werden. Wie bereits im vorigen Abschnitt beschrieben wurde, läßt sich für jedes Voxel der relative Anteil (PVA) eines Objektes berechnen. Die charakteristische Funktion u(x,y) ist für jedes Subvoxel somit abhängig von diesem PVA. Die Bestimmung der relativen Lage eines Subvoxels ist abhängig von der Besetzung der Nachbarvoxel.

Durch theoretische Überlegungen und praktische Versuche wurden für die charakteristische Funktion u(x,y) folgende Abhängigkeiten gewählt:

- Partialvolumenanteil PVA(x,y)
- Distanzoperator D(x,y)
- Umgebungsoperator U(x,y)

Der Partialvolumenanteil ist die Basis der charakteristischen Funktion. Für ein PVA = 1 ist auch u(x,y) = 1; für PVA = 0 ist u(x,y) = 0; das heißt k ist n bzw. k ist 0.

Der Distanzoperator und der Umgebungsoperator sind Operatoren, die die Gestalt bzw. Glattheit der berechneten Struktur beeinflussen. Im folgenden soll anhand eines 2-D Beispiels das Prinzip des Verfahrens illustriert werden.

## 3.0 BEISPIEL

Die Ausgangssituation ist das aus Abbildung 2 gewonnene Grauwertebild. Dabei wurde angenommen, daß die in Abbildung 3 gezeigte Struktur abgetastet wurde. Die Dimensionen eines Rasterelementes sind im Verhältnis 1:5 (x:y) erfaßt. Zur Verarbeitung wurde eine $O_2(2)$-Nachbarschaft (Oswald u.a. 1984) gewählt. Die Gewichtsfunktion U(x,y) für diese Umgebung ist folgenderweise definiert (1/Euklidscher Abstand):

$$U(x,y)^{i,j} = \begin{cases} 1/\sqrt{(x-i)^2 + (y-j)^2} & \text{für } (x \neq i) \text{ und } (y \neq j) \\ 0 & \text{für } (x=i) \text{ und } (y=j) \end{cases} \qquad (3)$$

Für den Distanzoperator wurde ebenfalls die Euklidsche Metrik gewählt. Der dabei auftretende Diskretisierungsfehler ist vernachläßigbar. Grundsätzlich sind jedoch auch andere Distanzoperatoren ($O_2(1)$- oder $O_2(2)$-Weg) verwendbar.

Für die Berechnung des Distanzbildes wird vorausgesetzt, daß es Voxel gibt, die ganz aus einer Struktur bestehen (PVA=1). Diese Voraussetzung kann jedoch immer erfüllt werden, denn wenn es für die Struktur 1 kein Voxel mit PVA=1 gibt, so muß es für Struktur 2 solche Voxel geben.

Für jedes Subvoxel SV(x,y) erhalten wir nun folgende Funktion f:

$$u(x,y) = f(PVA(x,y),U(x,y),D(x,y)) = [0,1] \qquad (4)$$

Damit erhält man für jedes SV(x,y) einen Wert zwischen 0 und 1. Mit Hilfe der von vornherein feststehenden Anzahl der möglichen Subvoxel, die zu einer Struktur gehören, läßt sich nun die absolute Aufteilung der SV bestimmen.

## 4.0 SCHLUSS UND DISKUSSION

Die beschränkte räumliche Auflösung stellt bis heute ein Problem in der Transmissions Computertomographie dar. Nach Bajcsy (1980) ist die derzeitige Auflösung bezogen auf die Detektortechnologie nahe der theoretischen Grenze angelangt. Eine geringere Schichtdicke kann von dieser Seite nur durch eine höhere Strahlenbelastung und damit höhere Gefährdung des Patienten erreicht werden. In dieser Arbeit wurde eine Lösung diskutiert, die eine Auflösungsverbesserung durch Nachbehandlung der Scandaten bewirkt.

Die lineare Interpolation wird als Standard in Arbeiten von Udupa,1983 und Herman und Udupa,1983 angenommen. Es zeigte sich, daß diese Methode für das Problem der Darstellung brauchbare Ergebnisse liefert. Ein entscheidener Fortschritt der Auflösungsverbesserung ist sicher von der Fuzzy-set Technik, die im besten Fall noch auf zusätzliche Information aus einem digitalen Anatomieatlas (Karp u.a. 1980) zurückgreifen kann, zu erwarten. Dabei ist nach unserer Meinung die Fuzzy-Methode besonders geeignet, lokal kleinräumige Strukturen besser aufzulösen.

## 5.0 LITERATUR

Bajcsy R.K. (1980):
"Segmentation of Tomographic Images" in "Biomedical Images and Computers", Proceedings 1980. Edited by J. Slansky and J.-C. Biscoute. VII; Springer 1982.

Bezdek C.J. (1981):
"Pattern Recognition with Fuzzy Objective Function Algorithms". Plenum Press - New York and London

Brooks R.A., diChiro G. (1977):
"Slice Geometry in Computer Assisted Tomography". Jou. Comp. Ass. Tomogr. 1, pp. 191-199.

Herman G.T., Udupa J.K., (1983):
"Display of 3-D Digital Images: Computational Foundations and Medical Applications". IEEE Computer Graphics and Applications, August 1983

Karp P., Bajcsy R., Stein A. (1980): "Computerized Anatomy Atlas". Workshop on Data Structure and Picture Processing, California, August 1980, Computer and Information Science Department.

Oswald H., Leberl F., Gell G., Sager W.D. (1984): "Digitale Bearbeitung und Auswertung computertomographischer Bilder". DIBAG-Bericht Nr.15

Udupa J.K. (1983) "Display 82 - A System of Programs for the Display of Three-Dimensional Information in CT Data". Technical Report MIPG67, Medical Image Processing Group, Dept. of Radiology, University of Pennsylvania, Philadelphia, April 1983.

Walser R.L., Ackerman L.V. (1977): "Determination of Volume from Computerized Tomograms: Finding the Volume of Fluid-Filled Brain Cavities". J. Comput. Assist. Tomogr. 1:117-130, 1977.

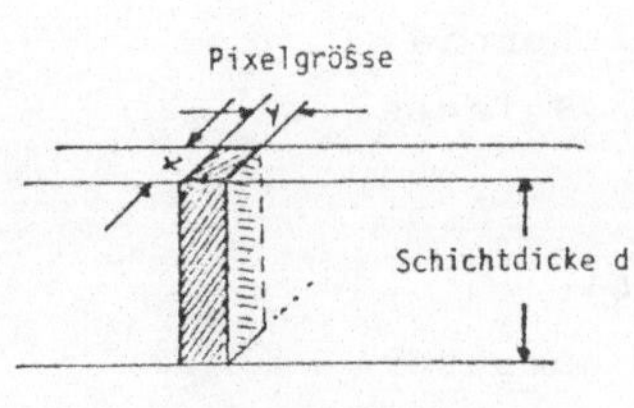


Abbildung 1
Geometrie des Voxels

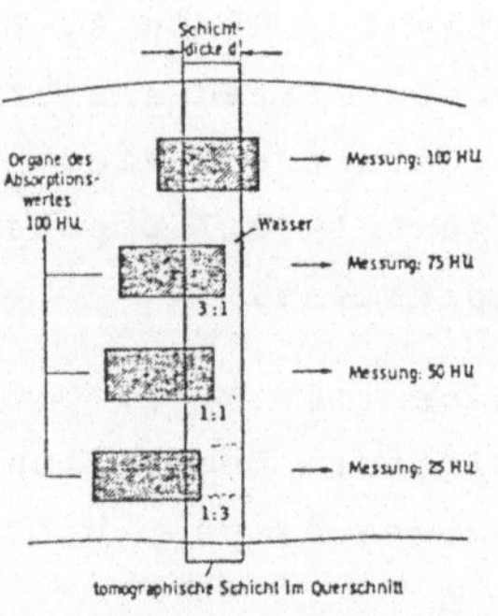


Abbildung 2
Auswirkungen des Partialvolumeneffekts

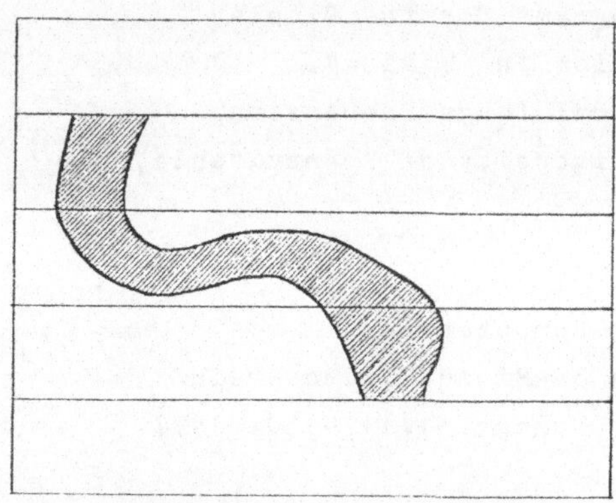

Abbildung 3
Testbild

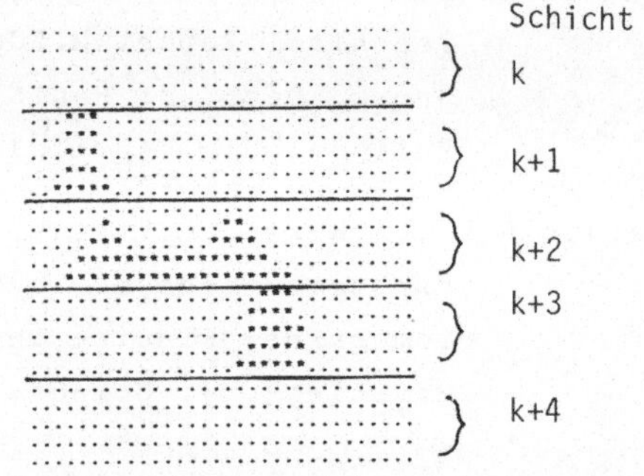


Abbildung 5
Die aus dem PVA berechnete mögliche Anzahl von Subvoxel, die zu einer Struktur gehören. Jeder Punkt ist Stellvertreter für ein SV. Ein Voxel betseht aus 5 übereinanderliegenden Subvoxel.

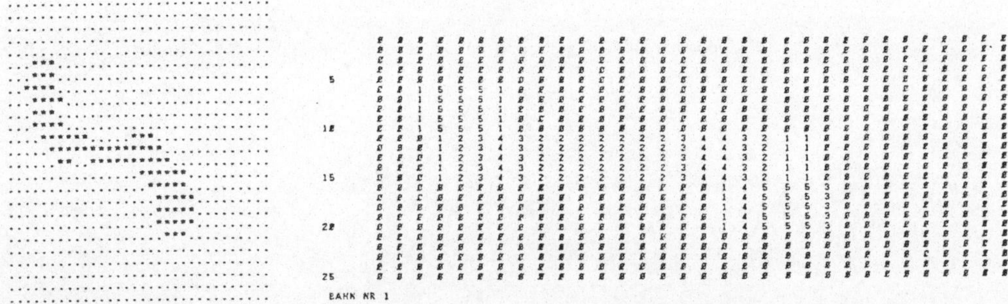

Abbildung 6
Verteilung der Subvoxel durch f(PVA,D,U) .

Abbildung 4
Dezimalausdruck des Testbildes

# DER EINSATZ VON WISSEN IN DER MUSTERERKENNUNG

# ORGANISATION VON WISSEN ZUR FORTFÜHRUNG VON KARTEN MITTELS KENNTNISGESTÜTZTER BILDANALYSE

**Hubert Ranzinger**
Institut für digitale Bildverarbeitung und Graphik
Forschungsgesellschaft Joanneum, Graz

## Zusammenfassung

Die automatisationsgestützte Bildanalyse erfordert die Einbringung von Wissen über die erwarteten Bildinhalte. Die Implementierung einer solchen intelligenten Analyse von Bildern wird Expertensystem genannt. Eine der vielen Anwendungen von Expertensystemen ist die Unterstützung der Nachführung von Kartendatenbeständen mit Hilfe von in regelmäßigem Abstand durchgeführten Luftbildflügen. Ausgehend von einer Karte, die den Anfangszustand beschreibt, sollen Bilder in Hinblick auf gleichgebliebene bzw. veränderte Objekte analysiert werden. Diese Arbeit stellt das Konzept des Problemzuganges vor.

## Einleitung

Im allgemeinen wird bei der Analyse von Bildinhalten digitaler Bilder vorausgesetzt, daß Kenntnisse über den zu erwartenden Bildinhalt vorliegen. Die Organisation dieses Wissens ist ein Schwerpunkt der Forschung im Bereich der künstlichen Intelligenz. Dabei unterscheidet man einerseits strukturelles oder prozedurales Wissen, das implizit in Algorithmen bzw. deren Formulierung in Programmen repräsentiert wird, und andererseits deklaratives Wissen, das in Form von explizit gespeicherten Daten und Regeln vorliegt.

"Intelligente" Programme, die auf umfangreiches Wissen zurückgreifen können, werden Expertensysteme genannt. Kernstück eines Expertensystems ist eine Kontrollstruktur, die auf das vorhandene Wissen, die Methodenbasis sowie die zu analysierenden Daten zugreift, und über eine Schnittstelle zum Benutzer verfügt, die die Interaktion ermöglicht. Die Kontrollstruktur bestimmt, in welcher Weise Regeln und deklarativ gespeicherte Kenntnisse zur Problemlösung herangezogen werden.

Die Entwicklung von Expertensystemen zur Analyse von Bilddaten, insbesondere aus der Fernerkundung, steht noch am Anfang. Da Versuche, allgemein formulierte Problemlösungsstrategien zu formulieren, bisher scheiterten, werden Expertensysteme für eng definierte, klar abgrenzbare Anwendungen vorgeschlagen. Einige in Entwicklung befindliche Expertensysteme für die Fernerkundung werden von Mooneyhan

(1983) vorgestellt. Im Bereich der Auswertung digitalisierter Luftbilder sind unter anderem folgende Arbeiten von Interesse:

Am Stanford Research Institute wurden Arbeiten zum Einsatz von Kartendaten zur Objekterkennung, insbesondere von Straßen und Uferlinien durchgeführt (Barrow et al., 1977, Tenenbaum et al., 1978, Fischler et al., 1979,1981). Lantz et al. (1978) benutzen ein semantisches Netzwerk, um deklaratives und relationelles Wissen über den Bildinhalt darzustellen. Die Knoten im Netzwerk beschreiben, welche Prozeduren an einem bestimmten Punkt der Analyse anzuwenden sind. McKeown (1982) und McKeown und Denlinger (1982) führen Versuche mit einem halbautomatischen System vor, das auf einer Bilddatenbank, einer Kartendatenbank und einer Menge von Regeln beruht. Die Regeln umfassen allgemeines Wissen über Objekte der Welt und nicht bestimmte Tatsachen über einzelne Objekte. Erste Anwendungen liegen für Bilder von Flughäfen vor. Havens und Macworth benutzen in ihrem Mapsee2-System sogenannte "Schema-Modelle". Jedes Modell gibt zu einer Klasse von Objekten eine Reihe von Eigenschaften an; zwischen den Modellen werden netzwerkartig Relationen aufgestellt. Mit Hilfe dieses Wissens wird der Segmentierungsprozess gesteuert. Lubkowitz und Groch (1984) versuchen, die Entsprechung zwischen Bild und Karte durch simultane Linienverfolgung herzustellen und so ein Werkzeug zur automatischen Merkmalserkennung zu schaffen.

Ein spezieller Einsatzbereich für ein Expertensystems ist die Unterstützung der Nachführung von Kartendatenbeständen mit Hilfe von in regelmäßigem Abstand durchgeführten Luftbildflügen. Ausgehend von einer Karte, die den Anfangszustand beschreibt, sollen Bilder in Hinblick auf gleichgebliebene bzw. veränderte Objekte analysiert werden. Diese Aufgabenstellung ist Gegenstand laufender Untersuchungen am Institut für digitale Bildverarbeitung und Graphik.

## Grundbausteine

Die Grundbausteine eines Expertensystemes bilden zwei Ebenen: Die höhere der beiden ist die Kontrollstruktur, auf die später gesondert eingegangen wird. Auf der niedrigeren Ebene befinden sich Wissensbasis, Methodenbasis und Datenbasis.

Das Vorwissen über die Bildinhalte wird im vorliegenden Fall durch eine digitale Kartendatenbank repräsentiert. Ausgehend von Vorarbeiten von Kropatsch und Leberl (1981), die eine erste relationale Datenstruktur für Kartendaten zur kenntnisgestützten Objekterkennung entwarfen, wird derzeit das Geoinformationssystem DESBOD (Kainz und Ranzinger, 1983) entwickelt. DESBOD dient primär dem Aufbau eines Informationssystems für umweltbezogene Fragestellungen, ist jedoch dadurch auch in der Lage, die für die Bildinterpretation notwendigen Daten aufzunehmen und zu verwalten. Zwei Bereiche von Information werden unterstützt: graphische Elemente und thematische Elemente.

Die graphischen Elemente sind Punkte, Linien und Regionen, die aus den Primitiva Kante und Knoten aufgebaut sind. Zu ihrer Erfassung ist ein manuelles Digitalisierprogramm vorhanden. Einerseits sind die graphischen Elemente durch Koordinaten bezüglich ihrer örtlichen Lage charakterisiert, andererseits bestehen zwischen ihnen explizit dargestellte Relationen, aus denen die Topologie der Karte entnommen werden kann. Die exakte koordinatenmäßige Lagebeschreibung ermöglicht die Berechnung geometrischer Eigenschaften wie Form und Größe, aus den Relationen lassen sich Aussagen über das Aussehen der Umgebung von Objekten ableiten.

Die thematischen Elemente erlauben eine Beschreibung von nicht-geometrischen Objekteigenschaften. Diese Eigenschaften können interaktiv eingegeben werden, wobei hier insbesondere an Fakten wie spektrale Charakteristika (Grauwertbereich, Farbe), Objekthöhe (zur dreidimensionalen Modellierung) oder Textur (sich wiederholende Primitivmuster) zu denken ist. Überdies können Erfahrungen aus dem Analyseprozeß, die weitere aus dem Bild gewonnene Informationen umfassen, eingebracht werden. Dadurch soll eine einfache Art von Lernfähigkeit erreicht werden.

Die Datenbasis ist vorerst die Sammlung der digitalen Bilddaten und der mit ihnen verbundenen Begleitinformationen über Flugparameter, Aufnahmezeit und Aufnahmeort. Diese Begleitdaten erlauben eine vorläufige Herstellung globaler Beziehungen zwischen Bild und Karte. In einem - derzeit noch nicht in Aussicht genommenen - operationellen Expertensystem ist für die Datenbasis ein Verwaltungsmodul vorzusehen, das den gezielten Zugriff auf bestimmte Bilder durchführt.

Zwischen der Wissensbasis und der Datenbasis steht eine Sammlung von Methoden und Verfahren, die einzelne Operationen und Manipulationen auf Bildern bzw. Karten durchführen. Diese Sammlung wird modular aufgebaut und ist entsprechend der Entwicklung neuer Algorithmen zu erweitern. Einige wesentliche Operationen sind beispielsweise Objekterkennung durch Vergleich mit Vorlagen (template matching, Ranzinger und Kropatsch, 1983), Linienverfolgung, aber auch die bekannten Vorverarbeitungen digitaler Bilder (Filterung, Grauwerttransformationen usw.).

Für die Umwandlung der Datenarten "Vektor" (Kartendaten) und "Raster" (Bilddaten) müssen Konvertierungsoperationen bereitgestellt werden. Die geometrische Manipulation der beiden Datenarten wird durch polynomiale bzw. parametrische Koordinatentransformation für Vektordaten und durch digitale Entzerrung für Rasterdaten gewährleistet.

## Kontrollstruktur

Die Kontrollstruktur steuert den Ablauf der Bildinterpretation und den Vergleich mit den Karteninhalten. Eine erste Strategie wird wie folgt beschrieben:

1. **Herstellung der geometrischen Beziehung zwischen Karte und Bild.** Grundlage sind Begleitdaten der digitalen Bilder, zunächst auch die interaktive Eingabe von Entsprechungspunkten. Mit zunehmender Erfahrung des Systems können später auch ausgewählte Referenzmuster aus bereits analysierten Bildern bereitgestellt und zur Auffindung von Entsprechungsmerkmalen herangezogen werden.

2. **Auswahl von Objekten aus der Kartendatenbasis.** Die Auswahl erfolgt hierarchisch, sodaß vorerst auf Objekte zugegriffen wird, die einen hohen Grad von Erkennungswahrscheinlichkeit besitzen. Mit fortschreitender Analyse werden sukzessive auch schlechter erkennbare Objekte angesprochen, deren Lage jedoch genauer bestimmbar ist, da sie zwischen bereits verifizierte Objekte eingebettet werden können.

3. **Transformation der Objekte** in die Bildgeometrie und Überlagerung mit dem entsprechenden Bildausschnitt in der Rasterstruktur. Dadurch wird eine Vorlage bereitgestellt, die Lage und Form des Objektes im Bild approximiert.

4. **Kenntnisgestützte Objekterkennung.** Unter Verwendung der Vorlage versuchen nun Erkennungsprozeduren, das Objekt im Bild von seiner Umgebung zu isolieren. Die Ergebnisse werden den Erwartungen gegenübergestellt. Bei Erfolglosigkeit muß es bis zu einem gewissen Grad möglich sein, verschiedene andere Prozeduren heuristisch einzusetzen. Auch für die Bilddaten sind verschiedenartige Vorverarbeitungsschritte, bei Multispektral (Farb-) bildern zusätzlich die Auswahl geeigneter Spektralbereiche vorzusehen. Aus den Erfahrungen sollen schließlich Regeln gewonnen werden, die für bestimmte Objekttypen günstige Erkennungsverfahren angeben. Die Verifizierung der Resultate erfolgt über den Vergleich von Form, Größe oder spektralen Eigenschaften mit den von der Karte her bekannten Informationen. Nicht oder nur teilweise erkannte Objekte werden zur gesonderten Behandlung vorgemerkt.

5. **Nachführung der Wissensbasis.** Für erkannte Objekte werden aus dem Bild spezifische Eigenschaften extrahiert, die zur Nachführung von Spektral-, Form- oder Texturkennzeichen dienen. Hinweise über die verwendeten Verfahren zur Erkennung werden zur weiteren Auswertung je Objekt bzw. je Objekttyp bereitgestellt.

6. **Interpretation der Änderungen.** Die Interpretation von Änderungen ist wohl der schwierigste Teil der Aufgabe. In den ersten Phasen der Entwicklung wird sie einem Interpreten überlassen bleiben, für den entsprechende Hilfsmittel zur Interaktion mit dem System geschaffen werden müssen. In weiterer Folge soll jedoch auch dieser

Schritt automatisiert werden. Dazu ist es notwendig, ein Modell aufzubauen, das generell Tatsachen über Objekte und ihre Beziehungen untereinander darstellt. Auch Begründungen der Ursachen von Veränderungen könnten aus einem umfassenden Modell abgeleitet werden.

7. **Integration der Resultate in die Kartendatenbank.** Die vom Interpreten durchgeführten, später auch die automatisch gefundenen Änderungen, werden schließlich wieder in die Datenstruktur der Kartendatenbank rückgeführt. Hierzu sind Algorithmen zu erarbeiten, die nicht nur die Raster zu Vektor Konvertierung mit der erforderlichen kartographischen Genauigkeit durchführen, sondern auch die topologischen Informationen extrahieren und bereitstellen. Die überarbeitete digitale Karte steht danach für die Analyse neuer Bilder zur Verfügung.

## Implementierung

Die Implementierung eines operationellen Expertensystems ist eine umfangreiche Aufgabe. Je nach bereits vorhandener Grundausstattung mit Methoden und Werkzeugen ist mit einem Aufwand von fünf Mannjahren aufwärts zu rechnen. Die von uns vorgesehene Wissensdarstellung durch eine Kartendatenbank ist hier nur ein erster Schritt. Das spätere Hinzufügen eines Vorrates von allgemeinen Regeln ist mit Problemen in Hinblick auf verfügbares Expertenwissen und die formale Formulierung dieses Wissens verbunden.

Für ein erfolgreiches Expertensystem ist es notwendig, daß mindestens ein auf dessen Spezialgebiet erfahrener Fachmann sein Wissen - in diesem Fall die Luftbildauswertung - formuliert. Dieser Fachmann muß in der Lage sein, nicht nur intuitiv, sondern explizit Lösungsstrategien für mögliche auftretende Fälle aufzuzeigen. Er muß Problemzugänge erklären, Alternativen darstellen und die relative Bedeutung verschiedener Einflußgrößen bei Vorliegen bestimmter Situationen bewerten. Die Grenzen der Formulierungsfähigkeit des Fachmannes beschränken die Leistung des Expertensystems.

Von der technischen Seite her stellt sich die Frage, ob die gebräuchlichen Programmiersprachen noch für die übersichtliche Darstellung von komplexen Zusammenhängen geeignet sind. Die Erfahrung vieler Forschergruppen im Bereich der künstlichen Intelligenz deutet darauf hin, daß Sprachen mit grundsätzlich andersartigen Konzepten eingesetzt bzw. noch entwickelt werden müssen. Vielfach verwendet wird derzeit eine Kombination von konventionellen Sprachen - etwa FORTRAN - zur Programmierung von Methoden und LISP oder PROLOG, die die Formulierung von logischen Beziehungen und die Verwaltung allgemeiner Datenstrukturen gestatten. Die Grenzen der Ausdrucksfähigkeit der verwendeten Sprache bilden eine weitere

Beschränkung für Expertensysteme.

## Schlußbemerkung

Für Expertensysteme bestehen viele Aufgabenbereiche im Gebiet der Bildinterpretation. Für einen engen Bereich, die Nachführung topographischer Karten mittels digitaler Luftbildfolgen, wurden Voraussetzungen, Strategie und Problematik der Implementierung dargelegt. Es ist abzusehen, daß mit dem zunehmenden Strom an digitalen Fernerkundungsdaten die Nachfrage nach intelligenten Programmsystemen ansteigen wird. Das weite Feld der Entwicklung von Expertensystemen ist daher eine Herausforderung für weitergehende Forschung.

## Dank

Diese Arbeit wird zum Teil von der ERO unter dem Kennzeichen DAJA 45-83-C-0022 unterstützt.

## Literatur

BARROW H.G. et al. (1977): Experiments in Map-Guided Photo-Interpretation. Proc. 5th Intern. Joint Conference on Artificial Intelligence, MIT, Cambridge, Mass., August 1977.

FISCHLER M., TENENBAUM J., WOLF H.C. (1979): Detection of Roads and Linear Structures in Digital Images. AI-Laboratory, Stanford, TR 200, Menlo Park, Cal.

FISCHLER M.K., TENENBAUM J.M., WOLF H.C. (1981): Detection of Roads and Linear Structures in Low Resolution Aerial Imagery Using a Multisource Knowledge Integration Technique. CGIP, Vol.15, pp.201-223.

KAINZ W., RANZINGER M. (1983): DESBOD - A Geographical Information System. Proc. CAMP 83, Berlin, März 1983.

KROPATSCH W., LEBERL F. (1981): Organisation kartographischer Daten zur kenntnisgestützten Bildanalyse. In: Radig (Ed.), Informatik Fachberichte 49: Modelle und Strukturen, DAGM-Symposium, Hamburg, Oktober 1981, Springer Verlag, pp.167-173.

LANTZ K.A., BROWN C.M., BALLARD D.H. (1978): Model-Driven Vision Using Procedure Description: Motivation and Application to Photointerpretation and Medical Diagnosis. Proc. SPIE, Vol.155, pp.144-157.

McKEOWN D., J.L. DENLINGER (1982): Graphical Tools for Interactive Image Interpretation. Computer Graphics, Vol.16, No.3, pp.189-198.

McKEOWN D. (1982): Concept Maps. Proc. DARPA IUS Workshop, Stanford, Sept. 1982.

MOONEYHAN D.W. (1983): The Potential of Expert Systems for Remote Sensing. Proc. 17th Symp. Remote Sensing of the Environment, Ann Arbor, Michigan.

RANZINGER H., KROPATSCH W. (1983): Recognition of Areal Features for Map-Guided Image Analysis. Proc. SPIE, Vol.397-01.

TENENBAUM M., M. FISCHLER, H. WOLF (1978): A Scene Analysis Approach to Remote Sensing. Technical Note 173, Artificial Intelligence Center, Stanford Research Institute, Menlo Park, Kalifornien.

# Ein wissensbasiertes System zur automatischen Auswertung von Bildsequenzen des menschlichen Herzens[1]

H. Bunke, H. Feistel*, I. Hofmann, H. Niemann, G. Sagerer
Lehrstuhl für Informatik 5 (Mustererkennung)
*Institut und Poliklinik für Nuklearmedizin
Universität Erlangen-Nürnberg, Erlangen, F.R. Germany

Abstract

Der Artikel beschreibt ein System zur automatischen Auswertung nuklearmedizinisch gewonnener Bildfolgen des menschlichen Herzens. Aus der eingegebenen Bildsequenz wird während des Analyseprozesses eine vollständige diagnostische Beschreibung erzeugt. Das System arbeitet wissensbasiert. Das zur Analyse notwendige a priori Wissen wird in einem assoziativen Netzwerk gespeichert. Die Umsetzung von Bewegungsverläufen zu diagnostischen Aussagen erfolgt mit Produktionsregeln auf der Basis der Fuzzy-Set Theorie.

## 1. Einleitung

Das Problem der Bildanalyse, eine symbolische Beschreibung eines Bildes oder einer Bildsequenz zu erzeugen, wird intensiv in den letzten Jahren bearbeitet. Dabei zeigte es sich, daß für eine derartige Aufgabenstellung eine Kombination von Bildvorverarbeitungsmethoden und Segmentierungsverfahren mit Techniken der Wissensrepräsentation und Wissensverarbeitung erforderlich ist [1-4]. Das allgemeine Ziel besteht in der Entwicklung von Systemen, deren Analyseergebnis einem "Verstehen" der eingegebenen bildhaften Daten nahe kommt. Ein wichtiger Anwendungsbereich ist die Analyse und Verarbeitung medizinischer Bilder. Sie werden routinemäßig ausgewertet, z. B. um Blutzellen zu zählen, Abstriche zu beurteilen oder um Organkrankheiten mit Hilfe von radiologischen und szintigraphischen Aufnahmen zu diagnostizieren. Da die Anzahl solcher Bilder sehr groß ist und noch weiter zunimmt, ist eine Anwendung von Bildanalysesystem zur Unterstützung des Arztes in diesem Bereich sinnvoll.

In diesem Artikel wird ein System zur automatischen Analyse von nuklearmedizinisch gewonnenen Bildfolgen des menschlichen Herzens beschrieben. Nuklearmedizinische Diagnoseverfahren spielen in der Medizin eine zunehmende Rolle, da sie nichtinvasiv und kostengünstig durchgeführt werden können. Das diesem System zugrunde liegende Bildmaterial wird zur Diagnostik des Bewegungsverhaltens des Herzens, insbesondere der linken Herzkammer, und zur periodischen Überwachung von Patienten nach Herzoperationen eingesetzt [5]. Die nichtautomatische Auswertung ist zeitaufwendig, da unter anderem interaktiv Objektgrenzen bestimmt werden müssen, aus denen für die Beurteilung notwendige numerische Parameter berechnet werden. Das Ziel der Entwicklung des hier beschriebenen Systems ist es, aus einer eingegebenen Bildsequenz (Bild 1) automatisch eine Interpretation in medizinisch orientierten Begriffen, z. B. "stark ausgeprägte Hypokinesie

[1] gefördert von der Deutschen Forschungsgemeinschaft

im inferoapikalen Segment des linken Ventrikels", zu erstellen. Mit Beschreibungen in dieser Form kann der Arzt bei der Diagnoseerstellung unterstützt werden. Eine Bildsequenz repräsentiert dabei einen Zyklus des Herzens. Nach Injektion einer radioaktiven Substanz werden mit Hilfe einer Gamma-Kamera 12 - 32 Bilder während eines Herzschlags aufgenommen. Um eine ausreichende Bildstatistik zu erzielen, werden die Bilder über ca. 500 Zyklen phasengerecht aufaddiert, wobei die Gamma-Kamera über das EKG getriggert wird.

Nach einer übersichtsartigen Darstellung der wichtigsten Systemeigenschaften (Kapitel 2) wird die Umsetzung quantitativer Bewegungsbeschreibungen, z. B. "der linke Ventrikel kontrahiert von Bild 1 bis Bild 5", in diagnostische Interpretationen beschrieben (Kapitel 3). Automatisch generierte Beschreibungen werden in Kapitel 4 mit ärztlichen Befunden verglichen und ausführlich diskutiert.

## 2. Das Analysesystem

Die in Bild 2 gezeigte Systemarchitektur beruht auf einer in [2] vorgeschlagenen Konzeption. Das Analysesystem besteht aus den vier Moduln Methoden, Kontrolle, Modell und Instanzen. Im Modul Methoden sind die Verfahren zur Vorverarbeitung der Bildsequenzen sowie zur Extraktion und Segmentierung von Objekten, z. B. des Herzens und des linken Ventrikels, zusammengefaßt. Diese Methoden werden zu Beginn eines Analyseprozesses von der Kontrolle aktiviert. Das Ergebnis sind die Konturen des Herzens, des linken Ventrikels (LV), sowie von anatomisch bedeutsamen Segmenten des LV. Diese Verfahren sind im einzelnen in [6] beschrieben. Das Modell beinhaltet das zur automatischen Analyse der Bildsequenzen notwendige a priori Wissen. Es besteht aus einem deklarativen und einem prozeduralen Teil. Im deklarativen Teil sind die Zusammenhänge zwischen Objekten, Bewegungsformen und medizinischen Interpretationen in Form eines assoziativen Netzwerks [7] dargestellt. Durch die Knoten dieses Netzwerkes werden die einzelnen Begriffe modelliert, während die Kanten die Beziehungen zwischen den Begriffen darstellen. Das gesamte Modell besteht aus ca. 170 Knoten, genannt Konzepte, die anhand dreier Kantentypen strukturiert sind. Durch die Kante "notwendiges-Teil-von" werden Konzepte unterschiedlicher Abstraktionsebenen, z. B. Objekte und Bewegungen, miteinander verbunden. Das Netzwerk wird dadurch in 8 Niveaux aufgeteilt (Bild 3). "Spezialisierungen" eines Konzepts repräsentieren Einschränkungen eines allgemeinen Begriffs, z. B. besitzt das Konzept "Objekt" unter anderem die Spezialisierungen "Herz" und "linker Ventrikel". Teile eine Objekts oder einer Bewegung, die in einem intuitiven Sinn eine Zerlegung bilden, werden als "semantische-Teile" bezeichnet [8]. In Bild 4 ist dazu ein Beispiel gegeben. Ein Zyklus des LV wird in der Medizin aufgeteilt in Systole und Diastole. Diese beiden Teilbewegungen lassen sich weiter zerlegen in zwei respektive drei Phasen. Im Bild 3 ist eine Übersicht über das gesamte Modell anhand der Beziehungen "notwendiges-Teil-von" (ntv) und "Spezialisierungen" (sp) gegeben. Mit Kleinbuchstaben sind Konzeptklassen bezeichnet, deren Konzepte zueinander in der Beziehung "semantisches-Teil" stehen. Die Konzeptklasse des Niveaux 6 ist in Bild 4 gezeigt. Niveaux 1 dieses Netzwerks bildet die Schnittstelle zum Modul Methoden. Außer durch seine Beziehungen zu anderen Konzepten wird ein Konzept durch Attribute und strukturelle Relationen beschrieben. Diese repräsentieren interne Eigenschaften eines Konzepts, z. B. die Fläche des LV oder die Sicherheit einer medizinischen Interpretation. Die Algorithmen zur Berechnung der Attribute, zum Test der strukturellen Relationen und zum Berechnen einer Bewertung für eine Instanz eines Konzepts bilden das prozedurale Modellwissen. Instanzen sind konkrete Ausprägungen im Modell definierter Konzepte. Sie enthalten die aus einer eingegebenen Bildsequenz ermittelten Beschreibungen und parametrischen Werte. Eine Instanz ist eine Kopie eines im deklarativen Modell definierten Konzepts, wobei Vorhersagewerte durch aktuell berechnete Werte ersetzt werden. Der gesamte Analyseprozeß wird vom Kontroll-Modul gesteuert, der sich aus unterschiedlichen Hauptfunktionen zusammensetzt. Er stellt die Schnittstelle zum Benutzer bereit, der den Analyseprozeß durch eine Anfrage bzgl. einer Instanz zu einem im deklarativen Modell definierten Konzept initialisiert. Dies kann z. B. eine spezielle Interpretation sein oder aber die Anforderung, eine vollständige Beschreibung der eingegebenen Bildsequenz zu erzeugen. Unter Zugriff auf das im Modell gespeicherte Wissen und über den Zustand des Moduls Instanzen wird dann die Analyse durch eine Variante des A*-Algorithmus [9] gesteuert [10]. Der Prozeß ist beendet, wenn die vom Benutzer angeforderten Instanzen aufgebaut sind.

## 3. Ermittlung der medizinsichen Interpretation

Gegenwärtig sind in dem System 45 individuelle medizinische Interpretationen als Konzepte in den Niveaux 3, 7 und 8 realisiert. Diese haben die Form "das Bewegungsverhalten des LV ist normal", "der LV ist deformiert" oder "das inferoapikale Segment des LV ist akinetisch (im Bereich der Spitze des LV ist nahezu keine Bewegung vorhanden)". Die Sicherheit einer jeden Aussage wird durch eine Bewertung (cf) angegeben, die mit Hilfe von Fuzzy-Set Funktionen [11] berechnet wird. Sei z. B. eine Produktionsregel der Form

IF $(A \wedge B) \vee (\neg C)$ THEN D

gegeben, so wird der cf von D aus den cf's von A, B, C berechnet durch

$$cf(D) = \max\{\min\{cf(A), cf(B)\}, 1 - cf(C)\}$$

oder in Kurzschreibweise

$$cf(D) = (cf(A) \wedge cf(B)) \vee (\neg cf(C)).$$

In diesen Gleichungen stehen A, B, C, D für Namen von Konzepten des Netzwerks. Da eine direkte Korrespondenz zwischen einer Regel und der Gleichung für den cf besteht, ist es ausreichend, diese Gleichung anzugeben.

Die Regeln für Niveaux 8 "vollständige Interpretationen" benutzen Konzepte von Niveau 7 "regionale Motilitätsinterpretationen" und Niveau 3 "Formen und Proportionen" als Argumente. So wird z. B. ein "ANEUrysma" durch eine AKINetisches und ausgeWEITetes InferoApikales oder PosteroLaterales Segment beschrieben. Zusätzlich muß der gesamte LV in seinem Bewegungsverhalten eingeschränkt (LV_SCH) und vergrößert sein (LV_WEIT). Damit ist der cf eines Aneurysmas gegeben durch

cf (ANEU) = cf (LV_SCH) ∧ cf (LV_WEIT) ∧

[(cf (IA_AKIN) ∧ cf (IA_WEIT)) v (cf (PL_AKIN) ∧ cf (PL_WEIT))].

Ähnliche Produktionsregeln sind für weitere 7 medizinische Interpretationen auf Niveau 8 definiert.

Die Produktionsregeln für die regionalen Motilitätsinterpretationen (Niveau 7) werden aus den in Niveau 5 und 6 ermittelten Bewegungsphasen gewonnen. Regional bedeutet dabei, daß das Bewegungsverhalten der vier anatomisch bedeutsamen Segmente des LV individuell nur in Bezug auf das globale Verhalten des LV beurteilt wird. Im Niveau 5 ist der Zyklus eines Segments (inferoapikal, posterolateral, basal septal) repräsentiert durch eine Folge von Kontraktionen (K), Expansionen (E) und Stagnationen (S). Diese sind aus den Flächenverläufen mit einem Verfahren der dynamischen Programmierung mit Fuzzy-Set Bewertungen ermittelt. Die einzelnen Bewegungsphasen können sich dabei überlappen, und es können undefinierte Bereiche zwischen einzelnen Phasen auftreten [12, 13]. Durch diese weichen Zuordnungen wird eine höhere Sicherheit der Analyseergebnisse erreicht. Neben den Anfangs- und Endezeiten dieser Phasen (Bild 5) beruhen die Produktionsregeln auf der Zerlegung des Zyklus des LV in die im Bild 4 gezeichten Phasen. Diese besitzen eindeutige Anfangs- und Endezeiten, die aus den nicht eindeutigen Zeiten auf Niveau 5 mit allgemeinem medizinischen Wissen ermittelt werden. Für die Prämissen der Produktionsregeln werden zwei Funktionen u und t verwendet, die im folgenden exemplarisch dargestellt werden. Sei P ein Element der Menge der Bewegungsphasen des LV, vgl. Bild 4, d. h.

P∈ {ZYKL, SYST, DIAS, PEP, EP, FFP, IVE, SEP}.

Sei außderm s ein antomisch bedeutsames Segment des LV

S∈{inferoapikal, posterolateral, basal, septal} = {IA, PL, S, B}.

Die Funktion t(M, s, P), mit M Element der Potenzmenge von {K, E, S}, gibt dann die relative Dauer der Bewegungsphasen aus M des Segment s während der Phase P des LV an. So bedeutet t({K, S}, B, EP) = 0.9, daß das basale Segment während 90 % der Ejectionsperiode des LV kontrahiert oder stagniert. Ebenfalls für alle Segmente s sind die Funktionen u(d, s, k) (x) definiert. d ist dabei ein Element der möglichen regionalen Motilitätsinterpretationen, d. h.

d∈{normal, hypokinetisch, akinetisch, diskinetisch, phasenverschoben}.

Das zu testende Kriterium, z. B. Verhältnis minimale zu maximale Fläche (EF) oder Stagnationsdauer (SA), wird mit k gekennzeichnet, die auszuwertende Variable mit x. Für unterschiedliche d, s, k werden diese Fuzzy-Funktionen u über 4 Parameter angegeben (Bild 6). Diese Parameter wurden in enger Zusammenarbeit mit dem medizinischen Partner ermittelt.

Als Beispiel für die Ermittlung eines Sicherheitsmaßes für eine regionale Motilitätsinterpretation wird im folgenden die Produktionsregel für eine AKINesie (fast bewegungslos) für ein Segment s betrachtet. Diese ist gegeben durch

cf(s_AKIN) = u(AKIN, s, EF) (ef) ∧ u(AKIN, s, SA) (t({S}, s, ZYKL)) ∧

$t(\{K\}, s, PEP) \wedge \neg t(\{F\}, s, IVE) \wedge [t(\{S\}, s, EP) \vee \neg t(\{K, E\}, s, EP)] \wedge$
$[t(\{S\}, s, FFP) \vee \neg t(\{K, E\}, s, FFP)] \wedge [t(\{S\}, s, SFP) \vee \neg t\{K, E\}, s, SFP)] \wedge$
$t(\{E\}, s, EP) \wedge \neg t(\{C\}, s, FFP) \wedge \neg t(\{C\}, s, SFP).$

Ein Segment wird somit als akinetisch bezeichnet, wenn das Austreibungsverhältnis gering ist, es in einer großen Zeitspanne des Zyklus stagniert sowie seine Kontraktionen und Stagnationen schwach ausgeprägt sind. Da undefinierte und überlappende Bewegungsphasen existieren, genügt es nicht, nur die Phasen oder deren Komplement in bezug auf den LV zu betrachten, sondern eine Kombination aus beiden. Außerdem müssen in der Produktion auch Abgrenzungen zu anderen Interpretationen vorgenommen werden.

## 4. Ergebnisse

Das vorgestellte System wurde an einer PDP 11/34 unter dem Betriebssystem RSX 11-M und der Programmiersprache FORTRAN realisiert. Der Speicherbedarf für das Analysesystem ohne Vorverarbeitung und Segmentierung beträgt ca. 4 M Byte. Eine vollständige Interpretation einer Bildsequenz dauert ca. 2.5 h.

Die Algorithmen zur Konturfindung und Segmentierung des Herzens und des linken Ventrikels wurden bisher an 420 Einzelbildern in 35 Sequenzen getestet. Die visuellen Beurteilungen zeigten, daß 93 % der Einzelbilder korrekt verarbeitet wurden. Als weiteres Kriterium wurde ein in der Nuklearmedizin weit verbreitetes Verfahren über den Parameter EF (ejection-fraction) der Bildsequenzen verwendet. Der EF berechnet sich aus der Differenz zwischen maximaler und minimaler Fläche, normiert auf die maximale Fläche des LV während eines Zyklus. Bei einem Vergleich dieses Prameters zwischen manuell und automatisch ermittelten Konturen hat der Korrelationskoeffizient den Wert 0,93.

Das Analysesystem wurde bisher an 20 Bildsequenzen getestet. Dabei wurden für alle vier Segmente und für das globale Bewegungsverhalten des LV Interpretationen erstellt. Jede der möglichen Interpretationen wird bei einer vollständigen Analyse mit einer Bewertung zwischen 0 und 1 versehen. Zusätzlich existiert eine Interpretation "undefiniert", die aus Gründen des Anwendungsgebiets mit in das Modell aufgenommen wurde. Bei 17 der getesteten Bildsequenzen wurden korrekte Ergebnisse erzielt, 3 wurden vollständig als "undefiniert" zurückgewiesen. Korrekt bedeutet in diesem Zusammenhang, daß die automatisch erzeugten Interpretationen mit den Befunden eines Arztes übereinstimmen. In den meisten Fällen, in denen der Arzt eine eindeutige Zuordnung traf, z. B. posterolaterale Akinese, wurde diese Interpretation mit Bewertung 1 und alle restlichen mit Bewertung 0 erzeugt. In einigen dieser Fälle wurden "ähnliche" Interpretationen mit einer Bewertung größer 0 versehen, so z. B. beim Vorliegen einer Hypokinesie diese mit 0.9 und eine Akinesie mit 0.2. Bei Befunden des Arztes, wie akinetisch bis hypokinetisch, wurden diese Abstufungen auch vom System vorgenommen, etwa akinetisch mit Bewertung 0.45, hypokinetisch mit 0.12. Die nachfolgende Tabelle stellt ärztliche Befunde mit vom System generierten Interpretationen und ihre Bewertungen gegenüber. Diese Tabelle umfaßt nicht alle bisherigen Tests. Es wurden solche Interpretationen ausgewählt, bei denen das System nicht eindeutig, d. h. eine Interpretation mit 1.0, alle anderen mit 0.0, reagierte.

| ärztlicher Befund | Bewertungen des Systems für die Interpretationen des jeweiligen Segments | | | |
|---|---|---|---|---|
| | normal | hypok. | akin. | dysk. |
| posterolaterale Hypokinesie | 0,0 | 0,43 | 0,14 | 0,0 |
| inferoapikale Akinesie bis Hypokinesie | 0,0 | 0,12 | 0,45 | 0,0 |
| septal schwache Hypokinesie | 0,11 | 0,23 | 0,0 | 0,0 |
| inferoapikale | 0,10 | 0,17 | 0,0 | 0,0 |
| bis septale Hypokinesie | 0,0 | 0,16 | 0,0 | 0,0 |
| global eingeschränkte Motilität des LV | | | | |
| posterolateral | 0,0 | 0,14 | 0,62 | 0,0 |
| inferoapikal | 0,0 | 0,32 | 0,24 | 0,0 |
| septal | 0,0 | 0,23 | 0,0 | 0,0 |

Literatur:


[ 1] W.K.Pratt: Digital Image Processing. Wiley Interscience, 1978
[ 2] H. Niemann: Pattern Analysis. Springer Verlag, 1981
[ 3] A.R. Hanson, E.M. Riseman (Hrsg.): Computer Vision Systems. Academic Press, 1978
[ 4] D.H. Ballard, C.M. Brown: Computer Vision. Prentice Hall, 1982
[ 5] E. Sauer, H. Sebening: Myokard- und Ventrikelszintigraphie. Boehringer GmbH, Mannheim, 1980
[ 6] H. Bunke: Segmentation of the Left Ventricle in Scintigraphic Image Sequences. Proc. Digital Signal Processing 1984, Florenz, 1984
[ 7] N.V. Findler (Hrsg.): Associative Networks. Academic Press, 1979
[ 8] G. Sagerer: Darstellung und Nutzung von Expertenwissen für ein Bildanalysesystem. Dissertation, Universität Erlangen-Nürnberg, in Vorbereitung
[ 9] N.J. Nilsson: Principles of Artificial Intelligence, Springer Verlag, 1983
[10] H. Bunke, G. Sagerer: Use and Representation of Knowledge in Image Understanding Based on Semantic Networks. 7th ICPR, Montreal, 1984
[11] L.A. Zadeh: Fuzzy Sets. Inf. Control 8, 1965, 338 - 353
[12] H. Bunke, G. Sagerer: A System for Diagnostic Evaluation of Scintigraphic Image Sequences. In B. Neumann (Hrsg.): GWAI 83, Springer Verlag, 1983
[13] H. Bunke, K. Grebner, G. Sagerer: Syntaktische Analysis of Noisy Input Strings with an Application to the Analysis of Heart-Volume Curves, Proc. 7th ICPR, Montreal, 1984


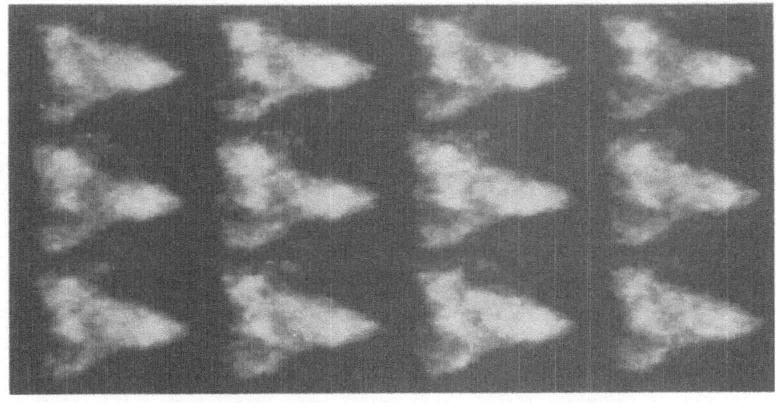

Bild 1 Ein Sequenzszintigramm des Herzens

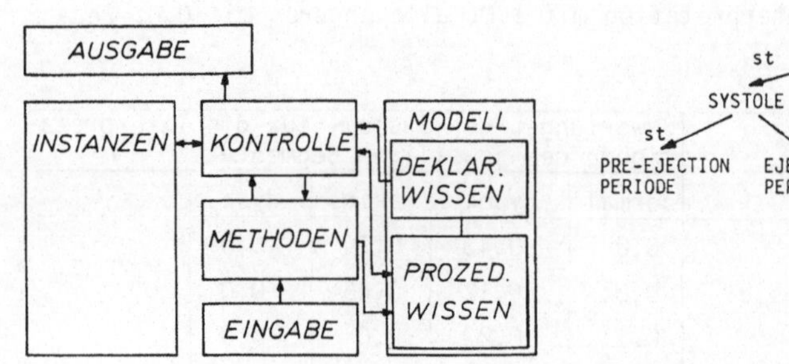


Bild 2 Systemübersicht

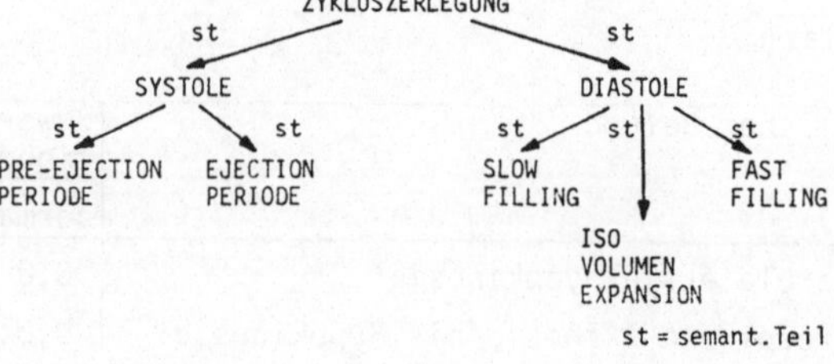


Bild 4 Aufteilung des Zyklus des linken Ventrikels im Modell

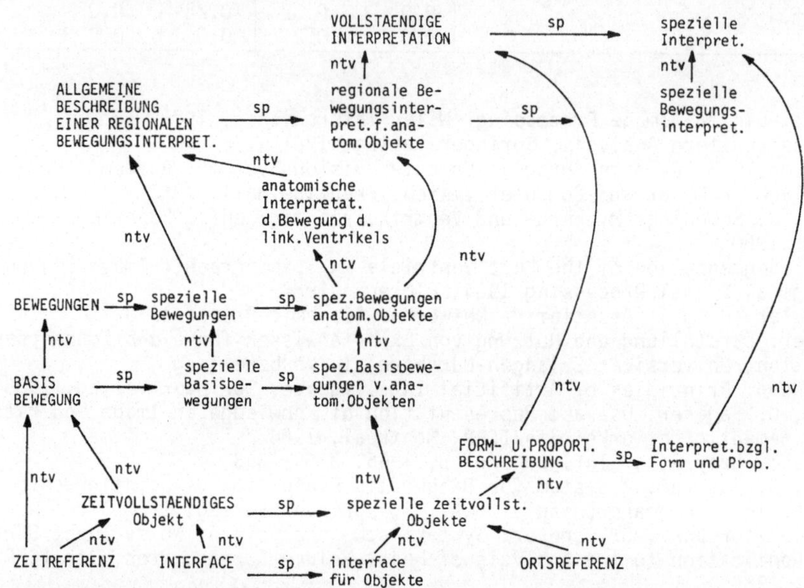


Bild 3 Das semantische Netzwerk des Modells

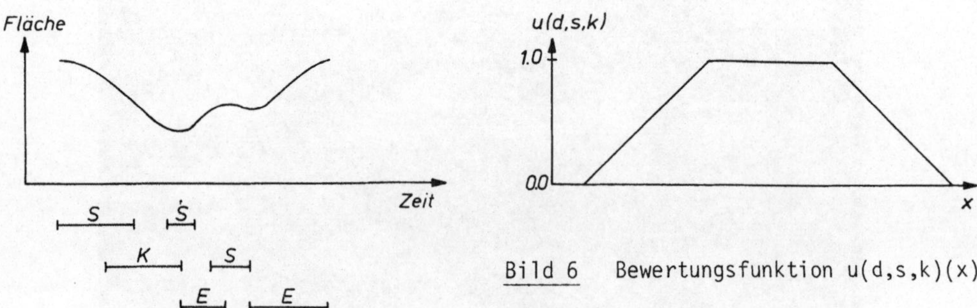


Bild 6 Bewertungsfunktion u(d,s,k)(x)

Bild 5 Zerlegung eines Flächenverlaufs in Kontraktionen(K), Stagnationen(S), Expansionen(E)

# *SYMBOLISCHE SYMMETRIEANALYSE*

**BERND RADIG und CHRISTOPH SCHLIEDER**

Fachbereich Informatik, Univ. Hamburg

Schlüterstr. 70, D-2000 Hamburg 13

Zusammenfassung

Die symbolische Symmetrieanalyse stellt eine Alternative zur herkömmlichen, geometrischen Symmetrieanalyse dar. Bei geeigneter Wahl der relationalen Beschreibung entsprechen die Symmetrietransformationen eines Objektes den R-Automorphismen seines Modells. Dies führt dazu, die Klasse der symmetriegetreuen Modelle zu betrachten. Für diese Klasse kann ein allgemeines Verfahren zur symbolischen Symmetrieanalyse angegeben werden.

## Einleitung

Gefertigte Gegenstände weisen eventuell einen hohen Grad an Symmetrie auf. Bei der Identifikation und Lagebestimmung solcher Gegenstände durch Sichtsysteme ist eine Symmetrieanalyse vorteilhaft (BOLLES [4]). Die Symmetrie, die ein Gegenstand in der Bildebene aufweist, läßt sich idealisiert als die Symmetrie von Figuren in der Euklidschen Ebene beschreiben. Wenn vorläufig von dieser idealen Geometrie ausgegangen wird, so deshalb, weil das für die Symmetrieanalyse relevante Problem der symmetriegetreuen Modellierung unabhängig von der Bildgeometrie und der Perfektion des gefertigten Gegenstandes untersucht werden kann. Es ist eine sinnvolle Vereinfachung, von der idealen Geometrie auszugehen, da sich an ihr alle Probleme der Symmetrieanalyse charakteristisch zeigen.

Bei Figuren der Euklidschen Ebene lassen sich drei Symmetrietypen unterscheiden. Drehsymmetrie liegt vor, wenn alle Symmetrietransformationen gleichsinnig sind, Symmetrieelement ist dann der Drehpunkt. Dieser Symmetrietyp wird durch **n**, die Ordnung der Drehsymmetrie bezeichnet. Bei Spiegelsymmetrie, Symmetrieelement ist hier die Spiegelachse, gibt es neben der Identität eine gegensinnige Symmetrietransformation - Spiegelsymmetrie wird mit dem Symbol **m** bezeichnet. Ist eine Figur sowohl dreh- als auch spiegelsymmetrisch, so spricht man von gemischter Symmetrie, die mit n.m bezeichnet wird. Die Symmetrietransformationen einer Figur bilden eine Gruppe. Bei Symmetrie vom Typ n liegen zyklische Gruppen $Z_n$ vor, Symmetrietyp m erscheint dabei als Sonderfall $Z_2$. Die Symmetrietransformationen des Symmetrietypen n.m bilden die Diedergruppen $D_n$.

Von der realen Symmetrie zu abstrahieren und die ideale Symmetrie zu betrachten bedeutet, den Übergang vom Intensitätsbild zur symbolischen Beschreibung zu vollziehen. Geometrische Figuren lassen sich beispielsweise durch primitive Objekte (Strecken, Flächen), durch Eigenschaften dieser Objekte (Koordinaten, Inhalt) und durch Beziehungen zwischen Objekten (Zusammenhang, Enthaltensein) beschreiben. Eine solche Beschreibung läßt sich durch Relationalgebilde formalisieren. Wir definieren in Anlehnung an RADIG [6] das Relationalgebilde als Tupel.

$$M = (C, \langle R_1, \ldots R_n \rangle)$$

$C$ ist eine Menge von Symbolen und Attributwerten, die zur Objektbeschreibung benötigt werden. Die Relationen $R_i$ sind $t_i$-stellige Relationen auf $C$. Eine relationale Beschreibung eines Bildobjektes heißt auch Modell des Bildobjektes. Der Vergleich von relationalen Gebilden wird durch die Suche nach strukturerhaltenden Abbildungen zwischen diesen Strukturen realisiert, solche Abbildungen heißen **R-Morphismen.** Wir unterscheiden folgende R-Morphismen.

- Ein R-Homomorphismus $\varphi: M \rightarrow M'$ bildet alle Tupel aus Relationen in $M$ auf Tupel aus entsprechenden Relationen in $M'$ ab.
- Ein R-Isomorphismus $\varphi: M \rightarrow M'$ bildet alle Tupel aus Relationen in $M$ eineindeutig auf Tupel aus Relationen in $M'$ ab.
- Ein R-Automorphismus $\varphi: M \rightarrow M$ ist ein R-Isomorphismus eines Relationengebildes auf sich selbst.

Symmetrieanalyse

Die symbolische Symmetrieanalyse bestimmt die Symmetrie einer Figur aus deren relationaler Beschreibung. Voraussetzung dafür ist, daß das Modell die Symmetrie der Figur geeignet wiedergibt. In natürlicher Weise ist dies erfüllt, wenn den Symmetrietransformationen der Figur Automorphismen des Modells entsprechen. Wir wollen solche Modelle näher kennzeichnen.

Sei $\kappa$ eine Abbildung, die **Konstruktionsvorschrift,** die einer Figur $F$ das Modell $\kappa(F) = M$ zuordnet. $\bar{\kappa}$ sei die durch $\kappa$ induzierte Abbildung von der Gruppe der Symmetrietransformationen Sym($F$) auf die Gruppe der R-Automorphismen Aut($M$), dann heißt $M$ ein **symmetriegetreues Modell** von $F$ genau dann, wenn $\bar{\kappa}$ ein Isomorphismus ist. Diese Isomorphieforderung ist im untenstehenden Diagramm veranschaulicht.

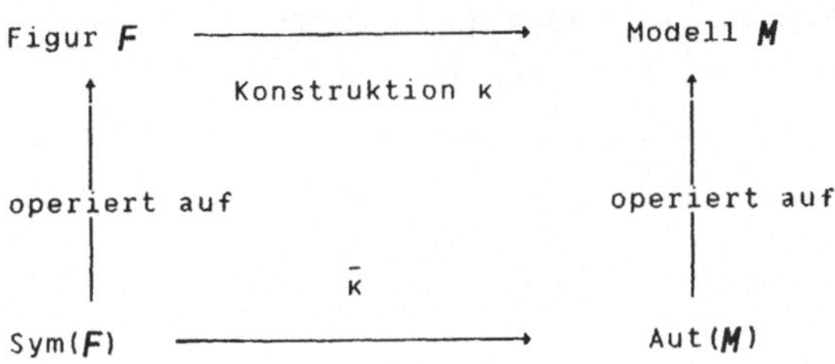


In [7] wird eine Konstruktion vorgestellt, die für die Klasse der Polygone symmetriegetreue Modelle liefert. Durch die Beschränkung auf symmetriegetreue Modelle läßt sich ein allgemeines Verfahren zur symbolischen Symmetrieanalyse angeben, das die Besonderheiten der einzelnen Konstruktionsvorschriften nicht zu berücksichtigen braucht.

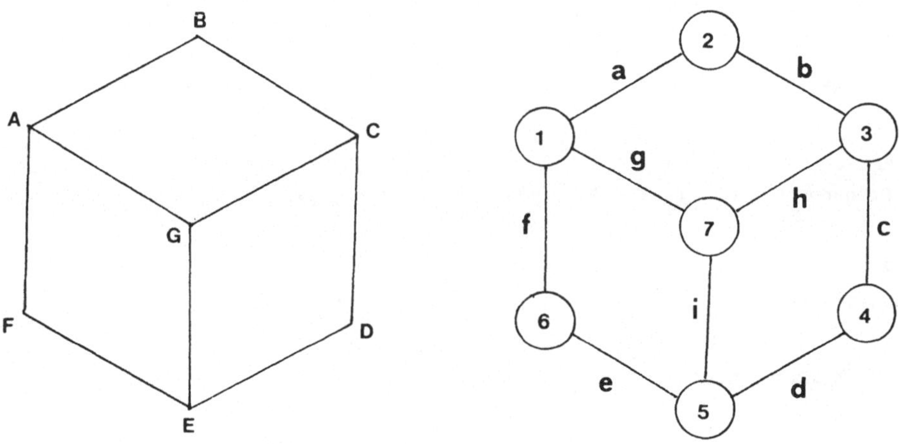


Das obenstehende Modell $M$ ist eine symmetriegetreue Beschreibung der Figur $F$. Das Modell ist als Relationalgebilde erklärt, $M = (S, \langle R \rangle)$. Die Menge der Symbole $S = \{1,2,3,4,5,6,7\}$ repräsentiert die Eckpunkte der Figur. Die einzige erklärte Relation $R$ ist symmetrisch, deshalb soll der Einfachheit halber mit dem Tupel (a,b) immer auch das Tupel (b,a) bezeichnet werden -

$R = \{(1,2),(2,3),(3,4),(4,5),(5,6),(6,1),(1,7),(3,7),(5,7)\}$.

R-Automorphismen

Der erste Schritt der Symmetrieanalyse ist die Berechnung der R-Automorphismen des gegebenen Modells. Die Berechnung erfolgt durch Suche nach Cliquen in einem Graphen kompatibler Zuordnungen [1], [3], [5]. Für das Modell $\mathcal{M}$ des Beispiels werden 6 R-Automorphismen gefunden, die in der untenstehenden Tabelle zusammengefaßt sind.

| R-Automorphismen | Permutation der Symbole | Zerlegung in Zyklen |
|---|---|---|
| $\alpha_1$ | (1 2 3 4 5 6 7) | |
| Identität | (1 2 3 4 5 6 7) | (1)(2)(3)(4)(5)(6)(7) |
| $\alpha_2$ | (1 2 3 4 5 6 7) | |
| Spiegelung | (1 6 5 4 3 2 7) | (1)(2 6)(3 5)(4)(7) |
| $\alpha_3$ | (1 2 3 4 5 6 7) | |
| Drehung | (3 4 5 6 1 2 7) | (1 3 5)(2 4 6)(7) |
| $\alpha_4$ | (1 2 3 4 5 6 7) | |
| Spiegelung | (3 2 1 6 5 4 7) | (1 3)(2)(4 6)(5)(7) |
| $\alpha_5$ | (1 2 3 4 5 6 7) | |
| Drehung | (5 6 1 2 3 4 7) | (1 5 3)(2 6 4)(7) |
| $\alpha_6$ | (1 2 3 4 5 6 7) | |
| Spiegelung | (5 4 3 2 1 6 7) | (1 5)(2 4)(3)(6)(7) |

Symbolpermutationen

Die R-Automorphismen lassen sich durch die Abbildung der Symbole eindeutig beschreiben. Da ein R-Automorphismus strukturerhaltend ist, bestimmt das Bild der Symbole eines Tupels das Bild des Tupels - die Zuordnung der Symbole legt die Zuordnung der Tupel fest. Die R-Automorphismen sind eineindeutig, daher sind die Zuordnungen der Symbole Permutationen. Symbole (Tupel) die ein R-Automorphismus auf sich selbst abbildet, heißen Fixsymbole (Fixtupel) des R-Automorphismus. Der zweite Schritt der Symmetrieanalyse ist nun die Klassifizierung der R-Automorphismen durch die Analyse der Symbolpermutationen. Dabei gelten folgende Regeln.

- Zyklen der Länge 1 (triviale Zyklen) bezeichnen Fixsymbole. Man beachte, daß eine Drehung höchstens ein Fixsymbol besitzt.
- Zyklen der Länge 2 bezeichnen paarweise Vertauschung von Symbolen. Es kann

sich um eine Spiegelung oder um eine Drehung der Ordnung 2 (Drehwinkel $\pi$) handeln.

- Zyklen der Länge n>2 bezeichnen die zyklische Vertauschung von n Symbolen. Es liegt also eine Drehung der Ordnung n vor (genauer, eine Drehung, die die zyklische Gruppe $Z_n$ sogar erzeugt).

Unter Beachtung der angegebenen Regeln lassen sich die R-Automorphismen leicht als Drehung oder Spiegelung identifizieren. Es bleibt noch zu klären, wie sich die Drehung der Ordnung 2 (Drehung um $\pi$) von den Spiegelungen unterscheiden läßt. Wenn Drehungen existieren, dann gibt es eine Drehung $\alpha_\pi$ der Ordnung 2 genau dann, wenn es Drehungen $\alpha$ von gerader Ordnung k gibt. Drehungen gerader Ordnung sind anhand der Zyklen zu erkennen und es gilt $\alpha^{k/2} = \alpha_\pi$, womit die Drehung um $\pi$ identifiziert ist. Die Spiegelungen sind nun die restlichen R-Automorphismen mit Zyklen der Länge 2. Zum Bestimmen des Symmetrietyps einer Figur reicht die Ordnung der Drehsymmetrie und Test auf Spiegelsymmetrie aus. Die Ordnung n der Drehsymmetrie ist die Länge des längsten Zyklus einer Symbolpermutation. Im Beispiel finden wir die längsten Zykel in den Symbolpermutationen der R-Automorphismen $\alpha_3$ und $\alpha_5$. Diese Zykel haben die Länge 3, somit liegt Drehsymmetrie der Ordnung 3 vor. Da die Ordnung der Drehsymmetrie ungerade ist, existiert keine Drehung um $\pi$ - alle anderen RS-Automorphismen mit Zyklen der Länge 2 sind somit Spiegelungen.

Symmetriesektor

Der letzte Schritt der Symmetrieanalyse ist die Charakterisierung der Symmetrie - entweder geometrisch durch die Angabe der Symmetrieelemente (Spiegelachse, Drehpunkt) oder abstrakt durch die Angabe des Symmetriesektors des Modells. Die Symmetrieelemente der Figur lassen sich unter Berücksichtigung der Konstruktionsvorschrift aus Fixstrukturen oder äquivalenten Symbolen bestimmen. Zwei Symbole gelten als äquivalent, wenn ein R-Automorphismus existiert, der sie in einander überführt. Für die Konstruktion der Spiegelachse werden zwei äquivalente Symbole und für den Drehpunkt drei äquivalente Symbole benötigt. Der RS-Automorphismus $\alpha_2$ besitzt die Fixsymbole 1, 4 und 7, die als Punkte **A**, **D** und **G** der Figur interpretiert werden und somit die Spiegelachse festlegen. Die Drehungen besitzen das Fixsymbol 7, welches als Drehpunkt G interpretiert wird.

Die symbolische Symmetrieanalyse kommt somit zu den gleichen Ergebnissen wie die geometrische, wenn sie entsprechend der Konstruktionsvorschrift interpretiert wird. Es ist jedoch auch möglich , ohne auf die Besonderheiten der einzelnen Konstruktionsvorschriften einzugehen, die Symmetrie am Modell zu charakterisieren. Ein allgemeines Verfahren für symmetriegetreue Modelle besteht in der Bestimmung des Symmetriesektors. Unter dem **Symmetriesektor** wird die minimale Teilstruktur verstanden, aus der sich durch Anwenden der RS-Automorphismen das vollständige

Modell erzeugen läßt. Für das Modell $M$ hat der Symmetriesektor folgende Gestalt.

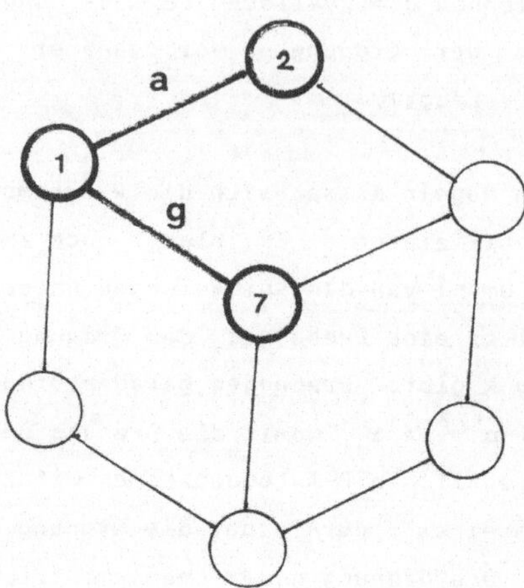


Der Symmetriesektor läßt sich mit Hilfe der gefundenen RS-Automorphismen bestimmen. Die Gruppe der RS-Automorphismen induziert auf der Menge der Tupel eine Zerlegung in Äquivalenzklassen. Hiebei gelten zwei Tupel als äquivalent, wenn ein RS-Automorphismus existiert, der sie ineinander überführt. Für das Beispiel werden folgende Äquivalenzklassen gefunden.

$$R = \{a,b,c,d,e,f\} \cup \{g,h,i\}$$

der Symmetriesektor wird aus Vertretern der Äquivalenzklassen konstruiert, so daß der Zusammenhang der Struktur gewahrt bleibt. Aus einer Äquivalenzklasse wird ein Tupel gewählt, das mit mindestens einem schon gewählten Tupel ein Symbol gemeinsam hat, wobei die Anzahl der Symbole der Teilstruktur minimiert wird. Diese Nebenbedingung sichert den Zusammenhang der Teilstruktur und kann durch lokale Suche erreicht werden. Ausgehend vom Tupel g wird ein Tupel aus einer noch nicht gewählten Äquivalenzklasse gesucht, das mit g wenigstens ein Symbol gemeinsam hat, z.B. das Tupel a. Damit sind aber in diesem Beispiel schon alle Äquivalenzklassen ausgeschöpft und der Symmetriesektor ist konstruiert. Der Zusammenhang des Symmetriesektors ist besonders für den Strukturvergleich von Bedeutung, da er zur schnellen Entdeckung inkompatibler Zuordnungen beiträgt. Der Zusammenhang des Symmetriesegments in der relationalen Beschreibung garantiert aber noch nicht den Zusammenhang der entsprechenden Teilfigur, wie er für die Erkennung verdeckter Objekte wichtig ist. Eine befriedigende Lösung dieses Problems steht noch aus. Die Reduzierung eines Modells auf den Symmetriesektor bietet den Vorteil einer effizienten Speicherung in Datenbanksystemen, die das Auffinden von symbolischen Beschreibungen unterstützen (BENN+RADIG [2]). Eine weitere Anwendung ist die Identifizierung teilweise verdeckter Objekte.

## Diskussion

Es wurde ein Verfahren zur symbolischen Symmetrieanalyse vorgestellt. Dabei wurden zwei vereinfachende Annahmen gemacht. Die erste Vereinfachung bestand im Zugrundelegen einer idealen Geometrie. Dabei wurde von der gerasterten mit Verzerrungen behafteten Bildgeometrie und der Tatsache abgesehen, daß keine exakt symmetrischen Gegenstände existieren. Diese Vereinfachung ermöglichte es, die symmetriegetreue Modellierung als wichtige Voraussetzung für die Symmetrieanalyse zu erkennen. Für eine praktische Anwendung muß diese Vereinfachung aufgegeben werden. Die Gütebewertung der berechneten RS-Automorphismen ist die geeignete Stelle, an der das Wissen über Bildgeometrie und Fertigungstoleranzen eingehen kann. Die zweite Vereinfachung besteht in der Beschränkung auf symmetriegetreue Modelle. Diese Einschränkung sollte in der praktischen Anwendung nicht aufgegeben werden, denn erst sie ermöglicht die Abstraktion von der speziellen Konstruktionsvorschrift und damit die Allgemeinheit des angegebenen Verfahrens.

## Literatur


[1] A. P. Ambler, H. G. Barrow, C. M. Brown, R. M. Burstall, R. J. Popplestone: A Versatile System for Computer Controlled Assembly, Artificial Intelligence 6, 1975, 129-156

[2] W.Benn, B.Radig: Symbolische Bildbeschreibung mit nichtnormalisierten Relationen, DAGM 1984, in diesem Band

[3] R. C. Bolles: Robust Feature Matching Trough Maximal Cliques, SPIE 182, 1980, 140-149

[4] R. C. Bolles, R. A. Cain: Recognising and Locating Partially Visible Objects, Int. Journal of Robotics Research, Vol.1, No. 3, 1982, 57-82

[5] H. C. Johnston: Cliques of a Graph - Variations of the Bron-Kerbosch Algorithm, Int. J. Comp. Inf. Sciences 5, 1976, pp. 209-238

[6] B.Radig: Image Sequence Analysis Using Relational Structures, Pattern Recognition 17, 1984, 161-167

[7] B.Radig, C.Schlieder: RS-Automorphisms and Symmetrical Objects, 7th Int. Conf. Pattern Recognition, Montreal, 1984 (im Druck)

# ERWEITERTE ÜBERGANGSNETZE (AUGMENTED TRANSITION NETWORKS) ALS PROZEDURALE MODELLE IM BEREICH DER BILDANALYSE

H. Tropf, I. Walter, H.-P.Kammerer

Fraunhofer-Institut für Informations- und Datenverarbeitung
(IITB)
Sebastian-Kneipp-Str.12-14, 7500 Karlsruhe

Der Beitrag diskutiert den Einsatz von ATN im Bereich der automatischen Bildanalyse anhand zweier realisierter Anwendungsbeispiele, dem Erkennen variationsreicher Werkstücke in Binärbildern und der 3-D Lageerkennung von Werkstücken in Grauwert-Einzelbildern.

## 1. Einleitung

Erweiterte Übergangsnetze (Augmented Transition Networks, kurz ATN) wurden ursprünglich für die Auswertung natürlichsprachlicher Texte entwickelt /1/ und haben in diesem Gebiet breite Anwendung gefunden. Vereinzelt werden sie eingesetzt zur Erkennung fließend gesprochener Sprache /2/, zur Analyse von EKG-Signalen /3/ und seismischen Signalen /4/. Für Zwecke der Bildanalyse wurden sie nach unserer Kenntnis erstmalig in /5/ untersucht.

ATN sind Übergangsnetzwerke, deren Übergänge (Kanten) um Aktionen, Tests und Register erweitert sind. Aktionen und Tests arbeiten mit Eingabedaten und in Registern gehaltenen Informationen; die Registerinformation wird durch Aktionen gewonnen. Kanten können nur begangen werden, wenn die mit ihnen verbundenen Testbedingungen erfüllt sind. Registerinformation ist lokal jeweils nur entlang des betreffenden Pfades durch das ATN gültig.

Die Bildanalyse entspricht der Suche eines Weges durch das Übergangsnetz. Dem ATN ist ein allgemeines Suchverfahren unterlagert, dessen Realisierung von der Erstellung des ATN für die spezielle Anwendung entkoppelt ist.

## 2. Erkennen variationsreicher Werkstücke in Binärbildern

In diesem Abschnitt wird ein Programmsystem zur Erkennung variationsreicher Werkstücke beschrieben, das industriell eingesetzt wird und auf dem Binärbildanalysesystem S.A.M.* realisiert wurde.

Die zu klassifizierenden Teile treten in verschiedenen Grundklassen auf, wie in Bild 2.1 schematisch dargestellt. Innerhalb der Grundklassen wiederum sind die Teile durch Parameter charakterisiert. Die Parameter sind teilweise grundklassen-trennend, teilweise überlappen sich die Wertebereiche für verschiedene Grundklassen, teilweise sind die Parameter nur für einzelne Grundklassen angebbar. Die Messung von Parametern erfordert zum Teil die Bestimmung von Hilfsparametern, die selbst klassentrennend und/oder klassenspezifisch sein können. Nur die für den Anwender relevanten Parameter werden neben der Grundklasse als Erkennungsergebnis ausgegeben.

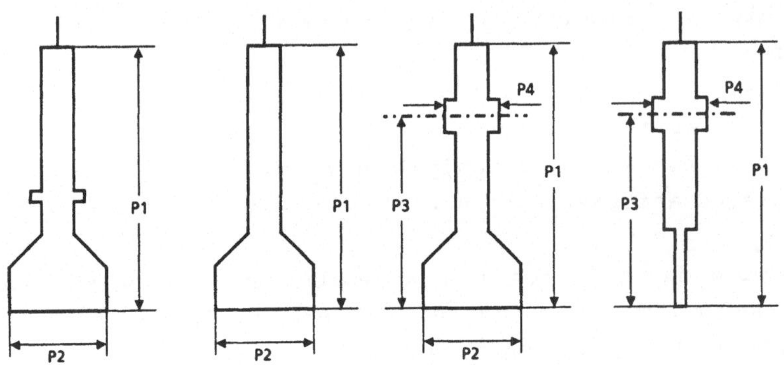


Bild 2.1: Grundklassen mit Parametern (Beispiel)

Als Grund-Meßoperation werden die schwarzen Bildpunkte in gezielt gesetzten rechteckigen Bildfenstern gezählt (diese Operation wird durch S.A.M.-Prozessoren unterstützt). Neben der Unterscheidung von schwarzen und weißen Bildbereichen wird die Operation zur Dickenmessung und Kantenvermessung herangezogen. Die Positionierung dieser Meßfenster ist i.a. abhängig von den Ergebnissen vorher durchgeführter Messungen. Die Reihenfolge der Abarbeitung wird durch ein ATN modelliert, wie in Bild 2.2 auf oberster Ebene beispielhaft skizziert.

---

*Sensorsystem für Automation und Meßtechnik, entwickelt vom IITB, produziert und vertrieben von Robert Bosch GmbH, Darmstadt.

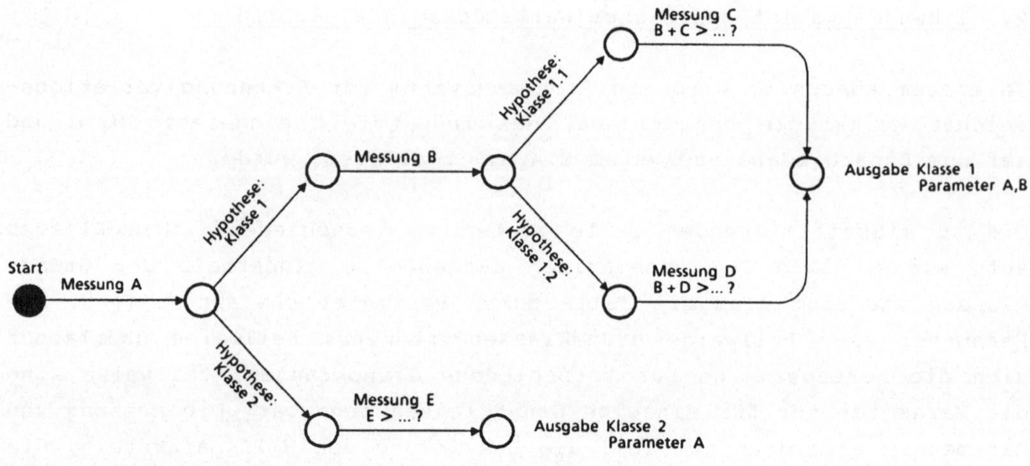


Bild 2.2: Klassifikationsvorgang als ATN

Für die hier vorgestellte Systemrealisierung gelten folgende Vereinfachungen:

- Register sind einfache Name-Wert-Paare;
- Aktionen sind Fensteroperationen und arithmetische Operationen, die genau ein Register manipulieren;
- Tests sind arithmetische Abfragen.

Das Netz wird durch Tiefensuche abgearbeitet. Der Ablauf dieses Backtracking-Mechanismus wird anhand des ATN in Bild 2.3 erläutert, das nur arithmetische Operationen enthält.

Bei Aufruf von Unternetzen (Seek-Kante) werden Parameter durch Wertaufruf übergeben. Unternetze werden mit Send oder Send! verlassen. Aus dem Obernetz kann zu Verzweigungen eines Unternetzes, das mit Send verlassen wurde, zurückgesprungen werden. Wurde ein Unternetz jedoch mit SEND! verlassen, sind Rücksprünge nicht mehr möglich (die Register des Unternetzes werden als Speicherplatz wieder frei). Send!-Kanten sind immer dann sinnvoll, wenn ein Unternetz nur deterministische Verzweigungen enthält (es ist maximal eine Alternative möglich). Konsequenterweise dürfen deterministische Netze, die mit Send! verlassen werden, nur deterministische Unternetze enthalten.

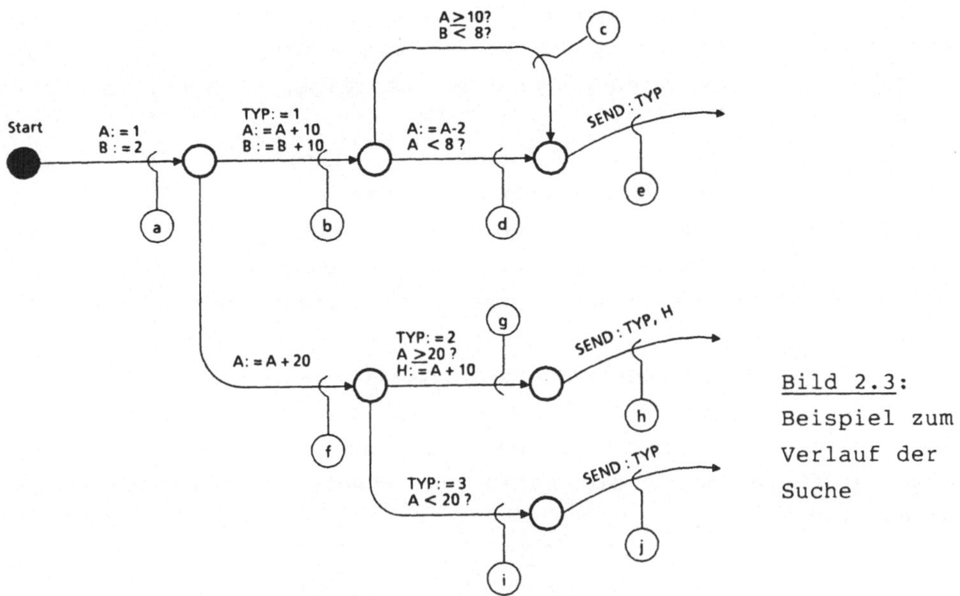


Bild 2.3: Beispiel zum Verlauf der Suche

| Kantenfolge | A | B | H | TYP | Anmerkung |
|---|---|---|---|---|---|
| a | 1 | 2 | / | / | |
| ab | 11 | 12 | / | 1 | das neu kreierte Register B = 12 verdeckt den alten Wert B = 2 |
| abc | 11 | 12 | / | 1 | Bedingung nicht erfüllt |
| abd | 9 | 12 | / | 1 | Bedingung nicht erfüllt |
| af | 21 | 2 | / | / | jetzt ist der alte Wert B = 2 wieder sichtbar |
| afg | 21 | 2 | 31 | 2 | |
| afgh | 21 | 2 | 31 | 2 | Ausgabe Typ = 2, H = 31 |
| afi | 21 | 2 | / | 3 | Bedingung nicht erfüllt |

Folgende Hauptmoduln sind realisiert, die in ein anwendungsspezifisches Rahmenprogramm eingebunden sind:

- Ein einfacher ATN-Editor;
- ein Logiktest; er kontrolliert neben einer syntaktischen Überprüfung die Richtigkeit der Parameterübergabe, durchläuft sämtliche Wegealternativen und meldet, wenn auf unbekannte Register zuzugreifen versucht wird; für die letztgenannte Prüfung werden Unternetze getrennt abgearbeitet; bei hierarchischer Strukturierung des ATN wird die Anzahl der Wegealternativen auf diese Weise klein gehalten und eine kombinatorische Explosion vermieden;
- ein einfacher Ablaufüberwacher; er gestattet das Anhalten an interaktiv markierten Knoten und auf verschiedenen Programmebenen (z.B. nach jeder Fensteroperation).

Das Verfahren wird z.Z. in einer Versuchsinstallation der Industrie (Hängeförderer) zur Erkennung von Teilen mit 8 Grundklassen und insgesamt nahezu 1000 Varianten eingesetzt. Es zeigen sich folgende Vorteile:

- Die nichtdeterministische Arbeitsweise erleichtert den Entwurf eines hierarchischen Klassifikationsschemas.
- Toleranzgrenzen werden so früh wie möglich getestet. Merkmale werden nur für noch in Frage kommende Klassen berechnet und wenn sie für spätere Berechnungen oder zur Ergebnisausgabe notwendig sind.
- Die vom Anwender vorgegebenen Parametertoleranzen sind u.U. nicht ausreichend für eine eindeutige Klassifizierung. Aufgrund der nichtdeterministischen Arbeitsweise führen solche Mängel zu Mehrfachklassifizierungen, die Anlaß zur Erweiterung des Parametersatzes sind.

## 3. 3-D Lageerkennung in Grauwert-Einzelbildern

In einem Grauwertbild soll die Lage eines dreidimensionalen Objektes bekannter Geometrie bestimmt werden. Das Objekt befindet sich in beliebiger räumlicher Lage.

Wie schon in /6/ beschrieben, beruht das benutzte Verfahren auf einer Analyse-durch-Synthese Suchprozedur, die auf der Generierung von Hypothesen und deren Verifikation basiert. Aufgrund von Kenntnissen, die in einem Werkstückmodell festgehalten sind, werden (ideale) 3-D Normmuster (Prototypen) folgendermaßen aufgebaut: Beim Durchlaufen des ATN werden Modellelemente (Punkte, Kanten, Ecken) entsprechenden Bildelementen zugeordnet. Dabei wird die Anzahl der Bewegungsfreiheitsgrade eines dreidimensionalen Objektmodells zunehmend eingeschränkt. Aus den versuchsweise aufgebauten Prototypen werden die zugehörigen 2-D Ansichten berechnet und mit dem vorliegenden Bild verglichen.

Die Suchprozedur bestimmt den Prototyp, für den ein zwischen seiner 2-D Ansicht und dem Bild definiertes Ähnlichkeitsmaß maximal ist. Die Bildbeschreibung als Ergebnis der Analyse (hier die räumliche Lage) wird aus diesem Prototyp entnommen. Er wird als die Ausprägung des Modells für die vorliegenden Bilddaten betrachtet.

Im Unterschied zu der in Abschnitt 2 beschriebenen Realisierung ist das Programmsystem sehr allgemeingültig ausgelegt: Register sind beliebige Verbunde, Aktionen manipulieren i.a. mehrere Register, es wird ein Zustandsraum-Suchverfahren eingesetzt. Einzelheiten zu den Modellen sind in /6/ und /7/, ausführliche Ergebnisse in /8/ zu finden.

Bild 3.1 zeigt ein Originalbild mit eingeblendeten Primitiven (Ecken), Bild 3.2 die Projektion des hierzu gefundenen Prototypen (die eingeblendeten Nummern geben die Modelleckpunkte an, die zur Generierung der Lagehypothese verwendet wurden).

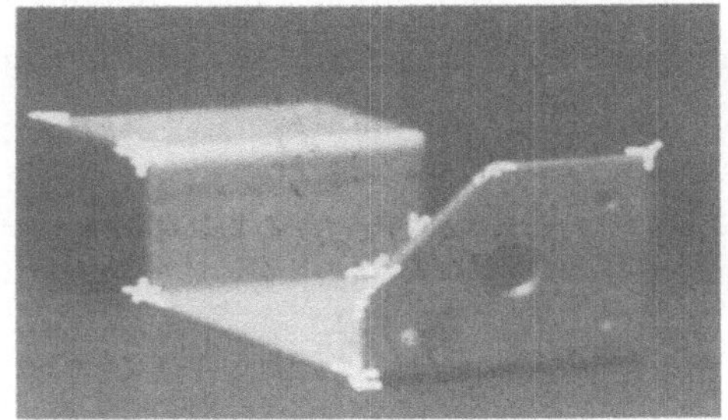

Bild 3.1: Werkstück u. Primitive

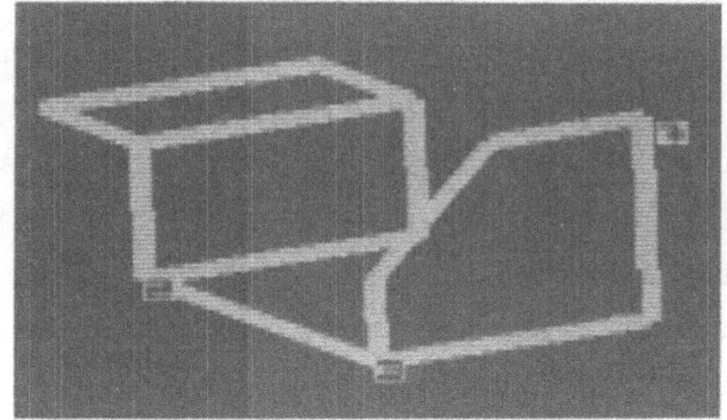

Bild 3.2: gefundener Prototyp

## 4. Diskussion

ATN stellen für Zwecke der Bildanalyse einen vielseitig verwendbaren Rahmen zur Verfügung, in den sich spezielle, problemspezifische Kenntnisse und Heuristiken zur Beschleunigung des Analysevorganges harmonisch einbetten lassen. Das für die 3-D Grauwertbildanalyse entwickelte, auf einem Großrechner sehr allgemein realisierte Programmsystem wäre durch spezielle Einstellung verschiedener Optionen direkt für das in Abschnitt 2 beschriebene Klassifikationsverfahren von Binärbildern einsetzbar gewesen und wurde nur aus Speicherplatzgründen für die Binärbildanalyse speziell implementiert.

Beide hier vorgestellten Ansätze sind als schrittweise Verfeinerung und Verifikation von Hypothesen konzipiert. Die Verfeinerung der Hypothesen geschieht solange, bis letztlich als Hypothese das genaue Aussehen des Teiles (in Form einer parametrischen Beschreibung) vorliegt. Diese letzte Hypothese wird im Fall der Binärbildverarbeitung durch einige gezielt gesetzte Bildfenster, im Fall der 3-D Lageerkennung durch Vergleich der 2-D Projektion des Prototypen mit den Bilddaten verifiziert. Hierarchische Klassifikationsmechanismen können anschaulich modelliert werden; das Problem der nur zwischen bestimmten Klassen trennungswirksamen, für andere Klassen jedoch sinnlosen Merkmale, wird elegant gehandhabt. Zur Realisierung der Ausgabe in natürlicher Sprache bietet sich der Aufruf eines geeignet realisierten Unter-ATN an.

Als prozedurales Modell ist ATN für eine modellgesteuerte (Top-Down-) Analyse gut geeignet. Durch die hierarchische Organisation und zielgerichtete Konzeption wird die überflüssige Anwendung von Produktionsregeln weitgehend vermieden. Eine interessante Aufgabenstellung ist es, Möglichkeiten der Verkopplung prozeduralen, durch ATN repräsentierten Wissens mit deklarativen Modellierungsformen, wie z.B. Produktionssystemen zu untersuchen. Solche Mischformen könnten beispielsweise geeignet sein, die Interaktion zwischen modell- und datengesteuerter Analyse zu modellieren. Hinweise hierzu könnten entsprechende Ergebnisse aus dem Bereich der Expertensysteme liefern /9/.

## Literaturverzeichnis


/1/ W.A. Woods: Transition Network Grammars for Natural Language Analysis. CAM, 13:10 (1970) S.591-606.

/2/ W.A. Woods: Optimal Search Strategies for Speech Understanding Control. Artificial Intelligence, 18:3 (1982) S.295-326.

/3/ P. Arduino, R. De Mori: Computer Interpretation of Carotid Waves using a Knowledge Based System. Signal Processing 4, 1982, S.409-423.

/4/ K.R. Anderson: Syntactic Analysis of Seismic Waveforms using Augmented Transition Network Grammars. Proc. of the 2nd Int. Symposium on Computer Aided Seismic Analysis and Discrimination, North Dartmouth, MA, USA, 19-21 Aug. 1981, S.54-65.

/5/ H. Breu, A.K. Mackworth: Push and Pop on Pictures; Generalizing the Augmented Transition Network Formalism to Capture the Structure and Meaning of Images. Proc. Canadian Society for Computational Studies of Intelligence, 3rd National Conference, Victoria, B.C., May 1980, S.179-187.

/6/ H. Tropf, I.Walter: An ATN Model for 3-D Recognition of Solids in Single Images. Proc. IJCAI-83, Karlsruhe, Aug. 1983, S.1094-1098.

/7/ I.Walter, H. Tropf:Erweiterte Übergangsnetze als Modell zur 3-D Erkennung von Werkstücken in Einzelbildern. VDE-Fachber. Nr. 35, 5. DAGM-Symposium, Karlsruhe, Okt. 1983, S.325-330.

/8/ I.Walter, H. Tropf: 3-D Recognition of Randomly Oriented Parts. SPIE 449, RoViSeC 3, Cambridge, Mass., Nov. 1983, S.171-178.

/9/ M. Georgeff, U. Bonollo:Procedural Expert Systems. Proc. IJCAI-83, Karlsruhe, Aug. 1983, S.151-157.

# Ein Expertensystem für die automatische Erfassung von technischer Graphik

Uwe Domogalla

Institut für Digitale Bildverarbeitung und Graphik
Technische Universität Graz und Forschungsgesellschaft Joanneum
Wastiangasse 6, A-8010 Graz, Österreich

In dem vorliegenden Beitrag wird ein in Entwicklung befindliches Expertensystem zur automatischen Erfassung technischer Graphik vorgestellt. Es werden die Verfahren für die Bearbeitung graphischer Daten, der Umfang des notwendigen Wissens, die Methode der Wissensrepräsentation sowie die Organisation des Expertensystems beschrieben. Das System erstellt als Ergebnis eine symbolische Beschreibung der graphischen Vorlage.

## 1. Einleitung

Im Laufe der letzten Jahre wurden in zunehmendem Maß Anwendungsmöglichkeiten des Computers für die Bearbeitung graphischer Daten aus dem technischen Bereich erschlossen, und es besteht daher ein wachsender Bedarf an Verfahren für die Umwandlung gegebener analoger graphischer Vorlagen in digitale Form.

Im Gegensatz zur manuellen Digitalisierung, bei der unter Einbeziehung der menschlichen Fähigkeiten alle Arten komplexer Graphik erfaßt werden können, existieren im Bereich der automatischen Erfassung für die Bearbeitung großer Datenmengen z. Z. nur Systeme, die sehr einfach strukturierte Vorlagen bearbeiten können (z. B. /6/). Die Vorlagen sollten dabei möglichst nur eine Informationsebene enthalten. Auf experimenteller Ebene gibt es allerdings schon verschiedene Entwicklungen, die komplexere Vorlagen verarbeiten (z. B. /3/, /4/). Besonders in der Bildanalyse wird verstärkt Wissen über den Bildinhalt als Unterstützung eingesetzt (z. B. /14/, /15/).

Einerseits ist der Mensch auf Grund seiner besonderen Fähigkeiten sowie seiner vielfältigen Erfahrungen die "beste Steuer- und Entscheidungsfunktion" für die Bearbeitung komplexer graphischer Vorlagen. Andererseits können aber nur maschinell die großen Datenmengen bewältigt werden. Ein wirksames Werkzeug, um die menschlichen Fähigkeiten und Erfahrungen für den Rechner nutzbar zu machen, sind Expertensysteme, die ein Arbeitsschwerpunkt des Fachgebietes Künstliche Intelligenz darstellen. Sie bieten die Möglichkeit, "diffuse Gebiete", wie sie in /12/ beschrieben wurden, erfolgreich zu bearbeiten.

Bei dem hier vorgestellten Expertensystem DELPHI (Decomposition Expert with Local Pattern-Matching and High-Level Interpretation) wird versucht, für die verschiedenen Informationen einen Rahmen zu schaffen und sie mit den notwendigen Raster-, Vektor- und Symbol-Verarbeitungsfunktionen zu verknüpfen. Das Ziel dieser Arbeit ist ein System für die automatische Erfassung von technischer Graphik (z. B. technische Zeichnungen, Landkarten, Katasterpläne). Die Arbeit konzentriert sich auf die drei Schwerpunkte Bildverarbeitung, Wissensrepräsentation und Expertensystem.

## 2. Bildverarbeitung

Die Abb. 1 zeigt die verschiedenen Abschnitte der Raster-, Vektor- und Symbolverarbeitung innerhalb von DELPHI. Die entsprechenden Verfahren werden in der folgenden Beschreibung Funktionen genannt:

Binärbilderzeugung

Das von einem Raster-Scanner erzeugte Graubild wird mit Hilfe eines "region growing" Verfahrens in ein Binärbild umgerechnet.

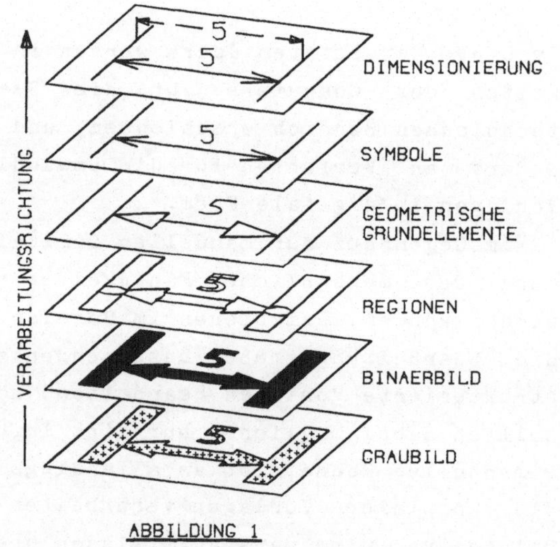


ABBILDUNG 1

Erzeugung von Regionen

Aus Gründen der Speicherersparnis und als Ausgangspunkt für die später erfolgende Symbolerkennung werden die Rasterdaten durch Vektoren beschrieben. Bevor jedoch die Vektorbeschreibung aus dem binären Bild gewonnen werden kann, muß es in leicht zu analysierende Bereiche unterteilt werden.

Diese Abgrenzung ist notwendig, da die Ausgangsdaten ein komplexes Netzwerk von topologisch zusammenhängenden schwarzen Bildelementen darstellen. Die Gebiete werden so abgegrenzt, daß sie durch geschlossene, einfache Polygone (Regionen) beschrieben werden können. Es bietet sich dabei eine grobe Unterteilung in linien- und flächenhafte Regionen sowie in Knotenregionen an. Sie erfolgt durch die "regionale Zerlegung" (RDA: Regional Decomposition Algorithm) /5/.

Geometrische Grundelemente

Um die spätere Symbolerkennung zu erleichtern, wird versucht, so früh wie möglich auf eine symbolische Beschreibungsform überzugehen. In der technischen Graphik wird dies durch die überwiegend auftretenden geometrischen Grundelemente (Geraden, Kreisbögen, Dreiecke usw.) erleichtert.

Symbolerkennung

Für die Symbolerkennung wird eine Menge von Modellen mit einem Testkandidaten verglichen und auf strukturelle Übereinstimmung geprüft /13/. Als Primitiva dienen in unserem Fall die zuvor gefundenen geometrischen Grundelemente. Dadurch wird sowohl die Menge der zu überprüfenden Modelle als auch die Zahl der Elemente des Testkandidaten eingeschränkt.

Dimensionierung

Die Dimensionierung versucht, mit Hilfe der Maßangaben bei technischen Zeichnungen die wahre Position der Symbole zu berechnen. Es können dadurch verschiedene Fehler (Abtastung, Maßstabsänderungen, Zeichenungenauigkeiten) ausgeglichen werden.

## 3. Wissensrepräsentation

Das für die automatische Erfassung von technischer Graphik notwendige Wissen kann in folgende Gruppen unterteilt werden:

- Spezifisches Wissen über das Fachgebiet, aus der die Vorlage stammt.
- Allgemeinwissen über die Erstellung technischer Graphik.
- Spezielles Wissen über die eingesetzten Bildverarbeitungsmethoden.

Bei der Auswahl der Methode für die Wissensrepräsentation wurden u. a. folgende Kriterien angewendet:

- unabhängige Repräsentation des Wissens, d. h., keine Verschmelzung von Bildverarbeitungsfunktionen und Kontrollmechanismus.
- Die Methode soll eine stark prozedurale Komponente haben, da die Erfassung einer graphischen Vorlage mehr ein Verarbeitungs- als ein Entscheidungsproblem darstellt.
- Da das vorhandene Datenmaterial stark schwankende Parameter hat, ist ein "default"-Mechanismus notwendig.
- Die Fülle der Wissenselemente erfordert eine Fokussierungsmethode, um eine kombinatorische Explosion während der Verarbeitung zu vermeiden.
- Wissenselemente sollen zu größeren Einheiten zusammengefaßt werden können. In /10/ wurde auf den günstigen Einfluß solcher "Macro"-Anweisungen hingewiesen.

Repräsentationsschema

Die Basis für die Wissensrepräsentation bildet eine Struktur, die als Prototyp (analog zu /1/) bezeichnet wird. Ein Prototyp enthält die Standardvorgehensweise für die Bereitstellung einer Information, z. B. "Erkenne die geometrische Form einer Region". Für die Bereitstellung der Information kann ein Prototyp andere aktivieren, die ihrerseits Teilinformationen liefern (Hierarchie von Prototypen). Ein Prototyp besteht aus einer beliebigen Zahl von formal gleichen Teilstrukturen, die analog zur Definition in /8/ Slot genannt werden. Ein Slot übernimmt eine spezifische Teilaufgabe innerhalb des Prototyps, z. B. "Bestimme den Winkel zwischen zwei Geraden". Die Bearbeitung der Teilaufgaben erfolgt in der Reihenfolge der Anordnung der Slots. Die Funktion eines Slots wird mit Hilfe von Prädikaten (vgl. /11/) beschrieben, z. B.: "Aktiviere die Regel für den Test auf ein Quadrat". Die beschriebene Struktur kann als Analogon zu dem Frame-Konzept in /8/ angesehen werden.

Neben den Prototypen bilden die Regeln - wie in /9/ verwendet - einen wichtigen Teil der Wissensrepräsentation. Im Gegensatz zu MYCIN /2/ o. ä. Systemen, werden die Regeln nicht gemeinsam verwaltet, sondern stehen in fester Beziehung zu den entsprechenden Prototypen und sind somit situationsgebunden geordnet.

## 4. Expertensystem

Das Expertensystem (Abb. 2) besteht aus den Hauptkomponenten: Kontroll Modul, Datenbereiche, die blackboards genannt werden (analog zu /7/), Funktionen (Kap. 2) und Wissensbasis (Kap. 3).

Kontroll-Modul

Die Hauptaufgabe des Kontroll-Moduls ist die Verwaltung einer Agenda (organisiert als Stapel), in der alle Anforderungen für die Aktivierung der gewünschten Prototypen notiert sind. Die Prototypen können zu zwei verschiedenen Zeitpunkten aktiviert werden:

- während der Abarbeitung eines Prototypen: Um eine noch nicht vorhandene Information zu erhalten, aktiviert dieser einen in der Hierarchie untergeordneten Prototypen (Prinzip des - auch rekursiven - Unterprogrammaufrufs).
- nach der Abarbeitung des aktuellen Prototyps: Wird während der Abarbeitung eines Prototyps festgestellt, daß, besonders in der Symbolerkennung, noch andere Möglichkeiten überprüft werden müssen, so können Hypothesen generiert werden, die später getestet werden sollen.

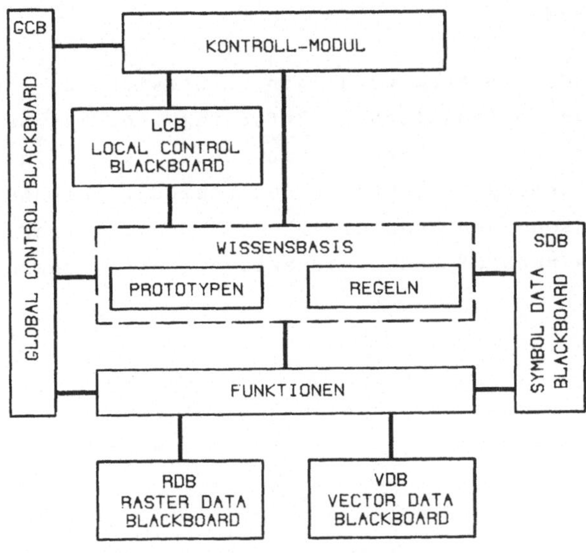


ABBILDUNG 2

Datenbereiche

Dem Expertensystem stehen die Datenbereiche GCB (global_control_blackboard), LCB (local_control_blackboard) und SDB (symbol_data_blackboard) zur Verfügung. Der Bereich GCB beinhaltet allgemeine Informationen über die Verarbeitung. Die notwendige Arbeitsumgebung eines Prototyps wird im LCB abgelegt. Es entsteht dadurch während der Laufzeit ein Abbild der Prototypaktivitäten in Form einer dynamisch wachsenden Baumstruktur. Sie ermöglicht es, wenn sich eine Hypothese (repräsentiert als Teilbaum im LCB) als falsch herausstellt, auf einen gesicherten Zustand zurückzugehen und evtl. andere Untersuchungen vorzunehmen. Der Bereich SDB enthält für jede Region alle verfügbaren Informationen.

## 5. Implementierung

Das Expertensystem ist Kern eines Systems, das innerhalb des Forschungsprojektes "Entwicklung eines kompakten Systems zur Digitalisierung komplexer graphischer Vorlagen" entsteht. Es wird auf einer DEC VAX 11/750 in FORTRAN 77 implementiert. Ein interaktiver graphischer Arbeitsplatz mit einem Raster-Refresh-Schirm unterstützt die Symbol-Lehrphase und die notwendigen Editier-Arbeiten. Daneben gibt es noch verschiedene graphische Ausgabegeräte für die Darstellung der Daten sowohl im Raster- als auch im Vektorformat. Z. Z. befindet sich der Schwerpunkt der Entwicklung auf der Symbolerkennung sowie der Erfassung des notwendigen Wissens.

## 6. Zusammenfassung

In dem vorliegenden Beitrag wurde ein in Entwicklung befindliches Expertensystem zur automatischen Erfassung technischer Graphik vorgestellt. Wir sind davon überzeugt, daß dieses System in der Lage sein wird, eine weitgehend fehlerfreie Beschreibung graphischer Vorlagen zu liefern. Wir wissen aber, daß die im CAD-Bereich geforderte absolute Genauigkeit eine nachfolgende interaktive Überprüfung und Korrektur nötig machen wird.

## Danksagung

Ich danke alle Mitarbeitern, die am Zustandekommen dieser Arbeit beteiligt waren; insbesondere Heinz Hauser, Dr. Walter Kropatsch und Harald Rätzsch.

Das Projekt wird vom Bundesministerium für Wissenschaft und Forschung gefördert (Projektnummer: 60.044/1-26/83).

## Literatur

/1/ Aikins J. S.; Prototypical Knowledge for Expert Systems; Artificial Intelligence, Vol. 20 (1983), No. 2 (February), 163-210

/2/ Barr A., Feigenbaum Edward A.; The Handbook of Artificial Intelligence; Vol. II; W. Kaufmann, Inc. 1982

/3/ Bley H.; Automatic Input of Circuit Diagrams using Image Processsing; Arbeitsberichte des Institutes für mathematische Maschinen und Datenverarbeitung, Universität Erlangen Nürnberg Band 14, Nr. 1, Februar 1981; 41-52

/4/ Clement T. P.; The Extraction of Line-Structured Data from Engineering Drawings; Pattern Recognition, Vol. 14 (1981); 43-52

/5/ Domogalla Uwe; Entwicklung eines kompakten Systems zur Digitalisierung komplexer graphischer Vorlagen, Endbericht - Teil 1; Forschungsgesellschaft Joanneum, Graz, Austria; Institut für Digitale Bildverarbeitung und Graphik; in Vorbereitung

/6/ Leberl Franz W., Olson Dale; Raster Scanning for Operational Digitizing of Graphical Data; Photogrammetric Engineering and Remote Sensing; Vol. 48 (1982), No. 4 (April); 615-627

/7/ Lesser Victor R., Erman Lee D.; A Retrospective View of the HEARSAY-II Architecture; Proc. of the 5th IJCAI, August 1977, Cambridge, Mas., USA; 790-800

/8/ Minsky M.; A Framework for Representing Knowledge; in: Winston P. H. (ed.): The Psychology of Computer Vision; McGraw-Hill, New York, 1975

/9/ Nagao Makoto, Matsuyama Takashi; A Structural Analysis of Complex Aerial Photographs; Plenum Press, New York 1980

/10/ Niemann H.; Pattern Analysis; Springer Series in Information Sciences Vol. 4; Springer 1981

/11/ Nilsson Nils J.; Principles of Artificial Intelligence; Springer, New York 1982

/12/ Raulefs Peter; Expertensysteme; in: Bibel W. (Ed.) Künstliche Intelligenz, Frühjahrsschule Teisendorf, März 1982; Informatik Fachberichte Nr. 59, Springer-Verlag

/13/ Shapiro Linda G., Haralick Robert M.; Structural Descriptions and Inexact Matching; IEEE Trans. Vol. PAMI-3 (1981), No. 5 (September); 504-519

/14/ Taniguchi Rin-ichiro, Yokota Masao, Kawaguchi Eiji, Tamati Tuneo; Knowledge Based Recognition System of Weather Chart; Proc. of the 5th IJCPR, December 1980, Miami Beach, USA; 333-336

/15/ Tudhope Douglas S., Oldfield John V.; A High-Level Recognizer for Schematic Diagrams; IEEE Computer Graphics and Applications, Vol. 3 (1983), No. 3; 33-40

# S O N S T I G E   A N W E N D U N G E N

# EXPERTENSYSTEME: WISSENSREPRÄSENTATION UND INFERENZPROZESSE

Werner Horn

Institut für Medizinische Kybernetik,
Universität Wien

## 1. Einleitung

"Expertensysteme" ist heute das wichtigste Teilgebiet der Artificial Intelligence - betrachtet man die Anstrengungen von Industrie und Entwicklungslabors, solche Systeme kommerziell einsetzbar zu machen, und sie auch einzusetzen. Dieser Überblick soll dazu beitragen, die im Bereich Expertensysteme entwickelten Methoden für andere Bereiche - hier etwa die Mustererkennung - nutzbar zu machen.

Die zwei Hauptbereiche der Mustererkennung, Verarbeitung von Bildern und Verarbeitung von Sprache, sind gegenüber dem Bereich Expertensysteme unterschiedlich abgegrenzt. Während "Vision" ein eigenständiges - von Expertensytemen stark abgegrenztes - Gebiet innerhalb der Artificial Intelligence darstellt, wird die Interpretation von kontinuierlichen Signalen der Akustik, z.B. das Verstehen gesprochener Sprache, aber auch die Interpretation von akustischen Wellen zur Ortung von Unterseebooten, durchaus dem Bereich Expertensysteme zugeordnet.

Bevor sich der Name Expertensysteme allgemein durchsetzte, war auch die Bezeichnung "Mustergesteuerte Inferenzsysteme" ("Pattern Directed Inference Systems", Waterman und Hayes-Roth, 1978) gebräuchlich. Diese Bezeichnung basiert auf der Methode, daß bestimmte Muster, die in den Daten auftreten, bestimmte Programmteile eines Systems aktivieren. Der bekannteste und wohl weitest verbreitete Typ eines mustergesteuerten Inferenzsystems ist das Produktionensystem, bei dem Wissen in Form von Regeln gespeichert ist. Produktionensysteme werden in Kapitel 3.1 im Detail behandelt.

Ein weiterer Begriff soll hier nicht unerwähnt bleiben: "Wissensbasierte Systeme". Dieser leitet sich aus der Tatsache ab, daß der wesentlichste Bestandteil eines Expertensystems die

Wissensbasis ist. Umfang und Inhalt der Wissensbasis, die das vom Experten stammende Wissen repräsentiert, bestimmt in erster Linie die Performanz des Systems. Im Bereich der Mustererkennung erscheint der Begriff "wissensbasiertes Inferenzsystem" sehr oft besser geeignet, da ja etliche Applikationen (z.B. Analyse einer Straßenszene) versuchen, Allgemeinwissen maschinell verfügbar zu machen, während der Begriff Expertensystem auf das hochspezialisierte Wissen eines Experten verweist.

In den folgenden Kapiteln sollen die Architektur von Expertensystemen, einige Methoden zur Repräsentation von Wissen, zur Verwertung dieses Wissens und zum Bilden von Schlußfolgerungen, sowie einige Anwendungen kurz vorgestellt werden. Eine Einführung in das Gebiet geben Hayes-Roth, et al. (1982) und das "Handbook of AI" (Barr und Feigenbaum, 1982, insbesondere Kapitel VII und VIII in Vol.II).

## 2. Architektur von Expertensystemen

Definiert man ein Expertensystem als ein Computersystem, das in einem spezialisierten, "diffusen" Bereich über ausreichendes Wissen verfügt und fähig ist, dieses Wissen zur Lösung von Aufgabenstellungen eines Benutzers auf einem einem Experten entsprechenden Niveau anzuwenden, so ergeben sich folgende Aufgabenstellungen für das System:

1. Verstehen von Benutzeranfragen und Transformation in die interne Repräsentationsform,
2. Entscheidung, ob es (auf Grund seines Wissens) befähigt ist, die Aufgabe zu lösen,
3. Lösung der Aufgabenstellung,
4. Präsentation der Lösung für den Benutzer,
5. Erklärung der Schritte, die zur Lösung führten und Begründung der Lösung, und
6. Erweiterung und Wartung der Wissensbestände.

Aus diesen Anforderungen leitet sich die Struktur eines Expertensystems ab, die am Beispiel des medizinischen Konsultationssystems ESDAT (Horn, 1983) in Bild 1 aufgezeigt ist. Die Punkte 1 und 4 der Aufgabenstellung werden durch die Dialogkomponente erfüllt, wobei heute insbesondere bei der Eingabe der Benutzeranfragen noch starke Restriktionen bestehen. Wünschenswert ist ein natürlichsprachiger Dialog in Kombination mit Graphik. Die Inferenzkomponente

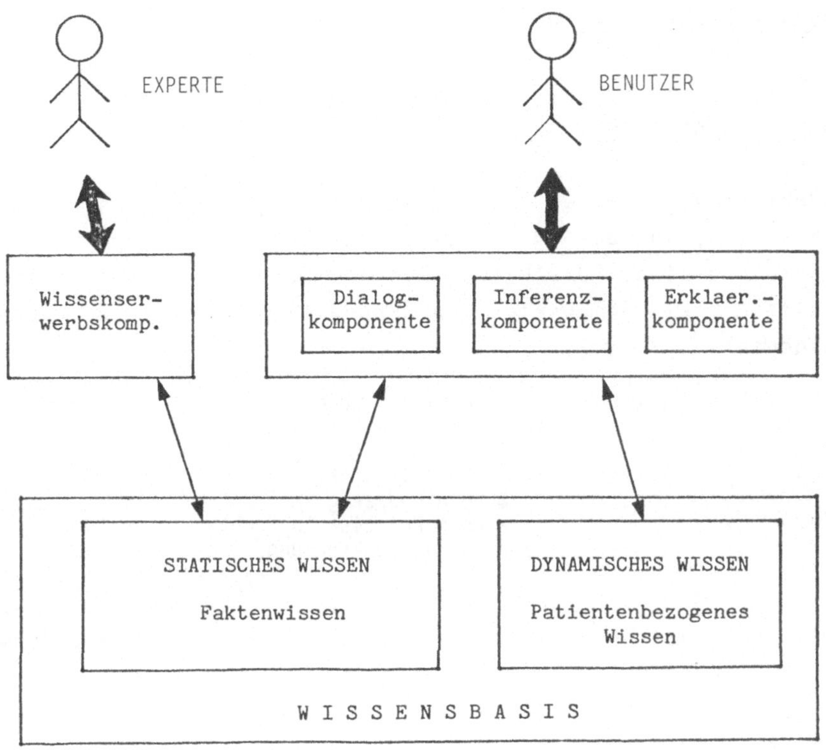


Bild 1: Komponenten des Expertensystems ESDAT.

führt die Schlußfolgerungen durch und versucht so das gestellte Problem zu lösen (Punkt 3). Die Lösung erfolgt dabei fast ausschließlich durch Verarbeitung und Manipulation symbolischer Daten (und nicht durch Anwendung numerischer Algorithmen). Die Erklärungskomponente dient der Erfüllung von Punkt 5 der Aufgaben. Sie bildet eine wesentliche Grundlage für die Akzeptanz eines (interaktiven) Systems durch den Benutzer. Erforderlich ist dabei ein Wissen des Systems über sich selbst. Dies wäre auch zur Erkennung der Systemgrenzen (Punkt 2) notwendig; dieses Problem ist jedoch heute noch ungelöst. Die Wissenserwerbskomponente wird heute vorwiegend vom Knowledge Engineer, der das Wissen des Experten strukturiert und in die Wissensbasis eingibt, benutzt. Automatischer Wissenserwerb, auf dem eine direkte Interaktion zwischen Experten und Expertensystem basieren könnte, gibt es erst im Ansatz (vgl.TEIRESIAS in Davis und Lenat, 1982). Die Wissensbasis bildet die wichtigste Komponente des Expertensystems. Sie beinhaltet nicht nur Faktenwissen, sondern insbesondere Problemlösungsheuristiken, die das in langjähriger Erfahrung gewonnene Wissen von Experten wiedergeben. Die Wissensbasis und die Inferenzkomponente werden in den folgenden Kapiteln im Detail behandelt.

## 3. Wissensrepräsentation und Inferenzmethoden

### 3.1 Produktionensysteme

Ein Produktionensystem ist ein Spezialfall eines mustergesteuerten Inferenzsystems, in dem die Analyse der Daten und deren Modifikation strikt getrennt sind. Das Wissen ist in Form von Produktionsregeln dargestellt. Zwei Beispiele von Produktionsregeln sind nachstehend wiedergegeben:

REGEL032: **if** Ampel ist grün
**then** überquere Kreuzung

REGEL033: **if** Ampel ist rot
**&** kein Fahrzeug in Sicht
**&** kein Polizist in Sicht
**then** überquere Kreuzung

Die linke Seite der Regel (If-Clause, Left-Hand-Side (LHS), Prämissen) legt die Bedingungen fest, die von den Daten erfüllt sein müssen (Analyse), um die rechte Seite der Regel (then-clause, RHS, Conclusio) ausführen zu können.

Regeln können in zwei Richtungen angewendet werden:

- **Vorwärtsverkettung** (Forward Chaining) geht von den vorhandenen Aussagen (Daten) aus, überprüft, welche Prämissen von Regeln mit den bisher bekannten Aussagen übereinstimmen, und exekutiert ("feuert") diese Regeln, wodurch neue Aussagen hinzukommen, und neue Regeln feuern können. Wenn im obigen Beispiel die Aussage "Die Ampel ist grün" bekannt ist, bedeutet dies, daß die Regel032 feuern kann. Ein Beispiel für ein System, das Vorwärtsverkettung anwendet, ist OPS5 (Forgy und McDermott, 1977), und das in OPS5 implementierte Expertensystem R1 zur Konfiguration von Computersystemen (McDermott, 1982).
- **Rückwärtsverkettung** (Backward Chaining, Subgoaling) geht von der Conclusio (als zu erreichendem Ziel) aus, und sucht Regeln, die dieses Ziel erfüllen können. Die dabei geforderten Prämissen bilden neue Subziele. Im obigen Beispiel geht man etwa von der Frage "Kann ich die Kreuzung überqueren?" aus, und erhält als Subziel die Aufgabe, festzustellen, ob die Ampel grün ist. Wenn sie jedoch rot ist, ist das nächste Subziel "Ist ein Fahrzeug in Sicht?", usw. Das medizinische Konsultationssystem MYCIN (Shortliffe, 1976) ist der

Prototyp eines Expertensystems mit Rückwärtsverkettung. Aus ihm ist EMYCIN (van Melle, 1982) entstanden, das ein "leeres" Expertensystem (Expert-System-Shell) darstellt, in das nur das anwendungsspezifische Wissen eingefügt werden muß.

Produktionensysteme bieten darüberhinaus die Möglichkeit, **Unexaktheit** und **Vagheit** zu repräsentieren. Dazu wird jede Regel mit einem Faktor gewichtet, der die Sicherheit der Regel repräsentiert, Durch Anwendung evidenzverstärkender Operationen (z.B. der Bayes'schen Formel bei PROSPECTOR; Duda, et al., 1979) ist es möglich approximative Schlüsse zu ziehen.

Die Vorteile von Produktionensystemen liegen erstens in der **Modularität** der Wissensbasis. Da das gesamte Wissen in Form von Regeln gespeichert ist, und sich Regeln nicht gegenseitig aufrufen, können im Prinzip Regeln unabhängig voneinander hinzugefügt, modifiziert und gelöscht werden. Dadurch wird der Aufbau umfangreicher Wissensbasen stark erleichtert. Zweitens sind die Regeln auf Grund der Einheitlichkeit der Darstellungsform auch von Außenstehenden leicht durchschaubar. Drittens erscheinen Regeln insbesondere bei Situation-Aktion Beziehungen (was tun, wenn ...; siehe obiges Beispiel) als "natürliche" Darstellungsform, in der der Experte sein Wissen unmittelbar formulieren kann. Die Einheitlichkeit der Wissensbasis bringt andererseits den Nachteil der Ineffizienz mit sich, da mit wachsender Größe der Wissensbasis die Verarbeitungszeit drastisch zunimmt. Eine Lösung liegt dabei in der Strukturierung der Wissensbasis durch Zusammenfassung von Regeln zu Gruppen, und Aktivierung und Deaktivierung solcher Gruppen. Dies kann natürlich nur auf Kosten der Durchschaubarkeit erfolgen. Regeln eignen sich ferner sehr schlecht, natürlich strukturiertes Wissen zu repräsentieren, etwa einen hierarchisch organisierten Anwendungsbereich. Hier kommen die Vorteile von Frames, die im folgenden behandelt werden, zum Tragen.

## 3.2 Frames und Flavors

Eine Repräsentationsform, um Objekte mit ihren Eigenschaften, aber auch um eine Reihe von Ereignissen zu beschreiben, bilden Frames. Sie wurden von Minsky (1975) ursprünglich im Bereich des Bildverstehens definiert. Beim Frame geht man von der Idee aus, daß alle Informationen, die ein Objekt betreffen, sofort verfügbar sein sollen, wenn man seine Aufmerksamkeit auf das Objekt richtet.

Ein Frame beschreibt die Eigenschaften eines typischen Objektes, d.h. jene Eigenschaften, die man typischerweise bei dem Objekt erwarten wird. Das folgende Beispiel zeigt die Framestruktur zur Beschreibung von Seminaren:

```
Seminar-frame
  is-a:              Veranstaltung
  Thema:
           range      (Einfuehrung AI, XPS, NLU, LISP)
           if-needed  (ask-user)
  Ort:
           range      a place
           default    Seminarraum des Instituts
  Zeit:
           range      a date_time_interval
  Vortragende:
           range      a list of persons
           default    (Trappl, Horn, Trost)
           if-added   proc check-kalender(vortr,seminar)
                        if verfuegbar(vortr,Zeit(seminar))
                           then add-to(vortr,Kalender,Zeit(seminar),
                                       Thema(seminar))
                           else message("Zeitkonflikt",vortr)
  Teilnehmer:
           range      a list of persons

XPS-Seminar-frame
  is-a:              Seminar
  Thema:             Expertensysteme
  Vortragende:       (Horn)

XPS-Seminar_27-frame
  is-a:              XPS-Seminar
  Ort:               Grazer Congress
  Zeit:              4.10.84, 10:50-11:35
```

Das Wissen wird beim Frame in Form von **Slots** (Thema, Ort, ...) gespeichert. Dabei werden nicht nur aktuelle Werte angegeben, sondern auch der mögliche Wertebereich (range) und Default-Werte, die verwendet werden, wenn kein Wert explizit angegeben ist. Ein spezieller Slot ist der "is-a" Slot, der einen hierarchischen Aufbau der Framestruktur ermöglicht. Der "is-a" Slot beschreibt damit einen Baum von Frames, bzw. ein Netz, wenn mehrere Frames bei "is-a" als Väter erlaubt sind. Er wird zur **Vererbung von Eigenschaften** (property inheritance) verwendet. Wenn etwa in unserem Beispiel bei XPS-Seminar_27 nach dem Thema gefragt wird, so wird, da kein Thema explizit angegeben ist, bei den übergeordneten (beim Slot "is-a" angegebenen) Frames nachgefragt, und bei XPS-Seminar der Wert "Expertensysteme" gefunden.

In einem Frame-Baum (oder Netz) gibt es zwei Arten von Frames: solche, die typische Objekte beschreiben ("generic frames"), und solche, die bestimmte Individuen repräsentieren ("individual frames", etwa XPS-Seminar_27), und daher mit fixen Werten belegt sind (sie bilden Endknoten im Baum). Der Inferenzmechanismus eines Frame-Systems besteht daher darin, solche Individual-Frames zu erzeugen und ihre Slots zu füllen und zu modifizieren. Prozeduren, die bei den Slots eines Frames gespeichert sind, unterstützen diesen Vorgang ("**procedural attachment**"). In unserem Beispiel wird immer dann, wenn der Slot "Vortragender" mit einem Wert gefüllt wird ("if-added"), die Prozedur "check-kalender" durchgeführt, die nachsieht, ob der Vortragende zu dem Zeitpunkt verfügbar ist, und wenn ja, das Seminar in seinen Kalender einträgt. Analog gibt es Prozeduren, die ausgeführt werden, wenn ein Wert benötigt wird ("if-needed") und wenn ein Wert gelöscht wird ("if-removed").

FRL (Roberts und Goldstein, 1977) und KRL (Bobrow und Winograd, 1977) sind Wissensrepräsentationssysteme mit Frame-Struktur.

Eine Weiterführung der Idee der Frames bilden **Flavors** (Weinreb, 1982). Jeder Slot eines Flavors beschreibt entweder eine Variable, die einen bestimmten Wert hat, oder eine Methode, die als Ergebnis ihrer Ausführung eine Wert liefert. Sendet man einem Flavor eine Nachricht ("message-passing"), so liefert der Flavor einen Wert zurück, der entweder der Wert der Variablen ist oder das Ergebnis der Exekution der Methode. Flavors bilden damit abstrakte Datentypen. Analog den Frames vererben Flavors ihre Slots (auch ihre Methoden).

Frames eignen sich sehr gut, komplexe Strukturen eines Anwendungsgebietes wiederzugeben. Auf Grund der Zusammenfassung aller einem Objekt zugehörigen Informationen ist die Verarbeitungszeit von der Größe der Wissensbasis weitgehend unabhängig. Da die Inferenzprozeduren jedoch jeweils genau an die vorliegende Struktur angepaßt werden muß, ergibt sich ein stark erhöhter Aufwand bei Aufbau und Wartung eines Frame-Systems.

## 3.3 Weitere Repräsentationsformen

Neben Produktionensystemen und Frames gibt es eine Reihe anderer Repräsentationsformen (siehe Barr und Feigenbaum, Kapitel III im "Handbook of AI", Vol.I, 1981, und Trost, 1984). Die zwei wichtigsten sind:

- **Prädikatenlogik**: Wissen wird in Form von Theoremen im Prädikatenkalkül erster Ordnung dargestellt. Bei einer Anfrage an das System wird versucht, durch Resolution die Anfrage zu beweisen. Auf dieser Grundlage arbeitet die Programmiersprache PROLOG (Clocksin und Mellish, 1981). Beim Beweis werden in PROLOG alle Theoreme chronologisch durchsucht, bei Nichterfolg wird zur letzten Verzweigung zurückgegangen und die nächste Alternative versucht ("chronological backtracking").

- **Semantische Netze**: repräsentieren Wissen in Form eines Graphen. Die Knoten bilden dabei Konzepte, die Kanten stellen Beziehungen zwischen diesen Konzepten dar (z.B. is-a, has-as-parts). Die Beziehungen können dabei rein struktureller, aber auch inhaltlicher Art sein, sie erhalten ihre Bedeutung jedoch erst durch den Inferenzmechanismus, der die Kanten interpretiert.

## 4. Steuerung der Inferenzschritte

Den entscheidenden Einfluß auf die Performanz eines Expertensystems bildet die Steuerung der Inferenzschritte, da man bei einem realen Problem kaum alle Alternativen auf dem Weg zur Lösung durchsuchen wird können. Grundlegende Methoden werden im folgenden dargestellt, eine Übersicht geben Stefik, et al. (1982).

### 4.1 Recognize-Act Zyklus

Den Basiszyklus bei Produktionensystemen bilden die Schritte

- Auffinden der anwendbaren Produktionsregeln,
- Konfliktlösung: Auswahl einer Regel,
- Exekution.

Das Auffinden der anwendbaren Produktionsregeln erfolgt durch einen Mustervergleich zwischen Fakten und Regeln, wie in Kapitel 3.1 beschrieben. Eine Verbesserung dieses Schrittes erfolgt durch

Indizierung und Partitionierung der Regeln. Bei der Konfliktlösung muß aus den anwendbaren Regeln eine ausgewählt werden, die als nächste zu exekutieren ist. Neben der prinzipiellen Möglichkeit, alle anwendbaren Regeln parallel zu exekutieren, kommen hier eine Reihe von heuristischen Methoden zur Anwendung: die Vergabe von Prioritäten bei Regeln; die Anwendung der Regeln, die die detailliertesten Informationen zu den aktuellen Fakten hinzufügt; die Anwendung der Regeln, die sich auf das neueste Faktum beziehen.

Die Anwendung solcher konfliktlösender Strategien führt zu komplexen Scheduling-Algorithmen. Dabei besteht die Möglichkeit, den Scheduling-Prozeß durch eigene (Meta-) Regeln zu kontrollieren.

## 4.2 Generieren und Testen

Bei umfangreichen und stark strukturierten Anwendungsbereichen verwendet man als Problemlösungsstrategie "Generieren und Testen". Nach Erfassung der Daten, die die Problemstellung beschreiben, werden Hypothesen generiert, die eine Erklärung für die vorhandenen Daten geben können. Dazu werden "**Trigger**" verwendet, die bei Vorliegen einer bestimmten Situation exekutiert werden. Bei Frames kann dies z.B. eine "if-added" Prozedur sein, die neue, Hypothesen repräsentierende Frames erzeugt. Danach werden die Hypothesen in konkurrierende und komplementäre aufgeteilt und versucht, eine der konkurrierenden Hypothesen zu beweisen. Zusätzlich kann eine Gewichtung (z.B. nach Häufigkeit, Dringlichkeit, Gefährlichkeit) erfolgen. Verschiedene Strategien können dabei in Abhängigkeit von der Anzahl der konkurrierenden Hypothesen angewendet werden:

- Fokussierung auf die am stärksten gewichteten Hypothesen und Beweisen dieser,
- Ausschluß von Hypothesen, um den Lösungsraum zu verkleinern,
- Auffinden von Merkmalen, die stark für eine und gegen alle anderen Hypothesen sprechen,
- Beweisen bzw. Ausschluß genereller Hypothesen und Fortschreiten zu immer spezifischeren,
- Beweisen der spezifischsten, detailliertesten Hypothesen.

Um Hypothesen zu beweisen bzw. zu falsifizieren, werden neue Daten erhoben, bzw. Sub-Hypothesen erzeugt, die zu beweisen sind.

## 4.3 Blackboard und Knowledge Sources

Eine Methode, um verschiedenartige Prozesse an der Lösung eines Problemes zusammenwirken zu lassen, wurde beim System HEARSAY II (Erman, et al., 1980) entwickelt. Die Aufgabenstellung besteht dabei im Verstehen eines gesprochenen Satzes.

HEARSAY II hat eine globale Datenstruktur, das **Blackboard**, das alle Hypothesen aufnimmt. Die Hypothesen sind hierarchisch gegliedert, wobei die oberste Ebene den vollständigen Satz repräsentiert, der sich nach unten zu in Ebenen für Phrasen, Worte, Wortteile, Silben, Phoneme aufteilt. Verschiedene Prozesse, sogenannte **Knowledge Sources (KS)**, analysieren und verändern die Hypothesen am Blackboard. Eine schematische Darstellung ist in Bild 2 wiedergegeben. Dabei gibt es Prozes-

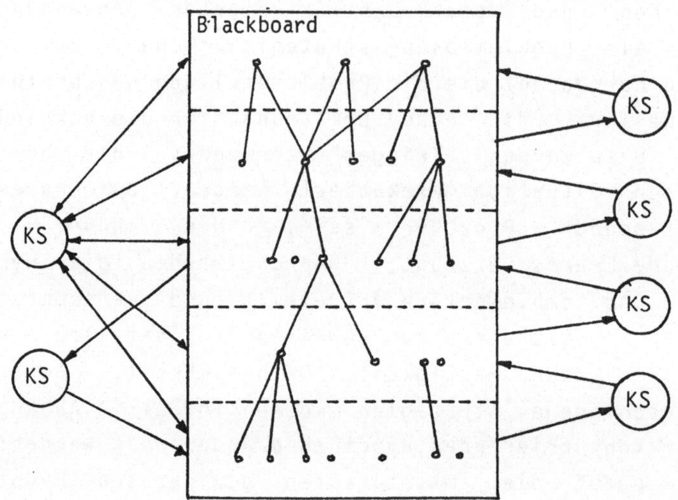


Bild 2: Blackboard und Knowledge Sources.

se, die in bottom-up Richtung Hypothesen erzeugen, Prozesse, die in top-down Richtung Erwartungen erzeugen, Prozesse zur Verifizierung von Hypothesen, und einen Prozeß, der die Hypothesen gewichtet. Der Austausch von Information zwischen den Knowledge Sources erfolgt ausschließlich über die am Blackboard gespeicherten Hypothesen, d.h. die KS sind unabhängig voneinander und können im Prinzip parallel aufgerufen werden. Bei sequentiellem Aufruf bestimmt ein Scheduler in jedem Schritt die nächste zu exekutierende Knowledge Source.

Das Expert-System-Kernel AGE (Nii und Aiello, 1979) enthält ein Rahmensystem, das dem in HEARSAY II entwickelten Prinzip entspricht. Die Hypothesen des Blackboards bestehen aus Attribut-Wert Paaren, und entsprechen einer Frame-Struktur. Die Knowledge Sources sind als Produktionsregeln ausgebildet. AGE erlaubt die Definition verschiedener KS-Selektionsmethoden, sowie von Strategien zur ereignis-, erwartungs- und zielorientierten Steuerung des Inferenzprozesses.

## 4.4 Methoden zur Problemlösung bei abhängigen Teilproblemen

Abschließend sei hier noch auf drei Methoden hingewiesen, die bei komplexen Aufgabenstellungen angewendet werden:

- Definition **abstrakter Suchräume** und **Top-Down Verfeinerung** besteht darin, mehrere Abstraktionsebenen für ein Problem zu definieren, und, beginnend bei der obersten Ebene, das Problem zu lösen. In einem Top-Down Verfahren wird, nachdem das Problem auf einer Abstraktionsebene gelöst ist, zur nächsten Detaillierungsebene fortgeschritten. Ein Beispiel bildet das System ABSTRIPS (Sacerdoti, 1974) zur Lösung von Planungsaufgaben bei Robotern. Voraussetzung für diese Methode ist, daß die Teilprobleme unabhängig voneinander sind und deren Lösungen miteinander kombiniert werden können. Weiters muß das Problem auf einer Ebene ohne Berücksichtigung der nächsten Ebene lösbar sein.

- **Constraints** beschreiben Randbedingungen, die bei der Lösung eines (Teil-) Problems berücksichtigt werden müssen. Sind die bei einer Problemstellung auftretenden Subprobleme nur sehr schwach abhängig voneinander und lokal unterdeterminiert, legt man anstelle einer endgültigen Entscheidung Constraints fest, die von den Lösungen der anderen Teilprobleme erfüllt werden müssen. Zwei Beispiele bilden das Planungssystem NOAH für Roboter (Sacerdoti, 1977) und das Expertensystem MOLGEN (Stefik, 1981) zur Planung von Experimenten in der Molekulargenetik.

- **Belief Revision Systeme** (Doyle, 1979, 1983) versuchen durch Setzen von Annahmen und Rücknahme dieser Annahmen, wenn sie sich als falsch erwiesen haben, eine Lösung bei Problemstellungen zu finden, bei denen man gezwungen ist, versuchsweise vorzugehen. Um falsche Annahmen zu erkennen und revidieren zu können, ist es notwendig,

Begründungen für die Annahmen zu finden ("dependency records"), und festzustellen, wann eine Begründung verletzt ist. Belief Revision Systeme vermeiden durch Zurückverfolgung der Fehler an die Punkte, wo sie entstanden sind, die Wiederholung von Fehlern (im Gegensatz etwa zum Chronological Backtracking).

## 5. Anwendungen

Ein kleine Auswahl von Expertensystemen ist in der folgenden Übersicht zusammengestellt. Der Schwerpunkt liegt dabei bei Systemen zur Interpretation und Analyse.

DENDRAL, Stanford U. [18]
: Bestimmung der Strukturformel chemischer Verbindungen aufgrund der Interpretation von Massenspektrogrammen.

CRYSALIS, Stanford U. [10]
: Bestimmung der Struktur von Proteinen aufgrund von Daten der Röntgenkristallographie.

PROSPECTOR, SRI [9]
: Auffinden wertvoller Mineralien (Molybdän, Uran, Gold, Öl) durch Analyse von Gesteinsproben.

DIPMETER ADVISOR, MIT, Schlumberger [5]
: Auffinden von Ölvorkommen durch Interpretation von Daten aus Bohrlöchern (Gesteinsschichtung)

ACE, Bell Labs. [30]
: Automatische Überwachung von Fehlern bei Telefonkabeln.

NDS, Smart Systems Tech., Shell [34]
: Analyse von Fehlern in Kommunikationsnetzen.

HASP, Systems Control Corp. [22]
: Überwachung des Ozeans

I&W, Stanford U., ESL [17]
: Unterstützung bei einer militärischen "Indications and Warning" Aufgabe.

HEARSAY II, CMU [11]
: Verstehen gesprochener Sprache

MYCIN, Stanford U. [26]
: Identifikation von Bakterien und Antibiotikatherapie

ESDAT, U.of Vienna [15,16]
: Diagnose und Therapie in der primären ärztlichen Versorgung

VM, Stanford U. [12]
Überwachung von Patienten, die an eine Herz-Lungen-Maschine angeschlossen sind

MOLGEN, Stanford U. [27]
Planung von Experimenten in der Molekulargenetik.

## 6. Literatur


[1] Barr A., Feigenbaum E.A.(eds.): The Handbook of Artificial Intelligence, Vol.1, William Kaufmann, Los Altos, Calif., 1981.

[2] Barr A., Feigenbaum E.A.(eds.): The Handbook of Artificial Intelligence, Vol.2, William Kaufmann, Los Altos, Calif., 1982.

[3] Bobrow D.G., Winograd T.: An Overview of KRL, a Knowledge Representation Language, Cognitive Sc., 1(1)3-46, 1977.

[4] Clocksin W.F., Mellish C.S.: Programming in Prolog, Springer, Berlin, 1981.

[5] Davis R., Austin H., Carlbom I., Frawley B., Pruchnik P., Sneiderman R., Gilreath J.A.: The Dipmeter Advisor: Interpretation of Geologic Signals, in Proc. IJCAI-7, Univ.British Columbia, Vancouver, Canada, pp.846-849, 1981.

[6] Davis R., Lenat D.B.: Knowledge-Based Systems in Artificial Intelligence, McGraw-Hill, New York, 1982.

[7] Doyle J.: A Truth Maintenance System, Artificial Intelligence, 12(3)231-272, 1979.

[8] Doyle J.: The Ins and Outs of Reason Maintenance, in Proc. IJCAI-8, Karlsruhe, West Germany, pp.349-351, 1983.

[9] Duda R., Gaschnig J., Hart P.: Model Design in the Prospector Consultant System for Mineral Exploration, in Michie D.(ed.), Expert Systems in the Micro Electronic Age, Edinburgh Univ.Press, Edinburgh, 1979.

[10] Engelmore R., Terry A.: Structure and Function of the CRYSALIS System, in Proc. IJCAI-6, Tokyo, Japan, 1979.

[11] Erman L.D., Hayes-Roth F., Lesser V.R., Reddy D.R.: The Hearsay-II Speech-Understanding System: Integrating Knowledge to Resolve Uncertainty, Comp.Surveys, 12(2)213-253, 1980.

[12] Fagan L.M., Kunz J.C., Feigenbaum E.A., Osborn J.J.: Representation of Dynamic Clinical Knowledge: Measurement Interpretation in the Intensive Care Unit, in Proc. IJCAI-6, Tokyo, Japan, 1979.

[13] Forgy C., McDermott J.: OPS, A Domain-Independent Production System Language, in Proc. IJCAI-5, MIT, Cambridge, USA, 1977.

[14] Hayes-Roth F., Waterman D., Lenat D.(eds.): Building Expert Systems, Addison-Wesley, Reading, Mass., 1982.

[15] Horn W.: ESDAT - An Expert System for Primary Medical Care, in Neumann B.(ed.), GWAI-83, Springer, Berlin, pp.1-10, 1983.

[16] Horn W.: Ein Artificial Intelligence-System zur ärztlichen Entscheidungsunterstützung, Bericht der Österreichischen Studiengesellschaft für Kybernetik, Wien, 1983.

[17] Lenat D.B., Clarkson A., Kiremidjian G.: An Expert System for Indications and Warning Analysis, in Proc. IJCAI-8, Karlsruhe, West Germany, 1983.

[18] Lindsay R.K., Buchanan B.G., Feigenbaum E.A., Lederberg J.: Applications of Artificial Intelligence for Organic Chemistry: The DENDRAL Project, McGraw Hill, New York, 1980.

[19] McDermott J.: R1: A Rule-Based Configurer of Computer Systems, Artif.Intell., 19(1)39-88, 1982.
[20] Minsky M.: A Framework for Representing Knowledge, in Winston P.H.(ed.), The Psychology of Computer Vision, McGraw-Hill, New York, 1975.
[21] Nii H.P., Aiello N.: AGE (Attempt to Generalize): A Knowledge-Based Program for Building Knowledge-Based Programs, in Proc. IJCAI-6, Tokyo, Japan, pp.645-655, 1979.
[22] Nii H.P., Feigenbaum E.A., Anton J.J., Rockmore A.J.: Signal-to-Symbol Transformation: HASP/SIAP Case Study, AI-Magazine, 3(2)23-35, 1982.
[23] Roberts R.B., Goldstein I.P.: The FRL Primer, AI Memo 408, MIT, Cambridge, Mass., 1977.
[24] Sacerdoti E.D.: Planning in a Hierarchy of Abstraction Spaces, Artificial Intelligence, 5,115-135, 1974.
[25] Sacerdoti E.D.: A Structure for Plans and Behavior, Elsevier, New York, 1977.
[26] Shortliffe E.H.: Computer-Based Medical Consultations: MYCIN, Elsevier, New York, 1976.
[27] Stefik M.: Planning with Constraints (MOLGEN: Part 1), Artificial Intelligence, 16(2)111, 1981.
[28] Stefik M., Aikins J., Balzer R., Benoit J., Birnbaum L., Hayes-Roth F., Sacerdoti E.: The Organization of Expert Systems, A Tutorial, Artificial Intelligence, 18(2)135-173, 1982.
[29] Trost H.: Deklarative Wissensrepräsentation: Ein Überblick und eine Anwendung im Bereich natärlichsprachiger Systeme, Bericht der Österreichischen Studiengesellschaft für Kybernetik, Wien, 1984.
[30] Vesonder G.T., Stolfo S.J., Zielinski J.E., Miller F.D., Copp D.H.: ACE: An Expert System for Telephone Cable Maintenance, in Proc. IJCAI-8, Karlsruhe, West Germany, 1983.
[31] van Melle W.J.: System Aids in Constructing Consultation Programs, UMI Research Press, Ann Arbor, Michigan, 1981.
[32] Waterman D.A., Hayes-Roth F.(eds.): Pattern-Directed Inference Systems, Academic Press, New York, 1978.
[33] Weinreb D., Moon D.: LISP Machine Manual, 4th Edition, Symbolics Inc., Cambridge, Mass., 1982.
[34] Williams T.L., Orgren P.J., Smith C.L.: Diagnosis of Multiple Faults in A Nationwide Communication Network, in Proc. IJCAI-8, Karlsruhe, West Germany, pp.179-181, 1983.

# KOMBINATORISCHE REPRÄSENTATION VON BILDGRAPHEN

Peter T. Speck
Institut für Kommunikationstechnik, Fachgruppe Bildwissenschaft
Eidgenössische Technische Hochschule Zürich, ETH-Zentrum, CH-8092 Zürich

## Zusammenfassung

Für Bildgraphen wird eine neue Datenstruktur entwickelt, die eine unmittelbare Uebertragung von Markierungen zwischen allen möglichen Kombinationen inzidierender Graphenelemente ermöglicht. Für die Abstraktion von Bildmustern ergeben sich aus dieser Darstellung effiziente und leicht formulierbare Graphenalgorithmen.

## Summary

A new data structure for image graphs is presented which directly supports the exchange of labels between all possible pairs of incident graph elements. This representation leads to simple and efficient graph algorithms for the abstraction of image patterns.

## 1. Einleitung

Graphen bilden ein wichtiges konzeptionelles Hilfsmittel zur Beschreibung von Bildinhalten in Form von Objekten, die miteinander in Beziehung stehen. Bildgraphen sollen segmentierte Bilder auf verschiedenen Abstraktionsstufen beschreiben[4]. Dazu können Markierungen dienen, die primitive Eigenschaften von Graphenelementen mit fortschreitender Abstraktion zusammenfassen.
Die hier verwendeten Bildgraphen stellen linien- und flächenhaft ausgeprägte Punktmuster als ebene Graphen dar, deren Kanten Linien- und Randsegmente aufnehmen und deren Ecken und Flächen den Zusammenhang der Segmente in Knotenpunkten und Bildregionen beschreiben (Bild 1.1).

Dazu werden neue, kombinatorische Repräsentationen von Bildgraphen entwickelt, die die unmittelbare Übertragung von Markierungen zwischen allen möglichen Kombinationen inzidierender Graphenelemente erlauben. Graphenalgorithmen auf diesen Datenstrukturen zur Auszeichnung von Bildmustern als Teilgraphen von Bildgraphen werden an einem abschließenden Beispiel erläutert.

## 2. Kombinatorische Graphendarstellungen

Aus der folgenden formalen Graphendarstellung[5] leiten sich eine Reihe gebräuchlicher Datendarstellungen ab, aus denen eine neue Repräsentationsform für Graphen entwickelt wird:

Ein Graph besteht aus zwei elementfremden Mengen V und E von Ecken und Kanten sowie einer auf der Kantenmenge E erklärten Funktion inc, seiner Inzidenzfunktion, die jeder Kante e aus E genau ein ungeordnetes Paar <u,v> (nicht notwendig verschiedener) Ecken aus V zuordnet. Die Schreibweise inc(e)=<u,v> drückt aus, daß die Kante e die beiden Ecken u und v verbindet. Kanten, die mit demselben Eckenpaar inzidieren, heißen parallel.

Die naheliegendste Datendarstellung eines Graphen gibt einfach seine Inzidenzfunktion als Wertetabelle wieder, wie das in Bild 1.2 für den Graphen in Bild 1.3 geschehen ist. Eine weitere schematische Darstellung eines Graphen ist seine Inzidenzmatrix[3], die für jedes Ecken-Kanten-Paar (v,e) angibt, wie oft v im Bild inc(e) von e vorkommt. Beide Darstellungen nehmen parallele Kanten auf. Die Wertetabelle (2) der Inzidenzfunktion gibt die Spalten der Inzidenzmatrix (5) in komprimierter Form als Listen (mit konstanter Länge) wieder. Eine andere Listendarstellung der Inzidenzfunktion zeigt Bild 1.6. Hier sind die Zeilen der Inzidenzmatrix zu Listen (variabler Länge) zusammengefaßt. Sie gehören jeweils zu einer Ecke und zählen die mit ihr inzidierenden Kanten auf. Das hat neben dem geringeren Platzbedarf den Vorteil, daß die Kanten, die sich in einer Ecke treffen, nicht (in einer ganzen Matrixzeile) gesucht werden müssen, sondern einfach nacheinander nachgeschlagen werden können.

Die Effizienz von Graphenalgorithmen hängt entscheidend davon ab, wie die Aufzählung inzidierender oder benachbarter Graphenelemente von den darin verwendeten Datenstrukturen unterstützt wird[1]. Ein Nachteil der bisher vorgestellten Listendarstellungen ist, daß sich ihre Wirksamkeit ausschließlich auf die Aufzählung benachbarter Ecken (2) oder auf die Aufzählung benachbarter Kanten (6) beschränkt. Bevor wir die bisher angegebenen Repräsentationen von Graphen unter diesem Gesichtspunkt weiterentwickeln, legen wir das dabei verwendete Graphenmodell noch weiter fest[2]:

Ein Graph, der so in die Ebene gezeichnet ist, daß sich die zu seinen Kanten gehörenden Linien nur in ihren gemeinsamen Endpunkten treffen, heißt ein ebener Graph und seine Darstellung eine Einbettung in die Ebene. Die Einbettung eines Graphen zerlegt die Ebene in disjunkte Gebiete, die wir seine Flächen nennen.

Der Graph in Bild 1.3 ist eben. Seine Flächen sind mit A, B und C bezeichnet. Nicht jeder Graph besitzt eine Einbettung in die Ebene, und umgekehrt ist nicht jeder ebene Graph eindeutig durch seine Einbettung charakterisiert. Für die schematische Darstellung ebener Graphen tritt damit die Repräsentation ihrer Einbettung unabhängig neben die bisherige Repräsentation ihrer Ecken-Kanten-Inzidenzen. Sie läßt sich formal

**Bild 1.1-12:** Zur kombinatorischen Repräsentation eines einfachen Bildgraphen

1

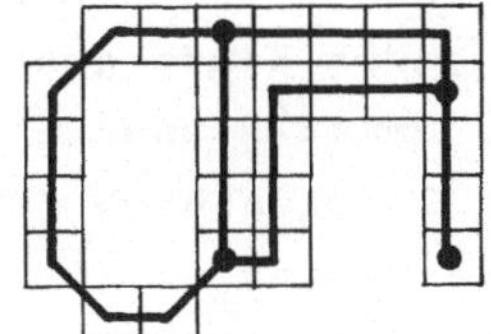

2

| a | b | c | d | e |
|---|---|---|---|---|
| P | P | P | Q | Q |
| Q | R | R | R | S |

3

P a Q
b c B
A d e C
R S

4

| a | b | c | d | e |
|---|---|---|---|---|
| B | A | A | B | C |
| C | C | B | C | C |

5

| | a | b | c | d | e |
|---|---|---|---|---|---|
| P | 1 | 1 | 1 | 0 | 0 |
| Q | 1 | 0 | 0 | 1 | 1 |
| R | 0 | 1 | 1 | 1 | 0 |
| S | 0 | 0 | 0 | 0 | 1 |

6

| | | | |
|---|---|---|---|
| P | a | b | c |
| Q | a | d | e |
| R | b | c | d |
| S | e | | |

7

| | a | b | c | d | e |
|---|---|---|---|---|---|
| A | 0 | 1 | 1 | 0 | 0 |
| B | 1 | 0 | 1 | 1 | 0 |
| C | 1 | 1 | 0 | 1 | 2 |

8

| a ā | b b̄ | c c̄ | d d̄ | e ē |
|---|---|---|---|---|
| P Q | P R | P R | Q R | Q S |

| a ā | b b̄ | c c̄ | d d̄ | e ē |
|---|---|---|---|---|
| B C | A C | A B | B C | C C |

9

| a | ā | b | b̄ | c | c̄ | d | d̄ | e | ē |
|---|---|---|---|---|---|---|---|---|---|
| P | Q | P | R | P | R | Q | R | Q | S |
| a | a | b | b | c | c | d | d | e | e |
| B | C | A | C | A | B | B | C | C | C |

11

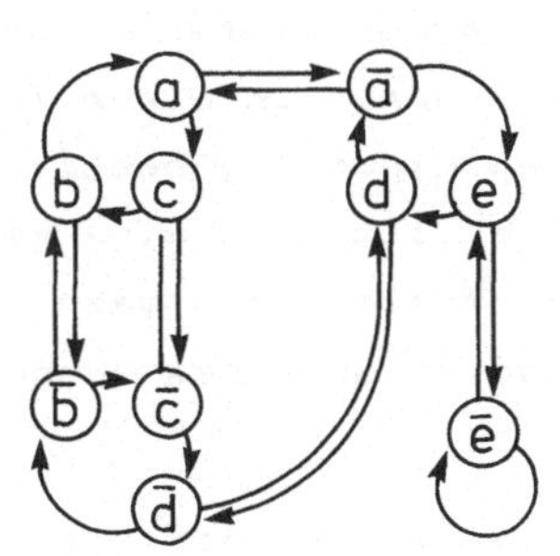


10

P Q R S
(ā b c) (ā d̄ ē) (b̄ c d) (e)

(a ā) (b b̄) (c c̄) (d d̄) (e ē)

(b c) (a c̄ d) (ā b̄ d̄ e ē)
A B C

12

(a c b) (ā e d) (b̄ c̄ d̄) (ē)

(a ā) (b b̄) (c c̄) (d d̄) (e ē)

wieder als Funktion auf der Kantenmenge eines ebenen Graphen erklären, die zu seiner Flächenmenge hinzutritt und darin jeder Kante genau zwei (nicht notwendig verschiedene) Flächen zuordnet. Damit können alle bisher gezeigten Schemata zur Darstellung einfacher Graphen auch für die Darstellung der Einbettung ebener Graphen eingesetzt werden. Bild 1 zeigt die Kanten-Flächen-Inzidenzen als Matrix (7) und in einer Listendarstellung (4).

Algorithmen, die sowohl auf der gewöhnlichen Ecken-Kanten-Struktur als auch auf der Einbettung ebener Graphen operieren, müssen verschiedene Relationen zwischen ihren Elementen gemeinsam darstellen. Einfache Kombinationen der bisherigen Repräsentationen, etwa die Zusammenfassung der beiden Wertetabellen (2) und (4), verbinden die Vorteile dieser Darstellungen, aber auch ihre Nachteile. Wünschenswert ist ein Verbund von Listendarstellungen, in dem alle möglichen Beziehungen zwischen den Elementen ebener Graphen einfach aufgezählt werden können. Ein solcher Listenverbund wird im folgenden entwickelt.

Dazu verdoppeln wir zunächst die Kantenmenge eines ebenen Graphen G und identifizieren alte und neue Kanten paarweise. Die Elemente der so erweiterten Kantenmenge sollen Sprossen heißen. Dann erweitern wir die beiden Inzidenzfunktionen von G dadurch, daß wir sie nicht auf den Kanten sondern auf den entsprechenden Sprossenpaaren erklären (8). Diese Darstellung ergänzen wir noch um die Zuordnung der Sprossen zu den ursprünglichen Kanten, fassen alle drei Abbildungen zusammen und geben die (willkürliche) Zuordnung der Sprossen innerhalb der Kantenpaare an (9).

Anstelle dieser Abbildungen können auch die Zerlegungen treten, die die Ecken, Kanten und Flächen ihrer Bilder in der Sprossenmenge erzeugen. Jede Ecke, Kante bzw. Fläche bildet eine Komponente der Ecken-, Kanten- bzw. Flächenzerlegung. Zwei Graphenelemente inzidieren genau dann miteinander, wenn sich ihre Komponenten schneiden. Die Zerlegungen ihrerseits lassen sich komponentenweise zu zyklischen Listen zusammenfassen wie das Beispiel (10) zeigt. Jede Sprosse kommt in einer Zeile (Zerlegung) genau einmal vor und hat darin einen eindeutig bestimmten Nachfolger. Die Abbildung 'ist Nachfolger von' stellt also eine Permutation dar. Die Ordnung innerhalb der Sprossenzyklen kann dazu verwendet werden, die Orientierung[3] der Flächen und Ecken eines ebenen Graphen auszudrücken.

Bild 1.11 stellt die so gewonnene Repräsentation (12) wieder als Graph dar. (Die Flächenpermutation ist weggelassen, da sie für zusammenhängende Graphen als Produkt der Ecken- und Kantenpermutation dargestellt werden kann[6].) Man überzeugt sich leicht, daß darin für jedes Graphenelement alle Inzidenzen zyklisch aufgezählt sind. Darstellungen dieser Art sollen kombinatorische Repräsentationen von Graphen heißen.

## 3. Abstraktion von Bildgraphen

Zur Auszeichnung relevanter Bildmuster in Bildgraphen werden Markierungsprozesse aufgestellt, die aus primitiven Merkmalen von Graphenelementen und deren Beziehungen schrittweise Teilgraphen abstrahieren.

Markierungen von Ecken, Kanten und Flächen in kombinatorischen Darstellungen von Bildgraphen werden einheitlich als Folgen auf den Sprossen dargestellt: eine Ecke wird in allen Sprossen ihres Eckenzyklus in gleicher Weise gekennzeichnet, Kanten und Flächen entsprechend in allen Sprossen ihrer Kanten- bzw. Flächenzyklen.

Die Zugriffspfade von kombinatorischen Graphendarstellungen unterstützen die direkte Uebertragung (durch Nachschlagen) von Markierungen zwischen allen möglichen Kombinationen inzidierender Graphenelemente. Für die Abstraktion von Bildgraphen ergeben sich aus dieser Transparenz ihrer kombinatorischen Repräsentation effiziente, leicht formulierbare Algorithmen.
Das folgende, einfache Beispiel zeigt die Abstraktion von Transistorsymbolen im Bildgraphen eines Schaltplans. Ein Bild (3.1) des Schaltplans wurde tiefpaßgefiltert, verdünnt (2) und in einen Bildgraphen übersetzt[6]. Der Algorithmus in Bild 2 operiert auf der größten Zusammenhangskomponente dieses Bildgraphen, die den Schaltplan ohne Beschriftung darstellt (3).

```
    HAIR:=LEAF:=STEM:=BASE:=TRANSISTOR:=null
(1) for i∈I do ┌HAIR(i⁻):=(i=*i)
(2)            └LEAF(i*):=ENDO_i

(3) for i∈I do STEM(i⁻):=LEAF_i
(4) for i∈I do BASE(i⁻):=(not(STEM_i or HAIR_i) and (length(i) in b_range))
(5) for i∈I do TRANSISTOR(i*):=(2= Σ_{j∈i*} BASE_i)
```

Bild 2: Algorithmus zur Abstraktion von Transistorsymbolen in einem Schaltplan.

I enthält die Sprossen der größten Zusammenhangskomponente. Die Schreibweise $i^*$ bezeichnet alle Sprossen in einem Zyklus der Eckenpermutation * durch die Sprosse i, entsprechend bezeichnet $i^-$ den Kantenzyklus durch i. Die Uebertragung eines Merkmals $\text{SOURCE}_i$ der i-ten Sprosse (das von einer Ecke, Kante oder Fläche stammen kann) auf ein Merkmal DESTN der Sprossen einer inzidierenden Ecke beispielsweise wird durch die Formulierung $\text{DESTN}(i^*):=\text{SOURCE}_i$ ausgedrückt. Es werden nur binäre Folgen zur Darstellung von Merkmalen verwendet. ENDO bezeichnet die Markierung der Objektflächen und length(i) gibt die Länge der Kante $i^-$ an.

Die Transistorsymbole charakterisieren sich durch zwei kurze Liniensegmente in ihrer Basis, die keine offenen Enden aufweisen und keine Objektflächen (von Dioden) berühren. Um sie zu kennzeichnen, werden zunächst alle Kanten mit offenen Enden (1) und alle Ecken von Objektflächen (2) gekennzeichnet. Dann werden Kanten, die an solche Ecken stoßen, markiert (3) und mit den Markierungen der "Haare" zur Kennzeichnung von Basissegmenten verknüpft (4). Schließlich werden stellvertretend für die Transistorsymbole alle Ecken markiert, in denen sich genau zwei Basissegmente treffen (5). In Bild 3.4 sind der Uebersichtlichkeit halber nur die Basispaare und deren Nachbarkanten hervorgehoben.

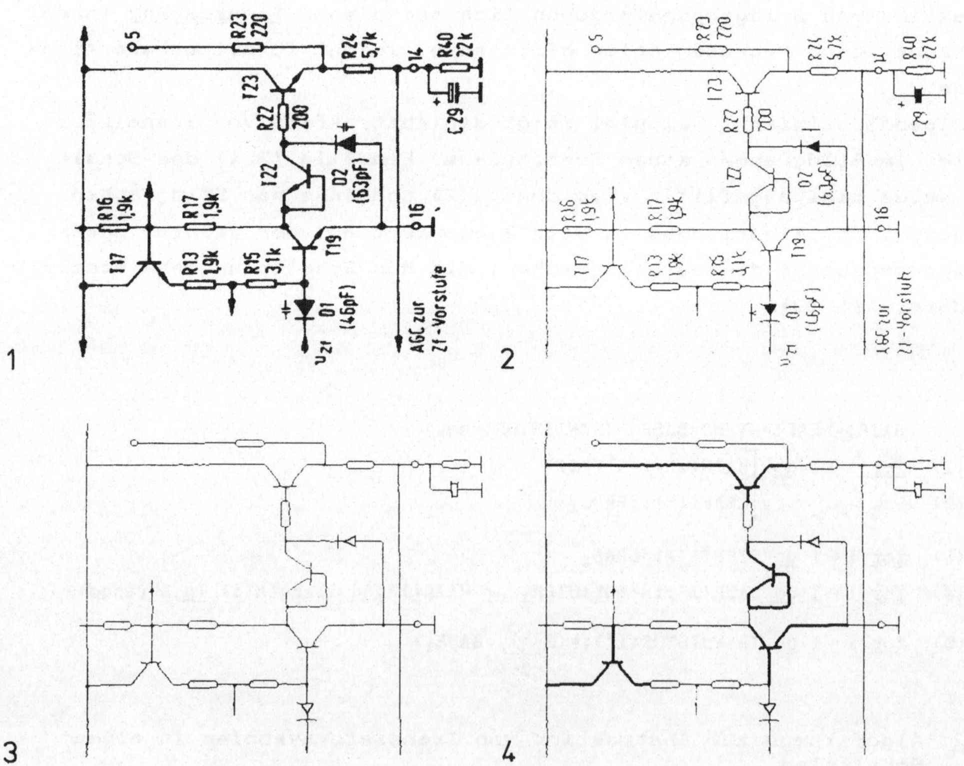


Bild 3.1-4: Zur Abstraktion von Transistorsymbolen in einem Schaltplan

Literatur


1 AHO, A.V., HOPCROFT, J.E., ULLMAN, J.D.: Data structures and algorithms. Addison-Wesley, Reading, MA (1983)

2 HARARY, F.: Graph theory. Addison-Wesley, Reading, MA (1969)

3 HENLE, M.: A combinatorial introduction to topology. Freeman, San Francisco (1979)

4 ROSENFELD, A.: Image analysis: problems, progress and prospects. Pattern Recogn., 17, 3-12 (1984)

5 SACHS, H.: Einführung in die Theorie der endlichen Graphen. Hanser, München (1971)

6 SPECK, P.T.: Übersetzung von Linien- und Flächenstrukturen in kombinatorisch-relationale Datenstrukturen zur automatischen Mustererkennung in Digitalbildern. Diss. 7508, ETH Zürich (1984)

## Abstandsklassifikatoren zur Sicherung gegen fontfremde Zeichen

Lutz Bernhardt
Im Auftrag der Computer Gesellschaft Konstanz mbH

Betrachtet man die Verteilung der Merkmalsvektoren im Merkmalsraum, so erkennt man eine deutliche Clusterung der zur gleichen Zeichenklasse gehörigen Vektoren. Polynomklassifikatoren [1] zur Erkennung von n Zeichenklassen transformieren den Merkmalsraum in den n-dimensionalen Raum $R^n$, wobei die Schwerpunkte der n Zeichenklassen auf die n Einheitsvektoren abgebildet werden. Das Verhalten bzgl. fontfremder Zeichenklassen ist völlig unbestimmt. Durch die mit der Transformation verbundene Dimensionsreduktion kann nicht ausgeschlossen werden (sondern ist sogar sehr wahrscheinlich), daß dabei auch Merkmalsvektoren fontfremder Zeichenklassen in die Nachbarschaft von Einheitsvektoren des $R^n$ transformiert werden. Im Ergebnis entstehen Substitutionen, die beim Anwender des Lesegerätes wenig Begeisterung hervorrufen. Beim Einsatz von hierarchischen Klassifikatoren oder von Basisklassifikatoren [2] ist die Problematik prinzipiell gleichartig. Die Abweisung fontfremder Zeichen kann also nicht im fontspezifisch transformierten Entscheidungsraum erfolgen, sondern muß im Merkmalsraum vorgenommen werden.

Im Rahmen dieser Arbeit wollen wir uns auf die Betrachtung von Basisklassifikatoren beschränken. Basisklassifikatoren sind Vektoren B mit der Dimension der zu klassifizierenden Merkmalsvektoren. Die Klassifikation erfolgt durch Multiplikation von Merkmalsvektor und Basisklassifikator. Ein Basisklassifikator mit der Linksklasse L und der Rechtsklasse R bildet Merkmalsvektoren aus L mit minimaler Streuung auf den Wert -1 ab, Merkmalsvektoren aus R mit minimaler Streuung auf den Wert +1. Wir setzen also voraus, daß die Klassifizierung mit Elementarentscheidungen zwischen jeweils zwei Zeichenklassen nach dem Ausschluß-Prinzip erfolgt. Die dafür notwendigen Basisklassifikatoren seien Polynomklassifikatoren zweiten Grades, die außer allen linearen auch alle rein quadratischen Komponenten enthalten. Solche Klassifikatoren sind einerseits technisch leicht realisierbar (die notwendigen Merkmalsquadrate können einer Tabelle entnommen werden), andererseits lassen sich alle anderen quadratischen Polynomklassifikatoren durch geeignete Hauptachsentransformationen auf die rein quadratische Form zurückführen.

Unser Ziel ist die Konstruktion zusätzlicher Basisklassifikatoren zur Abweisung fontfremder Zeichen.

Zunächst gilt es zu klären, ob und wenn ja wie zu einer vorgegebenen Zeichenklasse Z ein Basisklassifikator konstruiert werden kann, der die Zeichen der Klasse Z hinreichend gut auf den Wert -1 abbildet, Fremdzeichen mit großem Abstand von den Zeichen aus Z jedoch auf positive Werte und dessen Erkennungs- bzw. Rückweisungsverhalten mit dem Abstand des vorgelegten Fremdzeichens von den Zeichen der Klasse Z korrespondiert. Dazu bezeichnen wir mit $m_i$, $1 \leq i \leq r$ die Mittelwerte der i-ten Merkmale der Zeichenklasse Z und mit $x_i$, $1 \leq i \leq r$ die r Merkmale eines Fremdzeichens. Ein schon sehr allgemeines Abstandsmaß ist durch die Formel

$$a_1 (m_1-x_1)^2 + a_2 (m_2-x_2)^2 + \ldots + a_r (m_r-x_r)^2$$

gegeben, sofern die $a_i$ positive, feste Zahlen sind.

Flächen gleichen Abstands von einem festen Punkt sind dabei Ellipsoide mit normierter Hauptachsenlage. Auch hier kann der allgemeinere Fall beliebiger Ellipsoide durch eine Hauptachsentransformation auf den obigen Fall zurückgeführt werden.

Will man nun einen rein quadratischen Basisklassifikator mit der Linksklasse Z konstruieren, bei dem die Abweichung vom Sollwert -1 gerade dem obigen Abstand entspricht, so braucht man zur Bestimmung der Koeffizienten lediglich obigen Ausdruck auszumultiplizieren. Als quadratische Koeffizienten ergeben sich die Werte $a_i$, als lineare Koeffizienten die Werte $-2a_i \cdot m_i$ und als Konstante ergibt sich $\sum_i a_i \cdot m_i^2 - 1$.

Zunächst wollen wir beweisen, daß es genügt, für die Abweisung fontfremder Zeichen Basisklassifikatoren mit derart spezialisierten Koeffizienten $a_i$ und $-2a_i \cdot m_i$ zu betrachten.

<u>Definition:</u> Ein Basisklassifikator B heißt <u>Abstandsklassifikator</u> für die Zeichenklasse Z wenn gilt:

1. Der Mittelwertsvektor m der Merkmale der Zeichenklasse Z wird auf -1 abgebildet.
2. Für zwei Merkmalsvektoren $v_1$, $v_2$ mit $|v_1-m| \leq |v_2-m|$ gilt $B \cdot v_1 \leq B \cdot v_2$.

<u>Satz:</u> Ist B ein rein quadratischer Abstands-Klassifikator für die Zeichenklasse Z mit den quadratischen Koeffizienten $a_i$, so haben die zugehörigen linearen Koeffizienten die Form $-2a_i m_i$ und die Konstante hat den Wert $\sum_i a_i m_i^2 - 1$.

<u>Beweis:</u> Betrachten wir dazu einen Klassifikator mit den quadratischen Koeffizienten $\alpha_i$, den linearen Koeffizienten $\beta_i$ und der Konstanten $\gamma$. Ferner sei $m = (m_1, m_2, \ldots, m_r)$ der Mittelwertsvektor der Zeichenklasse Z. Es genügt zu zeigen: Aus Forderung 2 der Definition für Abstandsklassifikatoren folgt die Beziehung $\beta_i = -2\alpha_i m_i$. Aus Forderung 1 läßt sich dann unmittelbar der obige Wert der Konstanten herleiten.

Betrachten wir den Mittelwertsvektor $m = (m_i, \ldots, m_r)$ und addieren wir zur j-ten Komponente $m_j$ den Wert $\varepsilon_j$. Aus Forderung 2 folgt

$$\sum_i \alpha_i m_i^2 + \sum_i \beta_i m_i + \gamma \leq \sum_i \alpha_i m_i^2 + \sum_i \beta_i m_i + \gamma + \alpha_j \,(2m_j \varepsilon_j + \varepsilon_j^2) + \beta_j \varepsilon_j$$

Für $\varepsilon_j = 0$ ergibt sich Gleichheit. Also muß der Ausdruck

$$\alpha_j \varepsilon_j^2 + (\alpha_j \cdot 2m_j + \beta_j)\,\varepsilon_j \qquad \text{für } \varepsilon_j = 0 \qquad \text{minimal werden:}$$

$$\frac{d}{d_j}(\alpha_j \varepsilon_j^2 + (\alpha_j \cdot 2m_j + \beta_j) \cdot \varepsilon_j) = 0 \qquad \text{für } \varepsilon_j = 0 \,.$$

Die Ausführung der Differentiation ergibt

$$2\alpha_j \varepsilon_j + \alpha_j \cdot 2m_j + \beta_j = 0 \qquad \text{für } \varepsilon_j = 0 \,.$$

Für $\varepsilon_j = 0$ gilt schließlich $\beta_j = -2m_j\alpha_j$, was zu beweisen war.

Fassen wir das bisherige Ergebnis zusammen: Für die Konstruktion rein quadratischer Abstandsklassifikatoren ist es notwendig und hinreichend, Abstandsmaße der Art

$$a_1\,(m_1 - x_1)^2 + a_2\,(m_2 - x_2)^2 + \ldots + a_r\,(m_r - x_r)^2$$

zu betrachten. Einzige Freiheitsgrade sind positiv zu wählende Koeffizienten $a_i$.

Im folgenden geht es darum, Verfahren für die Berechnung dieser Koeffizienten $a_i$ herzuleiten. Die einfachste Lösung ist sicher die ganz spezielle Wahl der Koeffizienten $a_i = 1$ für alle i, d. h. die Verwendung des euklidischen Abstandes. Betrachten wir ein Beispiel. Wir berechnen zwei Abstandsklassifikatoren für die zwei Zeichenklassen Null und Eins (Maschinenschrift) und untersuchen ihr Rückweisungsverhalten für Handschrift-Großbuchstaben. Die Koeffizienten normieren wir derart, daß sich für die Zeichen Null bzw. Eins eine Streuung von 0,2 um den Zielwert -1 ergibt. Der Abstandsklassifikator der Null bildet nun die Handschrift-Großbuchstaben im Mittel auf den Wert +0,97 ab, der Abstandsklassifikator der Eins im Mittel auf den Wert +0,44. Die zugrundeliegenden Stichproben umfaßten etwa 5000 Zeichen pro Zeichenklasse.

Das Ergebnis wird deutlich besser, wenn man $a_i = {}^1/\sigma_i$ wählt. Dabei ist $\sigma_i$ die Streuung des i-ten Merkmals der zugrundeliegenden Zeichenklasse. Die wie oben normierten Abstandsklassifikatoren liefern für Handschrift-Großbuchstaben Mittelwerte von +1,37 beim Abstandsklassifikator der Null bzw. +0,79 beim Abstandsklassifikator der Eins. Damit ist jedoch keineswegs das Optimum erreicht. Das im folgenden dargestellte Verfahren gestattet die Konstruktion von in gleicher Weise normierten Abstandsklassifikatoren, die für Handschrift-Großbuchstaben Mittelwerte von +1,62 beim Abstandsklassifikator der Null bzw. +1,91 beim Abstandsklassifikator der Eins liefern.

Wie lassen sich optimale Abstandsklassifikatoren berechnen?

Zur Vereinfachung der Darstellung vereinbaren wir zunächst $y_i =_{Def} (m_i - x_i)^2$.

Für optimale Abstandsklassifikatoren gibt es zwei Forderungen:

1. Merkmalsvektoren aus der zugrundeliegenden Zeichenklasse Z müssen zu möglichst kleinen Abständen führen: $E\,(\sum_i a_i y_i)^2 = \min$. E bezeichnet den Erwartungswert. Diese Forderung ist identisch mit der Forderung nach minimaler Reststreuung, wie sie auch für die Berechnung der übrigen Klassifikatoren zugrundegelegt wird.
2. Merkmalsvektoren mit großen Abweichungen vom Mittelwertsvektor m der Zeichenklasse Z müssen zu möglichst großen Abständen führen: $a_i = \max$ für $1 \leq i \leq r$ .

Durch die beiden Forderungen ist ein nichtlineares Optimierungsproblem mit beschränkten Variablen gegeben ($a_i \geq 0$), wobei Forderung 1 und 2 gegeneinander abzuwägen sind.

Im folgenden wird ein Verfahren beschrieben, das Forderung 1 exakt erfüllt, Forderung 2 in guter Näherung und das gleichzeitig ein Abwägen beider Forderungen gestattet.

Dazu behandeln wir Forderung 1 nach dem gleichen Schema, das auch der Berechnung der übrigen Klassifikatoren zugrunde liegt. Man stellt eine Kovarianzmatrix K bereit mit $k_{ij} = E\,(y_i \cdot y_j)$ und löst das Gleichungssystem $K \cdot a = 0$.

Ohne Zusatzbedingungen ist dies freilich wertlos, weil sofort die Triviallösung $a_i=0$ für $1 \leq i \leq r$ entsteht, und diese Koeffizienten liefern tatsächlich minimale Reststreuung. Da die Kovarianzmatrix K jedoch auf jeden Fall benötigt wird - man muß nur Forderung 2 zusätzlich berücksichtigen - wollen wir sie zunächst bereitstellen.

$$k_{ij} = E(y_i \cdot y_j)$$

$$= E[(x_i - m_i)^2 (x_j - m_j)^2]$$

$$= E[(x_i^2 - 2x_i m_i + m_i^2)(x_j^2 - 2x_j m_j + m_j^2)]$$

$$= E(x_i^2 x_j^2) - E(x_i^2\, 2x_j m_j) + E(x_i^2\, m_j^2)$$

$$- E(2x_i m_i x_j^2) + E(2x_i m_i 2x_j m_j) - E(2x_i m_i m_j^2)$$

$$+ E(m_i^2 x_j^2) - E(2x_i m_i m_j^2) + E(m_i^2\, m_j^2)$$

$$= E(x_i^2\, x_j^2) - 2m_j E(x_i^2 x_j) + m_j^2 E(x_i^2)$$

$$- 2m_i E(x_i x_j^2) + 4m_i m_j E(x_i x_j) - 2m_i m_j^2 E(x_i)$$

$$+ m_i^2 E(x_j^2) - 2m_i m_j^2 E(x_i) + m_i^2 m_j^2$$

$$= E(x_i^2 x_j^2) - 2m_j E(x_i^2 x_j) + m_j^2 E(x_i^2)$$

$$- 2m_i E(x_i x_j^2) + 4m_i m_j E(x_i x_j) - 2m_i m_j^2 m_i$$

$$+ m_i^2 E(x_j^2) - 2m_i m_j^2 m_i + m_i^2 m_j^2$$

$$k_{ij} = E(x_i^2 x_j^2) - 2m_j E(x_i^2 x_j) - 2m_i E(x_i x_j^2)$$

$$+ m_j^2 E(x_i^2) + m_i^2 E(x_j^2) + 4m_i m_j E(x_i x_j)$$

$$- 3m_i^2 m_j^2$$

Die in der letzten Gleichung verbleibenden Werte E(.) lassen sich unmittelbar aus der Kovarianzmatrix der um ihre Quadrate erweiterten Merkmalsvektoren ablesen. Um das gleiche Berechnungsprogramm einsetzen zu können, wie es für die übrigen Klassifikatoren verwendet wird, kann man der Matrix K noch eine erste Zeile und Spalte mit den Erwartungswerten $E(y_i) = m_i$ anfügen, wobei dann $K(1,1) = 1$ zu setzen ist.

Um die Triviallösung $a_i = 0$ auszuschließen, muß jetzt noch die Forderung $a_i = \max$ bzw. $a_i = 0$ behandelt werden. Naheliegendste Lösung ist die Bereitstellung einer Kovarianzmatrix für diese Forderung und das Zumischen zur Matrix K. Da sich an der Problemlösung nichts wesentliches ändert, wenn alle $a_i$ mit einem Faktor F multipliziert werden, fordern wir $a_i = 1$ für alle i. Dies bedeutet, daß Merkmalsvektoren (1, 0, ..., 0, 1, 0, ..., 0) beim Multiplizieren mit $(a_0, a_1, \ldots, a_i, \ldots, a_r)$ auf den Wert 1 abgebildet werden sollen, der Vektor (1, 0, ..., 0) jedoch auf den Wert 0. Das entsprechende Gleichungssystem für die Berechnung dieser Werte $a_i$ hat die Form

$$\begin{pmatrix} r+1 & 1 \ldots & 1 \\ 1 & 1 & 0 \\ \vdots & & \ddots \\ 1 & 0 & 1 \end{pmatrix} \cdot a = \begin{pmatrix} r \\ \cdot \\ \cdot \\ \cdot \\ 1 \end{pmatrix}$$

Durch gewichtete Mischung mit dem Gleichungssystem $K \cdot a = 0$ wird schließlich unser Problem gelöst. Bezeichnen wir dazu obige Koeffizientenmatrix mit E und den Vektor rechts mit e, so gilt es zu lösen: $(K + \delta E) \cdot a = \delta e$.

Das Mischungsverhältnis $\delta$ ist dabei so zu wählen, daß einerseits möglichst keine negativen Lösungen $a_i$ entstehen, andererseits die Bedingung $a_i = 1$ so gering wie möglich eingerechnet wird.

## Literatur

[1] J. Schürmann: Polynomklassifikatoren für die Zeichenerkennung. Oldenburg, München, Wien 1977

[2] L. Bernhardt: Zur Klassifizierung vieler Musterklassen mit wenigen Merkmalen. VDE-Fachberichte 35 (1983), S. 255 - 260

# A N H A N G

# KLASSIFIKATION VON TEXTUREN MIT HILFE VON MERKMALEN DER STATISTIK ZWEITER ORDNUNG

N. Lins
Inst. f. Kommunikationstechnik ETH
CH-8092 Zürich

Die Statistik erster Ordnung genügt im allgemeinen nicht, um eine Textur eindeutig zu charakterisieren. Ihr Strukturgehalt ist in der Statistik höherer Ordnung enthalten. Die aus der Statistik zweiter Ordnung abgeleiteten Merkmale wie Korrelation, Kontrast, Entropie usw. ergeben auch im Verband bei der Klassifikation im Verhältnis zum Aufwand keine befriedigenden Resultate. Mit Hilfe der Eigenwertanalyse soll nun die Korrelation als einziges dieser Masse in Hinblick auf seine Eignung zur Klassifikation von Texturen untersucht werden. Die unter dem Begriff der Karhunen-Loeve (K-L) Transformation bekannte Analyse bietet wegen ihrer Systematik gute Voraussetzungen für eine einfache und zuverlässige Klassifikation.

Merkmalsgewinnung:

Stichproben von homogener Textur, d.h. 'wide sense' stationäre Prozesse, dienen dazu, die Merkmale der einzelnen Texturklassen zu erfassen. Es wird angenommen, dass die für die Beschreibung der Texturen wichtigen Strukturelemente von den Autokovarianzfunktionswerten innerhalb einer vorgegebenen maximalen Korrelationsdistanz (N) erfasst werden. Der Abbildungsmassstab der einzelnen Texturen muss deshalb der maximalen Korrelationsdistanz angepasst werden. Die Beschreibung der Textur auf Grund der Korrelationskoeffizienten selbst ist möglich ( 1 ), für die Klassifikation jedoch unhandlich. Eine Transformation wird so gewählt, dass im Idealfall die Information aus den Momenten der Statistik 2. Ordnung auf jene der Statistik erster Ordnung zurückgeführt wird. Eine entsprechende Diagonalisierung der Kovarianzmatrix, die sich aus der Autokovarianzfunktion ableiten lässt, wird mit Hilfe der K-L Transformation erreicht. Die Basisvektoren der Transformation geordnet nach abnehmenden Eigenwerten geben die wesentlichen Strukturmerkmale der Textur wieder. Die K-L Transformation ergibt im Vergleich mit anderen Transformationen (Hadamard, Sinus usw.) den kleinsten mittleren quadratischen Fehler bei einer Beschränkung der Anzahl Eigenvektoren auf $n < N^2$ ( 2 ).

Klassifikation:

Im Rahmen einer Untersuchung für die automatische Kontrolle von Textilien wurde die K-L Transformation erfolgreich für die Fehlerdetektion eingesetzt ( 3 ). Bei der Fehlererkennung kann man sich auf die Beschreibung einer einzigen Textur beschränken. Jeder Fehler kann als Abweichung von der regulären Struktur interpretiert werden. Wesentlicher Vorteil der Anwendung der K-L Transformation ist die Reduktion der Anzahl der Korrelationen der Textur mit den Eigenvektoren und damit auch der nachfolgenden Verarbeitungsschritte.

Im Rahmen der Behandlung von Mehrklassenproblemen bietet die Reduktion der Anzahl der Eigenvektoren die Möglichkeit, den einzelnen Texturen Unterräume im $N^2$ -dimensionalen Raum zuzuordnen. Die maximale Norm der Projektionen in die den Klassen zugeordneten Unterräume bestimmt die Klassenzugehörigkeit jedes einzelnen Bildpunktes. Der Grad der Überlappung der einzelnen Unterräume beeinflusst direkt die Klassifikationsgenauigkeit der zu unterscheidenden Texturen (Fig.1).

Die Frage nach der optimalen Texturunterscheidung ist damit auf das Auffinden von orthogonalen Unterräumen verlagert. Die K-L Transformation wählt nicht automatisch jene Eigenvektoren, mit denen die Texturen unterschieden werden können. Durch eine Whitening Transformation ( 4 ) jedoch können 2 Muster so aufeinander abgestimmt werden, dass eine nachfolgende K-L Transformation auf Grund der klassenspezifischen Kovarianzmatrizen passende Unterscheidungsmerkmale ergibt (Fig.2).

In einer Erweiterung auf die Unterscheidung mehrerer Klassen werden $M(M-1)/2$ Paare von Texturen $(x_1, x_2)\ldots(x_{M-1}, x_M)$ mit Hilfe der Whitening Transformation aufeinander abgestimmt, für welche die klassenspezifischen Eigenvektoren ermittelt werden. Die M grössten Normen der Projektionen bestimmen die Klassenzugehörigkeit der Textursamples.

Zusammenfassung:

Die Beschränkung der Statistik zweiter Ordnung auf die Eigenwertanalyse der Kovarianzfunktion ergibt bei der Anwendung auf Texturen von der Art textiler Gewebe gute Klassifikationsresultate. Die Stabilität der Merkmale ist direkt abhängig von der 'wide sense' Stationarität der Texturen. Im stationären Fall erreicht man eine Auflösung der Texturgrenze in der Grösse der Korrelationsfenster.

Die auf die Kovarianzfunktion angewandte K-L Transformation ermöglicht eine Reduktion der Dimension des Merkmalsraumes. Daraus folgt eine Beschränkung des Rechenaufwandes und in Anwendung auf die Klassifikation eine einfache Strategie durch Zuordnung der Texturen in Unterräume.

( 1 ) N. Lins, "Textural image processing on granular structures of metal shadowing replicas", Ultramicroscopy 12 (1984).

( 2 ) F. Ade, N. Lins, M. Unser, "Comparison of various filter sets for defect detection in textiles", 7th International Conference on Pattern Recognition, Montreal, Juli 1984.

( 3 ) F. Ade, "Application of principal component analysis to the inspection of industrial goods", SPIE International Technical Conference/Europe, Geneva, April 1983.

( 4 ) K. Fukunaga, "Introduction to statistical pattern recognition", Academic Press 1972, pp31.

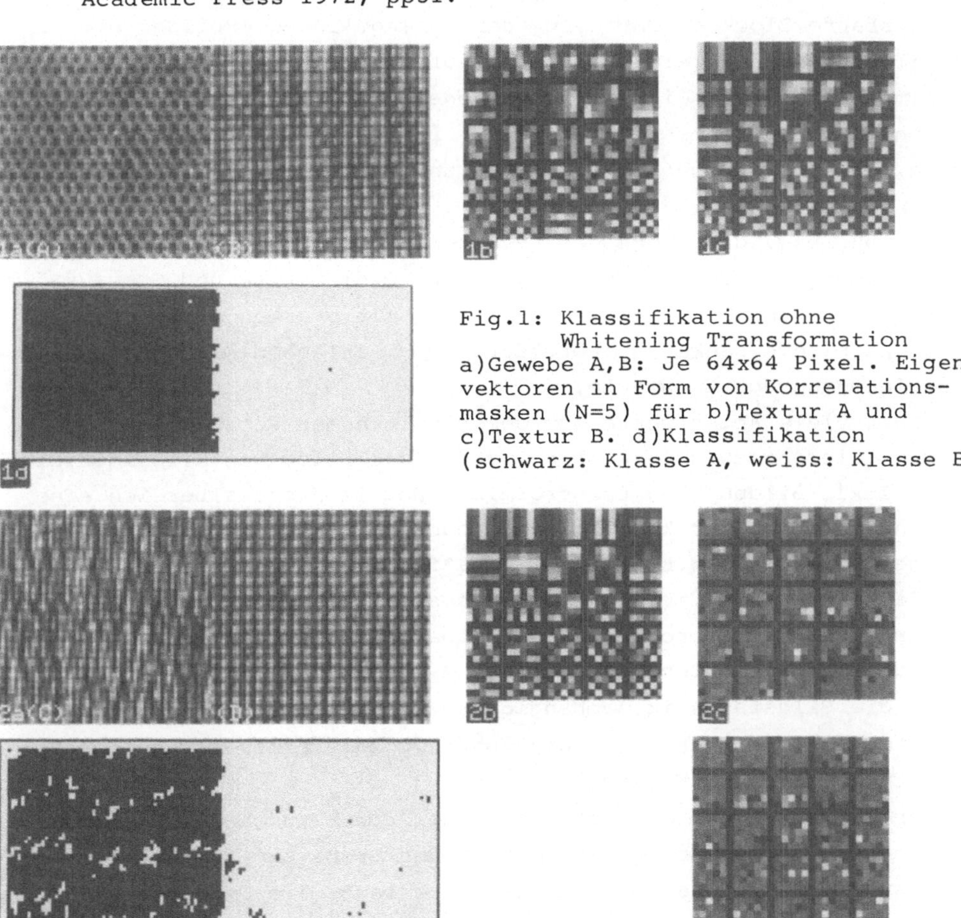


Fig.1: Klassifikation ohne Whitening Transformation
a)Gewebe A,B: Je 64x64 Pixel. Eigenvektoren in Form von Korrelationsmasken (N=5) für b)Textur A und c)Textur B. d)Klassifikation (schwarz: Klasse A, weiss: Klasse B)

Fig.2: Klassifikation mit Whitening Transformation
a)Gewebe C,D. Eigenvektoren der Whitening- b) und nachfolgenden K-L Transformation für c)Textur C und d)Textur D.
e)Klassifikation.

# ADAPTIVE BILDSEGMENTIERUNG IM SEQUENZBEREICH DER WHT ZUR LOKAL VERÄNDERLICHEN AUFLÖSUNG

M.F. Carlsohn
Universität Bremen, FB-1 Elektrotechnik
Postfach 33 04 40, D-2800 Bremen 33

Die digitale Archivierung, Übertragung und Darstellung von Bildinformation bewältigt die anfallende Datenmenge durch die Verwendung auflösungsreduzierender Verarbeitungsmethoden wie die Transformationskodierung zur Datenkompression und die Dither-Binärisierung zur Pseudo-Graudarstellung von Halbtonbildern auf binären Ausgabemedien. Beide Verfahren benötigen eine i.a. starre Blocksegmentierung der Vorlage in Unterbilder bzw. in Pseudo-Bildpunkte, die keine Rücksicht auf die lokal relevante Bildinformation nimmt. In detailreichen Bildregionen besteht diese Relevanz aus dem Ort und der Gradientenrichtung einer Luminanzkante, in homogenen Flächen ohne Strukturinformation aus der Grundhelligkeit und schwachen Grauübergängen.

Die Blockgröße bzw. die Größe des Pseudo-pixel bestimmen bei der Transformationskodierung und der Dither-Binärisierung die Orts- und Grauauflösung. Kleine Blöcke haben eine hohe Ortsauflösung mit starken Kontrasten zur Folge, große Blöcke senken die Ortsauflösung, erlauben jedoch einen weiten Dynamikumfang der Grauwerte.

Um möglichst viele Abtastwerte dem dekorrelierenden Prozeß einer Transformationskodierung zu unterwerfen, werden die Bilddaten mit einer Blockgröße von 16x16 Bildpunkten transformiert und im Spektralbereich eine Signifikanzselektion der Koeffizienten durchgeführt. Diese spektral veränderliche Auflösung bewirkt eine Tiefpaßfilterung des Bildsignales. Gehorcht die Bildvorlage der Annahme eines stationären Quellenmodells, so werden durch den Filterprozeß kaum sichtbare Bildverzerrungen verursacht. Reale Bilder erfüllen dieses statistische Modell nur global recht gut; lokal ist die Bildstatistik, abhängig vom Detailreichtum des betrachteten Ausschnittes, häufig stark nichtstationär. Lokale Bildverzerrungen an Detailkonturen sind die Konsequenz.

Die Dither-Binärisierung erzeugt den Graueindruck durch die Rasterung eines Pseudo-pixel. Eine Schwellwertmatrix der Größe 4x4=16 definiert die Ortsauflösung auf 1/16 des Originales und erlaubt die Unterscheidung von 17 verschiedenen Punkterastern als Pseudo-Graustufen. Die Auflösung von Detailkonturen und ein großer Pseudo-Dynamikbereich sind hier die antagonistischen Forderungen.

Eine dem Detailreichtum angepaßte Bildsegmentierung in Transformationsblöcke bzw. Pseudo-pixel variabler Größe mit gestaffelter Grauauflösung

1. 2x2 Blöcke

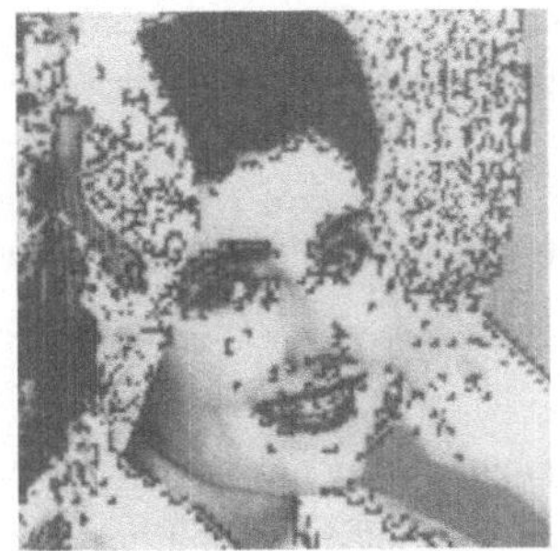

2. 4x4 Blöcke

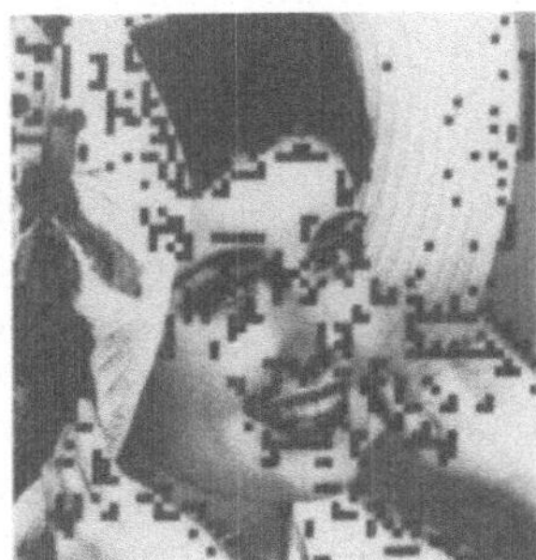

3. 8x8 Blöcke

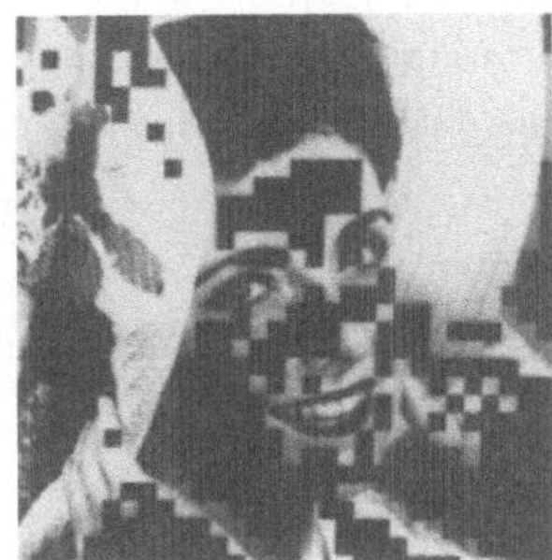

4. 16x16 Blöcke

5. Graubild 1bit/pel

6. Binärbild 1bit/pel

beseitigt die beschriebenen Schwierigkeiten /1,2/.

Das vorgeschlagene Verfahren benutzt eine hierarchische Zerlegung eines Maximalblockes "bottom-up" oder "top-down" in eine Quadrantenbaumstruktur mit den Blockgrößen 2x2 bis 16x16 (Bilder 1-4). Die geeignete Größenklasse wird in Abhängigkeit vom lokalen Detailreichtum, im Sequenzbereich der zweidimensionalen Walsh-Hadamard Transformation nach je zwei Transformationsiterationen ausgewählt. Zur Quantifizierung des Detailreichtums dienen ungewichtete und distanzgewichtete WH-Koeffizienten. Lokale Änderungen der Blockgröße ermöglichen eine variable Anpassung der mittleren Bitrate und des Signifikanzmusters der Bitzuordnung an den Strukturgehalt des Bildes. Die adaptive Segmentierung erzielt dadurch eine hohe Detailauflösung durch lokale Kontrasterhöhung an Konturlinien und eine Anhebung der Wiedergabetreue in homogenen Grauflächen. Das Signal-Rausch-Verhältnis wird verbessert und der Tiefpaß-Effekt verschwindet (Bild 5). Dither-Binärisierung mit 4 Schwellwertmatrizen unterschiedlicher Dimension erlaubt ebenfalls eine lokal variable Orts- und Grauauflösung (Bild 6).

/1/ M. Carlsohn: Adaptive WH-Encoding of Pictures by Variable Subpicture Size, Conf. on New Systems & Services in Telecom., Liège 1983

/2/ M. Carlsohn, Ph. Beßlich: Adaptive Selection of Threshold Matrix Size for Gray Rendition of Images, SPIE Proc. Vol. 504, San Diego 1984

# AUTOMATISCHE VERKNÜPFUNG VON RÄUMLICHEN UND ZEITLICHEN BILDFOLGEN IN PHOTOGRAMMETRIE UND FERNERKUNDUNG

Manfred Ehlers und Thomas Luhmann
Institut für Photogrammetrie und Ingenieurvermessungen
Universität Hannover
Bundesrepublik Deutschland

Für die Verknüpfung von Bildsequenzen ist es notwendig, homologe Punkte in den verschiedenen Bildszenen identifizieren zu können. Am Institut für Photogrammetrie und Ingenieurvermessungen (IPI) werden einerseits Bildfolgen verarbeitet, die aus multitemporalen und multisensoralen Fernerkundungsaufnahmen bzw. digitalen Karten bestehen. Auf der anderen Seite werden räumliche Sequenzen aus photogrammetrischen Meßbildern ausgewertet.

Zur automatischen Verknüpfung dieser Bildszenen wurde das Programmsystem AIMS (Automatic Image Matching System) entwickelt. Es besteht im wesentlichen aus folgenden Komponenten:

- Bildvorverarbeitung (z.B. Grobentzerrung, Filterung, Kantenextraktion)
- Automatische Punktefindung (Moravec-Operator, Varianzschätzer, Gauß'sche Krümmung)
- Gegenseitige Zuordnung (Nachbarschaftstest)
- Präzise Punktidentifizierung durch Korrelationsverfahren
- Auswertung (z.B. Entzerrung, Blockausgleichung).

**Das AIMS-System gestattet eine iterative Vorgehensweise, darüber hinaus kann der Benutzer auf jeder Ebene interaktiv in den Verarbeitungsvorgang eingreifen (siehe Abb.1). Beispiele für die AIMS-Verarbeitung werden in Abb.2-5 dargestellt.**

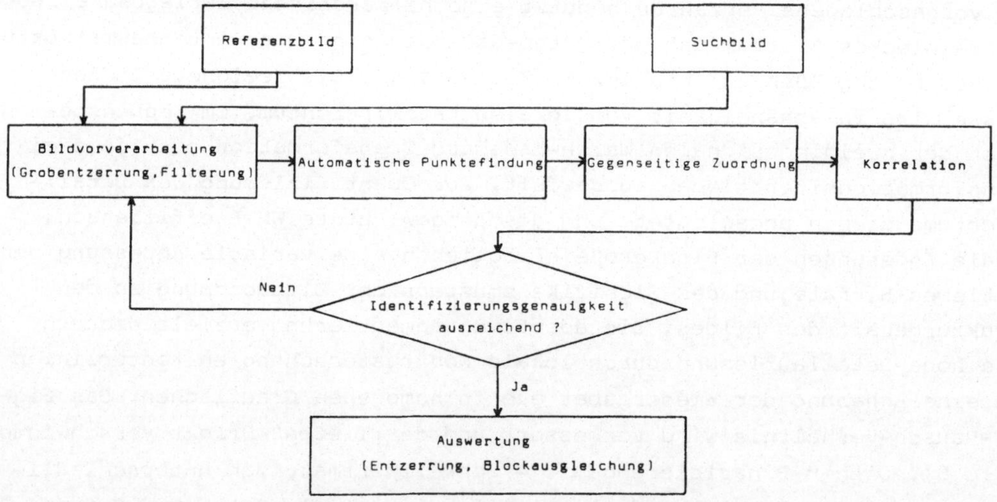


**Abb.1: Verarbeitungsvorgang von AIMS**

Abb.2: Digitalisiertes Meßbild mit markanten Punkten (Moravec-Operator) und zugeordneten Punkten

Abb.3: Stereopartner zu Abb.2 mit markanten Punkten

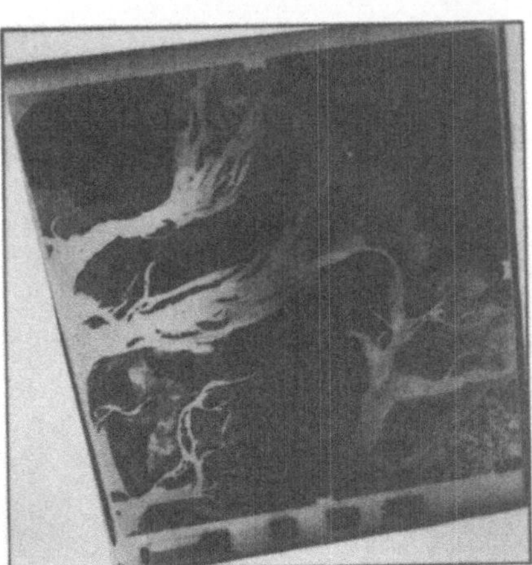

Abb.4: Digitalisiertes Reihenmeßkammer-Referenzbild (analog vorverarbeitet)

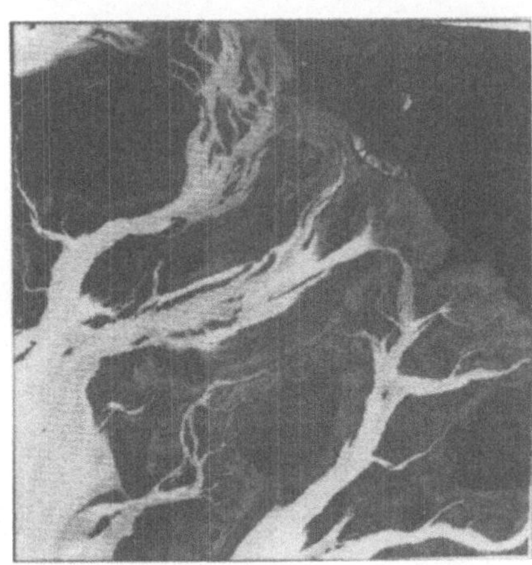

Abb.5: Mittels AIMS entzerrtes LANDSAT-Suchbild

## Literatur


DRESCHLER, L.: Ermittlung markanter Punkte auf den Bildern bewegter Objekte und Berechnung einer 3D-Beschreibung auf dieser Grundlage. Diss. Univ.Hamburg, 1981.

EHLERS, M.: Untersuchung von digitalen Korrelationsverfahren zur Entzerrung von Fernerkundungsaufnahmen. Diss. Univ.Hannover, 1983 .

MIKHAIL, E.M., AKEY, M. u. MITCHELL, O.R.: Detection and Sub-pixel location of Photogrammetric Targets in Digital Images. Spec. Workshop of Patt.Rec. in Photogr., Graz, 1983.

# ZUR QUANTIFIZIERUNG VON HERZMUSKELSZINTIGRAMMEN MIT A PRIORI WISSEN

R. Kienscherf, D.P. Pretschner

Zentrum Radiologie, Abteilung Nuklearmedizin und spezielle Biophysik
Medizinische Hochschule Hannover, D-3000 Hannover 61

## Einleitung

Organszintigramme sind Projektionen eines dreidimensionalen Kernstrahlungsfeldes organspezifischer Radiopharmaka auf eine Ebene. Probleme bei der Quantifizierung von pathologischen Veränderungen ergeben sich durch 3-D Überlagerungen von Gewebsstrukturen, durch die inhomogene Kernstrahlungsabsorption und die Identifikation 3D-Gewebsbereiche auf 2D-Projektionsbildern. Die möglichst genaue Referenzmodellierung mit a priori Wissen gestattet eine Differenzquantifizierung der realen Szintigramme im Vergleich zu a priori Simulationen.

Da bei pathologischen Thallium-201-Myokardszintigrammen wegen randständiger Perfusionsdefekte die Aktivitätsverteilung des Radioindikators dort nicht der Organkontur entspricht (cold spot scanning), versagen die üblichen Konturfindungsalgorithmen bildanalytischer Verfahren zur Objekterkennung.

Im Folgenden wird ein Verfahren erläutert, das mit Benutzung von a priori Wissen aus mindestens zwei Parallelprojektionen ein ideales 3-D Referenzmodell (Rotationsellipsoidschale) zu berechnen gestattet. Das Rotationsellipsoid hat sich in der Angiographie als geometrische Referenzfigur zur Bestimmung linksventrikulärer Parameter gegenüber anderen Methoden bewährt (SIMON et al., 1979).

## Material und Methode

Die Tl-201 Myokardszintigraphie erfolgt unter Belastungs- und Redistributionsbedingungen mit jeweils 4 Aufnahmen in anteriorer, LAO30°, LAO60° und linkslateraler Projektion (Abb. 3). Unter der Annahme, daß diese Darstellungen parallele Projektionen der dreidimensionalen myokardialen Aktivitätsverteilung sind, wird aus zwei Ellipsen, die die äußere Kontur des linksventrikulären Herzmuskels in zwei verschiedenen Projektionen begrenzen, eine basal gekappte Rotationsellipsoidschale ('Ideal') berechnet. Sechs Ebenen $E_{1-6}$ schneiden das Referenzmodell in 14 Segmente (Abb. 1). Dadurch wird die Identifikation räumlicher Herzmuskelabschnitte auf planaren Projektionen und tomographischen Schnittbildern möglich (Abb. 1, 2) (PRETSCHNER et al., 1979, 1984a).

Die Rechnungen finden in zwei Koordinatensystemen statt, einem bild- u. einem patientenfesten. Die Transformationsgleichungen ergeben sich aus der Referenzmodellierung.

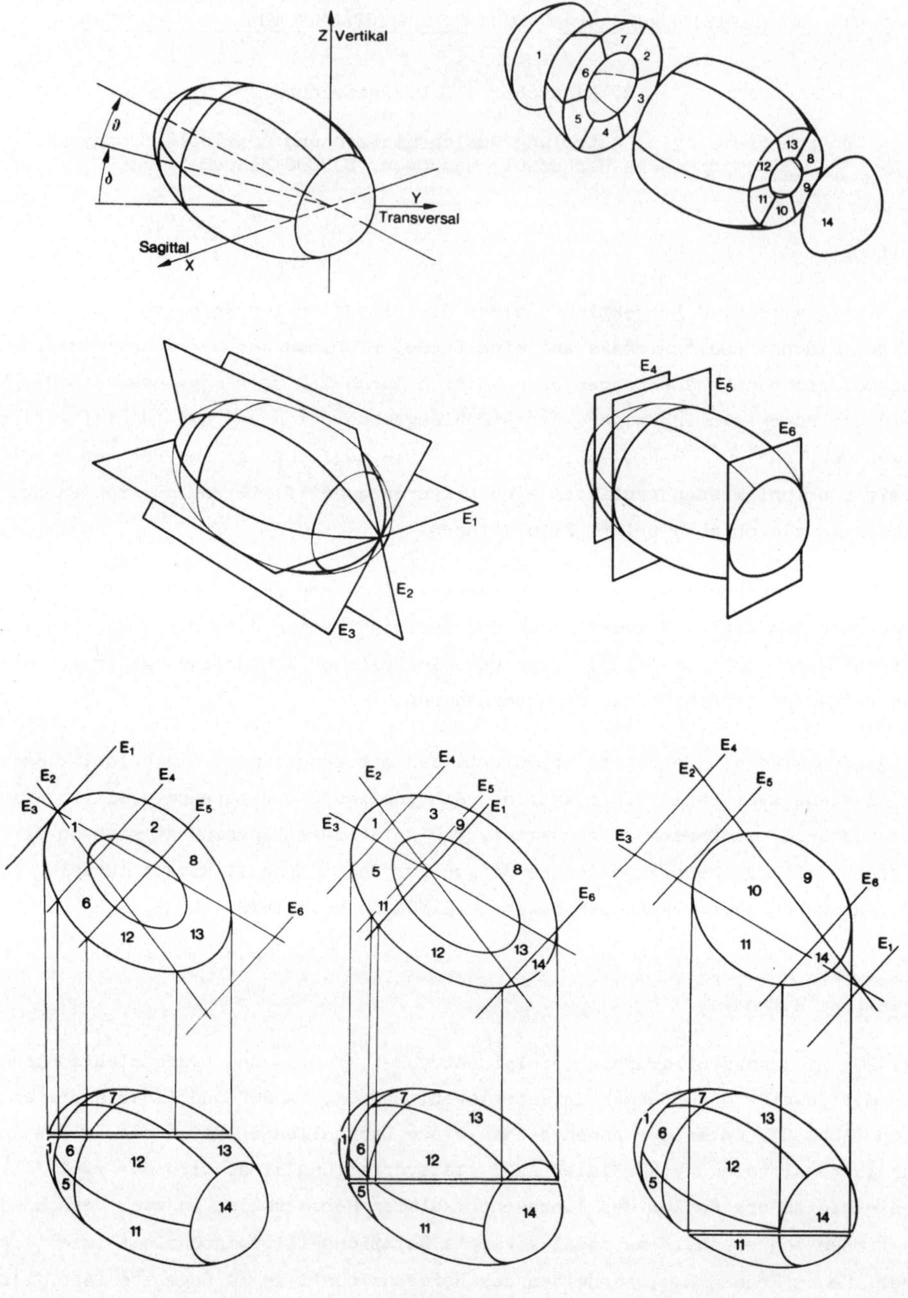


Abb. 1: A priori Modell des linksventrikulären Myokards mit Orientierung der Längsachse ($\delta, \theta$) im Thorax (patientenfestes Koordinatensystem) und Segmentierung durch sechs Schnittebenen $E_{1-6}$.
Unten: Konstruktion von 3 horizontalen Schnittbildern (s. Abb. 2).

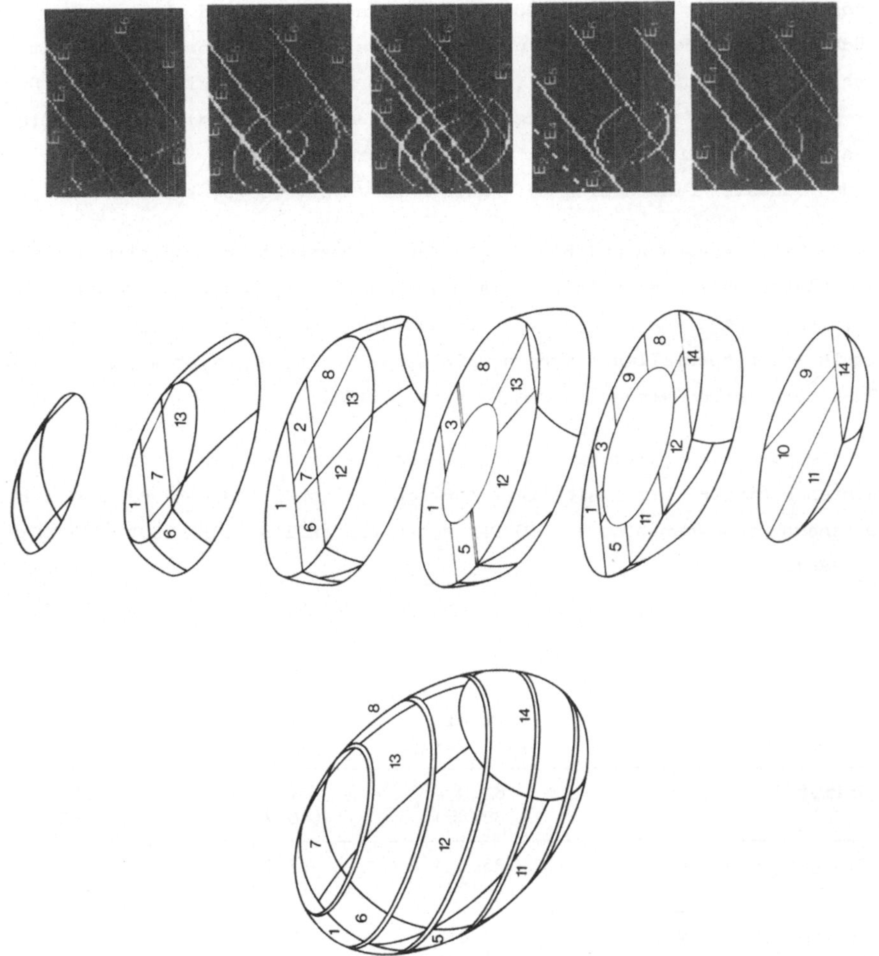

Abb. 2: Horizontale Schnitte durch segmentiertes a priori Modell (Abb. 1) mit Identifikation der räumlichen Segmente.
Rechts: 5 berechnete Schnittbilder mit Darstellung der sechs Schnittebenen (Abb.1) als Geraden (pdp 11/34; Gamma 11; Matrixgröße: 64x64). Im Original sind die Schnittlinien der Ebenen $E_{1-6}$ mit verschiedenen Farben dargestellt.

Nach homogener Aktivitätsbelegung des errechneten 'Ideals' und planarer Projektion mit Berücksichtigung des inhomogenen Untergrundes und der Absorption erfolgt ein Vergleich von 'idealen' und realen (untergrundkorrigierten) Szintigrammen. Das führt zu einer positiven Defektdarstellung (Differenzquantifizierung) (Abb. 3). Die mathematischen Grundlagen zur rekonstruktiven Referenzmodellierung, Segmentation und Projektion des 'Ideals' finden sich bei PRETSCHNER et al. (1979, 1984a).

Die primäre Datenerfassung und Berechnung der rekonstruktiven Modellierung erfolgt mit einem Kleinrechnersystem (pdp 11/34, pdp 11/55). Pro Patient ergeben sich 214 alphanumerische Daten aus jeweils vier Belastungs- und Redistributionsaufnahmen, die mittels einer speziellen Maskentechnik einem Großrechnersystem (IBM 4341-02, NAS/5-7031) eingegeben werden (SPORMANN et al., 1981).

Für die folgenden Ergebnisse sind die nuklearmedizinischen Werte von 78 konsekutiv untersuchten Patienten berücksichtigt. Außerdem liegen Daten vor und nach aortokoronarer Venenbypass-Operation von 30 Patienten vor (KIENSCHERF, 1984; PRETSCHNER et al., 1984).

| Größe | ALLE<br>Mittel<br>(min/max) | PRAE-OP<br>Mittel<br>(min/max) | POST-OP<br>Mittel<br>(min/max) |
|---|---|---|---|
| Azimut $\delta$ (Grad) | 62.0<br>(38/95) | 61.0<br>(46/70) | 61.0<br>(39/90) |
| Elongation $\theta$ (Grad) | 26.0<br>(17/63) | 27.0<br>(18/34) | 27.0<br>(17/36) |
| Ischäm. Vol. ($cm^3$) | 4.0<br>(-2/33) | 5.4<br>(0.03/23) | 2.7<br>(-2/16) |
| Infarkt Vol. ($cm^3$) | 29.3<br>(12/114) | 30.0<br>(19/73) | 27.0<br>(12/56) |
| Myokard Vol. ($cm^3$) | 246.0<br>(126/580) | 255.3<br>(160/463) | 227.5<br>(126/370) |
| Myokard (Streß) ($ipm/mm^2$) | 2.0<br>(0.8/4.3) | 1.9<br>(0.8/3.5) | 2.1<br>(0.9/4.0) |
| Myokard (Ruhe) ($ipm/mm^2$) | 1.1<br>(0.5/2.5) | 1.1<br>(1.0/2.5) | 1.2<br>(0.5/2.1) |
| Ideal (Streß) ($ipm/mm^2$) | 2.3<br>(1.0/4.5) | 2.2<br>(1.0/4.0) | 2.4<br>(1.0/3.3) |
| Ideal (Ruhe) ($ipm/mm^2$) | 1.3<br>(0.5/2.8) | 1.3<br>(0.5/2.8) | 1.3<br>(0.8/2.3) |

Tab. 1: Orientierung der Herzlängsachse, Myokard- und Defektvolumina, Impulsratendichten. ALLE: 78 Patienten, 624 Szintigramme; PRAE-, POST-OP: jeweils 30 Patienten, 480 Szintigramme

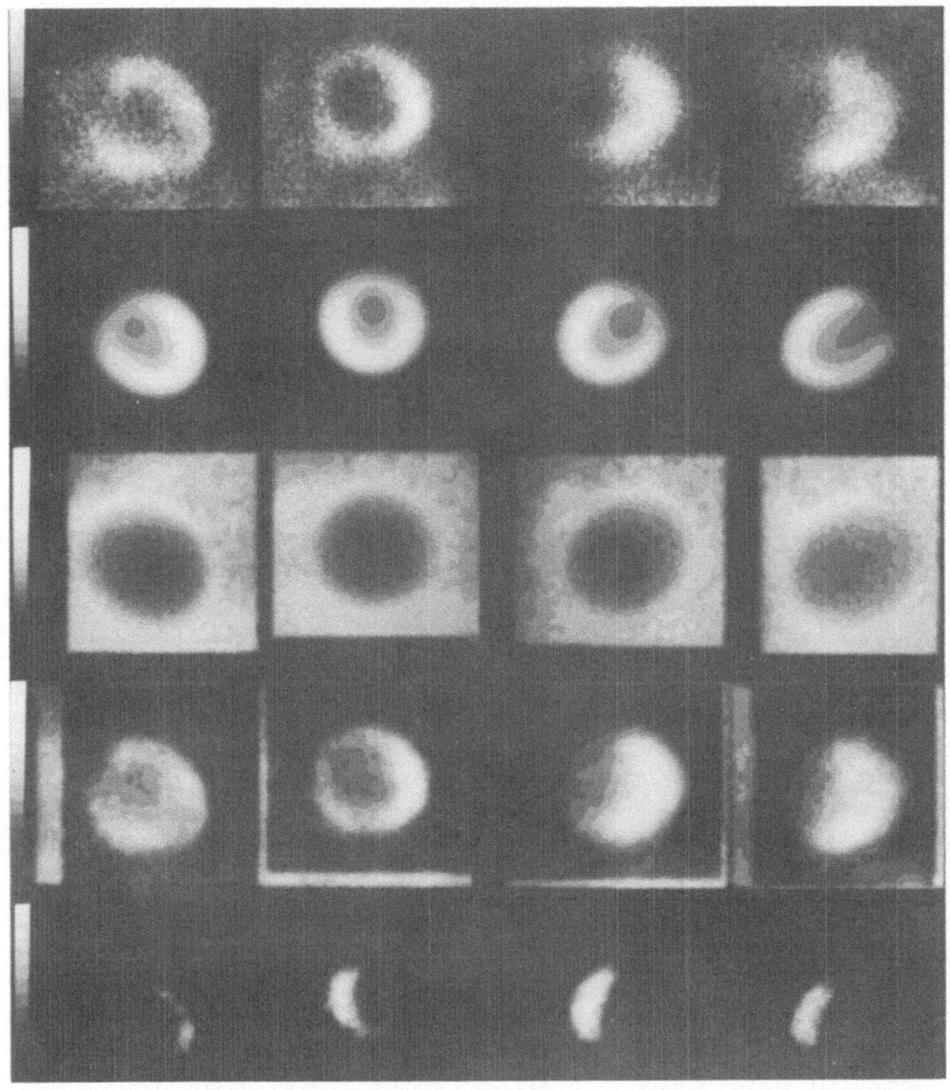

Abb. 3: Tl-201 Myokardszintigramme in vier Projektionen (von links nach rechts: anterior, LAO30°, LAO60°, links lateral, 1. Reihe); Durchführung der Referenzmodellierung (2. und 3. Reihe); inhomogene Untergrundsubtraktion (4. Reihe) und Differenzquantifizierung (5. Reihe). 'Ideales' Myokardvolumen: 384 $cm^3$; Infarktvolumen: 55 $cm^3$. Keine Ischämie nachweisbar. $\delta = 31°$, $\theta = 59°$ (siehe Abb. 1).

## Ergebnisse

Abb. 3 zeigt ein Beispiel für die einzelnen Schritte der Berechnung und die positive Darstellung eines Infarktes mit Referenzmodellierung und Differenzquantifizierung. Die Anwendung des Modells auf 624 Szintigramme von 78 Patienten ergibt ein mittleres Myokardvolumen von 246.0 $cm^3$ (Tab. 1). Der Vergleich von Belastungs- und Redistributionsszintigrammen führt zur Abschätzung infarzierter und ischämischer Volumina. Negative Werte entsprechen der sog. paradoxen Redistribution (Tab. 1). Die Orientierung der Längsachse des linken Herzens im Thorax ist angegeben ($\delta,\theta$);(Abb. 1). Tab. 1 zeigt außerdem die ermittelten Impulsratendichten (Impulse/Minute/$mm^2$) des 'idealen' linken Myokards und der realen untergrundkorrigierten Myokardszintigramme, jeweils unter Streß- und Redistributionsbedingungen.

## Diskussion

Die Methode ermöglicht es, für jeden Patienten ein spezifisches 'ideales' 3-D Modell zu rekonstruieren (Abb. 1, 3). Es ist bei jedem Patienten für Mehrfachuntersuchungen (Belastung, Redistribution, prae- und postoperativ, Interventionen) die a priori Referenz. Die Orientierung des linken Ventrikels kann im patientenfesten Koordinatensystem bestimmt werden. In erster Näherung stimmen $\delta$ und $\theta$ (Abb. 1) mit den Winkeln von VOS (1982), VOS et al. (1982a) und ONNASCH et al. (1979) überein.

Das Volumen des linken Myokards liegt bei diesem Patientenkollektiv zwischen 126 und 580 $cm^3$. In der Literatur (COFFEY et al., 1981) finden sich mittlere Werte von 160 bis 180 $cm^3$ für das gesunde Myokard. Die hier im Rahmen der klinischen Diagnostik der koronaren Herzkrankheit und Erfolgskontrolle nach operativen Maßnahmen konsekutiv erfaßten Patienten zeigen eine Krankheitsprävalenz von 80%. Dadurch erklärt sich das gegenüber Herzgesunden vergrößerte Myokardvolumen.

Die beste Evaluierung der berechneten Volumina wäre ein Vergleich mit post mortem Bestimmungen. Diese konnten nicht durchgeführt werden. Bei einer tierexperimentellen Evaluierung liegt eine andere Geometrie vor. Dadurch treten Unterschiede in der a priori Modellierung auf, die keinen direkten Vergleich mit der Bestimmung am Menschen ermöglichen. Anwendungen eines gekammerten Herzmuskelphantoms (PRETSCHNER und HUNDESHAGEN, 1980) ergeben hinreichende Übereinstimmungen zwischen den bekannten Aktivitätskonzentrationen im Phantom und der Referenzmodellierung.

Der Vergleich der prae- und postoperativen Daten zeigt eine gleichbleibende Orientierung der Herzlängsachse und eine gleiche mittlere Infarktgröße. Dies spricht für die Reproduzierbarkeit der Methode und eine optimale Chirurgie. Die wahre Infarktgröße dürfte etwas kleiner sein, da die physiologische apikale Minderbelegung im Modell nicht explizit berücksichtigt wird. Das relativ niedrig erscheinende Ischämievolumen könnte ebenfalls teilweise methodisch erklärt werden. Es errechnet sich aus Belastungs- und Redistributionsszintigrammen. Schnelle Umverteilungen, die während und kurz nach der Belastungsszintigraphie auftreten, können die szintigraphisch nachweisbaren ischämischen Anteile reduzieren. Negative ischämische Volumina entstehen durch das Phänomen der paradoxen Redistribution, welches auf lokal gegensätzlich verlaufenden Tl-201-Kinetiken beruht. Die gemessenen globalen Impulsratendichten (ipm/$mm^2$) zeigen die gleiche Größenordnung wie sie BÜLL et al. (1976) als erste für eine Objektfläche von 64 $mm^2$ veröffentlichten. Es besteht die Möglichkeit, die Impulsratendichte des infra- und suprakardialen und des perikardialen Untergrundes zu bestimmen. Die entsprechende Tl-201-Kinetik läßt sich mit einem offenen Zwei-Kompartment-Modell analysieren (PRETSCHNER et al., 1984a).

Das Verfahren ist nicht auf die Herzszintigraphie mit Tl-201 beschränkt. Es läßt sich durch Veränderung der Modellparamter auch beim Einsatz anderer Radionuklide oder anderer Untersuchungsmethoden wie z.B. SPECT, CT oder NMR einsetzen.

## Literatur

(1) Büll U, Niendorf HP, Strauer BE, Hast B: Evaluation of myocardial function with the thallium-201 scintimetry in various diseases of the heart. Eur J Nucl Med 1: 125-136, 1976

(2) Coffey JL, Cristy M, Warner GG: nm/MIRD pamphlet No. 13. Specific absorbed fractions for photon sources uniformly distributed in the heart chambers and heart wall of a heterogeneous phantom. J Nucl Med 22: 65-71, 1981

(3) Kienscherf R: Zur Analyse von Thallium-201-Myokardszintigrammen mit Benutzung von a-priori-Wissen. Diplomarbeit, Universität Heidelberg/Fachhochschule Heilbronn, 1984

(4) Onnasch DGW, Schaupp GH, Lange PE, Heintzen PH: Orientation, shape and muscle mass of the left ventricle of infants, children and adolescents with different heart disesases. In: Computers in Cardiology, IEEE, Genf: 415-418, 1979

(5) Pretschner DP, Freihorst J, Gleitz CD, Hundeshagen H: 201-Tl-myocardial scintigraphy: a 3-dimensional model for the improved quantification of zones with decreased uptake. In: Information processing in Medical Imaging (Eds.: R. di Paola, E. Kahn), INSERM, Paris, Vol. 88: 409-426, 1979

(6) Pretschner DP, Hundeshagen H: Ein gekammertes Herzmuskelphantom für die Myokardszintigraphie. Nuc-Compact 11: 269-272, 1980

(7) Pretschner DP, Kienscherf, R, Lichtlen P, Hundeshagen H: Zur Differenzquantifizierung der Tl-201-Myokakrdszintigraphie vor und nach aortokoronarer Venenbypass-Operation mit rekonstruktiver Referenzmodellierung. In: Hör, G (ed.) Kardiovaskuläre Nuklearmedizin, Kern u. Birner Verlag, 1984 (im Druck)

(8) Pretschner DP, Kienscherf R, Freihorst J, Gleitz CD, Hundeshagen H:Difference quantitation of planar and tomographic heart scintigrams with identification of segments using reconstructive 3D reference modelling. Eur J Nucl Med 9, 1984a (im Druck)

(9) Simon R, Amende I, Lichtlen PR: Quantitative Auswertung des linksventrikulären Angiokardiogramms. In: Koronarangiographie (Hrsg.: P.R. Lichtlen), Verlag Dr. med. Straube, Erlangen: 258-269, 1979

(10) Spormann V, Pretschner DP, Kießling D, Borovsky D, Zywietz C, Wolters E: Föderative EDV zur Auswertung nuklearmedizinischer Datenbestände mit dem Trägersystem DADIMOPS. In: Systeme und Signalverarbeitung in der Nuklearmedizin (Hrsg.: S.J. Pöppl, D.P. Pretschner), Medizinische Informatik und Statistik, Vol. 27, Springer-Verlag, Berlin-Heidelberg-New York: 46-56, 1981

(11) Vos PH: Nuclear Cardiology. Fourier functional images in left ventricular wall motion analysis and an investigation into lesion detectability in myocardial perfusion scintigraphy. Proefschrift, Rijksuniversiteit Leiden, Krips repro meppel, 1982

(12) Vos PH, Vossepoel AM, Hermans J, Pauwels KJ: Detection of lesions in thallium myocardial perfusion scintigraphy. Eur J Nucl Med 7: 174-180, 1982a

## AUTORENINDEX

Band 44: Organisation informationstechnik-gestützter öffentlicher Verwaltungen. Fachtagung, Speyer, Oktober 1980. Herausgegeben von H. Reinermann, H. Fiedler, K. Grimmer und K. Lenk. 1981.

Band 45: R. Marty, PISA – A Programming System for Interactive Production of Application Software. VII, 297 Seiten. 1981.

Band 46: F. Wolf, Organisation und Betrieb von Rechenzentren. Fachgespräch der GI, Erlangen, März 1981. VII, 244 Seiten. 1981.

Band 47: GWAI – 81 German Workshop on Artificial Intelligence. Bad Honnef, January 1981. Herausgegeben von J. H. Siekmann. XII, 317 Seiten. 1981.

Band 48: W. Wahlster, Natürlichsprachliche Argumentation in Dialogsystemen. KI-Verfahren zur Rekonstruktion und Erklärung approximativer Inferenzprozesse. XI, 194 Seiten. 1981.

Band 49: Modelle und Strukturen. DAGM 11 Symposium, Hamburg, Oktober 1981. Herausgegeben von B. Radig. XII, 404 Seiten. 1981.

Band 50: GI – 11. Jahrestagung. Herausgegeben von W. Brauer. XIV, 617 Seiten. 1981.

Band 51: G. Pfeiffer, Erzeugung interaktiver Bildverarbeitungssysteme im Dialog. X, 154 Seiten. 1982.

Band 52: Application and Theory of Petri Nets. Proceedings, Strasbourg 1980, Bad Honnef 1981. Edited by C. Girault and W. Reisig. X, 337 pages. 1982.

Band 53: Programmiersprachen und Programmentwicklung. Fachtagung der GI, München, März 1982. Herausgegeben von H. Wössner. VIII, 237 Seiten. 1982.

Band 54: Fehlertolerierende Rechnersysteme. GI-Fachtagung, München, März 1982. Herausgegeben von E. Nett und H. Schwärtzel. VII, 322 Seiten. 1982.

Band 55: W. Kowalk, Verkehrsanalyse in endlichen Zeiträumen. VI, 181 Seiten. 1982.

Band 56: Simulationstechnik. Proceedings, 1982. Herausgegeben von M. Goller. VIII, 544 Seiten. 1982.

Band 57: GI – 12. Jahrestagung. Proceedings, 1982. Herausgegeben von J. Nehmer. IX, 732 Seiten. 1982.

Band 58: GWAI-82. 6th German Workshop on Artificial Intelligence. Bad Honnef, September 1982. Edited by W. Wahlster. VI, 246 pages. 1982.

Band 59: Künstliche Intelligenz. Frühjahrsschule Teisendorf, März 1982. Herausgegeben von W. Bibel und J. H. Siekmann. XIII, 383 Seiten. 1982.

Band 60: Kommunikation in Verteilten Systemen. Anwendungen und Betrieb. Proceedings, 1983. Herausgegeben von Sigram Schindler und Otto Spaniol. IX, 738 Seiten. 1983.

Band 61: Messung, Modellierung und Bewertung von Rechensystemen. 2. GI/NTG-Fachtagung, Stuttgart, Februar 1983. Herausgegeben von P. J. Kühn und K. M. Schulz. VII, 421 Seiten. 1983.

Band 62: Ein inhaltsadressierbares Speichersystem zur Unterstützung zeitkritischer Prozesse der Informationswiedergewinnung in Datenbanksystemen. Michael Malms. XII, 228 Seiten. 1983.

Band 63: H. Bender, Korrekte Zugriffe zu Verteilten Daten. VIII, 203 Seiten. 1983.

Band 64: F. Hoßfeld, Parallele Algorithmen. VIII, 232 Seiten. 1983.

Band 65: Geometrisches Modellieren. Proceedings, 1982. Herausgegeben von H. Nowacki und R. Gnatz. VII, 399 Seiten. 1983.

Band 66: Applications and Theory of Petri Nets. Proceedings, 1982. Edited by G. Rozenberg. VI, 315 pages. 1983.

Band 67: Data Networks with Satellites. GI/NTG Working Conference, Cologne, September 1982. Edited by J. Majus and O. Spaniol. VI, 251 pages. 1983.

Band 68: B. Kutzler, F. Lichtenberger, Bibliography on Abstract Data Types. V, 194 Seiten. 1983.

Band 69: Betrieb von DN-Systemen in der Zukunft. GI-Fachgespräch, Tübingen, März 1983. Herausgegeben von M. A. Graef. VIII, 343 Seiten. 1983.

Band 70: W. E. Fischer, Datenbanksystem für CAD-Arbeitsplätze. VII, 222 Seiten. 1983.

Band 71: First European Simulation Congress ESC 83. Proceedings, 1983. Edited by W. Ameling. XII, 653 pages. 1983.

Band 72: Sprachen für Datenbanken. GI-Jahrestagung, Hamburg, Oktober 1983. Herausgegeben von J. W. Schmidt. VII, 237 Seiten. 1983.

Band 73: GI - 13. Jahrestagung. Hamburg, Oktober 1983. Proceedings. Herausgegeben von J. Kupka. VIII, 502 Seiten. 1983.

Band 74: Requirements Engineering. Arbeitstagung der GI, 1983. Herausgegeben von G. Hommel und D. Krönig. VIII, 247 Seiten. 1983.

Band 75: K. R. Dittrich, Ein universelles Konzept zum flexiblen Informationsschutz in und mit Rechensystemen. VIII, 246 pages. 1983.

Band 76: GWAI-83. German Workshop on Artificial Intelligence. September 1983. Herausgegeben von B. Neumann. VI, 240 Seiten. 1983.

Band 77: Programmiersprachen und Programmentwicklung. 8. Fachtagung der GI, Zürich, März 1984. Herausgegeben von U. Ammann. VIII, 239 Seiten. 1984.

Band 78: Architektur und Betrieb von Rechensystemen. 8. GI-NTG-Fachtagung, Karlsruhe, März 1984. Herausgegeben von H. Wettstein. IX, 391 Seiten. 1984.

Band 79: Programmierumgebungen: Entwicklungswerkzeuge und Programmiersprachen. Herausgegeben von W. Sammer und W. Remmele. VIII, 236 Seiten. 1984.

Band 80: Neue Informationstechnologien und Verwaltung. Proceedings 1983. Herausgegeben von R. Traunmüller, H. Fiedler, K. Grimmer und H. Reinermann. XI, 402 Seiten. 1984.

Band 81: Koordination von Informationen. Proceedings, 1983. Herausgegeben von R. Kuhlen. VI, 366 Seiten. 1984.

Band 82: A. Bode, Mikroarchitekturen und Mikroprogrammierung: Formale Beschreibung und Optimierung. 6,1-227 Seiten. 1984.

Band 83: Software-Fehlertoleranz und -Zuverlässigkeit. Herausgegeben von F. Belli, S. Pfleger, M. Seifert. VII, 297 Seiten. 1984.

Band 84: Fehlertolerierende Rechensysteme. 2. GI-NTG-GMR-Fachtagung, Bonn 1984. Herausgegeben von K.-E. Großpietsch und M. Dal Cin. VIII, 433 Seiten. 1984.

Band 85: Simulationstechnik. Symposium, 1984. Herausgegeben von F. Breitenecker und W. Kleinert. XII, 676 Seiten. 1984.

Band 86: Fachtagung Prozeßrechner 1984. Herausgegeben von H. Trauboth und A. Jaeschke. XII, 710 Seiten. 1984.

Band 87: Mustererkennung 1984. Proceedings, 1984. Herausgegeben von W. Kropatsch. IX, 351 Seiten. 1984.